中美关系50年 1969—2019

50 YEARS OF SINO-US RELATIONS

谢国明 等 著

人民日报出版社
·北京·

图书在版编目（CIP）数据

中美关系 50 年：1969-2019 / 谢国明等著 . —北京：人民日报出版社，2020.11（2021.4 重印）
ISBN 978-7-5115-6558-7

Ⅰ . ①中⋯　Ⅱ . ①谢⋯　Ⅲ . ①中美关系－国际关系史－ 1969-2019
Ⅳ . ① D829.712

中国版本图书馆 CIP 数据核字（2020）第 177291 号

书　　　名：**中美关系 50 年：1969—2019**
　　　　　　ZHONGMEI GUANXI 50 NIAN：1969—2019
著　　　者：谢国明　等
出 版 人：刘华新
责任编辑：宋　娜
封面设计：观止堂
出版发行：人民日报出版社
社　　　址：北京金台西路 2 号
邮政编码：100733
发行热线：（010）65369527　65369846　65369509　65369510
邮购热线：（010）65369530　65363527
编辑热线：（010）65369521
网　　　址：www.peopledailypress.com
经　　　销：新华书店
印　　　刷：北京盛通印刷股份有限公司
法律顾问：北京科宇律师事务所　010-83622312
开　　　本：710mm×1000mm　1/16
字　　　数：415 千字
印　　　张：27.25
版　　　次：2020 年 11 月第 1 版　2021 年 4 月第 2 次印刷
书　　　号：ISBN 978-7-5115-6558-7
定　　　价：78.00 元

中美交往需要全民智慧（代序）

中美关系是近现代国际关系中最难处理的大国关系之一。其原因在于：第一，中美关系是全球性的；第二，中美关系是全方位的。冷战期间美苏关系也是全球性的，但美苏之间在政治、安全、经贸、科技、人文交流等诸多领域的交集，远远不如50年来中美关系所发展出的深度和广度。因此，中美关系的"全方位"这一本质特征，决定了处理与研究中美关系的高难度与复杂性。

全球性、全方位、高复杂而不易处理的中美关系，却与两国将近18亿公民的切身福祉息息相关。而上述种种特征也决定了我们对中美关系的思索绝不应当仅仅停留在学者或政策人士层面。相反，它需要全民的广泛参与并贡献智慧。正是从这一角度看，我的前辈、中国著名报人谢国明先生领衔撰写的新作《中美关系50年：1969—2019》更显其独到之价值。

首先，该书可能正在开辟中国"全民的美国研究"这一新路径。而作为这一新趋势、新范式的标志性成果，该书又在如下三个领域提供了独到的视角和新颖的见解，决定了该书不仅对普通读者有极高的普及价值，就算是对专业的美国研究科研人员，它的创新思考同样能够提供诸多启发。

第一，新划分。2019年是中美建交40周年。当下的中国国际关系学术界、美国研究界、图书市场都存在大量有关"中美关系40年"这一宏大主题的文章和著作。而该书却另辟蹊径地提出"中美关系50年"这一新说。初闻该说，似乎有些不合常理、反常识，然而细细推导、考诸史实之后，又不得不承认、佩服作者的洞察力与创见。稍对中美关系史有所了解的人都知道，中美两国虽然是在1979年1月1日正式建立外交关系，但两国政府间为"建交"而进行的努力，至少可以追溯到1969年，自基辛格秘密访华、毛泽东与周恩来会见尼克松以来，历经福特，再到邓小平与卡特……十年间风云变幻、太平洋波澜不惊。在冷战的最高峰，两国领导人与智者们却凭借超越时代的智慧和勇气，踏过意识形态的藩篱、跨越大洋、力排万难，终于实现了两国邦交的正常化。反观今日中美间由经贸问题所引发的种种不适与冲突，这段曲折的历史宛如昨日、历历在目，令人唏嘘不已。今人若不能从前人伟业中汲取经验、反躬自审，则必为后人所哂笑。所以，从"大历史""大框架"的高度看，"中美关系50年"这一新划分着实有其新颖洞察之处。

第二，新叙事。"听故事"是人类的天性，与种族、文化、宗教无关。千百年来，纵然学者们皓首穷经，写出皇皇巨著，然而这些大部头专著若无可读性，甚至"食之无味""味同嚼蜡"，则多半逃不脱或被人束之高阁、或置于厅堂装点门面而实则无人问津的尴尬结局。而对这本娓娓道来的《中美关系50年：1969—2019》，有幸作为书稿的读者，我是在"悦读"。提前从谢国明先生手中拿到书稿小样，便在飞往美国亚特兰大参加卡特中心"纪念中美建交40周年国际研讨会"的航班上一口气读完。作者以新颖流畅的叙事讲出一环扣一环的"好故事"，让读者们获得"悦读"的享受，也是该书之第二"新"。

第三，新主体。该书系非美国研究专业的中国学者集体创作。领衔的谢国明先生系人民日报社原副总编辑。长期奋战在新闻报道与编辑第一线的专业知识与经验，让他比多数书斋里的学者们更接地气。其他四位合作者也都发挥各自专业专长，经过长时间的砥砺切磋、锤炼打磨，终于"熬"出精品。

大时代呼唤大手笔，大手笔需要大视野。当下的中美关系正处于50年来最关键的历史时刻之一。在这样一个时间节点上，我真诚地感谢谢国明先生等作者能够及时地拿出这样一部有创见、有深度、接地气的大部头著作以飨读者。这本书背后所凝结的不仅仅是作者们的辛劳与汗水，更体现了谢国明先生作为资深中国报人所独具的家国情怀与职业操守。

为了让他们的这种理想、信念能够传承下去，我不揣冒昧地受谢国明先生之托，写一些读书心得，不能为序，仅为能推荐更多的中国读者从中获得启发，从民心相通的角度夯实中美关系的基础，使两国人民都能从一个友好合作、健康稳定、可持续发展的中美关系中获益。是为写在前面的学习感言。

王　文

2019 年 1 月 20 日

于华盛顿返京的 CA818 航班上

（作者为中国人民大学重阳金融研究院执行院长、中国人民大学中美人文交流研究中心执行主任）

写在前面

这是一本通俗读物。

在中美关系处于重大变局的关键时期,通俗易懂地介绍当代中美关系的历史演变过程,有其必要性。

当代中美关系的开局,始于1969年,到2019年恰好50年。

1969年3月2日,黑龙江省中苏界河乌苏里江上的珍宝岛,发生中苏武装冲突。当年8月13日,西北边陲的铁列克提再次发生中苏武装冲突。

苏联百万大军屯兵北境虎视眈眈,美军入侵印度支那直逼南疆,面对两面夹击态势,毛泽东命陈毅、叶剑英、徐向前、聂荣臻四位老帅研究国际形势。老帅们提出参考三国时期诸葛亮的战略,"东联孙吴,北拒曹魏"。①

苏联强势扩张,令美国捉襟见肘,急于拉拢中国。1969年7月21日,美国国务院宣布:放宽对美国旅游者购买中国货物的限制;放宽美国公民去中国旅行的限制。5天以后,中方收到柬埔寨国王诺罗敦·西哈努克转交的美国参议院民主党领袖曼斯菲尔德6月17日写给周恩来的信,要求访华,会见周恩来总理或其助手。信中说,中美"20年长期交恶"不应继续下去了。②

面对共同的敌人,中美搁置意识形态和社会制度的尖锐对立,恢复中美华沙大使级会谈,开展乒乓外交,筹划基辛格(美国总统国家安全事务助理)秘

---

① 熊向晖:《打开中美关系的前奏——1969年四位老帅对国际形势研究和建议的前前后后》,《湖南党史月刊》1992年第12期。
② 张静:《尼克松"改变世界的七天"是如何实现的》,《百年潮》2011年第1期。

密访华，促成尼克松总统于1972年2月访问中国，中美关系解冻，书写风雨兼程的当代中美关系篇章。

共同利益是当代中美关系解冻的催化剂。日益深化的共同利益是中美关系不断向前的推动力。共同利益减少、竞争矛盾增多，是中美关系走向"严冬"的"西北风"。

中美关系是当今世界上最重要的双边关系，合则两利，斗则俱伤，不仅关乎中美两国的利益，而且关乎全球的和平与发展。

中美关系是当今世界上最复杂的双边关系，既有合作也有竞争，既有共同利益也有严重分歧，既有守成大国与新兴大国（老大与老二）的结构性矛盾，也有意识形态与社会制度的尖锐对立。贸易逆差只是两国矛盾的一个爆发点，不是矛盾的根源。

中美两国都面临着两大陷阱："修昔底德陷阱"和"金德尔伯格陷阱"。作为守成大国和新兴大国，两国竞相示强，就会落入"修昔底德陷阱"；两国分别示弱，就会落入"金德尔伯格陷阱"。

跨越两大陷阱，实现中美互信，关键在于实现"两个尊重"：美方希望中方尊重其领导地位和由其一手创立的国际秩序；中方希望美方尊重其核心利益和相应的国际地位。没有两个尊重，中美不仅不能建立互信，而且会加深互疑，甚至落入两大陷阱。

美国在第二次世界大战以后，取得全球领导者地位。美国作为全球老大，不仅绝不做老二，甚至不允许世界上有老二。这是美国确保霸权的基本国策。特朗普的"美国优先"，就是这一基本国策的展现。只不过特朗普是一个商人，不懂"政治正确"，甚至故意颠覆"政治正确"，吃相难看，赤裸裸地摆出了"老大要流氓"的嘴脸而已。

美国不许有老二，中国不必争一时。

中国的最大利益是实现中华民族伟大复兴，满足人民群众对美好生活的向往，不是与美国争一时之短长。不管他人如何兴风作浪、兴妖作怪，我们只要把自己的事情办好，就能闲庭信步，实现终极目标。

这本通俗读物，由黄忻渊（第一、二、三、四章）、李清（第五、六、七章）、张晓敏（第八、九章）和荣翌（第十章）四位博士撰写，我负责统稿。如果这本小书能够帮助读者了解当代中美关系的历史和现状，则不负初心，善莫大焉。

谢国明

2020年9月23日

（作者为人民日报社原副总编辑，中国传媒大学教授、博士生导师）

中美交往需要全民智慧（代序）/ 王文 /001
写在前面 / 谢国明 /001

第一章　前传：中美从平等贸易到兵戎相见

1784年8月28日，美国商船"中国皇后"号满载着各种物资，抵达广州，中美贸易开启……1950年中国抗美援朝；1964年中国帮助越南北方抗击美帝国主义的侵略，打倒美帝，成为当时中国最流行的口号……

1. "中国皇后"号启程，从最年轻共和国驶向最悠久民族 / 003
2. 毛泽东审时度势，老帅们计效"三国" / 008

第二章　破冰：尼克松改写美中关系

作为右翼共和党人，尼克松对共产主义充满敌意，却对毛泽东充满敬意。20世纪60年代末70年代初，毛泽东和尼克松发现，中美具有重大的共同利益，超越意识形态对立，由此开启了改善中美关系的大门。

1. 苏联强势扩张，美中互相需要 / 019
2. 20年的敌对鸿沟，如何跨越 / 021

3. 乒乓外交，小球推动地球 / 028
4. "巴铁"加持，基辛格秘密访华 / 032
5. 先遣组两次风波，毛泽东指示"糖果不能减" / 044
6. 尼克松访华，"改变世界的一周" / 051
7. 各说各话，《上海公报》书写外交奇迹 / 059

第三章　建交与"挟"台：卡特"两面下注"

1977年，民主党人卡特出任美国第39任总统。他在任期内实现了美中关系正常化，两国于1979年元旦正式建交。然而，3个月以后，卡特签署生效国会通过的《与台湾关系法》，"挟持"台湾遏制大陆，严重违背中美《上海公报》和《建交公报》精神，粗暴干涉中国内政。这表明美国对华政策的两手——接触与遏制，正式成形。

1. 万斯访华做"小动作"，中方寻找谈判新对手 / 069
2. 卡特换将，布热津斯基主导建交谈判 / 073
3. 关键问题互相让步，"都不满意才是最佳结果" / 079
4. "邓旋风"铺天盖地，"他赢得了美国人民的心！" / 083
5. 卡特签署《与台湾关系法》，遏制中国留下后手 / 090

第四章　低开高走：里根蹚出新任总统对华路径

1981年，具有强烈反共情结的右翼共和党人里根出任美国总统。中美关系经过里根政府初期的低谷震荡以后，一路向好走高。里根意外地为此后几任美国新总统蹚出了一条处理对华关系的路径——低开高走。

1. 里根不忘"台湾老朋友"，中国警告"倒车开不得" / 096
2. 惩戒荷兰"杀鸡骇猴"，"不要怕中美关系倒退" / 101
3. 形势比人强，里根签署《八一七公报》/ 106

4. 无事生非的"清末巨额债券案" / 123
5. 首访共产党执政的国家,"里根总统拍中国马屁" / 126

第五章　萧规难随：老布什艰难走出对华关系低谷

1988 年，老布什竞选美国总统并成功胜选。知华友华的老布什就任总统时却遇到了新形势，美中关系总体上走上了前任总统里根开创的路径——低开高走。

1. 二战英雄出任"驻京办主任" / 137
2. 中国动乱，美国制裁，解铃还须系铃人 / 144
3. 美国对苏缓和，对华关系进一步退两步 / 152
4. 海湾危机，老布什借机提升对华关系 / 156

第六章　曲折多变：克林顿从摇摆到清晰

克林顿有"白宫最杰出的战略家"之称。在对华关系上，他一度把人权问题与最惠国地位挂钩，制造了搜查"银河"号、李登辉访美、轰炸中国驻南大使馆等严重影响两国关系的重大事件，在中国加入世贸谈判中出尔反尔。克林顿任总统的 8 年，是中美关系最曲折多变的 8 年，但是，仍然走出了一条低开高走、从摇摆到清晰的路径。

1. 最惠国待遇捆绑人权，对华关系再度低开 / 164
2. "银河"号假情报真折腾，中国"两害相权取其轻" / 170
3. 克林顿谋划"新太平洋共同体"，不得不正视中国机遇 / 176
4. 李登辉"私人"访美，中方坚定捍卫核心利益 / 182
5. 中国驻南联盟大使馆遇袭，误炸还是故意？ / 190
6. 朱镕基访美谈"入世"，克林顿贪婪敲竹杠 / 195

第七章 从"战略对手"到"利益攸关方":小布什定义对华关系

小布什子承父业。在对华态度和政策取向上,却与其父背道而驰。从竞选开始,小布什认定只有中国一个"战略对手"。"南海撞机"事件加剧了中美关系的紧张状态。"9·11"事件改变了世界格局,反恐成为美国的头等大事。中国支持反恐,两国关系再次走出低谷。

1. "南海撞机",中美关系跌入低谷 / 210
2. "9·11"改变世界,中国赢得十年和平发展机遇 / 224
3. 离岸制衡,美国希望保持台湾现状 / 231

第八章 高开低走:奥巴马逆转对华关系走势

奥巴马在金融危机之年竞选总统,希望中国帮助美国走出危机。但是,当中国经济总量跃居全球第二以后,奥巴马政府的对华关系来了一个180度大逆转。奥巴马不仅改写了美国总统的肤色,也改写了美国总统处理对华关系的走势——逆转低开高走惯例,走出高开低走的新态势。

1. "上天福佑",试图"改变"的首位非裔总统 / 241
2. 金融危机爆发,美国求助中国拯救经济 / 244
3. 中国经济全球第二,美中关系逆转"走低" / 252
4. TPP,奥巴马构建围堵中国的"经济北约" / 259
5. 从东海、南海到朝鲜半岛,美国从幕后走到前台 / 265
6. 从安纳伯格到瀛台,元首峰会定调"新型大国关系" / 285

第九章 不确定性:特朗普时代的美中关系

特朗普以"明星商人""政治素人"的巨大反差竞选上台,以"搅局者"的姿态颠覆美国主流政治多年来形成的"政治正确"。在中美关系上，特朗普以其经商惯用的"极限施压"方式，令中美关系的"压舱石"——经贸关系骤然失重，政治和军事领域摩擦不断，两国关系呈现大起大落的波浪式下行趋势。

1. 鲜衣怒马明星商人，颠覆传统"政治素人" / 293

2. "致命中国"："四大金刚"的对华策略 / 301

3. 好话说尽，贸易战准备期大放"烟幕弹" / 305

4. 图穷匕见："贸易战"唯一确定的是"不确定性" / 312

5. "老大耍流氓"，美国以国内法惩罚中国 / 326

第十章　结构性矛盾：中美关系的根本症结

中美关系的根本症结，是两国陷入了结构性矛盾，即守成大国和崛起大国的矛盾。美国为了维护全球独霸地位，不仅声称"绝不接受第二名"，甚至不许世界上出现老二，从而威胁其老大地位。中美关系能不能有效管控矛盾和分歧，主要看中国的智慧和能力。

1. 美国"绝不接受第二名"，中国不必争一时之短长 / 335

2. 两个维度：人类命运共同体与国际力量对比 / 342

3. "两个尊重"：美国要求中国尊重美国老大地位，中国希望美国尊重中国核心利益 / 359

4. 两个特殊论：中国特殊论拥有历史优越感，美国特殊论滋生道德优越感 / 374

5. 两大陷阱："修昔底德陷阱"和"金德尔伯格陷阱" / 376

6. 结论：中美关系将持续走低，斗而不破、和而不同 / 391

参考文献 / 401

后　记　中美关系走到十字路口，关键是做好自己的事情 / 411

第一章

前传：
中美从平等贸易到兵戎相见

中美两个大国,自从相遇以来,就呈现一种不同于其他国家的关系。进入近代,西方列强甚至日本这个后起的邻国,都派出军队占地划界,瓜分中国。美国却没有占据过中国的土地。

1. "中国皇后"号启程,从最年轻共和国驶向最悠久民族

1784年2月22日,美国商船"中国皇后"号从纽约港起航,满载着人参、毛皮、羽纱、棉花、铅等物资,横渡大西洋,绕过好望角,穿越印度洋,通过南中国海,经过半年多时间的长途跋涉,于8月28日抵达广州。这一年是乾隆四十九年,中国已处在康乾盛世的后期。美国则在前一年(1783)刚刚结束独立战争。这是当时世界上最年轻的国家和传承历史最悠久的民族之间的首次相遇。"中国皇后"号首航成功,利润率高达25%,刺激了新独立的美国商人到东方大国追逐利益的热情。中美之间开展了互利双赢的平等贸易关系。

60年后,1844年,美国与中国签订第一个不平等条约《望厦条约》。美国依照"利益均沾"原则,利用英国打赢鸦片战争、迫使清朝政府签订《南京条约》之机,获得了割地、赔款之外英国获得的其他一切特权。美中关系进入"不平等条约"时期。

1873年,美国爆发经济危机,大量企业破产、工人失业。白人种族主义者将其归咎于外来移民,特别是刚刚帮助修筑完成美国中央太平洋铁路的中国劳工。曾经被中央太平洋铁路公司首任董事长利兰·斯坦福评价为"朴实、和平、忍耐、勤劳和节俭"的中国移民[①],在种族主义者眼中成为不能容忍的饭碗抢夺

---

① 陈依范:《美国华人》,郁怡民等译,中国工人出版社1985年版,第79页。

者。《纽约时报》竟然声称西部各州正在变成"中国的殖民地"。①种族主义政党声称,中国劳工在美国的存在"是一个大灾害,它将产生贫穷及随之而来的苦难与罪恶,因之必须予以禁止……",提出"以最大的速度并尽我们的一切力量全部清除国内廉价的中国劳动力"②。在这种舆论氛围下,美国国会通过了一系列排华法案,包括1882年的《排华法》、1884年的《排华法》补充法案、1888年的《斯科特法》、1892年的《吉尔里法》。1904年,美国国会议决将已经两次延长的《排华法》规定为无限期有效。这是美国第一次把中国人当作经济危机的替罪羊。美国的霸道行径,激起了中国民众的强烈反对。中美关系第一次出现对抗性危机。

美国政府在竭力排华的同时,却于1899年向英、俄、德、法、意、日等国提出照会,要求上述6国在中国实行"门户开放"政策。1900年,英、美、法、德、俄、日、奥匈帝国和意大利等八国联军以镇压义和团的名义侵略中国,美国再次发出"门户开放"照会。③虽然这是后起强国承认列强在华"势力范围"的基础上,要求"利益均沾"的主张,但是,这一主张客观上有利于维护中国的领土完整。

1937年"七七事变"爆发,日本全面侵略中国,美国保持"中立",通过向交战双方出售战略物资,大发战争财。

1941年太平洋战争爆发以后,美国夏威夷珍珠港遭受日本攻击,美国希望借助中国牵制甚至抗衡日本,保护其在远东的利益。为此,美国大力援助中国。由美国志愿援华航空队开辟的"驼峰航线"成为中国获取战略物资的生命线。主要由美国志愿者组成的"飞虎队",自中国起飞空袭日本,日本本土首次遭受战争打击。

1943年,二战反法西斯盟国在埃及开罗举行首脑会议。美国总统罗斯福拉蒋介石与会,与英国首相丘吉尔、苏联最高领导人斯大林平起平坐。蒋介石对美国感恩于心,付之于行,在政治、经济、军事、外交等方面,一切唯美国马首是瞻。

---

① 陈依范:《美国华人》,郁怡民等译,中国工人出版社1985年版,第159页。
② 方纳:《美国工人运动史》,三联书店1956年版,第718—720页。
③ 李长久、施鲁佳主编:《中美关系二百年》,新华出版社1984年版,第309—312页。

1944年7月22日,代号为"迪克西使团"的美军观察组在重庆组成,旋即奔赴延安。"迪克西使团"归美国派驻中国的中印缅战区美军总指挥史迪威将军指挥。8月15日,延安《解放日报》发表社论,标题是《欢迎美军观察组的战友们》。这篇社论是毛泽东亲自撰写的。社论指出:"美军观察组战友们来到延安,对于争取抗日战争的胜利,实有重大的意义"。① 美国的中国问题研究专家费正清教授认为,美军观察组到延安,是"美国同中共领导之间正式接触的开始"。②

美军观察组将他们在延安和共产党控制的敌后根据地的所见所闻定时报告美国军方和政府高层。这些报告对共产党给予了肯定。

1944年10月9日,美军观察组驻外处代表谢伟思给史迪威将军写报告说:"共产党已得到广泛而深刻的群众支持,因此要消灭他们是不可能的。从这一基本事实中,我们应当得出这样的结论:共产党将在未来的中国占有一定的重要地位……我提议再进一步得出这样的结论:除非国民党像共产党那样进行深刻的政治和经济改革,要么证明自己有能力夺过这种对人民的领导权(对这两者,它还都没有表示愿意做或者有能力做),否则,共产党将在较短的几年内成为中国的统治力量。"③ 谢伟思按要求把报告的副本寄给了在重庆的美国驻华大使馆。

美军观察组的另一位成员约翰·戴维斯1944年11月7日写出了他在延安的最后一份报告,其结论是:"共产党一定会在中国扎根。中国的命运不决定于蒋介石,而决定于他们。"④

虽然美军观察组对中共予以高度评价,但是,美国决策者在抗战时期的既定方针是"扶蒋用共"。抗战胜利以后,美国为了独霸中国,实施"扶蒋压共"方针。⑤ 随着蒋介石执意发动内战,美国政府公开"扶蒋反共",以处理二战"剩余物资"的名义,向南京国民政府送钱送枪送炮。中共与美国由"战友"变成"敌人"。

---

① 《毛泽东外交文选》,中央文献出版社、世界知识出版社1994年版,第34页。
② 〔美〕伊·卡恩:《中国通》,陈亮、隋丽君、林楚平译,新华出版社1980年版,第146页。
③ 〔美〕伊·卡恩:《中国通》,陈亮、隋丽君、林楚平译,新华出版社1980年版,第164页。
④ 〔美〕伊·卡恩:《中国通》,陈亮、隋丽君、林楚平译,新华出版社1980年版,第176页。
⑤ 中共中央文献研究室编:《周恩来年谱》(1898—1949),中央文献出版社1989年版,第629页。

20世纪50年代早期，美国参议员约瑟夫·麦卡锡掀起"揭露和清查美国政府中的共产党活动的浪潮"，谢伟思等对中共有清醒认知的美国外交官中的"中国通"，都遭到严重迫害。麦卡锡主义横行期间，美国2000多万人受到"忠诚调查"，连研究中国的著名学者费正清都受到指责，政治立场"左倾"的杰出电影艺术家卓别林被迫流亡欧洲。美国人搞"政治极端化"，这不是第一次，也不是最后一次。

1949年春，人民解放军百万大军横渡长江。南京国民政府仓皇迁往广州。美国大使司徒雷登却留在南京，与中共南京外事办副主任、他任燕京大学校长时的学生黄华进行会晤，暗示美国不排除承认新中国的可能性。

1949年8月18日，毛泽东为新华社撰写社论《别了，司徒雷登》①，断绝了美国政府试图与新中国建立联系的设想。从此，新中国在外交上实行"一边倒"，与以苏联为首的社会主义阵营站在一起，同西方世界断绝来往。

1950年6月25日，朝鲜半岛爆发战争。两天后的6月27日，美国总统杜鲁门命令美国军队支持韩国政府，并命令美国第七舰队进入台湾海峡。此时，距离朝鲜战争爆发仅仅48小时。

1950年10月，美国率领的"联合国军"，越过朝鲜半岛南北分界线"三八线"，直扑中朝边界鸭绿江。美国五星上将、联合国军总司令麦克阿瑟主张对中国东北的军事目标进行打击，必要时甚至可以动用核武器。刚刚从战火中成立的新中国，应朝鲜民主主义人民共和国政府的请求，在反复权衡利弊后，做出"抗美援朝、保家卫国"的决策，派遣志愿军于10月下旬跨过鸭绿江，把美国为首的联合国军打回到"三八线"以南。中美军队首次交战，朝鲜战争变成了实际上的中美战争。

1953年7月27日，朝鲜停战协定在板门店签字。在停战协定上签字的联合国军总司令、美军四星上将克拉克则在回忆中写道："我获得了一项不值得羡慕的荣誉，那就是我成了历史上签订没有胜利的停战条约的第一位美国陆军司令官。"②

---

① 《毛泽东选集》第四卷，人民出版社1991年版，第1491—1498页。
② 军事科学院军事历史研究部：《抗美援朝战争史》第三卷，军事科学出版社2000年版，第462页。

朝鲜停战了，中美之间的敌意却越来越严重了。美国把"对共产主义的恐惧"作为对华政策的基础，"红色中国"成为不许触碰的禁忌。

1954年，美国和台湾当局签订美台《共同防御条约》。美国第一次以条约的形式介入中国内战。

也是在1954年，讨论和平解决朝鲜问题和恢复印度支那和平问题的国际会议在日内瓦举行。周恩来总理率中国政府代表团出席会议。率领美国政府代表团出席会议的是时任国务卿约翰·福斯特·杜勒斯。据说这位著名冷战斗士曾经下令，与会期间，美国代表团任何人不得与中国代表团成员握手。有新闻记者问杜勒斯："国务卿先生，你在日内瓦期间，除了在会场上将和中共的周恩来讨论问题外，还有其他正式或非正式的会面安排吗？"杜勒斯回答说："记者先生，只有一种可能，那就是我的坐车和周恩来的坐车在日内瓦大街上相撞。"①

由于杜勒斯给美国代表团下过这样一条禁令，所以日内瓦会议一结束，便传出了两条花边新闻：一是周恩来和杜勒斯在会场不期而遇，当周恩来伸出手想与杜勒斯握手时，杜勒斯却旁若无人地离开了；二是说杜勒斯勉强与周恩来握手之后，随即掏出手帕，将手擦了又擦，然后把手帕揣进衣袋，以此羞辱周恩来。周恩来也掏出手帕，擦了擦手，将手帕丢进了垃圾桶，以此回击杜勒斯。

据当时参加会议的人回忆，这两则花边新闻都是杜撰的。之所以能够广为流传，是因为其中的意味契合当时中美之间的敌对关系。

《日内瓦协议》签字以后，越南分裂为南北两个政权：北方是共产党执政的越南民主共和国；南方成立了美国策划扶植的越南共和国。

1961年底，美国在越南南方发动"特种战争"，武装镇压南方民众，遭到失败。美国认为失败的原因是越南北方越境支持南方民众。1964年8月，美国制造"北部湾事件"，轰炸与袭击越南北方。中国立即秘密派出防空部队入越参战，帮助越南北方抗击美帝国主义的侵略。"打倒美帝"，成为当时中国最流行的口号。

---

① 李勇：《美国国务卿杜勒斯拒绝与周恩来握手的历史真相》，[EB/OL].[2019-01-10].http://news.cntv.cn/2012/12/04/ARTI1354585909957638.shtml.

2. 毛泽东审时度势，老帅们计效"三国"

正当中美对抗更加尖锐激烈的时候，中苏关系开始恶化，由世界社会主义革命的理念之争、领导权之争恶化为主权之争，最后形成边境武装冲突。

从1962年开始，中苏在边界地区不断发生纠纷甚至流血冲突。

1969年，中苏边界冲突引发的紧张局势达到高峰。

1969年3月2日，黑龙江省虎林县（按：现为虎林市），中苏两国界河乌苏里江的一个小岛——珍宝岛上，中苏两国军队爆发了小规模武装冲突。12天以后，3月15日，珍宝岛再次爆发武装冲突，中方取得完全胜利。其时，正值中共筹备召开第九次全国代表大会。

珍宝岛爆发的武装冲突，对中共九大做出国际形势判断，产生了相当大的影响。战斗英雄、珍宝岛边防站站长孙玉国成为九大代表，登上九大主席台，受到毛泽东的接见。

苏联虽然在珍宝岛吃了亏，但是其国力远远强于中国。苏军装备精良，又以不能吃亏著称，肯定不会善罢甘休。

苏军把武装冲突的方向转移到了便于用兵的中国西北地区，制造了一系列武装冲突。其中较大的一次，发生于1969年8月13日，苏军在中国新疆裕民县铁列克提地区，越界攻击中国边防巡逻部队，造成解放军指战员严重伤亡。

在此期间，苏联将驻远东地区的部队，从1961年的12个师，增加到1969年的25个师，进一步增加到1973年的45个师。苏联百万大军陈兵中国边境。

早在珍宝岛事件之前，鉴于中苏关系日益恶化，边境武装冲突随时可能发生，毛泽东开始考虑国际战略调整问题。

1969年2月19日下午，中共九大筹备期间，毛泽东主席在住处召集会议，林彪、周恩来、李富春、李先念、陈毅、徐向前、聂荣臻、叶剑英和中央文革碰头会成员参加会议。会上，毛泽东让陈毅、徐向前、聂荣臻、叶剑英四位元帅研究国际问题。[①]

[①] 中共中央文献研究室编：《周恩来年谱1949—1976》（下），中央文献出版社1997年版，第281页。

周恩来叮嘱四位老帅说:"主席交给你们这个任务,是因为主席认为还有继续研究的必要。主席的一贯思想是,主观认识应力求符合客观实际,客观实际不断变化,主观认识也应随着发展变化,对原来的看法和结论要及时做出部分的甚至全部的修改。所以你们不要被框住。现在国际斗争尖锐复杂,各部门集中力量进行'斗、批、改'①,只能应付'门市'(按:日常工作),熟悉国际问题的干部大部分尚未解放,我一天到晚忙于处理日常工作,实在挤不出时间过细考虑天下大事。主席没有让你们回到原岗位,除了'蹲点'(按:领导干部在一个比较长的时间到一个固定的基层单位了解实际情况),你们可以不受行政事务的干扰,每星期有几天时间专心考虑国际形势。你们都是元帅,都有战略眼光,可以协助主席掌握战略动向,供主席参考。这个任务很重要,不要看轻了。有了比较成熟的看法,请陈总(按:陈毅)归纳几条送给我,我再转报主席。"②

通过周恩来的这番工作交代,可以看出,研究国际问题,是毛泽东交给周恩来的任务。周恩来借机把四位老帅推了出来,让毛泽东当着林彪和中央文革碰头会成员的面亲自给他们布置任务,帮助老帅们摆脱"二月逆流"以后受冲击赋闲"靠边站"的困境。

1967年2月16日,在周恩来主持的中央碰头会上,谭震林、陈毅、叶剑英、李先念、余秋里等拍案而起,对"文化大革命"的错误做法表示强烈不满,对中央文革小组江青、陈伯达、康生一伙乱党乱军、打击迫害老干部的行为进行激烈抨击。事后,谭震林等人受到毛泽东批评。这次事件称为"二月逆流",反对"文革"的谭震林等人受到冲击而赋闲。

陈毅领命以后,立即召集老帅们开会。老帅们都到了古稀之年,开会都带着秘书,方便做记录。第一次会议以后,陈毅兴冲冲地向周恩来汇报。不料,

---

① "斗、批、改"是中共八届十一中全会通过《中国共产党中央委员会关于无产阶级文化大革命的决定》规定的"文化大革命"的目的:"斗垮走资本主义道路的当权派,批判资产阶级的反动学术'权威',批判资产阶级和一切剥削阶级的意识形态,改革教育,改革文艺,改革一切不适合社会主义经济基础的上层建筑,以利于巩固和发展社会主义制度。"转引自中共中央党史研究室著:《中国共产党历史》第二卷(1949—1978),中央党史出版社2011年版,第769页。

② 中共中央文献研究室编:《周恩来年谱1949—1976》(下),中央文献出版社1997年版,第301—302页。

周恩来予以严肃批评，要求以后开会不准带秘书。

那是一个特殊的年代，"文革"造反派对资历深厚的老帅们没有什么办法，但是，对付秘书们却是手段很多。万一老帅们口无遮拦，就可能会给秘书们酿成政治灾难。

陈毅接受周恩来的批评，当即向周恩来提出，可以不带秘书，但是要有个帮手，毕竟都年岁不小了。当年，叶剑英72岁，聂荣臻70岁，陈毅和徐向前都是68岁。周恩来点名让熊向晖参加。

熊向晖是中共情报系统的传奇人物，在蒋介石爱将胡宗南身边，以秘书的身份长期潜伏，多次及时提供了国民党军队进攻陕北的情报。周恩来曾对熊向晖说，在我们党的情报工作中，李克农、钱壮飞、胡底可以说是"前三杰"，你们三人（按：潜伏在西安胡宗南身边的熊向晖、陈忠经、申健）可以说是"后三杰"，所以这样说，因为都为保卫党中央做了贡献。①

1931年，中共中央特科的负责人顾顺章被捕叛变，潜伏在国民党特务头子徐恩曾身边的机要秘书钱壮飞和李克农一起，将情报及时报告在上海秘密活动的周恩来，抢在敌人动手之前转移了中共中央机关。李克农通知打入天津国民党特务机关潜伏的胡底迅速撤离。

1947年，潜伏在西安的熊向晖、陈忠经、申健把国民党第一战区胡宗南部将突袭延安的消息及时报告党中央。

周恩来说"都为保卫党中央做了贡献"，说的就是这两件事。

新中国成立以后，熊向晖从事外交工作。1967年1月从驻英国代办任上奉调回国，参加"文化大革命"。其后一直赋闲，没有安排工作。

熊向晖提出，自己离开外交工作岗位两年多了，不了解外交内情，建议请外交部派一位现职工作的同志参加。经周恩来同意，外交部推荐了欧美司司长姚广。②

6月1日，陈毅就"国际问题研究小组"活动安排情况向周恩来提交了一个报告。

---

① 熊向晖：《我的情报与外交生涯》，中共党史出版社2009年版，第66页。
② 熊向晖：《我的情报与外交生涯》，中共党史出版社1999年版，第181页。

6月2日，周恩来在报告上批注，要求做好三件事：（一）到工厂、学校、公社（按：农村）去蹲点；（二）对国际形势经过阅读材料和集体讨论，提出意见；（三）对国防问题经过阅读材料和集体讨论，提出意见。①

6月7日下午，四位老帅在中南海武成殿开会，姚广和熊向晖列席。

陈毅以他一贯的风趣幽默讲了开场白：主席指定我们议议天下大事，让我牵头。平时各人看材料，用不着我"牵"。材料很多，有价值的不多。一些单位的调研报告，差不多都是上面怎么说，自己做注脚。这种"二路货"可以不看。要重视第一手材料。

陈毅说，我们这个会，就叫"国际形势座谈"，在沙发上"座"而谈之。开会的时候，每人清茶一杯，我请客，算是一点"物质刺激"，"刺激"大家踊跃发言。欢迎长篇大论，也欢迎三言两语。现在开不得"神仙会"，我们就来个"自由谈"。不拘体，不限韵，鸣放一通。可以插话，可以打断，可以质问，也可以反驳，讲错了允许收回。"自由"不能漫无边际，国际形势千头万绪，什么都议也不行，鸡毛蒜皮可以不管。要抓重点，抓要害。现在北边苏修磨刀霍霍，会不会向我们发动大规模进攻？南边美帝虎视眈眈，会不会把侵略越南的战火向中国烧？这是关系党和国家安危的大事，我们要做出明确回答，不能模棱两可，含糊其词。总理的指示很重要，第一，脑袋里不要有框框；第二，要密切注意世界战略格局的发展变化。一次议不出名堂，就多议几次。由向晖同志做记录，议有所得，加以整理，再请大家复议。意见比较一致，上报总理。总理为我们把关。如果总理认为有可取之处，他会呈送主席参考。讨论的过程和内容要保密，这是总理规定的纪律，大家要遵守。②

7个月的时间内，老帅们进行了16次座谈，分析国际形势，提出了许多重大问题和中肯建议，提交了两份书面报告《对战争形势的初步估计》《对目前局势的看法》。

老帅们在报告中指出，当前国际上的对抗，集中地表现为中、美、苏三大

---

① 中共中央文献研究室编：《周恩来年谱1949—1976》（下），中央文献出版社1997年版，第301页。
② 熊向晖：《我的情报与外交生涯》，中共党史出版社1999年版，第183—184页。

力量之间的斗争,"美要利用中苏矛盾,苏要利用中美矛盾,我应有意识地利用美苏矛盾"。

老师们明确提出两个判断:第一,"在可以预见的时期内,美帝、苏修单独或者联合发动大规模侵华战争的可能性都还不大";第二,在美苏之间,苏联是对我国国家安全的主要威胁。这两个判断为外交战略调整提供了基本依据。

叶剑英援引历史典故说:"魏、蜀、吴三国鼎立,诸葛亮的战略方针是'东联孙吴,北拒曹魏',可以参考。"

陈毅进一步提出打开中美关系的设想,从战略上利用美苏矛盾,在华沙会谈恢复时,主动提出中美部长级或更高级会谈,协商解决中美之间的根本性问题和有关问题,我们只提会谈的级别和讨论的题目,不以美国接受我们的主张为前提,估计美国会乐于接受。只要举行高级会谈,本身就是一个战略行动。陈毅将这一"不合常规"的设想向周恩来做了口头汇报。[1]

这就不同于刚刚结束的中共九大报告的提法:"我们要作好充分准备,准备他们大打、准备他们早打。准备他们打常规战争,也准备他们打核大战。"[2]更不同于时任中共中央副主席、中央军委副主席林彪的判断:"用打仗的观点观察一切,检查一切,落实一切"。[3]林彪和他麾下的"军委办事组"认定,大规模侵华战争迫在眉睫。四位老师做出这样的国际形势判断,不仅显示了高远的战略眼光,而且具有非凡的政治勇气,体现了共产党人实事求是的品格,为毛泽东、周恩来等党和国家主要领导人形成调整外交战略的明确思路,打开中美关系大门的决策有了可靠的依据。

苏联领导集团内部,苏联部长会议主席(政府总理)阿列克谢·尼古拉耶维奇·柯西金主张改善苏中两国关系。1969年3月的一天,柯西金让曾为苏中两国领导人做过翻译、正在苏共中央联络部任职的顾达寿,接通莫斯科与北京之间的

---

[1] 中共中央党史研究室著:《中国共产党历史》第二卷(1949—1978),中共党史出版社2011年版,第883—886页。
[2] 林彪:《在中国共产党第九次全国代表大会上的报告》,《人民日报》1969年4月28日05版。
[3] 中共中央文献研究室编:《毛泽东传》(1949—1976),中央文献出版社2003年版,第1562页。

专线，希望与毛泽东直接通话。其时，中国正处在"文革"之中，"反修"意识极强的中南海话务员，一听说电话来自苏联修正主义头子柯西金，生硬地予以拒绝说："我不能给你接通这样的电话。"顾达寿奉命连续打了4次。当第四次电话接通的时候，未等他把话说完，中南海话务员就很不礼貌地说："告诉你，我们的毛主席坚决不与苏联修正主义坏蛋柯西金通话，所以我不能给你接通毛主席的电话！"顾达寿清楚地听见她说了"坏蛋"这一中国人用来骂人的词。①

熊向晖认定，柯西金要与中国领导人通电话的时间是1969年3月21日。次日，中国政府用备忘录复称："从当前中苏两国关系来说，通过电话的方式进行联系，已不适用。如果苏联政府有什么话说，请通过外交途径正式向中国政府提出。"②

这个时间，是中苏在珍宝岛发生第二次武装冲突（3月15—17日）之后。在这一次冲突中，中方夺得珍宝岛全岛的控制权，打死打伤苏军多人，并击毁一辆苏军主战坦克T-62坦克。作为战利品，这辆坦克在中国人民革命军事博物馆展出多年。

从各种材料综合分析，在珍宝岛冲突发生以后，柯西金给中国领导人打电话这个事实是存在的。在两国关系如此紧张的情况下，柯西金用电话这种非正式的方式来缓和局势，显然没有达到期望。

1969年9月3日，越南劳动党主席胡志明逝世。柯西金希望利用出席葬礼的机会，与周恩来在河内会谈。周恩来专程到河内吊唁胡志明，却没有留下来参加葬礼。中国参加胡志明葬礼的特使是副总理李先念。周恩来回避与柯西金在河内会谈。

柯西金试图与中国领导人会谈的心情非常迫切。在受到周恩来回避以后，他请越南外交部转告中方，希望葬礼结束后回国途经北京时会见周恩来。由于越南外交部没有及时转达这一信息，柯西金直到专机起飞，也没有得到中方的答复。周恩来获悉以后，立即指示驻越使馆告诉苏方，同意在北京首都机场与

---

① 〔俄〕顾达寿口述：《直译中苏高层会晤》，郑少锋执笔，当代中国出版社2010年版，第130—131页。

② 熊向晖：《我的情报与外交生涯》，中共党史出版社1999年版，第176页。

柯西金会晤。此时，柯西金的专机已经途经印度到达苏联塔吉克斯坦加盟共和国首都杜尚别。柯西金与苏共总书记勃列日涅夫电话沟通以后，从杜尚别改道伊尔库茨克转飞北京。

9月11日上午，柯西金专机抵达首都机场，在机场贵宾室与周恩来进行了3小时40分钟的政治会晤。

双方寒暄以后，柯西金问怎么谈。周恩来说："先听听你们的，随便谈，不受拘束。"双方很快同意先讨论现在的问题。

柯西金说："现在西方报刊和以美国为首的力量正利用一切办法使我们冲突起来。全世界的情报机构花费大量经费干这件事。以尼克松为首的反动派势力采取一切手段，使我们两个伟大的社会主义国家发生冲突。未来他们能做到这一点，就可以把社会主义和共产主义在全世界搞垮。"

周恩来接过话题，先简单回顾了一下理论和原则问题，然后直奔主题："今天，我们只有3小时，所以，我想抓关键性的问题来谈。什么是关键问题呢？就是边界问题。关于边界问题，我们在5月24日发表了声明。我可以很直率地告诉你，中国对苏联没有领土要求。边界问题是历史造成的，不由我们两国人民负责，当时我们两国人民都处在无权的地位，是沙皇强加给中国的不平等条约，所以我们主张以条约为基础，对争议地区可以进行调整。"

周恩来指出："在边界问题解决前，应该维持边界现状，避免武装冲突。怎么停止武装冲突呢？我们主张在中苏边界有争议的地方，双方武装力量脱离接触。我不是说，中苏边界都是有争议的地方。"

周恩来明确指出："你们说我们想打核大战。我们的核武器是什么水平，你们是清楚的。……你们说，你们要用先发制人的手段来摧毁我们的核基地，如果你们这样做，我们就宣布，这是战争，这是侵略，我们就要坚决抵抗，并且抵抗到底。但是，我们不希望出现这种情况。所以我要把这个话告诉你。"

柯西金表示："我们党、我们政府从未发表任何文件说战争是不可避免的，没有呼吁和号召我们的人民进行战争，而是号召他们争取和平，我们没有发表过一个声明，要我们的人民勒紧裤带进行战争。……我们没有任何领土要求。……不反对就边界问题进行谈判。"

经过一番讨论,双方达成临时措施:第一,维持边界现状;第二,避免武装冲突;第三,在有争议的地区,双方武装部队脱离接触;第四,双方发生争论时,由边防部门互相联系解决。①

---

① 以上资料参考廉正保:《周恩来与柯西金机场会谈实录》,《百年潮》2016 年第 1 期。

第二章

破冰：
尼克松改写美中关系

第二章 破冰：尼克松改写美中关系

被称为"中国人民的老朋友"的美国人有很多，美国第 37 任总统理查德·米尔豪斯·尼克松是具有特殊重要性的一位。作为右翼共和党人，尼克松对共产主义充满敌意，却对毛泽东充满敬意。20 世纪 60 年代末 70 年代初，毛泽东和尼克松发现中美具有重大的共同利益，超越意识形态对立，由此开启了改善中美关系的大门。尼克松以现任总统身份，勇敢"破冰"，来到没有外交关系的中国访问，共同反对苏联霸权主义。

1. 苏联强势扩张，美中互相需要

尼克松是爱尔兰人后裔，1913 年出生在美国加利福尼亚州洛杉矶附近的约巴林达镇，父亲是汽车加油站和百货店老板，可以说他是出身"草根"。之后尼克松凭借个人努力，从惠蒂尔学院和杜克大学毕业并成为一名律师。1938 年 6 月加入共和党，二战时成为海军军官，虽然从未前往前线打仗，但获得了两枚海军"战斗之星"勋章，并在二战结束后晋升为海军少校。二战后他选择从政，1946 年一举当选美国国会众议员，后来又当选为参议员、副总统。

作为副总统，尼克松最著名的意识形态事件，是与苏联共产党中央总书记赫鲁晓夫进行的"厨房辩论"。

1959 年 7 月 24 日，美国国家博览会在当时的苏联首都莫斯科揭幕。受时任美国总统德怀特·戴维·艾森豪威尔的委托，尼克松出席开幕式。

这个博览会，展示了美国人心目中每位国民能够拥有的一切，以显示资本主义制度的优越。在一座美式别墅的厨房展台前，尼克松与时任苏共中央总书记、苏联部长会议主席（总理）尼基塔·谢尔盖耶维奇·赫鲁晓夫，展开了一

场辩论，话题涉及意识形态、核战争、资本主义和共产主义经济制度的优劣等。美国人通过电视转播，观看了这场辩论，多数人认为尼克松赢得了这场辩论。

但是，这场辩论带来的政治红利，并没有给尼克松的政治生涯加持正面效应。"厨房辩论"的次年，尼克松以副总统身份参加大选，失利；竞选加州州长，再度失利。但是，顽强的尼克松并没有轻言放弃，经过8年的沉寂，最终等来了机会——越战的失利，消耗了肯尼迪遇刺留给民主党的政治遗产。尼克松绝地反击，成功登顶，于1968年当选美国总统，任期从1969年开始，成功连任后，因水门事件，于1974年辞职。

越战失利，可以说既给了尼克松机会，也让他接手了一个"烂摊子"。在国际关系方面，尼克松不仅要结束越战，而且要面对苏联咄咄逼人的攻势。要同时解决这两大难题，都离不开中国，或者说得更明确一点，美国需要中国的帮助。

美国把越南作为"多米诺骨牌"的关键一张。为了抵御共产主义的攻势，美国最多时曾向越南派出50多万军队。但是，美国武装力量越是深入介入越南，中苏两国支持越南的力度就越大。特别是中国，作为越南的近邻，不仅以武器装备支持越南，而且直接派出防空部队进入北越，使美军的空袭连连失手，让越南北方腾出更多力量投入南方战场，使美军连连失利，人员死伤严重。美国国内的反战运动应声而起，民主党政府遭到沉重打击。尼克松清楚地认识到，解决越南问题的关键钥匙，掌握在中国手中，而不是在实力更加强大的苏联手中。

在国际大棋局中，美国的主要对手是苏联。

第二次世界大战以后，经过休养生息，随着中国革命的胜利，国际共产主义运动占据了总体优势。朝鲜停战以后，以美国为首的西方阵营总体上处于守势，以苏联为首的东方阵营总体上处于攻势。

在欧洲，苏联封锁德国西柏林（1948）、制造匈牙利事件（1956）、武装干涉捷克的布拉格之春（1968）。美国只是借助南斯拉夫1948年脱离苏联阵营扳回一分，得少失多。

在南亚，印度的尼赫鲁政府推行社会主义政策，成为苏联的盟友。

在阿拉伯世界，由于美国支持以色列复国，包括埃及在内的阿拉伯世俗大国普遍倒向苏联。

苏联出兵埃及（1970），结盟叙利亚（1971），军援利比亚（1969），支持中东地区的反以色列力量。

在非洲，从埃塞俄比亚、莫桑比克、津巴布韦到安哥拉，苏联四处点火。

在拉美，古巴革命战争胜利，格瓦拉一段时间内在南美领导游击队活动，美国的后院动荡不安。

美国对抗苏联的扩张势头，心有余而力不足。

中苏分裂，使美国看到了联手中国抵制苏联霸权的希望。但是，中国具有比苏联更鲜明的意识形态色彩，特别是"文化大革命"的爆发，使美国当局不敢大张旗鼓，只能小心翼翼地试探。

珍宝岛冲突以及此后的一系列中苏边界武装冲突，令中苏关系十分紧张。苏联甚至扬言袭击中国的核设施，令美国当局既感到震惊，也看到了机会。

1969年8月14日，尼克松在国家安全委员会会议上指出，苏联是更具有侵略性的一方，如果听任中国在一场战争中被摧毁，那是不符合我们的利益的。[①] 根据尼克松的意图，基辛格提出，如果中苏发生冲突，美国将持中立态度，但是应该尽可能向中国倾斜。

尼克松将拉拢中国看作一个改变美国外交政策和提高世界领导地位的机会，利用改善对华关系，向美国公众表明，即使在越南战争这样一场大伤元气的战争中，美国还是能制定长治久安的蓝图，美国与占世界人口五分之一的中国这样一个大国重新建立联系，毫无疑问有利于减轻从越南战场失利的痛苦。

2.20年的敌对鸿沟，如何跨越

"大英帝国没有永恒的盟友，也没有永恒的敌人，只有永恒的利益。我们的义务就是维护这些利益。"

英国19世纪政治家帕默斯顿的这个理念，道破了国际关系的真谛，成为各

---

① 〔美〕基辛格：《白宫岁月》第1册，杨静予等译，世界知识出版社1980年版，第238页。

国处理国家关系的行为准则。在关乎生死存亡的重大利益面前,包括意识形态严重对立、曾经的生死决斗血海深仇,都可以弃置一旁。

中美两国就走到了这个关口。两国之间的意识形态严重对立处于你死我活的状态。从美国支持蒋介石企图消灭共产党,到朝鲜战场上两军血肉生死之搏,再到台湾海峡的军事对峙、越南战场上没有公开的两军交战、美国对中国的全面封锁,中美对立的鸿沟,比太平洋还宽,比马里亚纳海沟还深!

如何跨越这一鸿沟,进行战略对话,分享共同利益,进而达成战略协同互助,并说服两国民众转圜接受?这是中美两国政治家必须破解的难题。

中国的情况比较简单。中国革命胜利的历史,共产党的组织纪律,都赋予毛泽东最后决断权。

美国的情况比较复杂。尼克松意欲改善中美关系,每一个步骤都要向国会的 20 多位议员通报,还要向大约 15 个国家介绍情况,向台湾通报,这些国家都认定台湾才是中国的合法政府。两国关系互相试探阶段的秘密沟通,面临巨大的压力。

尼克松是一位经受过大起大落考验的、意志顽强的政治家,也是一位具有国际全局眼光的战略家。当选总统两年之前,1967 年 10 月,尼克松在美国《外交季刊》上发表《越南后的亚洲》一文,对美国多年来孤立中国提出异议,表示不能永远与中国隔离,要与中国进行对话。尼克松的这一篇文章,引起了毛泽东的关注。①

尼克松一上任,就着手试探打破中美关系僵局。

1969 年 1 月 20 日,尼克松在就职演讲中暗示要改善对华关系:"在经历了一个对抗的时期之后,我们正在进入谈判的时代。

"让所有的国家都知道,在本届政府任职期间,我们的通讯联络线路将是畅通无阻的。

"我们谋求建立一个开放的世界——对各种思想开放,对货物和人员的交流开放;在这个世界里,大小国家的人民都不会怒气冲冲地处于与世隔绝的

---

① 外交部外交史研究室编:《周恩来外交活动大事记》,世界知识出版社 1993 年版,第 706 页。

地位。

"我们不能指望使每个人都成为我们的朋友,但是我们能够设法使任何人都不成为我们的敌人。"①

8天以后,《人民日报》全文刊出尼克松的就职演说。在中美两国严重敌对的情况下,中共中央机关报《人民日报》全文刊出敌对国家总统的就职演讲,是绝无仅有的特例。据曾经担任国务院副总理、外交部部长黄华回忆,这一决策是毛泽东做出的。②当天的《人民日报》一版,以整版篇幅刊出《人民日报》和《红旗》杂志评论员文章:《走投无路的自供状——评尼克松的"就职演说"和苏修叛徒集团的无耻捧场》。这篇评论员文章和尼克松演讲全文的刊出,表面上看是左右开弓,"两个拳头"打击美帝国主义和苏联社会帝国主义,其实是巧妙地向中国人民通报了尼克松的真实意图。

1969年7月,尼克松利用出访的机会,多次表示美国准备开始与北京交往,反对苏联建立"亚洲安全体系",并说,如果让中国继续处于"孤立"状态,亚洲就不能"向前进"。③

当年12月3日,在波兰首都华沙发生了美国大使追中国大使馆译员的事件。

这一天晚上,华沙科学文化宫举行南斯拉夫时装展览会。中国驻波兰大使馆二等秘书李举卿应邀参加,译员景志成随同前往。时装表演结束时,景志成走到衣帽间外的楼梯上,美国驻波兰大使馆二等秘书西蒙斯追上来说:"先生,这是我们大使。"当时,中美关系紧张,中国外交人员一般不与美方接触。景志成怕别人发现他与美国人在说话,慢了脚步,却没有停步站住。只听美国大使小沃尔特·斯托塞尔说:"我是美国大使,我想会见你们代办先生。"当时,中国驻波兰大使不在华沙,大使馆由代办主持工作。景志成边走边答:"我转达。"这时,景志成发现李举卿已经走出大门,于是加快了步伐。美国大使紧追不舍,

---

① 《一篇绝妙的反面教材 美帝新头目尼克松的"就职演说"》,《人民日报》1969年1月28日05版。
② 黄华:《亲历与见闻——黄华回忆录》,世界知识出版社2007年版,第157页。
③ 熊向晖:《打开中美关系的前奏——1969年四位老帅对国际形势研究和建议的前前后后》,《湖南党史月刊》1992年第12期。

边走边说：“最近我在华盛顿见到了尼克松总统，他说他要和中国进行重大的、具体的会谈。"景志成再次表示"我转达"后即迅速离去。

第二天下午，西蒙斯打电话到中国驻波兰大使馆，声称受美国政府委托，询问美国大使昨日同中国大使馆人员的谈话是否已经转告，并称昨日谈话已被美国记者看到，现已向美国使馆提出问题，美方拟予以确认，但不透露谈话内容，也不加评论。果然，当天晚上20时，美国之音电台播出消息，说美国大使同中方代表进行了简短谈话。随后，西方各主要通讯社迅速报道了这一消息。

后来，这件事情越传越神，传成美国大使追中国使馆人员追到厕所里。① 与杜勒斯拒绝握手事件一样，成为中美外交史上的两大轶闻。

这一事件说明，尼克松试图突破对华关系，已经具有了紧迫感。

1970年2月，尼克松实施第一个认真的公开对华主动行动。他向国会提供就职以后的第一个外交报告，关于中国问题，报告写道："中国人民是伟大的、富有生命力的人民，他们不应该继续孤立于国际大家庭之外……我们采取力所能及的步骤来改善同北京的实际上的关系，这肯定是对我们有益的，同时也有利于亚洲和世界的和平与稳定。"②

开辟与中国打交道的渠道，尼克松选定巴基斯坦和罗马尼亚。

巴基斯坦是不结盟国家，与中国关系良好。罗马尼亚意欲摆脱苏联的控制，也与中国具有良好的关系。尼克松认定他的话一定能够传到中国人那里去。

中国释放改善中美关系信号的方式，非常具有中国特色——通过中国人民的老朋友，美国记者埃德加·斯诺。红军长征胜利结束不久，1936年7月，埃德加·斯诺抵达陕北，采访了毛泽东等中共和红军领导人，撰写了《红星照耀中国》一书，中共的真实形象第一次比较完整地展示在西方世界和国民党统治区。

1965年，"文革"前夕，毛泽东把斯诺请到了北京。

斯诺说："过去15年，历史的各种力量把美中两国人民分开，几乎断绝了一切交往，我个人自然感到遗憾。今天，这个鸿沟似乎比过去更扩大了。但是，

---

① 景志成：《美国大使在华沙追我的真相》，载《新中国外交风云》第五辑，世界知识出版社1999年版，第254—257页。
② 〔美〕尼克松：《尼克松回忆录》中册，裘克安等译，商务印书馆1979年版，第229—230页。

我自己不相信会最终发展到战争，造成历史上最大的悲剧之一。"

毛泽东回答说，历史的各种力量最后必然会把两国人民再带到一起来的；这个日子一定会到来。也许你是对的，在那以前战争是可以避免的。①

新中国成立以来，毛泽东一直把美国看成"纸老虎"，包括美国的原子弹，也是"纸老虎"。毛泽东公开表示，反对赫鲁晓夫的和平共处理论，要与美帝国主义斗争到底。其态度之强硬，令苏联及其东欧的卫星国吓出一身冷汗，纷纷与中国拉开距离，这也是中苏交恶的一个重要原因。美国甚至一度将中国视为比苏联更危险的敌人。毛泽东与斯诺的这一番谈话，显示了一位战略家的深谋远虑，不过当时华盛顿没有人注意到这番话。

中苏爆发边界冲突，战争危险逼近。如何借助美国转移苏联的压力？毛泽东再次启用斯诺。1970年10月1日，毛泽东在天安门城楼上观看国庆大典的游行队伍，特意让斯诺站在他的身边。

斯诺回忆说："我安详地坐在挤满了人的天安门城楼上，忽然觉得有人拉了一下我的衣袖，转过身来，看见了周恩来总理。他很快就领着我和我的妻子洛伊斯站到毛主席身边去了，在那里，我们就在占人类四分之一（或五分之一？）的中国人民的中心呆了一些时候。中国领导人当众做的事情都是有目的的。重大的事情正在发生，但这是什么事情呢？"②

这是一个重要的信号，可是，美国当局没有看懂。毛泽东这一意味深长的举动被看作是对老朋友的礼遇。

毛泽东决定再加一把火。12月18日，毛泽东与斯诺进行长达5个小时的谈话。

18日凌晨，天色还没有大亮，斯诺在北京饭店的房间里被敲门声惊醒。

前一天晚上，斯诺夫妇应邀出席了在北京的柬埔寨国王西哈努克的招待会。就在这个招待会上，周恩来告诉斯诺，毛泽东近日感冒，近期不能安排与你的会见。所以斯诺心无挂碍地安然入睡。

---

① 〔美〕埃德加·斯诺：《漫长的革命》，胡协力译，上海人民出版社1975年版，第221页。
② 〔美〕埃德加·斯诺：《漫长的革命》，胡协力译，上海人民出版社1975年版，第1页。

斯诺夫人开门一看，居然是王海容和唐闻生，在外交部专门为毛泽东服务的翻译。唐闻生用英语急促地说："有一位老朋友要见斯诺先生，请他现在就跟我们走。"①

毛泽东见到斯诺，幽默地抛出话头：外交部有人反对你来，说你是美国特务，此人是乔老爷（按：当时的外交部副部长乔冠华）。②

毛泽东与斯诺的谈话，天南海北，话题广泛，包括"文化大革命"、个人崇拜、中苏关系、中美关系和对尼克松个人的看法。

关于中美关系，毛泽东说："我欢迎尼克松上台。为什么呢？他的欺骗性有，但比较地少一点，你信不信？他跟你来硬的多，来软的也有。他如果想到北京来，你就捎个信，叫他偷偷地，不要公开，坐上一架飞机就可以来嘛。谈不成也可以，谈得成也可以嘛。何必那么僵着？但是你们美国是没有秘密的，一个总统出国是不可能秘密的。他要到中国来，一定会大吹大擂，就会说其目的就是要拉中国整苏联，所以他现在还不敢这样做。整苏联，现在对美国不利；整中国，对于美国也不利。

"现在我们的一个政策是不让美国人到中国来，这是不是正确？外交部要研究一下。左、中、右都让来。为什么右派要让来？就是说尼克松，他是代表垄断资本家的。当然要让他来了，因为解决问题，中派、左派是不行的，在现时要跟尼克松解决。

"他早就到处写信说要派代表来，我们没有发表，守秘密啊！他对于波兰华沙那个会谈不感兴趣（按：指中美华沙大使级会谈），要来当面谈。所以，我说如果尼克松愿意来，我愿意和他谈，谈得成也行，谈不成也行，吵架也行，不吵架也行，当作旅行者来谈也行，当作总统来谈也行，总而言之，都行。我看我不会跟他吵架，批评是要批评他的。我们也要作自我批评，就是讲我们的错误、缺点了，比如，我们的生产水平比美国低，别的我们不作自我批评。

"中美两国总要建交的。中国和美国难道就一百年不建交啊？我们又没有占

---

① 孔东梅：《改变世界的日子——与王海容谈毛泽东外交往事》，中央文献出版社2006年版，第66页。
② 黄华：《亲历与见闻——黄华回忆录》，世界知识出版社2007年版，第154页。

领你们那个长岛。"①

1970年12月25日,毛泽东77岁生日前夕,《人民日报》一版头条位置通栏刊出消息《毛泽东主席会见美国友好人士埃德加·斯诺》,配发10月1日毛泽东和斯诺夫妇在天安门城楼上的大幅合影,报纸头版右上角报眼位置的毛主席语录栏里,刊出的是"全世界包括美国人民都是我们的朋友"。半年之前,5月20日,毛泽东发表支持世界人民反对美帝国主义斗争的声明,标题为:《全世界人民团结起来,打败美国侵略者及其一切走狗》。巨大的反差,令全世界目瞪口呆。

1971年4月18日,斯诺撰写《我们同毛泽东谈话》一文,在意大利《时代》周刊发表;4月30日,美国《生活》杂志刊出斯诺撰写的《同毛泽东的一次交谈》。其时,美国乒乓球队已经应邀访华,这一期的《生活》杂志,封面和头两篇文章,都是报道美国乒乓球队访华的图片和报道。斯诺的文章安排在第三篇。②

1971年5月31日,中共中央印发了毛泽东"会见斯诺的谈话纪要",要求"此件请印发党的基层党支部,口头传达至全体党员,并认真组织学习,正确领会主席谈话精神"。③

尼克松后来回忆道,毛泽东同斯诺谈话的内容,"我们在几天后就知道了"。④

然而,基辛格却回忆说,关于毛泽东与斯诺的谈话,"我们过了几个月以后才得悉这个谈话的内容",中方"又一次把我们的敏锐性和我们情报机构的能力估计过高"。⑤

尼克松和基辛格都是当事人,其回忆却大相径庭。有人估计,尼克松作为总统,有专门的情报渠道,可能他获悉以后没有告诉基辛格。

基辛格是德国犹太人,1938年移居美国,1943年加入美国籍。他在哈佛大

---

① 中央文献研究室编:《建国以来毛泽东文稿》第13册,中央文献出版社1998年版,第164—173页。
② 熊向晖:《我的情报与外交生涯》,中共党史出版社1999年版,第227页。
③ 中央文献研究室编:《建国以来毛泽东文稿》第13册,中央文献出版社1998年版,第182页。
④ 〔美〕尼克松:《尼克松回忆录》中册,裘克安等译,商务印书馆1979年版,第232页。
⑤ 〔美〕基辛格:《白宫岁月》第2册,吴继淦等译,世界知识出版社1980年版,第357页。

学就学时专攻国际问题，获得博士学位，出版了好几部重要著作，成为国际战略问题的权威，是几届美国政府的外交或军事顾问。尼克松当选为美国总统后，任命基辛格为国家安全事务助理。尼克松决定打破中美关系僵局，基辛格是得力军师和最佳特使人选。

为了"逼迫"尼克松来谈，毛泽东以美国侵略柬埔寨为由，断然中止刚刚于年初恢复，拟于1970年5月20日再次进行的中美大使级华沙会谈。此后，中美华沙大使级会谈无疾而终，不再举行。

3. 乒乓外交，小球推动地球

"球"到了尼克松这一边。

1970年10月初，尼克松接受美国《时代》杂志记者的采访时说："如果说我在死以前有什么事情想做的话，那就是到中国去。如果我去不了，我要我的孩子们去。"[1]

10月25日，尼克松在白宫告诉来访的巴基斯坦总统叶海亚·汗，我们已经决定设法使我们的对华关系正常化。尼克松要求叶海亚·汗作为中介人提供协助。

第二天，尼克松为来访的罗马尼亚总统齐奥塞斯库举行欢迎宴会，首次使用"中华人民共和国"这一正式称号，并请齐奥塞斯库向北京传话。

11月10日，叶海亚·汗访问中国，在与周恩来总理单独会谈时转达了尼克松的口信，说尼克松准备派其高级助手在任何时候和任何地点与中国的相应代表对话。周恩来感谢叶海亚·汗几次转达尼克松口信，表示将把叶海亚·汗的传话内容报毛泽东。[2]

三天以后，11月14日，周恩来与叶海亚·汗进行第5次单独会谈时回应了

---

[1] 〔美〕尼克松：《尼克松回忆录》中册，裘克安等译，商务印书馆1979年版，第230页。
[2] 中共中央文献研究室编：《周恩来年谱1949—1976》（下卷），中央文献出版社1997年版，第409页。

尼克松的口信："因为尼克松通过阁下转告的是口信,我们也应该通过阁下作口头回答。阁下清楚,台湾是中国不可分割的领土,解决台湾问题是中国的内政,不容外人干涉。美国武装力量占领台湾和台湾海峡,是中美关系紧张的关键问题,中国政府一直愿意以谈判来解决这个问题,但是谈了15年还没有结果。现在,尼克松总统表示要走向同中国和好。如果美方真有解决上述关键问题的愿望和办法,中国政府欢迎美国总统派特使来北京商谈,时机可通过巴基斯坦总统商定。"①

叶海亚·汗与周恩来进行第5次单独会谈的当天即离开北京回国。白宫急着等待叶海亚·汗带回来的信息。但是,信息迟迟不来。25天后,12月9日下午6时左右,巴基斯坦驻美国大使阿格哈·希拉利来到白宫,向基辛格出示一封用有蓝道的白色信纸手写的函件。希拉利说,他没有被授权可以把这个文件留下来,因此,只能口头宣读。基辛格请他读慢一点,以便自己能够记下来。基辛格后来回忆道:"我们当时忙于干这种刻板的事,根本没有注意到,一个以古宗教为立国之本的国家的杰出的举止文雅的代言人口念一个富有战斗精神的亚洲革命国家领导人的信息,而由西方资本主义世界领导人的一个代表把它记下来,这是多么不和谐;也没有注意到,在这个信息随发随收的时代,我们竟然回到前一世纪那种外交方法——由一名信使传递,宣读手写的照会的方法。一件带有根本性的重大事件发生了,其方式是学究式的,几乎是平淡无奇的。"②

据尼克松回忆,周恩来的口信强调说明这不仅是他的口信,而且已经得到毛泽东和林彪的批准。③

12月16日,美方接到中方回信一周以后,尼克松向中国回复一个口信:"在北京的会谈将不仅限于台湾问题,而是将包括旨在改善关系及缓和紧张局势的其他步骤。至于美国在台湾的驻军,美国政府的政策是,随着东亚和太平洋紧

---

① 中共中央文献研究室编:《周恩来年谱 1949—1976》(下卷),中央文献出版社1997年版,第410—411页。
② 〔美〕基辛格:《白宫岁月》第2册,吴继淦等译,世界知识出版社1980年版,第355页。
③ 〔美〕尼克松:《尼克松回忆录》中册,裘克安等译,商务印书馆1979年版,第230页。

张局势的缓和，美国将减少在该地区的驻军。"①

尼克松这一口信的最后一句话，把美国从台湾撤军与结束印度支那的冲突联系了起来，其用意是希望中国帮助结束越南战争。这是美国官方的一个标准口径，后来的中美《上海公报》一字不落地把这句话写了进去。

与巴基斯坦大使希拉利所持有手写信函不同，美方的这一信件是用打字机打的，信笺上没有印上美国政府专用信笺等字样，也没有美国政府的水印图案，信件上没有人签名。

美国通过罗马尼亚渠道带给中国的口信，于1971年1月中旬得到中方的回复。

1月11日，罗马尼亚驻美国大使科梅利·博丹到白宫访问基辛格，宣读了周恩来对美方通过"罗马尼亚渠道"带去的口信的回复。周恩来重申中国政府对台湾问题的一贯立场。让美方感到吃惊的是，周恩来不仅欢迎美方派一位特使到北京去，而且提出，尼克松总统既然已经访问过布加勒斯特（按：罗马尼亚首都）和贝尔格莱德（按：南斯拉夫首都，现为塞尔维亚首都），那么他在北京也会受到欢迎的。基辛格认为，周恩来的这个提法消除了美方的一切顾虑。②

正当中美两国首脑就改善两国关系态度渐趋明朗之时，一个"小球"推动了"大球"。

1971年3月底，中国乒乓球队参加在日本名古屋举行的第31届世界乒乓球锦标赛。这是"文革"以来中国运动员第一次出国参赛。参加比赛的美国乒乓球运动员对中国队员态度友好，甚至提出要到中国访问。

3月11日，周恩来亲自主持会议，讨论中国乒乓球队参加第31届世界乒乓球锦标赛的问题。在谈完乒乓球队参赛问题以后，周恩来谈起了与美国乒乓球队接触的问题："这次如果我们派乒乓球队出去，是代表国家的，也是代表人民的，在比赛中也就要接触许多国家的代表队，其中也会包括美国队。作为一个团体，我们总是要和他们接触的。如果美国队进步，也可以请他们来比赛。我

---

① 〔美〕基辛格：《白宫岁月》第2册，吴继淦等译，世界知识出版社1980年版，第356页。
② 〔美〕基辛格：《白宫岁月》第2册，吴继淦等译，世界知识出版社1980年版，第358—359页。

们和美国队可以比赛,不能来往就不通了。"①

美方似乎心有灵犀,相向而行。就在世界乒乓球锦标赛举行前半个月,3月15日,美国国务院宣布取消对持美国护照去中华人民共和国旅行的限制。

3月30日下午,中国乒乓球代表团秘书长宋中,在国际乒联代表大会后遇到美国乒乓球代表团团长、美国乒乓球协会主席格雷姆·斯廷霍文和国际乒联理事、美国乒协国际部主任罗福德·哈里森。

斯廷霍文询问了中国方面邀请南斯拉夫乒乓球队去中国访问等事后说:"中国的乒乓球运动水平很高,如果美国选手去一次中国,一定能够学到许多有益的技术,也希望中国的乒乓球选手到美国去。"②

当晚,中国乒乓球代表团负责人紧急商议,得出一个结论:美国乒乓球队表示友好,他们想去中国访问。这个结论被立即报告给了国内,毛泽东和周恩来第一时间收到了这个报告。毛泽东当即指示,和名古屋每天通话3次还不够,要增加到5次!③

当美国乒乓球队同我国乒乓球队友好接触、希望访问中国的消息,接二连三地从名古屋传往北京时,外交部和国家体委于4月3日提出请示报告:"可以告诉美国队现在访华的时机还不成熟,相信今后会有机会。"

周恩来对这份报告十分慎重,加了一段话:"可留下他们的通信地址,但对其首席代表在直接接触中应表明,我们中国人民坚决反对'两个中国''一中一台'的阴谋活动。"周恩来写上"拟同意"后,于4月4日呈送毛泽东主席。④

毛泽东没有当即批复报告。

第31届世界乒乓球锦标赛计划于4月7日结束。

4月6日,毛泽东在周恩来呈报的这份报告中画了圈,并让工作人员将这份报告退回外交部。

当晚11点多,毛泽东让身边的护士长吴旭君打电话给外交部礼宾司负责人

---

① 钱江:《"乒乓外交"始末》,东方出版社1987年版,第61页。
② 钱江:《"乒乓外交"始末》,东方出版社1987年版,第91页。
③ 钱江:《"乒乓外交"始末》,东方出版社1987年版,第92—93页。
④ 钱江:《"乒乓外交"始末》,东方出版社1987年版,第122页。

王海容，告诉她要邀请美国乒乓球队访华。

当时，毛泽东已经吃了安眠药。毛泽东曾经给吴旭君交代过，他吃了安眠药以后讲的话不算数。所以，吴旭君不敢肯定毛泽东现在说的这个话是不是算数。等了一会儿，毛泽东使劲睁开眼看着吴旭君说，小吴，你怎么还坐在那儿呀？我叫你办的事你怎么不去办呢？吴旭君乘机请毛泽东复述了一遍，并追问了一句："你现在都吃了安眠药了，你说的话算数吗？"毛泽东向吴旭君挥了一下手说，算！赶快办，要不就来不及了。[1]

毛泽东的决定产生了冲击波。美国国务卿威廉·皮尔斯·罗杰斯午夜时分收到美国驻日本大使阿明·迈耶的加急电报，当即指示立即送往白宫，并附上国务院的意见："虽然我们还无法断定到底是怎么回事，但这个邀请的用意起码有一部分是作为回答美国最近采取的主动行动的一种姿态。"[2]

尼克松看到加急电报，又惊又喜，事后回忆说："我从未料到对中国的主动行动会以乒乓球队访问形式求得实现。"

尼克松立即请来国家安全事务助理基辛格和国务卿罗杰斯，讨论发生在名古屋的"急转事态"，最后得出一个结论：这绝不是一段孤立的插曲，而是期盼已久的一个重大外交进程的开端。[3]

4. "巴铁"加持，基辛格秘密访华

"小球转动了大球"。

1971年4月14日下午，周恩来在人民大会堂会见应邀来访的加拿大、英格兰、哥伦比亚、尼日利亚和美国等5个国家的乒乓球代表团成员。

周恩来同美国乒乓球代表团谈话时说："我请你们回去把中国人民的问候转

---

[1] 中共中央文献研究室编：《毛泽东传1949—1976》（下），中央文献出版社2003年版，第1630—1631页。
[2] 钱江：《"乒乓外交"始末》，东方出版社1987年版，第129—130页。
[3] 钱江：《"乒乓外交"始末》，东方出版社1987年版，第139页。

告给美国人民。中美两国人民过去往来是很频繁的,以后中断了一个很长的时间。你们这次应邀来访,打开了两国人民友好往来的大门。我相信中美两国人民的友好往来将会得到两国人民大多数的赞成和支持。"①

"现在,门打开了!"无线电波载着周恩来的声音,传到了大洋彼岸,尼克松、罗杰斯、基辛格予以认真研究,白宫感到是做出公开反应的时候了。

美国东部时间4月14日中午(北京时间4月15日),尼克松发表声明,决定实施5项对华新政策措施:

——美国准备迅速发给从中华人民共和国到美国来访问的个人或团体的签证。

——将放宽美国货币方面的控制,以使中华人民共和国能够使用美元。

——将取消对供应前往中国、或来自中国的船只和飞机的燃料的美国石油公司的限制。但前往或来自北越、北朝鲜、或古巴的中国拥有或租用的运输工具除外。

——美国船只或飞机今后可在非中国的港口之间运送中国货物,美国拥有的悬挂外国旗帜的运输工具可以前往中国的港口。

——要求开出一个可按照一般执照的规定直接向中华人民共和国出口的非战略性项目的清单。在批准这个清单上的具体项目以后,还将许可从中国直接进口指定的项目。②

"乒乓外交"将中美关系推进到一个全新的阶段。中国通过邀请不带有任何政治色彩的乒乓球运动员访问,使中美关系的突破成功避免了美国国内舆论的反弹,也有助于国内干部群众逐步适应中美关系由敌对走向友好。

因为美国扩大在东南亚的战火而遭到冷落的中美"巴基斯坦渠道",再度启用。

1971年4月27日,尼克松收到周恩来一周前通过巴基斯坦渠道发出的复信:

"周恩来总理感谢叶海亚总统于1971年1月5日转达了尼克松总统的信息。

---

① 中华人民共和国外交部编:《周恩来外交文选》,中央文献出版社1990年版,第474—475页。
② 李长久、施鲁佳主编:《中美关系二百年》,新华出版社1984年版,第218—219页。

周恩来总理十分感谢叶海亚总统，如果叶海亚总统能把下列信件的全文转达给尼克松总统，他当不胜感谢。

"由于当时的形势（按：当年二三月间，美军入侵老挝，试图切断南越和北越之间的供应线——胡志明小道，中国政府予以严词谴责），未能及时及早回答美国总统给中华人民共和国总理的信。

"目前，我们正在回顾中华人民共和国和美国之间联系的情况。但是，如果要使中国和美国之间的关系从根本上得到恢复的话，美国就必须把它的全部武装部队从台湾和台湾海峡地区撤走。只有通过两国高级负责人之间的直接讨论才能找到解决这个关键问题的办法。因此，中国政府重申，它愿意在北京公开接待美国总统的特使（例如基辛格先生）或美国国务卿或甚至美国总统本人，以便进行直接会谈讨论。当然，如果美国总统先生认为时机还不成熟，可以推迟到以后进行。至于在北京举行高级会谈讨论的形式、程序和其他细节，这些都不是那么重要的问题，我们认为完全可以通过叶海亚·汗总统的斡旋作出适当安排。"①

尼克松获悉后极为高兴，但又故作冷淡。收到周恩来复信的次日，白宫给了希拉利大使一个简短的临时答复。过了 10 天，5 月 9 日，白宫才把给周恩来的正式回信交给希拉利。这封回信仍然没有签字：

"尼克松总统仔细研究了周恩来总理委托叶海亚·汗总统转来的 1971 年 4 月 21 日信件。尼克松总统同意，为了解决把美利坚合众国和中华人民共和国分隔开的问题，有必要举行直接高级谈判。因为尼克松总统十分重视使我们两国关系正常化，他准备接受周恩来总理提出的，请他访问北京以便和中华人民共和国领导人直接会谈的建议。在这样一种会谈中，每一方都可以提出它所关心的主要问题。

"为了给尼克松总统的访问做准备，为了和中华人民共和国的领导人建立可靠的联系，尼克松总统建议他的国家安全事务助理基辛格博士和周恩来总理或另一位适当的中国高级官员举行初步的秘密会谈。基辛格博士准备在中

---

① 〔美〕基辛格：《白宫岁月》第 2 册，吴继淦等译，世界知识出版社 1980 年版，第 372—373 页。

国国土上参加这样的会谈，地点最好在巴基斯坦方便的飞行距离内，由中华人民共和国提出。基辛格博士将被授权讨论使尼克松总统的访问成为最有益之举的环境条件、这样一次会谈的议程、进行这种访问的时间，并开始就共同关心的问题初步交换意见。如果认为，在基辛格博士秘密访问中华人民共和国和尼克松总统到达之间这段时间公开派一特使到北京是可取的，基辛格博士被授权作此安排。预期，尼克松总统访问北京在基辛格博士和周恩来总理举行秘密会谈后不久即可宣布。基辛格博士准备6月15日以后来。"①

这封经过反复斟酌的回信，完全肯定了中美有必要进行高级会谈，明确了尼克松总统本人将访问中国，提出委派基辛格到北京为尼克松访华做准备。这是美国在实现美中关系正常化的"关键时期"迈出的十分重大的一步。

中方主张基辛格公开来。毛泽东曾说，既然要来，就公开嘛，何必藏头露尾呢！周恩来认为，美国人很难保住密。但是，美方回信坚持要秘密来，我们只好说在中国境内可以保密，在中国境外我们没有办法了。②

5月31日，中方请巴基斯坦总统叶海亚·汗转告尼克松：周恩来总理认真研究了尼克松总统1971年4月29日、5月17日和5月22日的口信，并向毛主席报告尼克松准备接受他的建议访问北京，同中国领导人直接会谈，毛主席表示，他欢迎尼克松总统来访。周总理欢迎基辛格博士来华做一次秘密的预备性会谈，为尼克松访华做准备工作并进行必要的安排。时间可定在6月15日到20日之间。③

6月2日晚，基辛格接到同意他访华的信件时，素以沉着老练著称的他，竟然上气不接下气地跑到白宫正厅，让总统的随从武官务必请正在举行国宴的尼克松尽快出来一会儿。尼克松记得当时基辛格说："这是第二次世界大战结束以

---

① 〔美〕基辛格：《白宫岁月》第2册，吴继淦等译，世界知识出版社1980年版，第385—386页。
② 魏史言：《基辛格秘密访华内幕》，载外交部外交史编辑室编《新中国外交风云》第二辑，世界知识出版社1991年版，第37页。
③ 魏史言：《基辛格秘密访华内幕》，载外交部外交史编辑室编《新中国外交风云》第二辑，世界知识出版社1991年版，第37—38页。

来美国总统所收到的最重要的信件。"① 尼克松与基辛格讨论这封来信的意义和随之将采取的行动，一直到半夜。一向晚饭后不喝酒的尼克松，破例开了一瓶陈年白兰地，与基辛格举杯庆祝。

在中国，接待基辛格来访的工作，紧张有序地进行着，主要是思想准备和组织准备。

5月25日，周恩来召集外交部核心小组领导成员开会，研究尼克松最近连续给周恩来的口信。

5月26日，根据毛泽东的意见，周恩来主持召开中共中央政治局会议，讨论中美关系问题。会后，周恩来起草了《中共中央政治局关于中美会谈的报告》。毛泽东于29日批示同意。②

这份报告就处理中美关系特别是台湾问题提出以下原则：（一）美国一切武装力量和专用军事设施，应规定期限从中国的台湾和台湾海峡地区撤走。这是恢复中美两国关系的关键问题。这一条如不能事先有原则商定，尼克松的访问就有可能推迟。（二）台湾是中国领土，解放台湾是中国内政，外人不容干预。要严防日本军国主义在台湾的活动。（三）我力争和平解放台湾，对台工作要认真进行。（四）坚决反对进行"两个中国"或"一中一台"的活动。如美利坚合众国欲与中华人民共和国建交，必须承认中华人民共和国是代表中国的唯一合法政府。（五）如因一、二、四这三条尚未完全实现，中美不便建交，可在双方首都建立联络机构。（六）我不主动提联合国问题。如美方提到联合国问题，我可明确告以我绝不接受"两个中国"或"一中一台"的安排。（七）我不主动提中美贸易问题，如美方提及此事，在美军从台湾撤走的原则确定后，可进行商谈。（八）中国政府主张美国武装力量应从印度支那三国（按：越南、老挝、柬埔寨）、朝鲜、日本和东南亚有关各国撤走，以保证远东和平。③

---

① 〔美〕尼克松：《尼克松回忆录》中册，裘克安等译，商务印书馆1979年版，第238页。
② 中共中央文献研究室编：《周恩来年谱1949—1976》（下卷），中央文献出版社1997年版，第458—459页。
③ 中共中央党史研究室著：《中国共产党历史》第二卷（1949—1978）下册，中共党史出版社2011年版，第889—890页。

5月27日至31日，全国外事工作会议召开，中央和地方党政军负责人及外事部门负责人参加会议。周恩来在会议的最后两天连续出席并讲话，阐述在新形势下的外交政策，批评并纠正对外宣传工作中存在的偏差。周恩来指出，对外宣传存在两种倾向，一种是自吹自擂，使用不适当的语言、夸大的语言强加于人；另一种是缩手缩脚。这两种倾向有一个特点，都是不实事求是。①

6月4日至18日，中共中央在北京召开工作会议，来自中央和地方党政军主要负责人共225人参加会议。周恩来在会上宣讲《中央政治局关于中美会谈的报告》。

在组织准备方面，中央决定成立中央外事小组，由周恩来、叶剑英（中央军委副主席）和黄华组成。

黄华其时已经被任命为驻加拿大大使，为此特地推迟了赴任行程。

中央还决定成立与基辛格谈判的工作班子，由叶剑英、黄华、章文晋（外交部美大司司长）、熊向晖（总理特别助理）、王海容（外交部礼宾司副司长）、冀朝铸和唐闻生（翻译）参加。当年，王海容和唐闻生可以直接面见毛泽东，毛泽东的很多指示，经常通过她俩传达。她们俩参加这个工作班子，意味着毛泽东直接掌握着谈判工作。

周恩来亲自到钓鱼台国宾馆，选定靠近北门的5号楼作为基辛格一行的下榻之处。5号楼是当时周恩来到钓鱼台办公和休息的楼房，保护得比较完好。紧挨着的4号楼则作为接待班子的办公楼。周恩来让出5号楼，与接待组的同志一起挤到4号楼办公。

一次，周恩来带着黄华到毛泽东那里汇报情况。听说基辛格准备在巴基斯坦玩失踪，毛泽东风趣地说："黄华同志，你也可以失踪嘛。"② 黄华和接待组的同志就在钓鱼台国宾馆内待了一个多月，足不出院，准备接待工作。到6月中旬，叶剑英元帅也住进了钓鱼台。

1971年7月9日，基辛格经巴基斯坦飞抵北京，开启中美和解进程。这是

---

① 中共中央文献研究室编：《周恩来年谱1949—1976》（下卷），中央文献出版社1997年版，第459—460页。

② 黄华：《亲历与见闻——黄华回忆录》，世界知识出版社2007年版，第161页。

美国向中华人民共和国派出的第一个外交使团。

为转移人们的视线，白宫新闻秘书在例会上宣布尼克松总统将派基辛格博士于7月2日至5日到越南南方执行调查事实的任务，随即到巴黎同美国驻法大使戴维·布鲁斯磋商。

基辛格一行故意把在沿途每个城市的逗留都安排得极其枯燥乏味，以免媒体紧追不舍。基辛格到达西贡，同南越总统和美国大使晤谈，众多记者紧盯着基辛格的一举一动，《纽约时报》、哥伦比亚广播公司报道了他的活动。第二天基辛格到了曼谷，记者不多，渲染也很少。6日基辛格抵新德里，反战示威者迫使他从边门溜出飞机场。8日基辛格抵巴基斯坦首都伊斯兰堡，只有3个记者跟着，他很高兴。按既定日程，基辛格需要在巴基斯坦停留48小时。他先去总统府拜会叶海亚·汗总统，在美国大使馆同大使共进午餐，然后出席叶海亚·汗总统特意为他举行的便宴。在宴会达到高潮时，基辛格突然手捧腹部，连叫难受。南亚地区那时流行德里痢疾，基辛格突然肚子疼是不会令人奇怪的。叶海亚·汗总统大声说，伊斯兰堡天气太热，会影响基辛格恢复健康，要他到伊斯兰堡北边群山中叶海亚·汗的别墅去休养。基辛格装作迟疑不决，叶海亚·汗总统坚决而恳切地说，在一个伊斯兰国家，要依主人而不是客人的意志做决定。基辛格假装勉为其难地同意了，并且派出一位负责安全警卫的特工去打前站，了解情况。

第二天，7月9日伊斯兰堡的凌晨4时，基辛格乘坐巴基斯坦军用汽车，由外交秘书苏勒坦·汗陪同前往机场，随行的有特别助理温斯顿·洛德、国家安全委员会高级成员约翰·霍尔德里奇和主管印支事务官员迪克·斯迈泽。为了预防被人认出来，基辛格特意戴上了一顶大檐帽和一副墨镜。

从中国专程前来迎接的章文晋、王海容、唐闻生、唐龙彬（外交部礼宾司接待处处长，后来担任外交部部长助理）等中国官员，在飞机上迎接基辛格一行。

基辛格一行抵达机场时，伦敦《电讯报》的巴基斯坦籍特约记者贝格恰好在机场。基辛格不是病了吗？怎么跑到机场来了？他要去哪里？贝格向熟悉的机场官员询问。不知道保密要求的机场官员告诉他，那架飞机要飞往中国。贝格大吃一惊，意识到自己获得了一条震惊世界的独家新闻，立即拨通了伦敦编辑部的电话。结果,《电讯报》的编辑以为贝格喝高了,礼貌地听完电话,然后就抛到了脑后。① 由此可见,基辛格的秘密访华,不仅保密工作做得十分周到,而且确实出乎意料,连一向敏感的新闻界也想不到白宫官员会去中国访问。

7月9日中午12时15分,基辛格乘坐的飞机降落在北京南苑机场。这是一座军用机场,便于保密。叶剑英、黄华、熊向晖、韩叙(外交部礼宾司代司长)、冀朝铸在机场迎接。

基辛格一行休息了4小时以后,下午4时半,周恩来到达钓鱼台国宾馆,与基辛格举行第一场会谈。

基辛格后来回忆道:"周恩来亲自来看望我们,这真是莫大的礼遇。根据外交程序,东道国一般会在政府大楼里接待来访的代表团,特别是如果双方负责人的头衔差距这么大,更应如此(我这个国家安全事务助理的头衔相当于副部长,比周总理低了3级)。"②

从7月9日下午到11日下午,在48小时时间内,周恩来与基辛格举行了两次正式会谈,第一次会谈7小时,第二次会谈从次日中午到晚上,大概6小时。中方还安排基辛格一行游览了故宫,4小时。

基辛格后来写道:"中方如此潇洒的态度给了我们一种心理压力。"同时,他对周恩来感到无比钦佩:"周恩来是我在60年来的公职生涯中遇到过的最有魅力的人。他个子不高,风度翩翩,目光炯炯,表情丰富。他能以他超人的智慧和能力压倒谈判对手,能凭直觉猜到对方的心理活动。"③

第一次会谈,按照中国尊重客人的习惯,周恩来请基辛格先谈。

基辛格说:"今天,全世界的趋势使我们相遇在这里。现实使我们走到一起,现实也会决定我们的未来。在相隔22年之后,我们终于来到了你们美丽而又神秘的国家。"

---

① 〔美〕沃尔特·艾萨克森:《基辛格——大国博弈的背后》,刘汉生等译,国际文化出版公司2012年版,第271页。
② 〔美〕基辛格:《论中国》,胡利平等译,中信出版社2012年版,第233页。
③ 〔美〕基辛格:《论中国》,胡利平等译,中信出版社2012年版,第234—235页

周恩来打断基辛格的话说:"不,不,并不神秘,熟悉了就不神秘了。"①

寒暄之后,基辛格从公文包里拿出足有7厘米厚的文件夹,一字一句地读了起来。这是他同尼克松一起定稿的谈话稿。基辛格读完后,周恩来说:"交谈嘛,何必照着本子念呢?"基辛格说:"我在哈佛教了那么多年书,还从未用过讲稿,最多拟个提纲。可这次不同,对周恩来总理我念稿子都跟不上,不念稿子就更跟不上你了。"②这一下把大家都逗笑了,会谈的气氛轻松了下来。

基辛格说,尼克松总统仔细阅读了美国《生活》杂志刊载的毛主席与斯诺的谈话。尼克松总统有一个信念,强大的发展中的中华人民共和国对美国的任何根本利益都不构成威胁。在没有同你们讨论和没有考虑你们意见的情况下,美国不会采取涉及你们利益的任何重大步骤。

周恩来表示,欢迎尼克松总统来中国。中美两国人民是愿意友好的,邀请你们的乒乓球队访华就是证明。

关于台湾问题,周恩来说,台湾属于中国有一千年以上的历史,是中国领土不可分割的一部分。尼克松总统给我们的口信是"要走向同中国和好",这就应当使中美关系正常化,包括承认中华人民共和国是代表中国人民的唯一合法政府,台湾是属于中国的不可分割的一部分,而且在第二次世界大战后已归还了中国。

基辛格说,美国不支持"两个中国"和"一中一台",也不支持"台独"。如果没有朝鲜战争,台湾也许早已是中华人民共和国的一部分。目前美国在台湾的军事力量,三分之二与印支战争有关,美国已决定尽快结束印支战争,在本届政府任期内撤出三分之二驻台美军,随着中美关系的改善,再撤出其他部分。关于台湾的政治前途,美国保证不主张"两个中国"或"一中一台",不鼓励、不支持"台独运动",不再重复"台湾地位未定论"。

关于正式承认中华人民共和国为中国唯一合法政府这一政治问题,基辛格预计在尼克松政府下届任期的前半段可以解决。

关于恢复中国在联合国席位问题,基辛格表示美国将放弃需要三分之二多

---

① 解力夫:《毛泽东面对美国》,中央文献出版社2000年版,第369页。
② 魏史言:《基辛格秘密访华内幕》,载外交部外交史编辑室编《新中国外交风云》第二辑,世界知识出版社1991年版,第40页。

数票的重要问题提案,同意以简单多数票接纳中国,并同意中国取得安理会席位,但驱逐台湾问题美国仍坚持需经三分之二多数通过。

周总理发言反对此议,表示进联合国的问题中国并不急,问题是美国将陷于矛盾和困难之中。

在中方最关心的核心问题——台湾问题上,基辛格做出了几点重要让步:第一,明确地表示美国不支持台湾独立,而且承认台湾属于中国,不再维持美国前几届政府声称的"台湾的地位未定"。第二,承认中华人民共和国为中国唯一合法政府,而美中关系正常化则要等到尼克松第二个任期头两年内解决。第三,美台《共同防御条约》留待历史去解决。同时,基辛格提出一个关于台湾问题的关键条件:希望台湾问题得到"和平解决"。基辛格保证,尼克松绝不会支持台湾武力反抗大陆,而且计划在越南战争结束后从台湾撤军三分之二。①

基辛格回忆称,会谈中"那种谈笑风生的气氛,简直像两位教授之间一场政治哲学对话一样,几乎掩盖了这场会谈的严重性质,那就是,如果会谈失败,一方将继续陷于孤立,而另一方将加剧国际上的困难"②。

会谈中发生了一个小插曲。

7月6日,尼克松在堪萨斯城发表没有讲稿的即席演讲。估计是按捺不住基辛格即将秘密访华创造奇迹的激动心情,尼克松在演讲中赞扬中国人是"富有创造性的、勤劳的,是世界上最有才能的民族之一"。尼克松说,正是由于这个缘故,"本政务必首先采取步骤,结束大陆中国与世界社会的隔绝的状态。"尼克松还在演讲中称,世界上将出现"五个经济超级大国"——美国、西欧、日本、苏联和中国,它们之间的关系将决定当代和平的结构。

周恩来在会谈中表示大致同意尼克松的观点,只是拒绝了"超级大国"这个称号。

基辛格人在旅途,当时没有互联网,信息的传递没有那么通畅,对尼克松的这次演讲内容一无所知。听了周恩来的话,基辛格显得茫然无措。周恩来敏

---

① 郝雨凡:《白宫决策》,东方出版社2002年版,第225页。
② 〔美〕基辛格:《白宫岁月》第三册,杨静予等译,世界知识出版社1980年版,第21页。

锐地发现了基辛格的尴尬,第二天早晨,派人将自己阅读过的那份尼克松英文演讲稿连同早餐一起送给了基辛格。①

由于西方世界对中国共产党长期的妖魔化宣传,基辛格一行对于到中国来,确实非常紧张。在巴基斯坦准备行李时,助手忘了给基辛格带上衬衣。基辛格只好向同行的约翰·霍尔德里奇借衬衣。霍尔德里奇个子高大,基辛格个子矮小。穿上借来的衬衣,照片上的基辛格似乎没有脖子。更糟糕的是,衬衣上明显地印着"台湾制"。基辛格拉着衬衣对中国主人开玩笑说:"台湾和我贴得很近。"②在巴基斯坦,两位随身警卫临上飞机时才知道即将陪基辛格去中国执行任务,紧张地询问基辛格的助手是不是应该多带几把枪?助手想了想说:"不用了,再怎么说,我们都火力不足。"③由此可见,20年的敌对和隔离,普通美国人对中国的恐惧和误解有多深。

作为会谈成果,中美双方讨论和解决了两个具体问题:一是确定不再恢复中美大使级会谈,建立新的直达双方最高层的秘密联系渠道——巴黎渠道,中方联系人是中国驻法国大使黄镇,美方联系人是曾任尼克松翻译的驻法武官沃特斯;另一个更重要的问题是,商定双方同时发表尼克松将访华的公告。

根据周恩来的指示,黄华和章文晋先与基辛格就"公告"谈了一轮。双方都提出了一个稿子。中方的稿子比较简单,说基辛格来中国,同中方进行了会谈,尼克松总统准备来中国访问。美方的稿子渲染基辛格同中方的会谈,涉及亚洲和世界和平的基本问题,是以诚挚、建设性的方式进行的;而尼克松的来华访问将有助于重建两国人民的联系,并对世界和平做出重大贡献。黄华表示,台湾问题都还没有解决,其他问题怎么谈得上?

关于尼克松的来访,美方的稿子强调是中国邀请。黄华说这不大符合事实,我们是同意邀请。基辛格也不同意中方的稿子,说那样就像是尼克松自己邀请自己访华。

因为周恩来当天晚上有重要活动。双方会谈暂停后,黄华根据周恩来事前

---

① 〔美〕基辛格:《白宫岁月》第三册,杨静予等译,世界知识出版社1980年版,第22页。
② 〔美〕基辛格:《白宫岁月》第三册,杨静予等译,世界知识出版社1980年版,第29页。
③ 郝雨凡:《白宫决策》,东方出版社2002年版,第224页。

的指示,直接去向毛泽东汇报。黄华汇报说,基辛格认为中方草案的意思是尼克松自己邀请自己访华。毛泽东大笑着说,要改要改!

黄华告别走出毛泽东的书房时,回头看了看,只见毛泽东坐在沙发椅上弯腰抱膝。黄华问王海容:"主席在做什么?"王海容说,主席在向你们行大礼呢。黄华赶快说:"真不敢当,希望主席健康长寿。"①

7月11日上午,在周恩来提示下,中方对草稿略加修改,再与基辛格会谈时,双方取得了一致。最后商定的《公告》全文是:

> 周恩来总理和尼克松总统的国家安全事务助理基辛格博士,于一九七一年七月九日至十一日在北京进行了会谈。
>
> 获悉尼克松总统曾表示希望访问中华人民共和国,周恩来总理代表中华人民共和国政府邀请尼克松总统于一九七二年五月以前的适当时间访问中国。尼克松总统愉快地接受了这一邀请。
>
> 中美两国领导人的会晤,是为了谋求两国关系的正常化,并就双方关心的问题交换意见。②

"获悉"(Knowing of)一词是周恩来的杰作,避开了谁主动提出访华的问题,这使美方尤其感到适当和体面,基辛格因而在尼克松总统"接受了这一邀请"之前加上了"愉快地"这一副词,投桃报李。③

《公告》不把尼克松的访华说成是将对世界和平做出重大贡献,而是点明要谋求两国关系的正常化,不只是像美方初稿所说的重建两国人民的联系。

关于尼克松访华的具体时间,因为听说尼克松要访苏,周恩来曾在与基辛格的会谈中问过,是否定在1972年5月1日以后。基辛格表示,最好在3月或4月,而且是先来中国。当周恩来向毛泽东汇报公告的最后定稿谈到尼克松5月以前来中国时,毛泽东说,《公告》一发表就会引起世界震动,尼克松可能等不

---

① 黄华:《亲历与见闻——黄华回忆录》,世界知识出版社2007年版,第164页。
② 《公告》,《人民日报》1971年7月16日01版。
③ 黄华:《亲历与见闻——黄华回忆录》,世界知识出版社2007年版,第165页。

到 5 月就要来。此后的事实果然如此。

7 月 15 日，中美关于尼克松访华的《公告》同时在中国和美国宣布，在中国国内和全世界都引起了强烈的震动。

基辛格的秘密访问结束，中美关系出现实质性的重大变化，需要在更大范围内通报情况，并进行思想教育，包括向兄弟国家通报。在《公告》发表 3 天前，7 月 12 日，周恩来在人民大会堂召开在京 2000 多名中高级干部参加的大会，用了 3 个多小时讲国际形势、中美关系和对外政策。

然后，周恩来马不停蹄地飞抵河内和平壤，向越南和朝鲜领导人通报中美会谈情况；回京后向柬埔寨国王西哈努克和阿尔巴尼亚驻华大使通报情况。

尼克松即将访华的《公告》产生了强烈的冲击波效应。台湾当局感到震惊、不安和愤怒，向美国提出了"强烈抗议"。日本佐藤内阁在《公告》发表前一小时才得到通知，仿佛"晴天霹雳"，陷入"深刻的窘困之境"，加速了下台进程；新上台的田中角荣内阁立即着手与中国建立外交关系。许多国家开始重新考虑其对华政策，特别是在联合国恢复中国合法席位问题上的态度。

10 月 25 日，第 26 届联合国大会通过恢复中华人民共和国在联合国合法席位的决定，蒋介石集团被驱逐出了联合国。这一天，离发生林彪叛逃事件不到一个半月。

5. 先遣组两次风波，毛泽东指示"糖果不能减"

为了确保尼克松访华顺利，1971 年 10 月 20 日至 26 日，基辛格再度来到北京，商谈尼克松访华的具体日期、会谈议程、新闻报道和安全保卫等问题。气氛友好，商谈顺利。

基辛格此行的最重要任务，是商谈尼克松访华的公报草案。正是在这一重大问题上，中美双方发生了严重的分歧。

10 月 24 日上午，双方讨论公报草案。周恩来一开场就说："毛主席已经看了你们拟的公报草案，明确表示不同意。这样的方案，我们是不能接受的。"

基辛格一下子感到气温从秋天骤然入冬,只能解释说:"我们初稿的含意是说,和平是我们双方的目的。"

"和平是只有通过斗争才能得到的。"周恩来说,"你们的初稿是伪装观点一致。我们认为公报必须摆明双方根本性的分歧。"

基辛格并不退让:"我尊重总理的信仰,但把那些一贯正确的教条写在公报里是不合适的。"

周恩来心平气和地说:"你们也承认,中美双方存在着巨大的分歧,如果我们用外交语言掩盖了这些分歧,用公报来伪装观点一致,今后怎么解决问题呢?"

基辛格的助手斯迈泽说:"我们起草的公报初稿,采用的是国际通用的惯例。"

周恩来说:"我们觉得这类公报往往是'放空炮'。""放空炮"是毛泽东看了美方初稿后的评价。

基辛格说:"我们不回避双方的分歧,签公报又有什么用?暴露出双方的不同观点,岂不等于告诉全世界,中美两国领导人在吵架吗?"

周恩来胸有成竹地说:"我们两国打过仗,敌对与隔绝20多年了。对于管理国家、如何跟外界打交道,我们有自己的观点。"周恩来微笑着扫了大家一眼说:"现在该吃烤鸭了。我们将在下午提出一个公报的初稿。"

吃完烤鸭,中方向美方提交一份公报草案。周恩来笑着说:"我们的稿子由双方各自阐述不同的立场观点。我方已经列了我们的观点,下面留下一些空白,由你们阐述你们的观点。然后,双方再进行讨论。"

基辛格看了,大为惊诧,沉默了片刻,开口道:"总理先生,这样的方案,在国际上与美国国内都是无法接受的。"

谈判进入僵局,双方都沉默无语。

周恩来打破沉默说:"漂亮外交辞令掩盖分歧的典型公报,往往是祸根。既不解决问题,又会导致更深的矛盾。"

基辛格迅速转换思路:"我们不能光是列举不同的观点,而是必须向着未来有所前进。"

周恩来敏锐地抓住基辛格的话头说:"公开地摆明分歧,就是解决问题的开始,也是通向未来的第一步。博士,你说是吗?你们不妨再考虑一下。我们稍微休息一下,好吗?"

休会的时候,基辛格与助手来到花园里,一边散步一边讨论。助手们都很沮丧,自己花了心血的初稿扔进了垃圾箱,而且如果发表这样的公报,对总统访华有什么意义?

基辛格反复琢磨,突然眼前一亮:"公开地摆明分歧,难道不会使双方的盟国与朋友放心吗?这会证明总统访华之行没有屈从于红色中国的意志,这可以证明西方盟友们的利益得到了保护。这会使各方面的人相信公报是真诚的。"助手们纷纷附和,认为这样的公报更难能可贵。

很多问题,其实就是需要换一个视角,给出一个新的解读。基辛格的这一解读,找到了新的立足点。

晚上再度进行谈判,基辛格抢着说,美方愿意接受中方初稿的基本做法。但是,"公报中表述不同观点的文字必须相适应。我觉得,中方的某些提法表达方式过于僵硬,使人难以接受。对于你们报纸上常用的那种火药味很浓的提法,那种好像是审判我们或是凌辱美国总统的文字,总统是不会在这样的文件上签字的。"

周恩来很大度地说:"我们有些报纸上的话,也是在放空炮。"①

解决了公报的表述方式,台湾问题又卡住了。

10月25日的会谈中,周恩来就美方关于台湾问题的表述指出:"台湾问题是中美两国之间的老问题了。华沙会谈15年也一直僵持在台湾问题上。我必须声明:中华人民共和国是中国唯一的政府;解放台湾是中国内政;美国军队必须撤出台湾。这三条立场,是必须坚持不变的。"

基辛格明确地回应说:"由于众所周知的原因,我们不能在开始我们之间的新关系时背弃我们的老朋友。我们绝不能放弃对台湾的义务,我们决不会与台湾断交。"

周恩来豁达地说:"毛主席说,台湾问题可以拖100年,这是表明我们有耐心;毛主席的意思同时也包含了不能让台湾问题妨碍中美两国关系正常化。这些

---

① 陈敦德:《新中国外交谈判》,中国青年出版社2005年版,第428—433页。

不都表明了我们的诚意吗？而你们的诚意何在呢？"

基辛格说："总理先生，总统访华的公报必须有助于打开一条新的道路。总统也是这个意思。"

周恩来抓住基辛格的话说："博士先生，你们在台湾问题上的观点，甚至措辞，都是20多年来常用的。这不像是你所说的，有助于打开一条新的道路。"

当天，双方在台湾问题上针锋相对，各不相让。谈判一直进行到26日凌晨1点多。此时，距离基辛格一行预定离开北京的时间，只有8个多小时了。周恩来提议双方休息，凌晨5时再进行会谈。

26日早上5时30分，会谈开始，继续讨论台湾问题。

基辛格强调："美国不能抛弃老朋友，不能，这是道义问题。"

周恩来反驳说："什么道义？什么老朋友？博士，台湾问题不是朋友之间的问题，是美国军队进驻台湾而分裂我国国家的问题。朋友之间的道义问题不能代替主权国家的领土问题，绝不能够。"

基辛格意识到，在台湾问题上，中方不会做任何让步。如果在这个关键问题上没有一个初步的共识，他的这次中国之行将归于失败。就在焦虑之中，基辛格突然想起，美国国务院的某个历史材料里有一句话，似乎可以一用。他站起来拉着助手洛德到了会议室的一角悄声商议。

过了一会儿，基辛格回到座位上，喝了一口茶，用毛巾擦了擦脸，然后故作矜持地说："我决定换一种方式表达美国的观点。这些文字是——美国认识到，在台湾海峡两边的所有中国人都认为只有一个中国，台湾是中国的一部分。总理先生，你觉得怎么样？"

周恩来将这句话重复了一遍，微笑着称赞说："博士到底是博士，这可是一项奥妙的发明。这段话的基本意思我方可以接受，只是个别词语还需要推敲。"

在就个别词语进行了一番讨论以后，周恩来表示"我看僵局有望打破，至于尚未解决的句子及准确措辞，待总统访华期间，双方可以继续讨论，会找到一个解决办法的。"[1]

---

[1] 陈敦德：《新中国外交谈判》，中国青年出版社2005年版，第434—439页。

基辛格在说出这句流传至今的名言的时候，之所以把洛德拉到一边，是因为这句话是洛德为基辛格准备访华材料时，从美国国务院20世纪50年代的一份文件中发现的。虽然那份文件后来没有使用，但是这句话给洛德留下非常深的印象，因而写进了会谈背景材料之中。这就是说，早在20世纪50年代初，美国人就已经认识到，尽管台湾海峡两岸严重敌对，甚至刀兵相向，但是，在涉及国家主权领土完整的根本问题上，国共双方表现出惊人的一致。

1972年1月3日，美方派出总统国家安全事务副助理小亚历山大·梅格斯·黑格准将率领的先遣组18人抵达北京，为尼克松访华进行技术安排。

黑格当时是基辛格的高级军事顾问，有"基辛格的基辛格"之称，后来担任尼克松总统的白宫办公厅主任。福特总统时期出任美国欧洲司令部总司令和欧洲联合部队最高司令官，获上将军衔，是美国少有的"政治将军"。黑格在里根总统时期担任过国务卿，为发展美中关系做出过贡献。

黑格率领的先遣组提出的第一项要求，是对尼克松访华进行电视现场直播，并称这是尼克松的要求。据说美方将带180多名记者随同来华。

周恩来听取汇报后，指示有关部门负责人开会进行讨论。时任文化部部长的于会泳在会上抢先发言说，我们绝对不能在中国向美国人民和世界人民为尼克松进行电视宣传，这也是"首长"的意见。

于会泳声称的"首长"就是江青。江青虽然只是一位中央政治局委员，但是，由于她拥有毛泽东夫人的特殊身份，因而其影响力超乎异常，甚至连周恩来也要避其锋芒。

在涉及对美外交的问题上，周恩来拥有仅次于毛泽东的话语权和权威性。周恩来敏锐地指出，美国总统来中国访问，这是历史性的转变。美国和其他国家的亿万人民通过电视看到尼克松访华的情况，就会引起思考，增加对中国人民的了解和友谊。这是为尼克松做宣传，还是为新中国做宣传？

周恩来指示总理特别助理熊向晖转告美方先遣组，中国政府原则上同意美方的电视转播要求。中国现在还没有通信卫星，请美方帮助租用一个，在转播技术方面，也请美方协助。

美方表示，租用卫星的租金很贵，建议中国政府不必花钱，美国政府已经准备了供美国记者使用的通信卫星，只要求中方在北京、上海、杭州这三个尼克松将到达的地方修建地面站，费用由美方承担。

周恩来听取汇报后指出，这不是花多少钱的问题，这是涉及我国主权的问题，不能有丝毫含糊。

周恩来提出三点意见：第一，请美方负责给中国政府租用一颗卫星，租用时间为北京时间 1972 年 2 月 21 日 1 时至 2 月 28 日 24 时；第二，在租用期间，这颗卫星的所有权属于中国政府，美国方面必须事先向中国政府申请使用权，中国将予以同意；中国政府向使用者收取使用费；第三，租用费和使用费都要合理，我们通过其他途径了解国际上的一般价格，不做冤大头。

面对这样精明的谈判对手，美方只能完全照办。①

黑格还负有一项特殊使命，向中方转达尼克松的一个重要口信："苏联企图继续包围中华人民共和国……由于美国对中国的生存能力表示怀疑，所以美国准备力图抵消苏联对中国的威胁，以维护中国的独立及其生存能力。希望通过这次访问，加强尼克松总统的世界领袖的形象，这对双方都是有利的。"②

尼克松企图利用中国的"生存能力"捞取最大政治资本——世界领袖形象，这就触及了中国的底线——民族自尊。

1 月 6 日晚上 11 时 30 分，周恩来、叶剑英会见黑格一行。中方宣读了经毛泽东审定的对美方口信的答复稿：

"半年前，尼克松总统把中国称之为世界五大力量之一，现在美方口信忽然对中国生存能力表示怀疑，声称要维护中国的独立和生存能力。这使我们感到惊讶。我们认为，任何国家决不能靠外力维护其独立和生存，否则只能成为别人的保护国或殖民地。再小的国家，只要不畏强暴，敢于斗争，就能顶住外来威胁，自立于世界之林。新中国具有强大的生存和发展能力，任何'孤立、包围、遏制、颠覆'其的企图必定以失败告终……

---

① 宫力：《跨越鸿沟——1969—1979 年中美关系的演变》，河南人民出版社 1992 年版，第 160—161 页。
② 魏史言：《黑格先遣组为尼克松访华安排的经过》，载外交部外交史编辑室编《新中国外交风云》第三辑，世界知识出版社 1994 年版，第 78 页。

"中美两国关系并未正常化，但中国方面将以应有的礼仪接待尼克松总统，并将为谋求中美高级会谈取得积极成果做出自己的努力。美方口信表示，期望通过访问，加强尼克松总统作为世界领袖的形象。对此我们难以理解。一个人的形象取决于他自己的行动，而不是任何其他国家。我们从不认为有什么自封的世界领袖。"①

宣读以后，周恩来对美方口信进行了严词批评。黑格尴尬地说，可能我没有正确地转达总统的意思。

1月7日，黑格一行赴上海。在欢迎宴会上，黑格没有起身答谢祝酒。这一失礼行为，令上海的主人——上海市革委会副主任徐景贤非常恼火。徐景贤是"文革"时期的"上海帮"头目张春桥的得力干将，以"左"出名，拿出一副"革命"面孔对待黑格，"脸无好脸，菜无好菜"，甚至通知黑格将去的下一站杭州方面，将拟赠送的礼品"糖果减一半"。

毛泽东获悉情况以后，指示上海方面立即挽回不良影响，明确要求"糖果不能减，照送"②。

"糖果"这个"梗"，其来有自。中国人一贯好客，外宾来华，房间里天天摆放一点糖果零食。当年水果还不能反季节生产，只有糖果一年四季都能保证。因此，外宾的房间里经常摆放着糖果。

美国人来了以后，发现中国的糖果相当好吃，于是每天将房间里摆放的糖果一扫而空。负责接待的同志分析，这些糖果并不完全是吃掉的，可能装进包里准备带回美国去。当年的中国，值得美国人带回去的礼品确实不多。于是，有关方面决定，不仅美国人住宿的房间里摆放糖果，而且美国人离境时每人送几斤。黑格率领的先遣组，是第三批来华的美国官方代表团。有关方面决定，每人赠送糖果10斤。上海方面通知杭州"糖果减半"，是指离境时赠送的糖果由10斤减少为5斤。

---

① 魏史言：《黑格先遣组为尼克松访华安排的经过》，载外交部外交史编辑室编《新中国外交风云》第三辑，世界知识出版社1994年版，第78—79页。
② 孔东梅：《改变世界的日子——与王海容谈毛泽东外交往事》，中央文献出版社2006年版，第118—119页。

黑格先遣组引起的两场风波，最终消于无形，为尼克松成功访华做好了周全的准备。或许，因为先遣组引起了两场风波，黑格作为先遣组负责人，却无缘随同尼克松访华。

6. 尼克松访华，"改变世界的一周"

1972年2月21日，尼克松偕夫人帕特里夏，在国务卿罗杰斯、国家安全事务助理基辛格等官员的陪同下，乘专机抵达北京，对中国进行为期7天的历史性访问。

尼克松担任副总统期间，美国曾三次以核武器威胁中国。在联合国，美国曾12次阻挠中华人民共和国恢复合法席位。1969年至1970年越南战争紧张激烈之时，中国媒体称尼克松为"战争瘟神"。到了1972年，尼克松访华以后，这位美国总统成了"中国人民的老朋友"。

尼克松到中国访问，开启了多个第一：第一位先不访问日本、苏联而只访问中国的美国总统；在中国逗留7天，是当时美国总统访问一个国家时间最长的一次；是第一个在与美国没有外交关系的国家领土上谈判的美国总统；其乘坐的飞机是第一个由中国领航员领航的美国总统专机。

按照中国的规定，外国飞机不能够在中国领空自由飞行，即便是总统专机也不例外。美国人的理由是美国总统出访都要乘坐自己的专机，因为总统是全美国唯一有权在24小时之内，发布战争命令的人，而且他的专机，也随身带有核武器密码，坐中国飞机不能够保证这一点。双方各持己见，最后据说是尼克松亲自拍板，美方才做出了让步：总统专机先飞到上海做技术性停留，中方派出先遣小组，并且带上一名领航员登上总统专机，然后再飞往北京，以示对中国主权的尊重。

尼克松到达北京这一历史性时刻是事先做了充分准备的。专机到达北京的时间是1972年2月21日上午11点30分，即美国东部标准时间星期日晚上10点30分，正是电视观众最多的时刻。当电视镜头拍摄尼克松第一次与周恩来握手时，美方只有尼克松和夫人。

尼克松下飞机后主动向周恩来伸出手说："我是跨越太平洋与中国人民握手。"周恩来高兴地握住尼克松的手说："你这个手跨越了世界上最大的海洋，25年咱们没有交往了。"尼克松说："我代表美国人民对中国人民的友谊。"①

这一次握手，的确有太多的象征意义。1954年，在日内瓦举行的印度支那和朝鲜问题国际会议上，各国代表团成员互相握手、认识，都很友好。但是，时任美国国务卿杜勒斯却下令禁止美国代表团成员与中国人握手。

尼克松认为，当他纠正杜勒斯的失礼行为时，不能有其他美国人在电视镜头中出现而分散观众的注意力。抵达北京之前，包括罗杰斯、基辛格等随行官员，被这样告诫过至少十几次。飞机在首都机场降落以后，一名副官挡住了"空军一号"的通道，让尼克松和夫人先行下机。

尼克松在回忆这一次历史性握手时写道："我走完梯级时决心伸出我的手，一边向他走去。当我们的手相握时，一个时代结束了，另一个时代开始了。"②

在第一次会谈时，周恩来对尼克松有意谈起了"握手"的往事："正像你今天下午对毛主席说的，我们今天握手了。可是，杜勒斯当年不想这样做。"

尼克松说："可你说你也不愿意同他握手。"

周恩来说："不一定，我本来是会握手的。"

尼克松说："那好，让我们握手吧。"

于是，周恩来和尼克松隔着桌子又握了一次手。③

这段对话，终于把中美"握手"的历史"翻篇"了。

中方接待尼克松的方针是八个字："不冷不热、不卑不亢"。这是毛泽东亲自定下的调子，因为美国和台湾当局保持着外交关系。但是，我方接待上仍然按照国家元首的礼遇标准。在停机坪上，欢迎尼克松一行的是一支由350人组成的仪仗队，当年三军仪仗队的最高规格为151人，这支仪仗队是最高规格的两倍以上。但是，机场上没有令人炫目的鲜花与彩带，没有迎接国家元首的红地毯，

---

① 梁建增主编：《改变世界历史的七天》，高等教育出版社2003年版，第95页。
② 〔美〕尼克松：《尼克松回忆录》中册，裴克安等译，商务印书馆1979年版，第248页。
③ 〔美〕尼克松：《尼克松回忆录》中册，裴克安等译，商务印书馆1979年版，第254页。

也没有鸣响礼炮,只有一面五星红旗和一面美国国旗在旗杆上飘扬。

周恩来亲自在停机坪上迎接,他的身后,站着主持中央军委日常工作的副主席叶剑英和国务院排名第一的副总理李先念。

基辛格认为:"整个仪式简朴到了极点。这样极度的简朴反映了一个真理,只有最紧迫的必要性才使这两个国家走到一起来——它们的其他关系根本不配享有国事访问常有的那种喜人的欢迎仪式。"①

美国人对欢迎仪式的失望很快就被惊喜所取代。

下午2时左右,周恩来突然亲自到宾馆通知基辛格说,毛泽东要在半小时后会见尼克松!当时的毛泽东已极少会见外国客人。而此前,美方先遣组在为尼克松访华打前站时,曾多次提出会见要求,尼克松希望拥有第一个与毛泽东会晤的美国总统形象。但是,中方一直没有给予明确的答复。

2时40分,毛泽东在书房会见尼克松。在表示欢迎后,毛泽东风趣地说:"今天你在飞机上给我们出了一个难题,要我们吹的问题限制在哲学方面。对于这个问题我没有什么可说的,应该请基辛格博士谈一谈。"

基辛格马上说:"我过去在哈佛大学教书时,指定我的学生要读主席的文选。"

毛泽东说:"我那些东西算不得什么。"

尼克松称赞说:"主席的著作感动了全国,改变了世界。"

毛泽东说:"没有改变世界,只改变了北京附近几个地方。"

接着,毛泽东话锋一转,引出了台湾问题:"我们共同的老朋友,就是蒋委员长,他可不赞成。他说我们是'共匪'。其实,我们跟他做朋友的时间比你们长得多。"谈笑风生之间,毛泽东巧妙地把台湾问题放到了一个次要的位置,并且表明台湾问题是中国人自己的事情。

谈到美国大选,毛泽东说:"讲老实话,这个民主党如果再上台,我们也不能不同他们打交道。"

尼克松说:"这个我们懂得,我们希望我们不会使你们遇到这个问题。"

---

① 〔美〕基辛格:《白宫岁月》第四册,范益世等译,世界知识出版社1980年版,第9页。

毛泽东郑重其事地说:"你当选我是投了一票的。"

尼克松幽默地说:"我想主席投我一票是在两个坏家伙中间选择好一点的一个。"

毛泽东说:"我喜欢右派。人家说你们是右派,你们共和党是右派。"

尼克松说:"我想重要的是,在美国,左派只能夸夸其谈,右派却能做到,至少目前是如此。"

在谈到这次会谈的历史背景时,尼克松说:"主席先生,我知道多少年来我对人民共和国的态度是主席和总理完全不能同意的。把我们带到一起来的是,认识到世界上出现了新的形势;在我们这方面还认识到,事关紧要的不是一个国家内部的哲学,主要是它对世界其他部分和对我们的政策。"

尼克松的这句话,正是美国决心同中国关系正常化的基石。

尼克松想接着谈台湾、越南、朝鲜、日本、苏联等问题,毛泽东打断他的话说:"这些问题我不感兴趣,那是他(按:指周恩来)跟你谈的事。……来自美国的侵略,或者说来自中国方面的侵略,这个问题比较小,也可以说不是大问题,因为我们现在两个国家不存在打仗的问题。你们想撤一部分兵回国,我们的兵也不出国。所以我们两家怪得很,过去22年总谈不拢,现在从打乒乓球起不到10个月,如果从你们在华沙提出建议算起两年多了。"[①]

毛泽东会见尼克松的时间,原定15分钟,结果延长到70分钟。当天下午4时,随访的美国记者在人民大会堂门前苦苦等待,按计划应该前来参加会谈的尼克松却迟迟未来。尼克松一向守时,他的"迟到"引起种种猜疑。直到5时55分,"谜底"方才揭晓。白宫发言人齐格勒突然向记者宣布:尼克松总统与毛泽东主席刚刚举行了会谈。毛泽东礼遇尼克松的新闻,立即传遍全球。

当晚7时,周恩来与尼克松举行为时1小时的第一次会谈后,在人民大会堂宴会厅举行国宴,欢迎尼克松一行。大约900人参加了这一具有历史意义的宴会。

---

① 魏史言:《尼克松访华内幕》,载鲁林、卫华、王刚主编《中国共产党历史口述实录》(1949—1978),济南出版社2002年版,第731—736页。

周恩来的祝酒词坦率严肃。他说:"我也想利用这个机会代表中国人民向远在大洋彼岸的美国人民致以亲切的问候。"

周恩来强调:"中美两国的社会制度根本不同,在中美两国政府之间存在着巨大的分歧。但是,这种分歧不应当妨碍中美两国在互相尊重主权和领土完整、互不侵犯、互不干涉内政、平等互利和和平共处五项原则的基础上建立正常的国家关系,更不应该导致战争。中国政府早在1955年就公开声明,中国人民不要同美国打仗,中国政府愿意坐下来同美国政府谈判,这是我们一贯奉行的方针。我们注意到尼克松总统在来华前的讲话中也谈到,'我们必须做的事情是寻找某种办法使我们可以有分歧而又不成为战争中的敌人'。我们希望,通过双方坦率地交换意见,弄清楚彼此之间的分歧,努力寻找共同点,使我们两国的关系能够有一个新的开始。"①

"我们必须做的事情是寻找某种办法使我们可以有分歧而又不成为战争中的敌人。"这句话是尼克松启程来华时讲的,新华社关于尼克松启程来华的报道,没有摘引这句话,周恩来予以了批评。②周恩来在祝酒词中引用这句话,就是表明中方充分了解美方的立场。

尼克松的祝酒词带有浓厚的感情色彩。他反复推敲了基辛格起草的讲稿,用他自己的语言进行了改写,并且加上了毛泽东的诗句。尼克松强调美中两国具有超越意识形态鸿沟的共同利益。

尼克松一开始就动情地说:"我不仅要特别赞扬那些准备了这次盛大晚宴的人,而且还要赞扬那些给我们演奏这样美好的音乐的人。我在外国从来没有听到过演奏得这么好的美国音乐。"

尼克松之所以特别强调"演奏得这么好的美国音乐",是因为宴会上演奏了美国乡村音乐《美丽的亚美利加》,这是尼克松在总统就职典礼上演奏的曲子。周恩来细腻的外交艺术于此可见一斑。

尼克松强调:"我们在这里讲的话,人们不会长久记住。我们在这里所做的

---

① 《在欢迎尼克松总统宴会上周恩来总理的祝酒词》,《人民日报》1972年2月22日02版。
② 中共中央文献研究室编:《周恩来年谱1949—1976》(下),中央文献出版社1997年版,第512页。

事却能改变世界。"

"改变世界"确非虚言。自尼克松访华以后，国际地缘政治态势为之巨变。

尼克松说："我希望我们这个星期的会谈将是坦率的。本着这种坦率的精神，让我们在一开始就认识到这样几点：过去的一些时期我们曾是敌人。今天我们有巨大的分歧。使我们走到一起的，是我们有超过这些分歧的共同利益。在我们讨论我们的分歧的时候，我们哪一方都不会在我们的原则上妥协。但是，虽然我们不能弥合我们之间的鸿沟，我们却能够设法搭一座桥，以便我们能够越过它进行会谈。"

周恩来和尼克松都坦率地承认中美两国有着巨大的分歧，同时也有着超越分歧的共同利益。中美关系正是在巨大分歧与共同利益并存的情况下发展起来的。50年后的今天，中美两国依然是巨大分歧与共同利益并存。

尼克松声称："我们没有理由成为敌人。我们哪一方都不企图取得对方的领土；我们哪一方都不企图支配对方。我们哪一方都不企图伸出手去统治世界。"

美国当局力有不逮时，总是声称没有企图，当力量足够强大时就企图"支配对方""统治世界"。尼克松的这番话，就是美国因越南战争等不利因素导致力量衰弱的证明。

尼克松引用毛泽东诗词："多少事，从来急；天地转，光阴迫。一万年太久，只争朝夕。"

他说："现在就是只争朝夕的时候了，是我们两国人民攀登那种可以缔造一个新的、更美好的世界的伟大境界的高峰的时候了。"①

在欢迎国宴上，围绕茅台酒展开了一场对话。尼克松说："如果一个人喝了过多的茅台，餐后点起一支烟卷就会叫他爆炸。"

周恩来当场用一根火柴点着了一杯茅台，来证明这种酒的易燃性，酒立即就在火焰中烧光了。

周恩来说，在长征的特殊场合，他一天之内喝过二十五杯酒。

尼克松听后震惊不已，由于年龄关系，周恩来后来只饮两三杯。"我记得曾

---

① 《在周恩来总理举行的欢迎宴会上尼克松总统的祝酒词》，《人民日报》1972年2月22日02版。

读到过，当红军在长征中经过茅台酒的发源地茅台村时，部队把当地的酒都喝光了。"

周恩来说："在长征途中，茅台是一种'万能灵药'。"①

尼克松回到华盛顿后，为他的女儿特里西娅演示茅台酒的厉害。他把一瓶茅台倒在碗里，点着了火。燃烧着茅台酒的碗耐不住高温炸开了，吐着火苗的茅台流满了桌面。美国第一家庭的成员奋勇协力，慌忙救火，才把火扑灭，防止了一场国家的悲剧。②

在上海举行的宴会上，有点喝高了的尼克松，在他此行唯一的一次即兴祝酒时，居然提议同中国缔结防御性的军事同盟。尼克松说："这座伟大的城市，在过去，曾多次遭到外国的侵略和外国的占领。我们美国人民，同中国人民一起，忠于这样一项原则：决不允许这个城市，或者中国的任何部分，或者这个世界上的任何独立国家，再度遭受外国的控制，外国的占领。"这是尼克松又一次提及了中国的生存能力问题。好在宴会气氛热烈，没有人注意到尼克松话语中的隐晦内涵。

尼克松甚至说出了这样的话："总理先生，我们两国人民今晚把世界的前途掌握在我们的手中。"③这可能是最早的美中"G2"版本。

基辛格回忆道："每次宴会之后我一般还要和乔冠华副外长会谈几小时，来草拟公报。有一次我对他说，现在大家都很高兴，我们不妨用汉语来讨论公报。"④

第一天晚上的欢迎国宴，极大地打动了尼克松。第二天，周恩来前往钓鱼台会见尼克松。他刚走到宾馆门口，尼克松就热情地上前握手。

进房间后，尼克松亲自为周恩来脱去大衣。这一细节被美国摄影师留在了镜头里，美国电视媒体头条反复滚动播放这一画面，并得到一致好评。尼克松曾经写道："周也是我所认识的才华最出众的人物之一。他对现实力量具有非凡的领悟力。"我"对他十分敬重。'恩来'的意思是'恩慈而来'。这个名字简明

---

① 〔美〕尼克松:《领导人》，白玫译，新华出版社1983年版，第280页。
② 〔美〕基辛格:《白宫岁月》第四册，范益世等译，世界知识出版社1980年版，第24页。
③ 〔美〕基辛格:《白宫岁月》第四册，范益世等译，世界知识出版社1980年版，第24页。
④ 〔美〕基辛格:《白宫岁月》第四册，范益世等译，世界知识出版社1980年版，第24页。

而贴切地体现了他的气度和性格。周恩来外柔内刚。他举止优雅,总是那么精神抖擞,从容自若,使人感受到他的极大魅力和自信"。①

这是对周恩来发自内心的肯定和赞赏!

访问并不只是宴会上的愉快融洽,参观时的轻松惬意。重点也是难点在于将在上海签署发表的中美联合公报。这项艰巨的任务落在中国外交部副部长乔冠华、外交部美大司司长章文晋与基辛格身上。他们集中精力磋商公报文本,常常为一句话,甚至一个字,争论几小时。从北京到杭州,再到上海,争论不休。其中,最棘手、最困难的是台湾问题。

2月26日凌晨2点,中美联合公报的全部文本落实了,基辛格等人总算松了一口气,现在就等着公布了。然而,没有参加联合公报起草工作的罗杰斯等美国国务院官员,却对公报文本提出了修改意见,多达15处!尼克松一看这份清单,暴跳如雷。但是,考虑到国内的政治压力,又不想把白宫与雾谷(美国国务院所在地)的关系搞得太僵,便让基辛格再次与中方协商,是否可以修改公报内容。

毛泽东听取周恩来的电话汇报后,明确地回答:"你可以告诉尼克松,除了台湾部分我们不能同意修改外,其他部分可以商量。"稍做停顿,毛泽东口气严厉地说:"任何要修改台湾部分的企图,都会影响明天发表公报的可能性。"②

周恩来再度展示外交智慧和才华。

尼克松与罗杰斯在外交事务,特别是对华关系上意见不一。因而,尼克松将罗杰斯排除在对华关系的主要活动之外,而让基辛格唱主角。毛泽东会见时,尼克松没有安排罗杰斯参加。起草中美联合公报的工作,也交给了基辛格。甚至罗杰斯提出美国国务院的专家应当参加联合公报的起草工作,尼克松也予以拒绝。因此,罗杰斯吹毛求疵,对中美联合公报提出异议。

无独有偶,抵达上海以后,中方的一点疏忽又带来了新的麻烦。罗杰斯和随从人员下榻的房间位于上海锦江饭店的第13层,而"13"是西方最忌讳的数字。这无异于火上浇油,罗杰斯怒气冲冲地要向中方兴师问罪。

---

① 〔美〕尼克松:《领导人》,白玫译,新华出版社1983年版,第275—278页。
② 宋连生、巩小华主编:《中美首脑外交实录》,经济日报出版社1998年版,第170页。

为了平息罗杰斯的怒火,周恩来亲自到罗杰斯下榻之处。一个大国的总理亲自到另一个国家的部长住宿的房间交谈,在国际外交史上是没有先例的。何况,这位总理比那位部长年长15岁。当周恩来与马歇尔等美国杰出政治家谈判时,罗杰斯还是一位只到而立之年默默无闻的年轻人。周恩来的举动令罗杰斯深感意外,深受感动。

周恩来逐一与罗杰斯在一起的美国国务院官员握手之后,泰然自若地在罗杰斯身边的沙发上坐了下来,没有直接提出公报问题和楼层问题,而是热情洋溢地说:"国务卿先生,我受毛泽东主席委托,来看望你和各位先生。这次中美两国打开大门,是得到罗杰斯先生主持的国务院大力支持的。这几年来,国务院做了大量的工作。我尤其记得,当我们邀请贵国乒乓球队访华时,贵国驻日本使馆就英明地开了绿灯,说明你们外交官很有见地……"①

周恩来的话缓和了气氛,罗杰斯被带进话题,肯定了中方邀请美国乒乓球队访华是英明之举。随即,罗杰斯和美国国务院官员冰释前嫌,在坚持了几处无关紧要的修改之后,同意了联合公报的文本,特别是对台湾问题,没有坚持做任何修改。

7. 各说各话,《上海公报》书写外交奇迹

1972年2月28日,中美双方在上海签署《中美联合公报》,又称《上海公报》,全文如下:②

> 应中华人民共和国总理周恩来的邀请,美利坚合众国总统查德·尼克松自一九七二年二月二十一日至二月二十八日访问了中华人民共和国。陪同总统的有尼克松夫人、美国国务卿威廉·罗杰斯、总统助理亨利·基

---

① 宋连生、巩小华主编:《中美首脑外交实录》,经济日报出版社1998年版,第171—172页。
② 《中美联合公报》(上海公报),《人民日报》1972年2月28日01版。

辛格博士和其他美国官员。

尼克松总统于二月二十一日会见了中国共产党主席毛泽东。两位领导人就中美关系和国际事务认真、坦率地交换了意见。

访问中，尼克松总统和周恩来总理就美利坚合众国和中华人民共和国关系正常化以及双方关心的其他问题进行了广泛、认真和坦率的讨论。此外，国务卿威廉·罗杰斯和外交部长姬鹏飞也以同样精神进行了会谈。

尼克松总统及其一行访问了北京，参观了文化、工业和农业项目，还访问了杭州和上海，在那里继续同中国领导人进行讨论，并参观了类似的项目。

中华人民共和国和美利坚合众国领导人经过这么多年一直没有接触之后，现在有机会坦率地互相介绍彼此对各种问题的观点，对此，双方认为是有益的。他们回顾了经历着重大变化和巨大动荡的国际形势，阐明了各自的立场和态度。

中国方面声明：哪里有压迫，哪里就有反抗。国家要独立，民族要解放，人民要革命，已成为不可抗拒的历史潮流。国家不分大小，应该一律平等，大国不应欺负小国，强国不应欺负弱国。中国决不做超级大国，并且反对任何霸权主义和强权政治。中国方面表示：坚决支持一切被压迫人民和被压迫民族争取自由、解放的斗争；各国人民有权按照自己的意愿，选择本国的社会制度，有权维护本国独立、主权和领土完整，反对外来侵略、干涉、控制和颠覆。一切外国军队都应撤回本国去。中国方面表示：坚决支持越南、老挝、柬埔寨三国人民为实现自己的目标所作的努力，坚决支持越南南方共和临时革命政府的七点建议以及在今年二月对其中两个关键问题的说明和印度支那人民最高级会议联合声明；坚决支持朝鲜民主主义人民共和国政府一九七一年四月十二日提出的朝鲜和平统一的八点方案和取消"联合国韩国统一复兴委员会"的主张；坚决反对日本军国主义的复活和对外扩张，坚决支持日本人民要求建立一个独立、民主、和平和中立的日本的愿望；坚决主张印度和巴基斯坦按照联合国关于印巴问题的决议，立即把自己的军队全部撤回到本国境内以及查谟和克什米尔停火线的各自一方，坚决支持巴基斯坦政府和人民维护独立、主权的斗争以及查谟和克什米尔人民争取自决权的斗争。

美国方面声明：为了亚洲和世界的和平，需要对缓和当前的紧张局势和消除冲突的基本原因作出努力。美国将致力于建立公正而稳定的和平。这种和平是公正的，因为它满足各国人民和各国争取自由和进步的愿望。这种和平是稳定的，因为它消除外来侵略的危险。美国支持全世界各国人民在没有外来压力和干预的情况下取得个人自由和社会进步。美国相信，改善具有不同意识形态的国与国之间的联系，以便减少由于事故、错误估计或误会而引起的对峙的危险，有助于缓和紧张局势的努力。各国应该互相尊重并愿进行和平竞赛，让行动作出最后判断。任何国家都不应自称一贯正确，各国都要准备为了共同的利益重新检查自己的态度。美国强调：应该允许印度支那各国人民在不受外来干涉的情况下决定自己的命运；美国一贯的首要目标是谈判解决；越南共和国和美国在一九七二年一月二十七日提出的八点建议提供了实现这个目标的基础；在谈判得不到解决时，美国预计在符合印度支那每个国家自决这一目标的情况下从这个地区最终撤出所有美国军队。美国将保持其与大韩民国的密切联系和对它的支持；美国将支持大韩民国为谋求在朝鲜半岛缓和紧张局势和增加联系的努力。美国最高度地珍视同日本的友好关系，并将继续发展现存的紧密纽带。按照一九七一年十二月二十一日联合国安全理事会的决议，美国赞成印度和巴基斯坦之间的停火继续下去，并把全部军事力量撤至本国境内以及查谟和克什米尔停火线的各自一方；美国支持南亚各国人民和平地、不受军事威胁地建设自己的未来的权利，而不使这个地区成为大国竞争的目标。

中美两国的社会制度和对外政策有着本质的区别。但是，双方同意，各国不论社会制度如何，都应根据尊重各国主权和领土完整、不侵犯别国、不干涉别国内政、平等互利、和平共处的原则来处理国与国之间的关系。国际争端应在此基础上予以解决，而不诉诸武力和武力威胁。美国和中华人民共和国准备在他们的相互关系中实行这些原则。

考虑到国际关系的上述这些原则，双方声明：

——中美两国关系走向正常化是符合所有国家的利益的；

——双方都希望减少国际军事冲突的危险；

——任何一方都不应该在亚洲—太平洋地区谋求霸权，每一方都反对任何其他国家或国家集团建立这种霸权的努力；

——任何一方都不准备代表任何第三方进行谈判，也不准备同对方达成针对其他国家的协议或谅解。

双方都认为，任何大国与另一大国进行勾结反对其他国家，或者大国在世界上划分利益范围，那都是违背世界各国人民利益的。

双方回顾了中美两国之间长期存在的严重争端。中国方面重申自己的立场：台湾问题是阻碍中美两国关系正常化的关键问题；中华人民共和国政府是中国的唯一合法政府；台湾是中国的一个省，早已归还祖国，解放台湾是中国内政，别国无权干涉，全部美国武装力量和军事设施必须从台湾撤走。中国政府坚决反对任何旨在制造"一中一台"、"一个中国、两个政府"、"两个中国"、"台湾独立"和鼓吹"台湾地位未定"的活动。

美国方面声明：美国认识到，在台湾海峡两边的所有中国人都认为只有一个中国，台湾是中国的一部分。美国政府对这一立场不提出异议。它重申它对由中国人自己和平解决台湾问题的关心。考虑到这一前景，它确认从台湾撤出全部美国武装力量和军事设施的最终目标。在此期间，它将随着这个地区紧张局势的缓和逐步减少它在台湾的武装力量和军事设施。

双方同意，扩大两国人民之间的了解是可取的。为此目的，他们就科学、技术、文化、体育和新闻等方面的具体领域进行了讨论，在这些领域中进行人民之间的联系和交流将会是互相有利的。双方各自承诺对进一步发展这种联系和交流提供便利。

双方把双边贸易看作是另一个可以带来互利的领域，并一致认为平等互利的经济关系是符合两国人民的利益的。他们同意为逐步发展两国间的贸易提供便利。

双方同意，他们将通过不同渠道保持接触，包括不定期地派遣美国高级代表前来北京，就促进两国关系正常化进行具体磋商并继续就共同关心的问题交换意见。

双方希望，这次访问的成果将为两国关系开辟新的前景。双方相信，两国关系正常化不仅符合中美两国人民的利益，而且会对缓和亚洲及世界紧张局势作出贡献。

尼克松总统、尼克松夫人及美方一行对中华人民共和国政府和人民给予他们有礼貌的款待，表示感谢。

一九七二年二月二十八日

《上海公报》的签署，表明尼克松访华取得圆满成功。中国取得两大重要成果，一是台湾问题，获得美方对一个中国的明确承认；二是反对霸权主义，公报做出了明确的表述。这一点，也是美方极其重视的成果。中美《上海公报》的表述是："任何一方都不应该在亚洲—太平洋地区谋求霸权，每一方都反对其他任何国家或国家集团建立霸权的努力。"在当时的国际语汇中，霸权就是指苏联。

构建反霸联合阵线，是中美双方的重大共同利益。在这一重大共同利益面前，意识形态的截然对立，两军对垒的血肉仇恨，太平洋的浩瀚鸿沟，都可以超越，都可以置于一边。国际关系就是以利益为核心的关系，一般利益可以构建一般关系，重大利益可以构建重大关系，生死存亡利益可以构建生死存亡关系。一旦利益变更，国际关系也就随之变更。

尼克松在即将离开中国时，收到了毛泽东手书的三张条幅："老叟坐凳""嫦娥奔月""走马观花"。

尼克松收到礼物后一头雾水。他在访华之前做足了功课，尤其是精心研究了毛泽东很有代表性的诗词，也深入了解过毛泽东的历史和个性。当他收到这份礼品时，却不明白毛泽东的玄机。

有人猜测，"老叟"可能是帝国主义，"嫦娥"是人造卫星的象征，"走马观花"是指尼克松在中国的简短的旅行。

按照这个解读，毛泽东是在赞扬尼克松，他至少来到了中国，不像其他帝国主义国家的首脑，仅仅舒舒服服地坐在凳子上。

还有一种解读，这三张条幅说的是：帝国主义时代一去不返。不仅美国和苏联,而且中国现在也能向月球发射卫星了。不管尼克松是怎样的明智,他也只是走马观花,掠过表面,对现实作了短暂的一瞥。①

这份礼物,像一则禅机,留给他人猜想。

2月28日,《上海公报》发表的当天,尼克松满意地离华返美,周恩来于次日从上海飞回北京。毛泽东指示,安排5000人到机场迎接周恩来。②

3月1日,《人民日报》一版以通栏标题、几乎整版的篇幅,配发3张照片,报道"周总理等从上海回到北京五千多人前往机场热烈欢迎"。一版报眼位置刊出毛泽东语录:"世界是在进步的,前途是光明的,这个历史的总趋势任何人也改变不了。"

尼克松在离开上海前的欢送宴会上举杯说:"我们在这里已逗留了一周时间,这是改变世界的一周。"③

《上海公报》确实对全世界产生了巨大的影响。3月中旬,1954年建立的中英代办级外交关系升格为大使级。接着,中国同荷兰的外交关系也升为大使级,中国同希腊建交。9月下旬,日本首相田中角荣访华,中日正式建交。接着,中国同联邦德国、澳大利亚建交。这一年,中国与18个国家建立外交关系或提升外交关系级别,是新中国成立以来建交最多的一年。

尼克松成功访华,为他竞选连任增加了正能量。但是,由于他的多疑性格和求胜心切,以其竞选班子的首席安全顾问詹姆斯·麦科德为首的5人,闯入位于华盛顿水门大厦的民主党全国委员会办公室,安装窃听器、偷拍有关文件,当场被捕,后来此事发酵成为举国关注的事件,尼克松不得不于1974年8月8日宣布辞职,成为美国历史上首位因丑闻而辞职的总统。副总统杰拉尔德·鲁道夫·福特接任总统,改善中美关系失去了主要推动力。

---

① 〔美〕R.特里尔:《毛泽东传》(修订本),刘路新等译,河北人民出版社1990年版,第447—448页。
② 孔东梅:《改变世界的日子——与王海容谈毛泽东外交往事》,中央文献出版社2006年版,第145页。
③ 〔美〕尼克松:《尼克松回忆录》中册,裘克安等译,商务印书馆1979年版,第273页。

第三章

建交与"挟"台:
卡特"两面下注"

1977年，吉米·卡特出任美国第39任总统。他在任期内实现了美中关系正常化，两国于1979年元旦正式建交。然而，3个月以后，即1979年4月10日，卡特签署生效国会通过的《美国与台湾关系法》。这个法案严重违背中美《上海公报》和《建交公报》精神，粗暴干涉中国内政。中美建交和《美国与台湾关系法》先后实施，表明美国对华政策的两手——接触与遏制，正式成形。

吉米·卡特1924年10月1日生于佐治亚州普兰斯。卡特曾于1955—1962年任佐治亚州萨姆特县学校董事会董事长，1962—1966年任佐治亚州参议员。在此期间，他还先后担任过平原发展公司、萨姆特县发展公司总经理，佐治亚州中西部计划和发展委员会以及佐治亚州改进作物协会主席等职务。

1970—1974年，有"乡下佬"之称的卡特成功竞选出任佐治亚州州长。在当时南方的年轻州长中，他以办事富有实效、积极消除种族歧视赢得声誉，被称为"最有成就的州长"。按照佐治亚州的法律，州长只能任期一届。卡特4年州长生涯，已经具有了可以用来竞选总统的资历。

"水门事件"耗尽了美国共和党的政治资源。卡特抓住机遇，1974年担任民主党全国委员会议员竞选委员会主席，并宣布竞选总统，获得民主党提名。1976年，他以微弱优势击败现任总统福特，于1977—1980年担任美国总统。

1979年11月4日，伊斯兰革命后的伊朗爆出了一条重大新闻：美国驻伊朗大使馆被占，全体53名使馆人员被扣作人质！

1980年4月24日，美国对伊朗发动突袭，试图以武力解救人质，不料行动失败。卡特的声望一落千丈，当年竞选连任总统败给里根。但是，卡特没有放弃拯救人质的努力，在他离开白宫的那一天，伊朗释放了全部美国人质。卡特卸任总统职务33分钟后，美国人质登上了飞机离开伊朗。

吉米·卡特离开白宫时，被认为是政绩最差的美国总统之一。但是，离任之后，卡特频繁出访世界各地，到处倡导民主和人权事业，在重大国际事件中充当调停者，赢得了2002年诺贝尔和平奖。他以行动赢得美国乃至世界人民的尊重，成为美国"最佳卸任总统"。

"不会说谎"，是卡特在任期间及离任后，美国各界及国际社会，包括他的反对派在内对他的一致评价。这与尼克松形成极为明显的反差。水门事件的巨大政治动荡之后，美国社会选择了一位诚实人。但是，在国际社会，诚实人却容易诱发更大的动荡。

经历越战失利之后，美国的国力严重受损，卡特"诚实"地实施收缩战略，苏联乘势加大扩张步伐。1979年12月27日，苏联入侵阿富汗，霸权扩张达到顶峰，美国对中国的借助需求上升。

也有人认为，卡特实施的是"诚实"欺骗计划，通过战略收缩，诱骗苏联疯狂扩张，陷入阿富汗战场，导致重大损失。苏联由盛转衰，直至解体，其转折点就是入侵阿富汗。这种说法，更多的是一种事后解嘲。估计连卡特本人都不会承认，因为他"不会说谎"。

1977年，是中国发生历史性转折的重要年份。7月17日，正在召开的中共十届三中全会一致通过《关于恢复邓小平同志职务的决议》，决定恢复邓小平中共中央委员，中央政治局委员、常委，中央副主席，中央军委副主席，国务院副总理，中国人民解放军总参谋长的职务。①

邓小平第三度复出以后，逐步确立了"以经济建设为中心，坚持四项基本原则，坚持改革开放"的基本路线。改革僵化的计划经济体制，提升经济发展活力；打破封闭，开放引进国际社会特别是发达国家的先进经验，是基本路线的两个着力点。

对外开放，主要是对发达国家开放。美国虽然在越战失败后国力受损，但仍然是世界头号强国，是发达国家的头。中国对外开放，主要是向美国开放。美国市场对中国开放了，发达国家的市场就可以畅行无阻。美国的资本、技术进入中国了，其他发达国家的资本和技术就会跟着进来。

---

① 中共中央文献研究室编：《邓小平年谱1975—1997》（上），中央文献出版社2004年版，第162页。

中美从各自的需求出发，实现中美关系正常化，成为巩固扩大两国重大共同利益的交汇点。

1. 万斯访华做"小动作"，中方寻找谈判新对手

自尼克松1972年"破冰之旅"后，中美关系正常化提上了美国的议程。但是，主要由于美国国内政治因素，特别是水门事件造成的政治动荡，当年设想在尼克松总统第二任期实现中美关系正常化的愿望成了泡影。

杰拉尔德·鲁道夫·福特以副总统身份继任总统后，于1975年12月访华。他表示要继续尼克松的对华政策，在竞选连任后推进中美建交。但是，福特竞选总统失利，没有机会实现中美关系正常化。

民主党人卡特上任以后，卸下了共和党人的政治包袱，中美两国关系正常化进程再度启动。或许是吸取了前两任总统的教训，卡特表示要在第一任期推进实现中美建交。

卡特与中国结缘，始于1949年。当时，他作为美国海军军官第一次到达中国，在青岛度过了25岁生日，目睹了中国国民党的败退、中国共产党的胜利。

1977年2月8日，卡特就任总统不到20天，就在白宫会见了中国驻美国联络处主任黄镇，他表示，新一届政府对华政策的目标是"关系正常化"，并承诺："《上海公报》的原则过去是，今后也将是两国关系的基石。"

黄镇说："自尼克松打开对华关系，发表了《上海公报》，福特也访问过中国，基辛格每年去中国一次，有时两次，毛泽东、周恩来同尼克松、福特、基辛格多次长谈，就世界形势、两国关系阐明了中方的立场、观点，增进了彼此的了解。"

外交会晤就像写朦胧诗，意在象外，一切尽在不言中，却又表达得明明白白真真切切。

卡特当然明白黄镇的意思，立即接过话头说："我们的领导人可以访问中国，也希望你们国家的领导人来美国访问。我不知是否有可能充当主人，来接待你

们国家的领导人访问美国？"

黄镇沉着地回答道："如果美国领导人访问中国，我们是欢迎的。但是中国领导人访美问题，坦率地说，在美国同台湾继续保持外交关系的情况下，在两国关系正常化以前，是根本不可能的。在北京没有另外一个美国大使馆。"①

卡特明白了中方的条件，自己如果想获得在白宫第一位接待中国领导人的殊荣，就得解决中美关系正常化问题。

其实，卡特入主白宫的第一年，并没有十分重视中美关系正常化，而不是像他事后公开的日记那样目标明确决心坚定。当时卡特身边的阁员分为两派：一派以国务卿赛勒斯·万斯为代表，主张把对苏关系放在第一位，对华关系正常化要从属于改善对苏关系；另一派以总统国家安全事务助理兹比格涅夫·布热津斯基为代表，主张延续尼克松、基辛格的战略构想，联华制苏。这个格局，仿佛尼克松政府内部两派的重演。或者说，美国政府内的事务派，以国务院为大本营，更重视头号对手苏联；美国政府内具有战略视野的官员，以总统国家安全事务助理为代表，更重视构建国际均势，因而希望借重中国。尼克松政府如此，卡特政府也是如此。此后也有这类情况。

布热津斯基是波兰犹太裔美国人，美国著名地缘战略理论家，曾任欧、美、日三边委员会主任，因故乡波兰在二战中被苏联和德国瓜分而极端反苏，是卡特政府外交政策的实际操控者。

卡特就任总统的第一年，倾向于万斯的主张，把主要精力放在与苏联进行限制战略武器谈判上。1977年1月，卡特就职后召开首次国家安全委员会会议，列出了当年需要处理的15个外交重要事项，包括美苏关系、巴拿马运河、南北关系、美国在菲律宾基地问题等，但是，中美关系并不在内。

3月，卡特派万斯访问苏联，提出人权政策、裁减战略核武器等议题举行会谈，出乎意料的是，苏联领导人予以严词拒绝。

卡特政府在苏联碰了壁，这才开始考虑打中国牌，试图通过改善美中关系，作为应对苏联强硬立场的援手。

---

① 尹家民：《将军不辱使命》，解放军文艺出版社1992年版，第352—354页。

4月15日，万斯向卡特递交了一份备忘录，建议"同中华人民共和国建立良好关系的主要条件是使中国人确信，本届政府决心继续对苏联采取强硬的和对抗的态度。我们还应当使中国人懂得，我们并未把我们同他们的关系看作是单方面的，而是从关键的双边和国际问题的角度去考虑的。就关系正常化而言，虽然从我们的战略处境来看是可取的，但我们不应当过于勉强，以致损害了台湾人民的福利和安全。我们更不应当把自己置于人为的期限之内"。万斯的结论是，在这一期间暂不接受中国的三个条件。①

中国关于中美关系正常化的三个条件，经周恩来向美方提出，经过逐步明确完善，最后归纳为关于美台关系的六个字：废约、撤军、断交。

6月底，卡特政府的对华政策，经过几番辩论，开始形成共识，即对应中国提出的两国关系正常化三条件，美国应向中国提出下列4点对案：

一、中华人民共和国必须做出保证，在解决台湾与大陆统一问题时，放弃使用武力，用以换取美国终止美台《共同防御条约》。

二、美国外交上承认中国以后，应能继续向台湾出售防御性武器，用以保证台湾未来的安全。

三、美国承认中国以后，必须能够继续保持目前与台湾的政治、经济和文化联系，通过一个"半官方"的外交安排，美国应该有官方人员驻守在非官方机构里。

四、美国将单方面发表声明，将台湾的安全直接与美国的安全利益联系起来，中国方面将不对华盛顿的单方面声明提出异议。②

7月7日，卡特就任总统半年之后，他在日记中写道："伦纳德·伍德科克（按：候任美国驻北京联络处主任）来与我讨论与中国关系正常化的可能性。我告诉他我认为两国间的正常关系是可取的，我相信我能够使这一观点为美国人民所接受，并乐意承担这样做的政治责任。"③

---

① 郝雨凡：《白宫决策》，东方出版社2002年版，第331页。
② 郝雨凡：《白宫决策》，东方出版社2002年版，第337—338页。
③ 〔美〕卡特：《我不会对你们说谎——吉米·卡特总统白宫日记》，王海舟等译，广西师范大学出版社2013年版，第64页。

8月，万斯带着这一揽子方案访华，并就全球性战略问题进行沟通。

中方认为，万斯带来的方案是严重倒退。

8月24日，邓小平在北京会见万斯。这是邓小平7月17日第三次复出以后会见的第一位来访的外交部部长。

邓小平以一贯的坦率态度指出：国务卿先生提出的关于中美关系正常化的方案，比我们签订《上海公报》后的探讨不是前进了，而是后退了。我们多次说过，要实现中美关系正常化，在台湾问题上有三个条件，即废约、撤军、断交，按日本方式。老实说，按日本方式本身就是一个让步。现在是要美国下决心。民间来往，我们可以同意。你们这个方案，集中起来是两个问题。第一，你们实际上要我们承担不用武力解放台湾的义务，实际上还是干涉中国的内政。第二，你们提出不挂牌子的大使馆，实际上是"倒联络处"的翻版。我们对这个方案是不能同意的。①

邓小平讲的日本方式，就是日本与中华人民共和国建交，与台湾断交，但保持民间往来，以财团法人交流协会的名义，设立台北事务所。

在台湾问题这个核心利益上，中国绝不让步，但是也会展示适度的灵活性。美国在有求于中国时就会在台湾问题上做较大让步，在试图遏制中国时就会运用台湾这枚棋子。

万斯离华以后，给卡特发回去一个报告。卡特称万斯的报告"非常令人鼓舞"。卡特甚至亲自跑到安德鲁斯空军基地迎接访问归来的万斯，称他的访问"十分成功"。美国媒体《波士顿先驱美国人报》刊发文章称，白宫相信，中国领导人在万斯访华时，在两国关系正常化的条件方面取得了"进展"，将使台湾人"在自由中生活"，暗示美台关系不是中美两国关系正常化的障碍。②

法新社8月26日自华盛顿发出报道称：此间的一位美国高级官员认为，中国人在同万斯先生会谈时，表现出某种程度的灵活性。他们给人这样的印象，即他们理解美国在台湾问题上的立场。这位美国高级官员说，万斯先生出访北

---

① 中共中央文献研究室编：《邓小平年谱1975—1997》(上)，中央文献出版社2004年版，第188页。
② 陶文钊：《中美关系史》(修订本)第三卷，上海人民出版社2016年版，第37页。

京的目的已全部达到。重要的事情是使会谈的进程在经过两年的裹足不前之后重新动起来。①

邓小平获悉相关情况以后，亲自出面反击。9月6日下午，邓小平在会见包括基恩·富勒在内的美联社董事会代表团时，公开了他与万斯谈话的内容，重申了中国政府在台湾问题上的原则立场。

邓小平的这一番讲话引起了一场风波，美国国务院发言人发表谈话，否认邓小平对万斯的批评。

9月10日，邓小平在会见以滨野清吾为团长的日中友好议员联盟访华团时，直接批评了万斯和美国国务院发言人。邓小平说："他（按：万斯）向你们日本政府通报，向台湾通报，回去发表声明说中国人在台湾问题上有所'松动'、'表现了灵活性'、'访问很有成果'。这样，我们就不得不把真实情况说出来，要不然就让他欺骗了世界人民，也欺骗了美国人民。"②

邓小平的凌厉反击，让卡特政府认识到中方在原则问题上不会让步，也意识到万斯不再是与中国打交道的合适人选。

2. 卡特换将，布热津斯基主导建交谈判

中方认为万斯不是一个好的谈判对象，寻求与白宫直接谈判。

1977年9月27日，邓小平会见美国前驻华联络处主任乔治·布什（后任美国总统）。谈到中美关系时，邓小平指出，美国政府、国会和政治家要从长远的角度、政治观点来看待中美关系，不要搞外交手法。这不是外交问题，是政治问题。中美关系正常化，如果从长远观点和政治角度、战略角度看问题就容易下决心。台湾问题的重点还是政治问题。③

---

① 官力：《跨越鸿沟——1969—1979中美关系的演变》，河南人民出版社1992年版，第296—297页。
② 中共中央文献研究室编：《邓小平年谱 1975—1997》（上），中央文献出版社2004年版，第199页。
③ 中共中央文献研究室编：《邓小平年谱 1975—1997》（上），中央文献出版社2004年版，第207—208页。

邓小平这个谈话，强调中美关系不是外交问题，不要搞外交手法，既是对万斯搞外交手法的批评，更是明确了中方不再以主管外交的美国国务卿万斯为谈判对象。

布热津斯基有意担负起美中建交谈判的重任。作为来自波兰的犹太裔移民，他试图像另一位犹太裔移民——虽然是来自德国，却同样是总统国家安全事务助理的基辛格那样，为发展中美关系做出里程碑式的贡献。他通过其助手奥克森伯格悄悄推动中方向他发出访华邀请。

11月3日，中国驻美联络处主任黄镇前往白宫，出席副总统蒙代尔为他举行的离任送行午宴。在宴会上，黄镇当着万斯的面说，中国政府非常欢迎布热津斯基访华，随后又当着新闻记者的面重述了这个邀请。布热津斯基高兴地表示接受邀请。这令万斯非常尴尬。因为这将意味着对华外交重回尼克松政府轨道，由总统国家安全事务助理主导。宴会一结束，万斯就打电话斥责布热津斯基打乱了同中国人谈判的部署。①

1978年3月25日，邓小平会见挪威外交大臣克努特·弗吕登伦。谈完中挪友好关系后，邓小平话锋一转，谈起了中美关系。邓小平说，美国还没有把中国摆在它的议事日程上。一个真正聪明的政治家，应该懂得中国究竟处于一个什么地位。战略上，我们的观点明确得很。我们对自己有清醒的估计，我们实现四个现代化，需要同西方世界合作。更重要的是，在政治上对付超级大国，我们更需要合作。②

四个现代化，是周恩来总理在1975年1月举行的第四届全国人民代表大会第一次会议上做《政府工作报告》提出来的宏伟蓝图，即"在本世纪内，全面实现农业、工业、国防和科学技术的现代化，使我国国民经济走在世界的前列"③。

邓小平的这个谈话，将了卡特一军。

美国驻华联络处主任伍德科克力主早日与中国建交。

---

① 〔美〕布热津斯基：《实力与原则》，邱应觉等译，世界知识出版社1985年版，第235页。
② 中共中央文献研究室编：《邓小平年谱1975—1997》（上），中央文献出版社2004年版，第287页。
③ 周恩来：《政府工作报告》，《人民日报》1975年1月21日01版。

1978年2月，伍德科克回国述职，在他曾经担任主席的全美汽车工人工会的年会上发表演讲。他说，美国过去的对华政策，是建立在台北政府代表全中国的虚幻基础上。在中国内战结束近30年之后，美国仍然这么做，是继续参与中国内战。尼克松打开中国这扇大门后，已有六七十个国家走进这扇大门，希望美国政府能够找到足够的勇气采取这一步骤。①

伍德科克的讲话，成为当晚媒体的热门新闻。万斯国务卿却对他提出严肃批评，然而，卡特却对伍德科克的演讲持赞赏态度。在综合考虑了国内外的各种因素以后，卡特于3月中旬决定让布热津斯基访问中国，4月下决心在当年完成美中关系正常化。

5月20日，布热津斯基一行10人到达北京。这是布热津斯基首次访华。飞机抵达北京首都机场时，布热津斯基猜测着讲究礼仪的中国会派谁到机场来迎接。当他看到停机坪上站着中国外交部长黄华时，悬着的心终于放了下来，相信这次访华不会像万斯那样空手而归。

布热津斯基首先与黄华会谈。他分析了国际形势，特别是苏联的企图。由于苏联与纳粹德国联手在二战时吞并了布热津斯基的祖国波兰，因而他对苏联更为敌视。

布热津斯基强调，卡特总统和他认为，美国和中国具有某些共同的根本战略利益，以及相似的长期战略目标。因此他们对同中华人民共和国发展关系的兴趣，绝不是策略性的，而是基于某些长期战略目标的。

关于两国关系正常化问题，布热津斯基说："《上海公报》是双方关系的出发点。卡特总统重申确认美国前两届政府所阐明的五项基本原则。我们认为只有一个中国。总统认为中国在维持全球均势上有着中心的作用。总统相信，在我们这个多元的世界里，一个强大而独立的中国是维持和平的一支力量。"②

美国前两届政府阐明的五项基本原则是：（1）我们承认中国方面关于只有一个中国、台湾是中国的一部分的立场。（2）我们将不支持台湾独立运动。

---

① 黄华：《亲历与见闻——黄华回忆录》，世界知识出版社2007年版，第248页。
② 〔美〕布热津斯基：《实力与原则》，邱应觉等译，世界知识出版社1985年版，第244—245页。

(3)在我们离开台湾时,我们保证不让日本人进入台湾取代我们。(4)我们将欢迎和平解决台湾问题。(5)我们希望美中关系正常化,并将设法促其实现。①

5月21日下午,邓小平会见布热津斯基,谈话从4点5分开始,持续到6点半。

邓小平已经知道布热津斯基与黄华会谈的情况,一见面就亲切地问:"一定累了吧?"

布热津斯基回答说:"我的劲头很足呢!"布热津斯基感觉自己是在创造历史,精神状态十分亢奋。

邓小平说:"我们中国人怎么想就怎么说,喜欢痛快。毛主席是军人,周总理是军人,我自己也是军人。"

布热津斯基说:"军人说话就是痛快,我们美国人也是以说话痛快出名的。我希望你们不会觉得美国人不容易理解或者不容易理解美国。"

布热津斯基很快把话题转到两国关系正常化上。他说,卡特总统要他带话来:"我们准备认真地谈,不光是谈国际形势,也不光是谈如何采取并行不悖的行动来促进共同的目标和排除共同的危险,而且要开始积极地谈关于我们双方当前关系的问题。"②

邓小平说:"很高兴听到卡特总统的这个口信。在这个问题上,我们双方的观点都是明确的,问题是下决心。如果卡特总统下了这个决心,事情就好办。"③

邓小平与布热津斯基进行了长时间的、认真的谈话,双方都表示了推进中美关系正常化的决心,通报了各自的原则立场,达成了许多共识。会谈结束之际,邓小平邀请布热津斯基前往北海公园内的仿膳餐厅共进晚餐。这一礼遇令布热津斯基喜出望外,因为工作日程中没有这项安排。

5月22日晚,布热津斯基举行答谢晚宴,黄华出席。布热津斯基祝酒时特别指出:"有一点表现得特别明显:我们的共同看法超过了我们的不同点。我们

---

① 〔美〕布热津斯基:《实力与原则》,邱应觉等译,世界知识出版社1985年版,第231页。
② 〔美〕布热津斯基:《实力与原则》,邱应觉等译,世界知识出版社1985年版,第246—247页。
③ 中共中央文献研究室编:《邓小平年谱1975—1997》(上),中央文献出版社2004年版,第313页。

都反对旁人谋求建立一个大一统的世界的努力。我们都相信，通过警惕和力量，用你们的话来说，可以推迟战争；用我们的话来说，可以避免战争。我们都相信世界人民要民族主权。"

布热津斯基说："我将把我的结论告诉卡特总统，即我们两国势必为了我们双方的利益和全人类的利益而相互接近。让我重申决定我国对人民共和国态度的三个根本信念：第一，美国和中华人民共和国之间的友谊和关系正常化对世界和平极为重要和有益。第二，一个安全和强大的中国对美国有利。第三，一个强大、自信和参与全球事务的美国对中国有利。"[①]

反对苏联霸权主义这一关乎两国生死存亡的共同利益，始终是中美关系正常化的最主要动力。

布热津斯基的访问加快了中美关系正常化的步伐。中美之间有三条渠道进行谈判和沟通：第一条渠道是美国驻华联络处主任伦纳德·伍德科克与中国外交部部长黄华之间的谈判。从7月到9月中旬，基本上是各说各的，没有解决实质问题。第二条渠道是布热津斯基在华盛顿与中国驻美联络处代主任韩叙及新主任柴泽民之间的会谈。第三条渠道是中国驻美联络处与美国国务院正常的外交往来。这就是说，卡特总统同意了中方的意见，把中美关系正常化的重任落到了布热津斯基身上。

美方有两个谈判策略，一是严格保密，不得泄露；二是先易后难，逐步推进。中方对于美方严格保密的策略没有异议，但是对于美方不愿意把底牌全部亮出的做法不以为然。中方的对策是对美方的议程不做逐项回答，逼迫美方把底牌亮出来，再做全面判断和答复。由于双方的不同策略，谈判进展非常缓慢。

卡特总统感到不能这样拖下去了，要加快谈判速度。1978年9月19日，卡特利用中国驻美联络处新任主任柴泽民递交国书的机会，强调了美方希望尽快进行两国关系正常化的意愿，承诺接受中国关于实现关系正常化的三个条件，即断交、废约、撤军，同时也提出了美方的三张"底牌"：

一、美国将继续保持与台湾的商务和文化的联系；

[①] 《布热津斯基博士在京举行告别宴会》，《人民日报》1978年5月23日04版。

二、美国相信中国与台湾之间的问题会得到和平解决；

三、在关系正常化之后，美国继续向台湾出售防御性武器。①

1978年10月11日，卡特召见回国述职的伍德科克，决定把中美建交的日期定为1979年1月1日。他希望在圣诞节前能向美国人民宣布三项外交成就：在戴维营举行的埃及与以色列的会谈成功、美中关系正常化、与苏联限制战略武器谈判达成协定。

10月30日，布热津斯基对柴泽民解释卡特的态度变化时说，按照美国的政治议程，中美关系取得决定性进展的最佳时机，是12月前后。否则，国会明年年初开会，开始讨论美苏核条约等其他重大问题，中美关系正常化将被推到1979年秋后，时机不当，可能会出现困难。

在中国，改革开放的大局也需要加快实现中美关系正常化。根据黄华4个月来与伍德科克商谈的情况，和卡特、布热津斯基先后会见柴泽民的谈话，邓小平在11月2日召开的中共中央政治局会议上指出："看来美方想加快中美关系正常化，我们也要抓住这个时机。外交部先把对方的具体想法搞清楚，谈的时候不要把门关死，同美国关系正常化的步伐要加快，从经济意义上讲也要加快。"②

外交部参加谈判的人员见到邓小平指示后，立即修改对美谈判方针，把先摸清美方底牌改为"从促进国际反霸统一战线的发展和引进先进技术设备，加速我国实现现代化目标出发，早日实现中美关系正常化，对我方是有利的……应在坚持我方原则立场的前提下，争取谈判取得圆满结果"③。

邓小平的指示和外交部根据这个指示调整的谈判方针表明，中国中美关系正常化的基础，从建立反霸统一战线，扩大到推进实现现代化，就是说中美关系正常化拥有了国际大势和国内经济发展两个基础。

11月27日，邓小平召集有关人员开会，研究同美国谈判两国关系正常化问

---

① 陈敦德：《新中国外交谈判》，中国青年出版社2005年版，第622页。
② 中共中央文献研究室编：《邓小平年谱1975—1997》（上），中央文献出版社2004年版，第417页。
③ 孟红：《解密中美建交谈判：台湾问题如何达成共识》（6）[EB/OL].[2012-2-24].http://dangshi.people.com.cn/GB/17215075.html。

题，强调最重要的是不要错过机会。①

同时，邓小平利用会见美国友人阿奇博尔德·斯蒂尔、美国专栏作家罗伯特·诺瓦克、日本公民党中央执行委员长竹入义胜等人的机会，发表谈话，推动中美关系正常化谈判的进程。

3. 关键问题互相让步，"都不满意才是最佳结果"

1978年12月13日至15日，邓小平亲自与伍德科克举行三次会谈。

12月13日上午，伍德科克向邓小平呈上美方修改后的公报稿。邓小平表示，基本同意美方起草的新的《联合公报》草案，但在公报中应重申反霸条款，以加重分量。

关于"终止"而不是"废止"美台《共同防御条约》，伍德科克解释说，"废止"条约需要国会批准，"终止"条约则是总统的权力。美台《共同防御条约》有一个"终止"条款，即一方提出终止条约，在一年以后条约终止。这就产生了一个问题，在中美建交以后，美台条约终止期以前的一年之内，条约是否仍然有效呢？

邓小平强调，在"终止"到期的一年时间里，美国不应该再向台湾出售武器，希望伍德科克先生能够理解对台军售问题是何等重要。对台出售武器会破坏中国的和平统一。如果美国向台湾出售大量武器，蒋经国就会把尾巴翘得高高的，这只会增加冲突的危险性。②

蒋经国是蒋介石的儿子，时任台湾地区领导人。

12月14日下午，伍德科克再次求见邓小平，提出把原拟1979年1月1日发表建交公报和声明的时间，提前到1978年12月16日，即在美国国会选举周结束以后立即宣布。伍德科克说，从现在到明年1月1日，这中间有两周时间，美国方面无法就此保密，而消息一旦泄露出去，国会里有些人就会反对，可能节外生枝。

---

① 中共中央文献研究室编：《邓小平年谱1975—1997》(上)，中央文献出版社2004年版，第441页。
② 中共中央文献研究室编：《邓小平年谱1975—1997》(上)，中央文献出版社2004年版，第452页。

邓小平同意伍德科克的建议。

美国东部时间12月14日，柴泽民前去白宫会见布热津斯基，讨论两国关系正常化后的互访安排。柴泽民说，看来一切都很顺利，尤其是美国同意终止对台军售之后。布热津斯基纠正说，不是这么回事。美国是在1979年这一年中不再向台湾出售新的武器，此后，美国将恢复向台湾出售有限的防御性武器。柴泽民不胜诧异，布热津斯基也感到问题十分严重。

柴泽民一离开，布热津斯基立即致电伍德科克，询问中方是否了解，从1980年起，美国将恢复对台湾出售武器。伍德科克说，他们阅读了所有的谈判记录，关于这一点曾"含蓄"提到。白宫对此极不放心。卡特指示布热津斯基，除非中方了解，他可以向国会保证，在正常化后美国对台湾的安全援助仍将继续，否则中美关系正常化是不可能的。[①]

伍德科克担心明确提出军售问题，会使建交谈判受挫。把军售问题推到建交以后再处理，可能更好一些。布热津斯基不以为然，要求伍德科克紧急求见邓小平，澄清军售问题。这个时候，离双方商定发表建交公报的时间只有十几个小时了。

这是伍德科克外交生涯中最艰难的时刻。如果中方在军售问题上不愿意妥协，中美建交谈判将在最后关头前功尽弃，伍德科克将成为中美关系正常化的历史罪人。

12月15日下午4时，邓小平在人民大会堂会见了伍德科克及其副手芮效俭。伍德科克充分发挥了他在担任美国汽车工人联合工会主席时练就的辩论才能，在说明了来意以后阐述说，正常化是至关重要的，正常化后一切都会发生变化。在过渡时期，不但中美关系会发生变化，而且海峡两岸关系也会发生变化。[②]

邓小平明确指出："中美建交后，希望美国政府慎重处理同台湾的关系，不要影响中国采取最合理的方法和平解决台湾问题。如果美国继续向台湾出售武

---

① 潘敬国主编：《共和国外交风云中的邓小平》，黑龙江人民出版社2004年版，第166页。
② 潘敬国主编：《共和国外交风云中的邓小平》，黑龙江人民出版社2004年版，第167页。

器，从长远讲，将会为中国以和平方式解决台湾问题设置障碍，最终只能导致武力解决。在实现中国和平统一方面，美国可以尽相当的力量，至少不要起相反的作用。"①

邓小平在非常严峻地重申了中国政府的立场之后说："这样吧，我们还是15日宣布。这事情没完，以后再谈。"②

听说美中建交的最后一个障碍搁置以后，卡特的心情十分愉悦，在1978年12月16日的日记中记载了一个小玩笑："当我打电话告诉兹比格涅夫我就中国问题与尼克松谈话的内容时，我问他，是否听说中国人已取消了与我们达成的协议。他一听就几乎要晕过去了，然后我才告诉他我是在开玩笑。"③

卡特后来回忆说："与中国建交是我作为美国总统取得的最伟大的成就之一，是最正确、最英明的决定。"④

邓小平对军售问题的"搁置"，排除了中美建交的最后一个障碍。

国家之间的关系就是如此，如果一方不愿意妥协，试图达成全部目标，很可能就会谈判破裂，一无所获。双方各自做出一些让步，互相妥协，可能双方对结果都不太满意，然而都有所收获，这就是"双赢"，是最佳结果。

1978年12月16日上午10时（华盛顿时间15日晚9时），中美两国同时发表《关于建立外交关系的联合公报》，宣布两国自1979年1月1日起建立外交关系，并将于1979年3月1日互派大使并建立大使馆。美国承认"中华人民共和国政府是中国的唯一合法政府。在此范围内，美国人民将同台湾人民保持文化、商务和其他非官方关系"。⑤

---

① 中共中央文献研究室编：《邓小平年谱1975—1997》（上），中央文献出版社2004年版，第452—453页。
② 施燕华：《我为国家领导人当翻译》，《党史文苑》2009年第2期，第21页。
③ 〔美〕卡特：《我不会对你们说谎：吉米·卡特总统白宫日记》，王海舟等译，广西师范大学出版社2013年版，第257页。
④ 谭晶晶、白洁：《卡特披露中美建交内幕》[EB/OL].[2007-12-7].http://news.sina.com.cn/w/2007-12-07/073013036380s.shtml.
⑤ 《中华人民共和国和美利坚合众国关于建立外交关系的联合公报》，《人民日报》1978年12月17日01版。

公报全文如下:

中华人民共和国和美利坚合众国商定自一九七九年一月一日起互相承认并建立外交关系。

美利坚合众国承认中华人民共和国政府是中国的唯一合法政府。在此范围内,美国人民将同台湾人民保持文化、商务和其他非官方关系。

中华人民共和国和美利坚合众国重申上海公报中双方一致同意的各项原则,并再次强调:

——双方都希望减少国际军事冲突的危险。

——任何一方都不应该在亚洲—太平洋地区以及世界上任何地区谋求霸权,每一方都反对任何其他国家或国家集团建立这种霸权的努力。

——任何一方都不准备代表任何第三方进行谈判,也不准备同对方达成针对其他国家的协议或谅解。

——美利坚合众国政府承认中国的立场,即只有一个中国,台湾是中国的一部分。

——双方认为,中美关系正常化不仅符合中国人民和美国人民的利益,而且有助于亚洲和世界的和平事业。

中华人民共和国和美利坚合众国将于一九七九年三月一日互派大使并建立大使馆。

同时,中美两国政府分别发表声明。

美国政府的声明说:"1979年1月1日,美利坚合众国将通知台湾,结束外交关系,美国和中华民国之间的共同防御条约也将按照条约的规定予以终止。美国还声明,在四个月内从台湾撤出美方余留的军事人员。

"今后,美国人民和台湾人民将在没有官方政府代表机构,也没有外交关系的情况下保持商务、文化和其他关系。

"本政府将寻求调整我们的法律和规章,以便在正常化以后的新情况下得以保持商务、文化和其他非政府的关系。

"美国深信,台湾人民将有一个和平与繁荣的未来。美国继续关心台湾问题的和平解决,并期望台湾问题将由中国人自己和平地加以解决。"①

中国政府的声明指出:"解决台湾回归祖国、完成国家统一的方式,这完全是中国的内政。"②

1978年12月16日上午,中共中央主席、国务院总理华国锋就中华人民共和国和美利坚合众国建立外交关系在人民大会堂举行中外记者招待会。华国锋首先宣读《中华人民共和国和美利坚合众国关于建立外交关系的联合公报》和《中华人民共和国政府声明》。

在回答记者提问时,华国锋指出:"美方在谈判中曾提到在正常化后美方将继续有限度地向台湾出售防御性的武器。对此,我们是坚决不能同意的。在谈判中,中国多次地明确表明了我们的态度。我们认为,在两国关系正常化后,美方继续向台湾出售武器,这不符合两国关系正常化的原则,不利于和平解决台湾问题,对亚太地区的安全和稳定也将产生不利的影响。这就是说,我们之间有不同的观点,有分歧,但我们还是达成了公报。"③也就是说,中美建交是大局。为了实现这个大局,中方表现出了非常大的灵活性,包括搁置美国在建交后继续向台湾出售武器这样重大的分歧。

4. "邓旋风"铺天盖地,"他赢得了美国人民的心!"

1978年12月14日,在邓小平同意提前发表中美建交联合公报之后,卡特趁机向邓小平发出访美邀请。邓小平当即接受了邀请。

1979年1月28日,中国农历大年初一,中美建交还不到一个月,邓小平开始对美国进行9天正式访问,至2月5日离开美国,2月8日回到北京。

---

① 《卡特总统发表电视讲话宣布美中建立外交关系 美国政府就美中互相承认并建立外交关系发表声明》,《人民日报》1978年12月17日04版。
② 《中华人民共和国政府声明》,《人民日报》1978年12月17日01版。
③ 《华主席就中美建交举行记者招待会》,《人民日报》1978年12月17日01版。

这是新中国领导人第一次正式访问美国，可以说是"破冰之旅"，也是学习之旅，还是中国确立改革开放路线的宣示之旅。就在中美宣布建交后的第三天，1978年12月18日，中共第十一届中央委员会第三次全体会议确定了改革开放的政治路线。

邓小平访美前夕，1979年年初出版的第一期《时代》周刊，把邓小平作为封面人物和1978年年度人物，标题是《邓小平，中国新时代的形象》。这份具有巨大国际影响的杂志评价说："一个崭新中国的梦想者——邓小平向世界打开了'中央之国'的大门。这是人类历史上气势恢宏、绝无仅有的一个壮举！"

《时代》的这一期周刊，为邓小平成功访美进行了效果良好的预热。

美国东部时间1月28日下午，邓小平乘坐的专机抵达华盛顿安德鲁斯空军基地，美国副总统沃尔特·弗雷德里克·蒙代尔、国务卿赛勒斯·万斯等到机场迎接。

当天晚上，邓小平兑现在北京向布热津斯基做出的承诺，来到弗吉尼亚州麦克莱恩镇，华盛顿哥伦比亚特区的西郊，出席布热津斯基的家宴。

参加宴会的有国务卿万斯、美国驻北京联络处主任伍德科克、国家安全委员会东亚和中国小组负责人米歇尔·奥克森伯格、负责东亚和太平洋事务的助理国务卿理查德·霍尔布鲁克等，相当于参与中美建交谈判的美方团队主要成员全部到场，气氛轻松友好。

布热津斯基的家宴，吃的是美国饭菜，喝的是苏联的上等伏特加酒。这瓶伏特加是苏联驻美国大使多勃雷宁送的。布热津斯基举起酒杯说，我用勃列日涅夫所喜欢的佳酿向你敬酒。邓小平听了不禁开怀大笑。布热津斯基的这点小心思用得十分到位。

布热津斯基开玩笑地对邓小平说，卡特总统在国内遇到亲台势力制造的政治困难，阻挠他搞美中关系正常化。你在中国是否也遇到类似的困难？

这其实是一个十分敏感的话题，直接涉及中国领导层和广大中国人的政治态度问题。

谁知道邓小平明确地回答说："是啊，我也遇到困难。"正当布热津斯基等人以为邓小平将透露中国决策内幕的时候,他轻松地说:"台湾省也有人反对嘛。"①

邓小平这一脑筋急转弯式的回答,巧妙地重申了中国对台湾的主权。

酒酣耳热之际,布热津斯基发表高见说,中国人和法国人有一个共同点,就是都认为自己的文明优于所有其他国家。

邓小平立即接过话头说:"我们可以这样说,在东亚,中国的饭菜最好。在欧洲,法国的饭菜最好。"②

一场关于民族文化优劣的争议性话题顿时消于无形。

卡特曾为布热津斯基的人际关系问题在政府内部做过辩护。卡特政府下台以后,美国政界把矛盾的焦点集中在布热津斯基身上。他在宴请邓小平时的高谈阔论,体现了他锋芒毕露、棱角分明甚至喜欢逞口舌之快的个性。

1979年1月29日上午,美国总统卡特在白宫草坪为邓小平举行欢迎仪式,乐队奏起中美两国国歌,礼炮鸣19响,检阅了仪仗队。邓小平副总理享受了政府首脑的礼遇。

卡特在欢迎仪式上致辞说:"副总理先生:昨天是中国农历新年,是你们春节的开始。我听说,在这新春之际,你们向慈善的神灵打开了所有的门窗。这是忘记家庭争吵的时刻,是人们走亲串友的时刻,也是团聚与和解的时刻。对于我们两国来说,今天同样是团聚和开始新的历程的时刻,是久已关闭的窗户重新打开的时刻。"③ 随后,两位领导人在阳台上并肩向人群挥手致意。这个经典瞬间被镜头记录了下来。

邓小平在致答词时说:"中美关系正常化的意义远远超出两国关系的范围。位于太平洋两岸的两个重要国家发展友好合作关系,对于促进太平洋地区和世界的和平,无疑将是一个重要因素。中美关系正处于一个新的起点,世界形势也在经历着新的转折,中美两国是伟大的国家,中美两国人民是友爱的人民,两国人民的友好合作,必将对世界形势的发展产生积极的深远的影响。"④

---

① 〔美〕布热津斯基:《实力与原则》,邱应觉等译,世界知识出版社1985年版,第460—461页。
② 〔美〕卡特:《保持信心》,裘克安等译,世界知识出版社1983年版,第194页。
③ 钮文新:《40年40个瞬间》,《中国经济周刊》2018年第50期,第29页。
④ 中共中央文献研究室编:《邓小平年谱1975—1997》(上),中央文献出版社2004年版,第476页。

1月29日上午、下午和30日上午,邓小平与卡特举行了三次会谈,双方就国际形势、中美关系、台湾问题广泛交换了意见,签署了航空和海运协定。会谈结束以后,邓小平与卡特共同会见记者。邓小平说:"这次访问,使我更加坚信:中美两国和两国人民在各个领域——政治、经济、科技、文化——的合作有广阔发展前途。"①

邓小平在白宫与卡特会谈时,有一个插曲。邓小平落座后,习惯性地从口袋里掏出香烟,忽然停下来问卡特:"请问总统先生,美国国会有没有通过一条会谈时禁止吸烟的法律?"卡特稍一愣神,随即心领神会地说:"没有!只要我任总统,他们就不会通过这样的法律。你知道我家乡是种植大量烟草的。"卡特边说边给邓小平点燃了香烟,邓小平很享受地猛吸了两口,在场的人顿时都笑了起来。②

根据国会通过的法律,美国把给予非市场经济国家的贸易最惠国待遇与移民自由挂钩。这个法律针对的是苏联限制犹太人移民。初次会谈时,卡特提出,如果美国只给予中国最惠国待遇,而不给予苏联,将造成不平衡。卡特希望中国允许自由移民,以便与苏联区别开来。

邓小平听了微微一笑说,总统阁下,在移民问题上,中国不能同苏联相提并论,我们有10亿人口。"如果你要我输送1000万中国人到美国来,那我是十分乐意的。"全场顿时爆发哄堂大笑。③

1979年7月7日,中美双方达成协议,互相给予对方贸易最惠国待遇,并于1980年1月24日得到美国众参两院先后通过。从此,再也没有任何美国人提出将给予中国贸易最惠国待遇与中国的移民政策挂钩!

1月29日上午的会谈结束后,邓小平由万斯陪同,来到国务院休息室,被一群守候在那里的记者团团围住。记者们纷纷询问上午会谈的内容。邓小平幽默地回答说:"我们无所不谈,上至天文,下至地理。"④

---

① 中共中央文献研究室编:《邓小平年谱1975—1997》(上),中央文献出版社2004年版,第477页。
② 陈天璇:《邓小平访美那九天》,新华出版社2011年版,第59页。
③ 〔美〕卡特:《保持信心》,裘克安等译,世界知识出版社1983年版,第193页。
④ 潘敬国主编:《共和国外交风云中的邓小平》,黑龙江人民出版社2004年版,第178页。

1月29日晚，卡特举行欢迎宴会，邓小平祝酒时指出："我们两国社会制度不同，意识形态不同，但是两国政府都意识到，两国人民的利益和世界和平的利益要求我们从国际形势的全局出发，用长远的战略观点来看待两国关系。"

邓小平强调指出：我们双方"在关于建交的联合公报中庄严地作出承诺，任何一方都不应当谋求霸权，并且反对任何国家或国家集团建立霸权。这一承诺，既约束了我们自己，也使我们对世界的和平和稳定增添了责任感"[1]。

在这篇祝酒词中，邓小平明确指出，国家利益和世界和平利益，可以超越社会制度和意识形态分歧。

中美关系的"破冰人"尼克松出席了欢迎晚宴。邓小平提出，希望访美时与尼克松见一面，感谢他对中美关系正常化做出的贡献。卡特邀请了尼克松。这是尼克松在"水门事件"后第一次回到白宫。

欢迎晚宴结束后，美中贸易全国委员会在肯尼迪中心举办文艺表演，美国各界人士1000多人出席观看。

文艺表演的最后一个节目，由100多名肤色不同的美国小朋友齐声用汉语高唱《我爱北京天安门》。

孩子们的歌声余音绕梁之时，邓小平和夫人卓琳由卡特夫妇陪同走上舞台。在舞台上，卓琳一直牵着小演员艾米的手。

邓小平做了个简短讲话。他说，表演"让我们永生难忘"，这一场景让他想到鲁迅的一句话：如果人类能避免误解，互相关心，是最好不过的了，而文学和艺术能以最好的方式帮助实现这一目标。中美关系正常化以后，两国应当进行积极的文化交流。"我非常高兴地在这里告诉大家：波士顿交响乐团将会是中美两国建立外交关系后第一个与中国进行文化交流的美国乐团，乐团将在今年3月访问中国。"

在和演出者握手时，邓小平弯下腰，亲吻了儿童合唱团一个孩子的前额。随后，他接连亲吻了5个孩子。

---

[1] 中共中央文献研究室编：《邓小平年谱1975—1997》（上），中央文献出版社2004年版，第477页。

现场所有人都被这一幕震撼了。如潮的掌声中，很多人眼中闪动泪光。一位四十来岁的美国中年妇女不停地说"太好了"。

肯尼迪中心之夜，被一位美国官员称为"大概是整个卡特当政期间最风光的一个晚上"。美妙的夜晚，甚至感染了那些有成见的美国人。在当天的日记中，卡特写道："参议员拉克泽尔特是极力反对中美关系正常化的，但这次演出之后，他说他们输了，没有办法投票反对儿童们唱中国歌曲。"①

"从那一刻起，美国人意识到，他们和中国人没有理由成为敌人。"② 多年后，美国首任驻华大使伍德科克的夫人莎伦回忆肯尼迪中心之夜的情景时做了这样的评价。

1月30日中午，邓小平出席美国参议院外交委员会举行的午餐会。他指出："我们不再用'解放台湾'这个提法了。只要台湾回归祖国，我们将尊重那里的现实和现行制度。我们一方面尊重台湾的现实，另一方面一定要使台湾回到祖国的怀抱。"③ 这是"和平统一、一国两制"思想最早的构想。1982年中英关于香港回归的谈判正式启动以后，"一国两制"的构想运用到了香港。

1月31日上午，邓小平专门会见了尼克松。当时，"水门事件"余波未平，尼克松在美国的名声极差。邓小平不避猜嫌，会见老朋友，体现了中国人的优良传统。

1月31日下午，邓小平在华盛顿接受美国广播电视界评论员的采访，回答说这次访美的使命有三项："第一是向美国人民转达中国人民的情谊；第二是了解美国人民，了解你们的生活，了解你们建设的经验，学习一切对我们有用的东西；第三是同贵国的领导人就发展两国关系和维护世界和平和安全问题广泛地交换意见。我可以告诉美国公众，我同卡特总统和其他美国领导人两天会谈的结果，是令人满意的。"④

2月1日早晨，在离开华盛顿之前，邓小平与另一位为中美关系正常化做出

---

① 〔美〕卡特：《保持信心》，裘克安等译，世界知识出版社1983年版，第193页。
② 傅红星：《邓小平访美"旋风九日"》，《法制晚报》2015年5月25日A30版。
③ 中共中央文献研究室编：《邓小平年谱1975—1997》（上），中央文献出版社2004年版，第478页。
④ 中共中央文献研究室编：《邓小平年谱1975—1997》（上），中央文献出版社2004年版，第481页。

重要贡献的老朋友基辛格共进早餐，然后飞往卡特总统的家乡佐治亚州首府亚特兰大。

当天中午，邓小平出席美国南部地区国际问题研究中心和亚特兰大商会联合举行的千人午宴。邓小平在午宴上讲话指出："美国人民二百年来艰苦创业，实现了工农业和科学技术的现代化。特别是你们称作阳光地带的南部地区，近30年获得了迅速的发展。你们有许多东西值得我们借鉴，我们愿意向你们学习。"①

2月1日下午，邓小平参观了福特公司在亚特兰大的一个汽车装配厂。这家工厂平均每小时生产近50辆小汽车，年产量为18万辆。当年中国的汽车年产量是1.3万多辆，大约等于这家汽车装配厂260小时或者说11天的生产量。

2月2日，邓小平前往得克萨斯州休斯敦市，参观了林登·约翰逊航天中心。

当天晚上，邓小平观看了马术表演。表演前，邓小平应邀乘上一辆19世纪的公共马车，绕场一周，并接受主人赠送的一枚骑士纪念章和一头小牛。在看台上，邓小平接受了主人赠送的宽边牛仔帽，并戴了起来。美国人通过电视看到了这一幕，再次被邓小平的举动折服。对于美国人来说，邓小平入乡随俗，欣然戴上牛仔帽，成为中美关系的一个象征。他用这个简单的动作，不仅让人感受到了他的平易近人，而且传递了中国对美国友好的信号。《休斯敦邮报》评论说，邓小平超越政治，成了得克萨斯人。

2月3日下午，邓小平离开休斯敦抵达华盛顿州西雅图市。他在这里参观了波音747飞机装配厂，会见各界人士。

2月5日上午，邓小平结束对美国的访问，乘专机离开西雅图回国。当天，他的形象再度刊登在《时代》封面上，标题是"邓来了"。

邓小平来了！他争分夺秒、不知疲倦，刮起了"邓旋风"。访美9天，他出席了近80场会谈、会见等活动，参加了约20场宴请或招待会，发表了22次正式讲话，8次会见记者或出席记者招待会。美国人第一次近距离领略了新中国领导人的风采，并且为之"深深着迷"。

---

① 中共中央文献研究室编：《邓小平年谱 1975—1997》（上），中央文献出版社2004年版，第483页。

"他身材不高,强硬,智慧,坦率,勇敢,风度翩翩,自信且友好,能与他会谈是一种荣幸。"①卡特在日记中描述了对邓小平的深刻印象。

老布什就任美国总统后到中国访问,1989年2月26日在北京长城饭店举行答谢宴会时,特别提到邓小平的访美之行。老布什说:"我们举行得克萨斯烤肉宴的部分原因,是邓主席访问美国时成了得克萨斯州的一名荣誉公民。我要补充的是,他赢得了美国人民的心!"②

邓小平访问美国的当年,中美两国签署了贸易、文化、科技、资产、领事关系等15项协定和协议书,包括相互给予最惠国待遇。

5. 卡特签署《与台湾关系法》,遏制中国留下后手

中美关系从来不是一帆风顺的。邓小平访美掀起的友好热潮刚刚掀起,一股反华逆流就在美国汇聚。

1979年4月10日,卡特总统签署国会通过的《与台湾关系法》。

《中美建交公报》白纸黑字写着:"美利坚合众国承认中华人民共和国政府是中国的唯一合法政府……承认中国的立场,即只有一个中国,台湾是中国的一部分。"

《与台湾关系法》竟然声称:"美国决定同中华人民共和国建立外交关系,是基于台湾的前途将通过和平方式决定这样的期望;认为以非和平方式包括抵制或禁运来决定台湾前途的任何努力,是对西太平洋地区和平和安全的威胁,并为美国严重关切之事;向台湾提供防御性武器;使美国保持抵御会危及台湾人民的安全或社会、经济制度的任何诉诸武力的行为或其他强制形式的能力。"③这就等于变相恢复了中美建交时美方宣布"终止"的美台《共同防御条约》。

---

① 〔美〕卡特:《我不会对你们说谎:吉米·卡特总统白宫日记》,王海舟等译,广西师范大学出版社2013年版,第291页。
② 宋连生、巩小华主编:《中美首脑外交实录》,经济日报出版社1998年版,第342页。
③ 梅孜主编:《美台关系重要资料选编》,时事出版社1997年版,第168页。

《中美建交公报》明确"美国人民将同台湾人民保持文化、商务和其他非官方关系",《与台湾关系法》中的规定,实际上是把台湾当作一个独立的政治实体。如该法规定:"凡当美国法律提及或涉及外国和其他民族、国家、政府或类似实体时,上述各词含意中应包括台湾,此类法律亦应适用于台湾。"该法还规定,美台之间签署的、在1978年底以前有效的"条约"和"协定",除明确宣布"终止"的《共同防御条约》以外,一律继续有效。

该法规定处理美台事务的"美国在台湾协会"为"非政府实体",但是,该协会与台湾当局或它所设立的机构之间达成的协定或交易,"需遵守同样的向国会报告、由国会审查和批准的规定和程序,如同这些协定和交易是由协会所代表行事的美国政府机构自己达成的或通过它达成的一样";同时,美台之间互设的办事机构和工作人员,都享有"为有效执行其职务所必需的特权和豁免"。该法还规定,"承认中华人民共和国一事,丝毫不影响台湾治理当局于1978年12月31日或以前所拥有或持有的、或在此以后获取或赚得的对各种有形和无形的财产和其他有价值的东西的所有权或其他利益"。[①] 而根据国际法,在美国承认中华人民共和国政府为唯一合法政府之后,美国有义务把原为台湾当局所占有的、中国在美国的官方财产,及时交付中华人民共和国接收。

《与台湾关系法》表面上是美国"保护"台湾的法律,实际上是美国"挟持"台湾遏制中国的后手。

中国政府认为,《与台湾关系法》单方面违反中美关系正常化精神,严重干涉中国内政。该法尚在美国国会讨论时,中方通过多种途径,进行严正交涉。

该法签字生效后,邓小平于1979年4月19日在北京会见美国参议院外交委员会访华团时严正指出:中美两国关系能够正常化的政治基础,就是承认只有一个中国。现在,这个政治基础受到了一些干扰。对你们国会通过的《与台湾关系法》,中国是不满意的。这个法案最本质的问题,是实际上不承认只有一个中国,法案的许多条款还是要保护台湾。美国认为,保护台湾是美国的利益,还说要卖军火给台湾,包括一旦有事美国还要干预。所以说,这个法案实际上

---

① 梅孜主编:《美台关系重要资料选编》,时事出版社1997年版,第167—176页。

否定了中美关系正常化的政治基础。我奉劝美国朋友注意这个问题,这样的事情不能干了。①

4月28日,中国政府向美国政府递交了抗议照会,着重指出:《与台湾关系法》干涉中国的内政,实际上把台湾视为国家,把台湾当局当作政府,这是严重违反中美建交协议的行动。中美建交协议是今后中美关系发展的基础和准则。中国政府反对"两个中国""一中一台"的立场是坚定不移的。如果美国方面在台湾问题上不恪守两国建交协议,而怀有继续干涉中国内政的图谋,这只会给中美关系造成损害。②

差不多3个月以后,美国驻华大使馆于7月6日才交来美方的复照说:美国政府将遵守同中华人民共和国达成的关于建立外交关系的各项谅解。国会最后通过的《与台湾关系法》并不是在每一个细节上都符合政府的意愿,但它为总统提供了充分的酌情处理的权力,使总统得以完全按照符合正常化的方式来执行这项法律。③

卡特政府实现中美关系正常化和签署《与台湾关系法》,表明美国在对华关系上"两面下注",一手接触,一手遏制,并行不悖。

---

① 中共中央文献研究室编:《邓小平年谱1975—1997》(上),中央文献出版社2004年版,第507—508页。
② 田增佩主编:《改革开放以来的中国外交》,世界知识出版社1993年版,第386页。
③ 田增佩主编:《改革开放以来的中国外交》,世界知识出版社1993年版,第386—387页。

第四章

低开高走：
里根蹚出新任总统对华路径

第四章 低开高走：里根蹚出新任总统对华路径

1981年，里根出任美国总统。具有强烈反共情结的里根，有"意识形态化"总统之称。里根的竞选言论和上任之初的举措，给中美关系造成重大冲击。然而，形势比人强，美国，甚至整个西方世界，都无力单独抗衡苏联的霸权扩张，中国成为国际均势的重要力量。中美关系经过里根政府初期的低谷震荡以后，一路向好走高。里根意外地为此后几任美国新总统蹚出了一条处理对华关系的路径——低开高走。

罗纳德·威尔逊·里根于1911年2月6日生于伊利诺伊州坦皮科城，共和党人、新保守主义者、右翼政治家。踏入政坛前，里根担任过运动广播员、救生员、报社专栏作家、电影演员、电视节目演员、励志讲师，并且是美国演员协会（Screen Actors Guild）的领导人。他的演讲才能极为高超，被媒体誉为"伟大的沟通者"。

1959年至1960年间，里根担任美国演员协会主席，开始从演艺界转向政界。1966年，里根当选第33任加利福尼亚州州长，并在1970年成功连任。里根对当时反越战的抗议活动采取强硬措施。1969年，里根派遣了2200名国民警卫队员，镇压在柏克莱加州大学校区的人民公园举行的抗议行动。

1980年，里根竞选成功，担任第40任（第49、50届）美国总统（1981—1989）。他是历任美国总统中唯一演员出身的总统，也是到20世纪为止就职年龄最大的总统，迄今仍是就职总统年龄仅比特朗普小一岁的总统。

里根竞选成功，利用了卡特政府拯救被伊朗扣留人质上的失败，更主要的是利用了当时的经济颓势。在竞选前一年，美国的通货膨胀率高达13.5%。1980年10月28日，当年美国总统选举日的前一个星期，里根与卡特举行面对面辩论。在辩论总结时，里根说，问问人们，现在的生活是否比4年前更好了？与4年前相比，现在的东西是贵了还是便宜了？失业率增加了还是减少了？美国的国际地位升了还是降了？[1] 里根的这几个问句，对卡特施出了致命一击，提醒人们在投票前审视一下经济形势。

民意测验机构盖洛普做过一项关于美国总统的调查，里根得分颇高，并连续多年被评为美国最好的总统之一。这位好莱坞的"二流"明星，成了美国历史上的"一流"总统。

1. 里根不忘"台湾老朋友"，中国警告"倒车开不得"

作为右翼共和党人，里根是美国政界对台湾最热情的支持者。他对美国断绝与台湾的外交关系极为不满。1980年竞选总统初期，里根竭力攻击卡特的对华政策，一再声称，如果他当选总统，将与台湾重建"官方关系"。

针对里根的竞选言论，1980年6月14日，《人民日报》发表评论员文章《倒车开不得》，严肃指出："如果按照里根声称的政策，美国和台湾建立'官方关系'，这就意味着中美两国关系正常化的原则基础被彻底破坏，中美关系将倒退到两国人民都不愿看到的状态。至于那种主张恢复美国在台湾的驻军、恢复美台《共同防御条约》的荒谬言论，那更是对中国内政明目张胆的干涉。"[2]

为了摸清中方的底牌，里根派出竞选搭档、曾经担任美国驻北京联络处主任的乔治·布什（按：老布什）访问北京。

1980年8月22日上午，邓小平会见老布什一行。

老布什向邓小平解释说，里根将继续改善与中国的关系，他没有想在台湾问题上倒转时针。老布什承认，里根对台湾的老朋友怀有强烈的感情。随同来访的里根对外政策顾问理查德·艾伦插话说，中国政府要习惯于美国在其朋友圈子中给台湾一个较高的地位。艾伦后来担任里根总统的国家安全事务助理。

邓小平严肃指出："我们对里根先生最近一个时期发表的一些政见和共和

---

[1] 高新涛：《里根传》，当代世界出版社2008年版，第169页。
[2] 《倒车开不得》，《人民日报》1980年6月14日06版。

党的执政纲领感到不安,不管你们哪个党执政,都涉及中美关系是停滞、前进还是后退这样一个根本性的问题。我们历来阐述的观点是,中美关系是全球战略的一个重要组成部分,这是一个关键性的问题,其他问题不能代替。"

邓小平请老布什向里根转达中国政府4点正式立场:"(一)中国政府希望中美关系发展,不应该停滞,更不应该后退。任何从中美建交公报后退的言论和行动,中国政府都坚决反对。(二)不管美国1980年大选后哪一个党执政,中国政府评价和判断美国政府的战略决策和对外政策都将把对中国的政策视为最重要的标志之一,因为这是一个全球战略的问题,不是一个局部性的问题。(三)如果共和党竞选纲领中对中国政策部分(其中包括对台湾的政策)和里根先生最近发表的有关言论,真的付诸实施的话,这只能导致中美关系的后退,连停滞都不可能。(四)如果以为中国有求于美国,以致一旦美国共和党竞选纲领中的对华政策和里根先生发表的有关言论成为美国政府政策付诸实行,中国也只好吞下,别无选择,那完全是妄想。这不只是对共和党执政而言,即使民主党这样搞,也一样。因为这是一个很严肃的问题,所以,我把话说清楚,把这几点写成文字交给你,请转告里根先生。"①

1979年年底,苏联入侵阿富汗。遏制苏联霸权主义扩张势头,需要中美等国明晰的全球战略。邓小平的谈话在美国引起强烈反响。8月25日,执政的卡特政府副总统蒙代尔发表讲话,反对里根在对华政策上倒拨时针。

老布什一行结束访华回国途中,为里根起草了一份声明,其主旨是里根不打算颠覆或与中国重新谈判美国承认中国的条件。他们希望台湾问题不要成为总统竞选的关键问题,但是遭到里根的拒绝。8月25日,里根发表了自己起草的一份声明,一方面表示"美中关系无论对中国的利益还是对美国的利益来说,都是重要的。我们的合作关系应该是全球性的和战略性的",另一方面又称美台关系将依照《与台湾关系法》得到发展。

里根声称:美中"关系正常化——这本身是个良好的政策选择——的一项

---

① 中共中央文献研究室编:《邓小平年谱 1975—1997》(上),中央文献出版社2004年版,第667—668页。

条件，应该是在台湾保留一个联络处，其地位相当于我们当初设在北京的联络处。……我不会像卡特那样假意声称，由国会用法律形式确立的我们现在和台湾的关系不是官方关系。"①

里根的这一声明，无疑令中国政府非常愤慨。

3天以后，8月28日，《人民日报》发表评论员文章，在一版的标题上公开点名批评里根：《里根想把中美关系引向哪里？》。

文章指出："美国共和党总统候选人里根8月25日在洛杉矶同刚刚访华回国的竞选伙伴布什联合举行的记者招待会上，再一次为他在台湾问题上的错误主张辩护，继续鼓吹要同台湾建立'官方关系'。里根的这番讲话，是在布什再三表示对中国在台湾问题上的立场'有了更清楚的了解'，并带回了中国方面的有关信息之后发表的。这就不能不使人怀疑，里根到底想把中美关系引向哪里。"

文章强调："所谓《与台湾关系法》只不过是美国的一项国内法，决不能作为处理美中两国关系的法律基础……里根近来在台湾问题上的主张，已经比《与台湾关系法》走得更远。里根坚持要恢复美国同台湾的'官方关系'，允许台湾'官员'可以在美国政府机构内同美国当局进行官方接触。这决不是什么'语义学'的问题，而是公开鼓吹搞'两个中国'。里根的错误主张如果付诸实施，必然导致中美关系的大倒退。"

1980年11月4日，美国总统竞选揭晓，里根成功当选。

11月15日，邓小平会见美国基督教科学箴言报总编辑厄尔·费尔，给里根打"预防针"："我听到一些美国人说，好像中国改善同美国的关系是因为中国有求于美国。我看这种看法是不对的。按照这种逻辑，中国发展了，经济和军事力量强大了，就不会考虑和美国搞好关系，共同对付世界上的挑战。这种逻辑是不正确的。"

费尔问："里根先生就任美国总统安顿后，你是否期待他到中国来访问，同你和中国总理会晤？"

邓小平说："当然欢迎。这取决于里根先生的考虑和他的时间。因为中美

---

① 梅孜主编：《美台关系重要资料选编》，时事出版社1997年版，第195—196页。

关系是和共和党执政时尼克松先生开始恢复接触的,又是共和党福特总统发展的,后来民主党卡特总统又发展了这些关系。多次听到,发展中美关系是美国两党的政策。希望里根执政后不要使这种关系停滞,更不要倒退,需要继续发展两国的关系,这是全球战略所要求的。这是一个最富和一个最穷的国家打交道。中国虽仍然是个穷国,但从战略上来讲,还不是一个微不足道的国家。"

费尔问:"看来,你对里根先生对台湾出售军火并不过分担心。"

邓小平说:"里根先生会干什么,我不知道。但我们对台湾关系法是不满意的。真正造成中美关系危机的是对台湾关系法。一句话,我们希望中美关系要发展,不要停滞,倒退。我相信美国人民的大多数会理解这一点。"①

但是,里根胜选后一意孤行。其团队评估国际形势认为,中国只有地区性作用,在亚洲只有日本有世界性的作用。作为候任总统,里根派遣外交顾问克莱因访问台湾,试图继续将台湾作为遏制中国的"航空母舰"。克莱因在台湾大放厥词,说中国军力落后,不足以牵制苏联,美国在战略上无求于中国,可以加强美台关系而不必顾忌中国的反对。接着,台湾国民党中央秘书长蒋彦士等三位知名政要收到出席里根总统就职典礼的请柬。

12月25日,邓小平会见巴基斯坦外交部长顾问阿迦·夏希,借机敲打美国新政府:"里根在台湾问题上的倒退,反映了他的判断:一是认为中国本身没有什么力量,在经济上特别是军事方面无足轻重;二是认为在全球战略中中国有求于美国,而不是美国有求于中国;三是认为只要美国对苏联采取强硬和对抗政策,在台湾问题和其他问题上美国无论怎么做,中国都会忍耐和吞下去的。就我们来说,观点正好相反:第一,我们是穷。但也有自己的分量。第二,中国制定政策不仅是从自己的利益出发,而且是从全球战略考虑的。中国同美国没有关系的时候,日子也过下去了,而且还过得不坏。中国有求于美的观点是很危险的,要犯大错误。第三,认为只要美国对苏联采取强硬和对抗政策,在台湾问题和其他问题上美国无论怎么做,中国都会忍耐和吞下去的观点也是危险的,

---

① 《就当前国内外一些重要问题邓小平答美国记者问》,《人民日报》1980年11月24日01版。

因为这首先破坏了全球战略。"①

中国驻美大使柴泽民获悉里根班子邀请三位台湾政要出席总统就职典礼的消息后,直接向当选副总统老布什和拟任总统国家安全事务助理艾伦交涉,提出如果台湾方面有人出席里根的就职仪式,柴泽民本人将不出席。在中方的压力下,台湾两名政要取消了美国之行,已经在美国的蒋彦士因病住院。

鉴于里根的亲台意识浓重,中国驻美大使馆建议通过陈香梅女士做里根的工作。

美籍华人陈香梅是抗战时期美国援华空军"飞虎队"总指挥陈纳德将军的遗孀,时任美国共和党少数民族委员会主席、美国总统出口委员会副主席。陈香梅的舅父廖承志,时任全国人大常委会副委员长兼国务院侨办主任。

陈香梅获得访问中国的邀请以后,向里根做了汇报,建议与中国政府进行接触。里根同意了她的建议,委派她和美国参议院共和党副领袖特德·史蒂芬斯携带着他的亲笔信访华。

1981年1月4日,邓小平在北京会见特德·史蒂芬斯和陈香梅一行。

据陈香梅回忆,会见的座位是邓小平亲自安排的。他让陈香梅坐第一位,让史蒂芬斯坐第二位。由于史蒂芬斯参议员的政治地位比陈香梅高,坐定后,邓小平对史蒂芬斯解释说:"贵国有100位参议员,可是全世界只有一个陈香梅,而且她也有一半是属于我们中国的,你懂不懂?你同意吗?"史蒂芬斯答道:"安娜(按:陈香梅的英文名字)是我的老板娘,我在第二次世界大战末期,曾在飞虎将军陈纳德的十四航空队服务。陈纳德是我的顶头上司,安娜当然是我的师母,她有事随时都可以吩咐我的。我很有幸能和她一同来访中国。"

邓小平说:"你们飞虎队在中国的功绩我们都很清楚,中国人永远不会忘记你们为协助中国所做的贡献,希望你今后仍一本中美友好的原则为中美关系努力啊!"

史蒂芬斯说:"我一定会为此不断努力,因为中美两国一定要合作,世界才有和平。"②

---

① 中共中央文献研究室编:《邓小平年谱1975—1997》(上),中央文献出版社2004年版,第698—699页。

② 〔美〕陈香梅:《陈香梅自传》,山东人民出版社2003年版,第386页。

温馨的开场,铺垫的是十分严肃的话题。邓小平在会见时阐明中国政府对发展中美关系的原则立场:"1979年中美建交,主要是解决了台湾问题,美国承认台湾是中国的一部分。解决了这个问题,才取得了中美新关系的建立,并使之继续得到发展。"

邓小平强调:"认为如果美国对苏联采取强硬政策,像台湾这样的问题,中国可以吞下去。吞不下去,不会吞下去的。如果真的出现这样的情况,由于台湾问题迫使中美关系倒退的话,中国不会吞下去。中国肯定要做出相应的反应……我们真诚地希望中美关系不但不要停滞,而且要发展。我们重视的是美国新政府上任以后采取的行动。"①

2. 惩戒荷兰"杀鸡骇猴","不要怕中美关系倒退"

台湾当局虽然在参加里根就职典礼上功败垂成,却仍然对里根政府寄予厚望。1981年3月9日,《华盛顿邮报》披露,台湾当局希望从美国购买F-16战斗机。虽然美国国务院发言人在当天的新闻发布会上对此予以否认,但此事引起了中国政府的严重关注。

就在这个当口,发生了荷兰售台武器事件。早在1980年11月29日,荷兰政府批准荷兰公司向台湾出售两艘潜艇。迫于中方的严正交涉,荷兰政府于1981年1月29日交付国会辩论售台潜艇案。2月19日,荷兰政府决定维持原议,允许潜艇售台。3月6日,荷兰国会正式通过接受潜艇售台案。

中国政府决定惩戒荷兰政府,以警告里根政府,达到"杀鸡骇猴"的效果。

1981年2月27日,中国政府宣布从荷兰召回大使,并要求荷方撤回大使。5月5日,中国正式宣布将中荷关系降格为代办级。中方将对荷兰的惩戒通告美方,意在警告美国不要步荷兰的后尘。

---

① 中共中央文献研究室编:《邓小平年谱1975—1997》(下),中央文献出版社2004年版,第703—704页。

中方捍卫一个中国的坚定立场，和苏联霸权主义的强势扩张，迫使里根政府现实地考虑问题。3月下旬，美国前总统福特来华，带来了里根总统期待着中美关系在建交公报的基础上继续发展的口信。

3月23日，邓小平会见福特，听取了里根带来的口信后表示："我们非常高兴里根总统采取明智立场。中美之间没有别的问题，就是一个台湾问题。……只要我们冷静地从全球战略角度来考虑，台湾问题不难处理。如果我们违背人民的愿望，对一些问题采取容忍态度，处理不恰当，人民有理由责备我们。因此，对像荷兰向台湾出售潜艇这样的问题，我们不能不做出相应的反应。"[1]

里根政府在应对苏联霸权主义扩张方面希望借重中国，但是在台湾问题上依然希望兑现军售承诺，为了争取中国让步，不惜抛出向中国转让高技术的诱饵，派国务卿黑格访华承担这一使命。这是里根总统上台半年后，第一次派出高层官员与中方对话。

黑格考虑当时美中关系比较紧张，担心访华效果不好。他与中国驻美大使柴泽民商量，提出在适当的机会到中国访问。邓小平获悉后，让人转告黑格："随便来华谈谈就很好，无须要先解决一切问题。中国有些问题要讲，但不会使你难堪。"黑格吃了"宽心丸"，遂起程访华。[2]

1981年6月13日，里根政府的国务卿小亚历山大·梅格斯·黑格来华访问的前一天，中共中央政治局举行常委扩大会议讨论中美关系。邓小平在会上说："对美国一定要有最坏情况的打算，不要怕中美关系倒退，更不要怕停滞。对在停滞、倒退的情况下如何同美国交往，要认真准备。中美关系中突出的问题是台湾问题。对美国向台湾出售武器，我们不能含糊其词。"[3]

6月14日和15日，黑格与黄华外长举行两次会谈。

在会谈时，黑格表示，美国政府正考虑向中国转让高一级的技术，准备取消不允许向中国出售武器的禁令，以对待其他友好国家一样的方式进行逐项审

---

[1] 中共中央文献研究室编：《邓小平年谱 1975—1997》(下)，中央文献出版社 2004 年版，第 723 页。
[2] 潘敬国主编：《共和国外交风云中的邓小平》，黑龙江人民出版社 2004 年版，第 223—224 页。
[3] 中共中央文献研究室编：《邓小平年谱 1975—1997》(下)，中央文献出版社 2004 年版，第 748 页。

批，建议中国的副总参谋长刘华清夏末去美国交换意见。

黄华就此提出了美国售台武器问题，指出美国向台湾出售武器，实质上是继续把台湾置于美国的军事保护之下，延长中国的分裂局面，是对中国领土和主权的严重侵犯。建交之初，我们就声明反对美国卖武器给台湾，希望经过一段时间能解决这个问题。现在一年多了，如果这样继续下去，我们不能容忍，不得不做出强烈反应，两国关系不仅不能发展，连停滞都不可能，如果中美关系倒退，将给战略全局带来严重后果。

黑格说："战略全局是大车轮，台湾问题是大车轮中的小车轮，大车轮应该继续影响和制约小车轮。美国今后仍要为台湾提供仔细选择的、性能适度的防御性武器。"

黄华反驳说："向台湾继续出售武器不是小车轮、小问题，而是大车轮、大问题，是影响两国关系和战略全局的大问题，希望能引起你们的严肃注意。"[①]

6月16日，邓小平会见黑格，接受了黑格转交副总统布什的信件。邓小平以其特有的坦率方式说："我不讲外交辞令，干脆直截了当地说，你们美国人说话不算数！"

黑格非常惊讶地问："我们美国人说话怎么不算数？"

邓小平指出，美国上一届政府曾经承诺提供20亿美元贷款，放宽技术转让政策。但是，贷款没有收到，甚至连电脑这种简单的技术设备也没有得到。

1980年以前，中国的外汇储备没有达到过10亿美元。1980年，由于大量进口设备，外汇储备时隔6年第二次出现负数，达到负近13亿美元。1981年，外汇储备首次达到两位数，为27亿美元。20亿美元的贷款，对于当年的中国来说是一笔非常巨大的金额。

黑格解释说："在处理以往的承诺方面，将得到里根政府的充分支持，其中包括那笔20亿美元的贷款，我们都将设法提供，还准备给中国新的贸易地位，就是旨在缓和与技术转让以及军火销售有关的限制问题。但修改法律或拨款都

---

① 黄华：《亲历与见闻——黄华回忆录》，世界知识出版社2007年版，第259—260页。

必须有国会的批准，请务必谅解。"①

听了黑格的解释，邓小平指出："我们希望，在里根任总统、布什任副总统和黑格任国务卿的这一届美国政府执政期间，能够使中美关系不仅维持现状，而且进一步得到发展，这对全球和平、安全和稳定具有十分重要的意义。……过去相当长一个时期，美国仍然采取敌对国的态度处理同中国的贸易、商业、技术转让等问题。当然，摆在我们面前最敏感的问题还是美国向台湾出售武器。现在台湾海峡形势很平静，有什么必要不断向台湾出售武器？这样的问题涉及到中国最大的政策之一，就是要统一祖国、解决台湾问题。我们真心诚意地希望中美两国关系不但不要停滞在现阶段的水平上，而且要发展，这对全球战略有益。但现在这样的意愿还不是很稳定，还经常有那么一些事情或因素来干扰这种意愿。……假使这个干扰行动太厉害会引起相应的反应，导致中美关系停滞，甚至后退，思想上要有这种准备。我讲的这些话不是外交辞令，是把我的真正心里的话都讲了。"②

黑格回应说："四届美国总统，包括本届总统在内，都对发展和扩大同中国政府的友好关系予以最高的重视。我们双方的合作是互利的，这种合作不仅对亚洲太平洋地区，而且对于全世界的和平与稳定也是一个基本要素。"③

黑格见到邓小平以后，感觉访问"非常成功"，在北京举行记者招待会。记者消息灵通，反复追问美国将向中国出售武器的政策变化问题，黑格经不住追问，考虑到政策已经决定，无可奉告会影响作为国务卿的权威地位，一味否认将使信誉受损，终于透露说，美国愿意把中国作为有着许多共同利益的友好国家对待；修改把中国同苏联集团归为一类的法律，修改出口管制程序以利于扩大对华贸易。④

黑格虽未明言，却透露了美国将向中国出口武器的意向。这个决定原计划

---

① 潘敬国主编：《共和国外交风云中的邓小平》，黑龙江人民出版社2004年版，第224页。
② 中共中央文献研究室编：《邓小平年谱 1975—1997》（下），中央文献出版社2004年版，第748—749页。
③ 潘敬国主编：《共和国外交风云中的邓小平》，黑龙江人民出版社2004年版，第225页。
④ 刘连第、汪大为编著：《中美关系的轨迹》，时事出版社1995年版，第46页。

在两个月后的8月公开,届时中国将由副总参谋长刘华清率领军事代表团访问美国,议题之一是讨论武器售卖问题。

黑格泄露消息以后,引起了日本和台湾的强烈反应。里根获悉以后,当天举行记者招待会,一方面表示,美国一直希望同中华人民共和国改善关系,使中国得到某些技术和防御性武器就是"改善美中关系的进程中的一个正常步骤";另一方面,里根声称:"我对台湾的感情没有改变。我们有一项法案,一项法律,叫作《与台湾关系法》。它规定了向台湾出售防御性装备以及我们相互关系中的其他事项,我打算执行《与台湾关系法》。"①

里根选择黑格仍然在华的时候发表这样的言论,中方立即做反应。原定外交部部长黄华到机场为黑格送行,临时改为由副外长去送行。

6月19日,新华社记者发表述评,严词批评里根的言论,指出:"美国朝野至今还有一种议论,认为中国是讲大局的,为了战略全局的需要,为了发展中美关系,中国会吞下美国向台湾出售武器的苦丸。这显然是一种被颠倒了的逻辑。本来,美国方面如果认真地从战略的大局出发,把发展中美关系当作一件大事,就应该把美台关系限于中美建交公报的原则范围以内,当机立断地停止向台湾出售武器。而他们却把事情颠倒了过来。"评论希望,黑格访华达成的一致和进展,能够经得住今后行动的检验。②

但是,美国国内的反华亲台势力,无视全球战略大局,执意破坏中美关系的政治基础。美国众议院于8月20日至22日派出访问团抵达台湾,公开表示美国政府将在明年年初就向台湾出售当时最先进的F-X战斗机做出决定。

为了打击美方亲台势力的嚣张气焰,中方决定采取反制措施。中国宣布副总参谋长刘华清的访美计划无限期推迟。8月26日,新华社发表述评《休想以美国之法管中国之事》,批评美方企图以其国内法——对台湾关系法干涉中国内部事务。

为了多做美国有识之士的工作,中国政府在1981年下半年邀请了众多的美

---

① 陶文钊:《中美关系史》(修订本)第三卷,上海人民出版社2016年版,第115—116页。
② 新华社记者述评:《发展中美关系的一个关键》,《人民日报》1981年6月19日06版。

国前政府官员访华。中国政府一再表示,希望中美关系能克服困难,进一步向前发展。这些前政府官员也表达了类似的想法。

3. 形势比人强,里根签署《八一七公报》

中国政府的坚定立场和严厉举措,使里根对中方的立场有了比较明确的认识。黑格趁机向里根建议,暂缓就售台新的武器问题做出决定。中美双方商定,借22国首脑于10月在墨西哥坎昆讨论南北问题之机,举行中美首脑会晤。

为了打消美方向台湾出售武器的借口,中国决定进一步明确对台和平统一的政策方针。1981年9月30日,全国人民代表大会常务委员会委员长叶剑英向新华社记者发表谈话,进一步阐明关于台湾回归祖国,实现和平统一的方针政策,简称"叶九条",全文如下:[①]

> 今天是中华人民共和国三十二周年国庆前夕,又欣逢辛亥革命七十周年纪念日即将来临之际,我首先向全国各族人民,包括台湾同胞、港澳同胞以及国外侨胞致以节日祝贺和亲切问候。
>
> 1979年元旦,全国人民代表大会常务委员会发表《告台湾同胞书》,宣布了争取和平统一祖国的大政方针,得到全中国各族人民,包括台湾同胞、港澳同胞以及国外侨胞的热烈拥护和积极响应。台湾海峡出现了和缓气氛。现在,我愿趁此机会进一步阐明关于台湾回归祖国,实现和平统一的方针政策:
>
> (一)为了尽早结束中华民族陷于分裂的不幸局面,我们建议举行中国共产党和中国国民党两党对等谈判,实行第三次合作,共同完成祖国统一大业。双方可先派人接触,充分交换意见。
>
> (二)海峡两岸各族人民迫切希望互通音讯、亲人团聚、开展贸易、增

[①]《叶剑英委员长进一步阐明台湾回归祖国实现和平统一的方针政策》,《人民日报》1981年10月1日01版。

进了解。我们建议双方共同为通邮、通商、通航、探亲、旅游以及开展学术、文化、体育交流提供方便，达成有关协议。

（三）国家实现统一后，台湾可作为特别行政区，享有高度的自治权，并可保留军队。中央政府不干预台湾地方事务。

（四）台湾现行社会、经济制度不变，生活方式不变，同外国的经济、文化关系不变。私人财产、房屋、土地、企业所有权、合法继承权和外国投资不受侵犯。

（五）台湾当局和各界代表人士，可担任全国性政治机构的领导职务，参与国家管理。

（六）台湾地方财政遇有困难时，可由中央政府酌情补助。

（七）台湾各族人民、各界人士愿回祖国大陆定居者，保证妥善安排，不受歧视，来去自由。

（八）欢迎台湾工商界人士回祖国大陆投资，兴办各种经济事业，保证其合法权益和利润。

（九）统一祖国，人人有责。我们热诚欢迎台湾各族人民、各界人士、民众团体通过各种渠道、采取各种方式提供建议，共商国是。

台湾回归祖国，完成统一大业是我们这一代人光荣、伟大的历史使命。中国的统一和富强，不仅是祖国大陆各族人民的根本利益所在，同样是台湾各族同胞的根本利益所在，而且有利于远东和世界和平。

我们希望广大台湾同胞，发扬爱国主义精神，积极促进全民族大团结早日实现，共享民族荣誉。希望港澳同胞、国外侨胞继续努力，发挥桥梁作用，为统一祖国贡献力量。

我们希望国民党当局坚持一个中国、反对"两个中国"的立场，以民族大义为重，捐弃前嫌，同我们携起手来，共同完成统一祖国大业，实现振兴中华的宏图，为列祖列宗争光，为子孙后代造福，在中华民族历史上谱写新的光辉篇章！

这就是"一国两制、和平统一"的版本。只是台湾当局没有接受这个设想，后来用到了香港。

10月16日，中共中央政治局常委举行扩大会议，研究与里根会谈问题。邓小平指出："我们最近发表了解决台湾问题的九条方针政策，处理了荷兰问题。我们处理荷兰问题，就是给美国的警告。因为美国对台湾的做法，实际上就是霸权主义。因此，在同里根会谈时可以说：我们是从战略角度考虑中美关系的，双方都不要玩打牌游戏。打牌是不从政治角度、不从战略利益考虑的，有时甚至也不从国家利益考虑。如果打牌，牌就可以随时换，也可以随时丢掉。从战略的角度、政治的角度考虑问题，才能有个稳定的政策。"①

两天以后，10月18日，邓小平会见美国前国防部长、霍普金斯大学高级战略和国际问题研究所高级研究员哈罗德·布朗时说："我们提出九条建议之后，美国更没有理由向台湾提供武器。……中国人民在这个问题上反应很强烈，中国的容忍是有限度的。……我们认为，考虑谁有求于谁多少的问题，是没有益处的。中国确实落后，也穷，但中国不会妄自菲薄。我们希望美国政府、政界、报界注意这个问题。"②

10月21日，在坎昆喜来登饭店美国代表团驻地，美方安排了一次工作午餐。中国领导人阐述了三周前叶剑英委员长为和平统一祖国发表的九点声明，指出美国继续向台湾出售武器，会使台湾态度更顽固和拒绝接受我们的九点声明；中美关系的主要障碍是台湾问题，现在是售台武器问题。③

里根居然断言："台湾人害怕的是共产主义。"

在会谈中，美方不顾外交礼仪，白宫办公厅主任詹姆斯·贝克和总统国家安全事务助理理查德·艾伦频频打岔，催促里根"会谈应该结束了"。

面对这样一个局面，中国总理只好表示，既然时间不够，余下的问题就由黄华外长与黑格国务卿进一步讨论。④

10月23日，还是在喜来登饭店，黄华同黑格会见。黄华说："现在是美方

---

① 中共中央文献研究室编：《邓小平年谱1975—1997》（下），中央文献出版社2004年版，第778页。
② 中共中央文献研究室编：《邓小平年谱1975—1997》（下），中央文献出版社2004年版，第779页。
③ 黄华：《亲历与见闻——黄华回忆录》，世界知识出版社2007年版，第260页。
④ 宋连生、巩小华主编：《中美首脑外交实录》，经济日报出版社1998年版，第267—268页。

消除向台湾出售武器和消除这给中美关系带来严重威胁的最好时机。卖武器给台湾是历史遗留的问题，美国解决需要一定时间，但我们等了三年，问题依然如故。我们有耐心，但不能无限期容忍。如果美国明确表示决心，消除向台湾出售武器给中美关系带来的障碍，我们准备再给美国一些时间。这种灵活性的前提是：一、美国明确承诺，在规定的期限内，出售给台湾的武器在性能和数量方面不超过卡特政府时期的水平；二、美国明确承诺，在规定的同样期限内，出售给台湾的武器将逐年减少，以至最终完全停止。这就是中国总理要我通过你向里根总统转达的两点。"

黑格回答说：1981年美国售台武器的数量远远低于中美关系正常化以来的任何一年。美国有义务继续向台湾提供防御性武器。我们反复受到警告，说中国可能采取剧烈行动，对此我们十分不安。[1]

黄华和黑格约定，一周后在华盛顿继续谈判。

10月29日上午，黄华到华盛顿同黑格会谈。黑格先称赞中国执行和平统一祖国的政策，说美国保证不采取任何行动去阻碍或破坏中国执行这个政策。但他马上又说，美国要继续执行谨慎、克制、有选择地向台湾出售武器的政策，不能规定在某一期限内停止向台湾出售武器，抛弃老朋友，使台湾被迫到国际市场寻购武器。如果接受中方的要求，就会被认为是美中勾结，把台湾问题的解决办法强加于台。美国售台武器水平各年可能有高有低，总的来说，性能和数量今后都不会超过卡特政府时期的水平。中美双方的容忍都有限度，都需要灵活和善意，不要把对方逼到墙角。如果一方处在能胁迫对方的地位，和平统一便不能实现。

黄华说：在我们两国就关系正常化进行谈判时，中国领导人明确指出，正常化不能只管一年。不是一年后你们就可以向台湾出售武器。中国反对任何外国卖武器给台湾。中国无法也不能在这个问题上对美国和荷兰采取不同做法。美国承诺在规定期限内逐年减少以至停止售台武器，中国才能对美、荷采取区别对待的

---

[1] 黄华：《亲历与见闻——黄华回忆录》，世界知识出版社2007年版，第260—261页。

做法。台湾如果转向国际市场寻求武器,我们会用对待荷兰的办法来处理。①

会谈进行一刻钟以后,黄华到白宫会见里根总统,老布什副总统、黑格国务卿等人在座。

黄华说,中国正式提出通过谈判解决美国售台武器问题,不是要使美国为难,而是为了发展中美关系。中美关系必须建立在互相尊重领土主权、互不干涉内政的基础上。不能期待中国在售台武器问题上采取双重标准,欺小国,怕大国。

里根说,我们存在很大分歧,重要的是继续商谈,希望能取得积极成果。在台湾问题解决前,美国根据《与台湾关系法》将向台湾提供防御性武器。

黄华说:我方认为需要继续谈。但双方在谋求解决此问题时,如果美方向台湾出售武器,则不论性能、数量如何,即使不超过卡特政府时期水平,都将迫使中国做出强烈反应,两国关系的停滞或倒退将不可避免。

里根回应说,我们将谨慎小心地采取行动。②

10月30日下午,黄华同黑格又一次举行会谈。黑格说,中方突然要美国抛弃老朋友,把问题拿到谈判桌上,逼美方做出无法兑现的承诺,向总统的信誉挑战,这样就把美国逼到墙角。美方同意就售台武器问题与中方会谈,在此期间美国将谨慎行事,但仍要做它必须做的事。中方未就和平解决台湾问题承担义务,却要美国在规定期限内停止售台武器。美国同样准备应付中美关系全面后退的后果。

黄华说,不能说中国在美国售台武器问题上提出的要求是把美国逼到墙角,相反,要求中国无限期容忍美国卖武器给台湾,使中国的主权和领土完整被侵犯,内政受干涉,才是把中国逼到墙角。③

最后,双方商定,12月就美国售台武器问题进行副部长级的谈判。

就在中美售台武器谈判正在进行之时,苏联在苏波边境集结了50万大军,欧洲局势骤然趋紧。

事情的起因是,1980年,波兰政府为了扭转外债超过当年财政总收入的不

---

① 黄华:《亲历与见闻——黄华回忆录》,世界知识出版社2007年版,第261页。
② 黄华:《亲历与见闻——黄华回忆录》,世界知识出版社2007年版,第261—262页。
③ 黄华:《亲历与见闻——黄华回忆录》,世界知识出版社2007年版,第262页。

利局面，决定提高物价，将政府的困难转嫁给国内民众，引起了群众不满，最后导致政府改组，军人出身的雅鲁泽尔斯基将军出任波兰新一届领导人。然而，新政府仍然没有能够平息群众的不满。1980年11月，在连续举行大规模的罢工以后，反政府的波兰团结工会成立。在不到半年的时间里，900万人，即90%的波兰工人参加了团结工会，其中有三分之一是波兰共产党党员，这是对波兰共产党执政地位的严重挑战。

波兰的动荡局势让苏联十分不安，担心引发东欧各国的连锁反应。苏联共产党总书记列昂尼德·伊里奇·勃列日涅夫对波兰领导人沃伊切赫·雅鲁泽尔斯基发出警告："不得再对社会主义的敌人做出让步。"

在苏联的一再施压之下，雅鲁泽尔斯基命令波兰进入战时状态，实行军管，逮捕了包括团结工会领导人莱赫·瓦文萨在内的5000多人，取缔了波兰非执政党之外的所有政党和组织，不准示威、罢工和游行，并对全国主要的国营企业进行了军事管理。

在阿富汗战场，苏军的优势在扩大。在波兰，苏联的压力使局势变得十分危险，可能危及东欧甚至西欧。在中东和非洲，苏联的影响和势力范围在进一步扩大。中国在全球战略中的重要性更加突显。正是在这种国际形势下，中美售台武器谈判于12月4日在北京举行。中方代表是章文晋和韩叙两位副外长，美方代表是美国驻华大使恒安石。

恒安石在第一次谈判会上说，美国售台武器受中国和平统一进程的影响，但不完全取决于它。他预期售台武器不超过卡特时期水平，但各年会有不同，时高时低。

12月11日，恒安石告诉中方，美国政府将非正式通知国会，将向台湾销售价值6000万美元的军事零配件，加上台湾为这批零配件的运输、保管付给美方的费用共为9700万美元。美方为此做出三点解释和保证：一、这批军售是坎昆会议前向台湾承诺的；二、只是零配件，不是武器；三、今后数月内，即中美谈判期间不再向台湾进行新的军事转让。[①]

[①] 黄华：《亲历与见闻——黄华回忆录》，世界知识出版社2007年版，第262页。

中方对此提出强烈抗议，但是没有采取更严厉的措施。

1982年1月10日，负责远东及太平洋事务的美国助理国务卿约翰·霍尔德里奇奉命访华，声称里根同意与中国政府谈判向台湾出售武器的限制，同时希望正在谈判的中美联合公报载入双方对国际问题的看法。意思是如果公报只谈对台售武器问题，显得美方屈从中方的要求，加上国际问题，表明美中共同反对苏联干涉波兰局势，意味着美中有重大的共同战略利益，容易为国会反对者所接受。

霍尔德里奇向中方通报说，里根政府即将发表声明，决定不向台湾出售先进的F-X战斗机，但是美台将继续联合生产F-5E战斗机。①

1月11日，美国国务院就售台武器问题发表声明。

1月12日，中国外交部发言人就美国拟向台湾出售武器提出强烈抗议："美国向台湾出售武器，包括出售飞机的问题，现在正由中国政府同专程来京的美国助理国务卿霍尔德里奇进行商谈。在双方正在会谈期间，美国政府宣布拟向台湾出售飞机的决定，对此中国政府提出强烈的抗议。整个美国售台武器问题，是事关中国主权的重大问题，必须由美国政府同中国政府商谈才能取得解决，美国政府任何单方面的决定，中国政府决不接受。"②

1月22日，中方提出解决美国售台武器问题的第一个联合公报草案，核心是：美售台武器逐步减少，直至在一定时期内完全停止，在此以前向台出售的武器在数量和性能上不超过卡特时期的水平。

1月25日，美方提出第一个草案，2月15日提出第二个草案。美方草案把售台武器问题与中方和平解决台湾问题挂钩。

双方在正式会谈和非正式磋商中都无法取得进展，谈判陷于僵局。

2月18日上午，邓小平在北京人民大会堂福建厅会见柬埔寨国家元首西哈努克亲王。

77岁高龄的邓小平，利用春节期间到南方度假，休息了近一个月。西方媒

---

① 陶文钊：《中美关系史（修订本）》第三册，上海人民出版社2016年版，第125页。
② 《强烈抗议美国宣布拟向台湾出售飞机》，《人民日报》1982年1月13日01版。

体关于邓小平健康问题的猜测，顿时尘嚣甚上。

邓小平说："我最近在外地休息了近一个月，国外猜测就很多。实际上当前我国国内稳定情况是历史上少有的。"

西哈努克亲王说："现在真相大白了。国际上很注意你们国内的稳定。世界舆论希望您身体健康，以便完成您为自己的国家和民族所承担的历史使命。"①

邓小平可不是为了辟谣才亮相的。他有非常重要的话要说，事关全球战略大局。

邓小平说，美国对台湾问题的处理方式，我们是不能接受的。在这个问题上，我们没有什么回旋余地。实在不行，关系就倒退吧。那有什么了不起！我看中华民族还是存在的。

西哈努克说，现在是美国需要中国，而不是中国需要美国。

邓小平说，这个道理我们也多次讲过。我们对他们讲，你们讲美国无求于中国，中国有求于美国，这个论点是错误的。中国不是从自身利益来考虑中美关系的，而是从全球战略来考虑的。中国穷是穷，但自己生存的能力是很强的。就是在延安窑洞时代，我们还能生存，而且生活得很好，何况现在早已不是延安窑洞的时代了。

从尼克松解冻美中关系以来，怀疑中国的生存能力，认为中国有求于美国，一直是美国轻视中国的一个重要误判。

邓小平继续说，美国一部分人还是认为，台湾是他们在远东的一艘不沉没的航空母舰。如果这个观点占统治地位，中美关系就很难搞好。这个观点的实质是否认台湾是中华人民共和国的一部分。我们现在等着瞧，我们对可能发生的各种情况都做好了准备。②

邓小平会见西哈努克的消息，次日《人民日报》在一版头条位置刊出，但是没有关于中美关系的内容。一个月以后，3月20日，新华社主办的《瞭望》杂志1982年第3期上，发表邓小平与西哈努克会见记，披露了邓小平关于中美

---

① 《我国政治稳定政策连续保证体制改革顺利进行》，《人民日报》1982年2月19日01版。
② 周慈朴：《邓小平与西哈努克会见记》，《瞭望》1982年第3期，第2—3页。

关系的这一谈话。

这是中美关系正常化以来,邓小平第一次发出警告,引起了国内外的广泛关注。美联社驻北京记者为此专门发出述评。里根当然掂得出邓小平谈话的分量。

就在邓小平的这个谈话公开以后,苏联行动了。

刊载邓小平谈话的《瞭望》杂志出版4天后,3月24日,苏联共产党中央总书记、苏联最高苏维埃主席团主席(国家主席)列昂尼德·伊里奇·勃列日涅夫在苏联加盟共和国乌兹别克首府塔什干发表讲话,明确承认中国是社会主义国家,强调中国拥有对台湾的主权,表示愿意改善同中国的关系。

苏联入侵阿富汗以后,背上了沉重的包袱,不得不进行战略调整。离间中美关系,缓解来自中国的压力,是苏联实行战略调整的一个重大步骤。

高手过招,间不容发。

邓小平敏锐地意识到,勃列日涅夫的讲话是调整中美苏大三角关系的机遇。他当即电话指示外交部做出反应。

时任外交部新闻司司长钱其琛(按:后来担任外交部部长、国务院副总理)正在奉命筹备外交部新闻发布会制度,回应勃列日涅夫的讲话成了建立发言人制度的契机。

3月26日,钱其琛作为外交部第一位发言人,举行了外交部第一场新闻发布会。当时,新闻发布会没有专用会场,在外交部主楼门厅处举行。这是一次没有座位、没有提问、也不回答问题、只有三句话的新闻发布会。钱其琛念了一个简短的声明:"我们注意到了3月24日勃列日涅夫主席在塔什干发表的关于中苏关系的讲话。我们坚决拒绝讲话中对中国的攻击。在中苏两国关系和国际事务中,我们重视的是苏联的实际行动。"①

新闻越短,事情越大!

这个没有先例的外交部新闻发布会和三句话的简短声明,包括次日《人民日报》在一版中间位置刊出的版面安排,立即引起了全世界的高度关注。有外电指出,中国这一谨慎而含蓄的声明,预示着对抗了20多年的中苏关系,有可

---

① 钱其琛:《外交十记》,世界知识出版社2003年版,第4页。

能发生变化，并使世界局势为之改观。

美国人坐不住了！

4月6日，邓小平收到里根委托美国驻华大使恒安石转交的信件。

里根在信中写道："我给你写信，是因为我们两国领导人恢复你曾为之做出如此巨大贡献的广泛进展，具有重要意义。这在今天来说尤其重要，因为我们面临着苏联及其卫星国在全世界不断增长的威胁。虽然我们的利益乃至我们的政策并不完全一致，但是在阿富汗和伊朗、在东南亚、在我们西半球以及在核武器领域，贵国和我国都面临着明显和现实的危险，这些危险应该推动我们努力为合作找到一个坚实的基础。"

形势比人强。里根承诺"美国坚决遵守美国和中国建立外交关系的联合公报中所商定的立场：只有一个中国。我们不会允许美国人民和台湾人民之间的非官方关系削弱我们对这项原则所承担的义务"。他在信中提出，派副总统布什到北京与邓小平和中国其他重要领导人"直接和当面讨论这些问题"。[1]

这封来信表明，里根开始实施"新的现实主义"政策。

5月7日，乔治·布什抵达北京。黄华会见老布什时表示，售台武器的谈判陷于僵局，主要原因有两条：一、美方不愿承诺逐步减少以至在一定时期最终停止售台武器。我们不把售台武器问题看成仅仅是武器问题，实质上是美方是否尊重我国主权，是否愿意发展两国关系的问题。二、美方要把解决售台武器问题同台湾海峡军事紧张程度联系起来，把和平解决台湾问题作为美国解决售台武器问题的先决条件，等于要中国接受美国进一步干涉中国内政。在坎昆和华盛顿的会谈中，我们提出在规定的期限内停售，现在改为在一定的期限内停售，这是为了照顾美方，是我方在维护主权的范围内尽可能采取的灵活态度。

老布什说，如果1972年要求解决所有问题，就不可能有《上海公报》，在1978年要求卡特什么问题都解决，就不可能有正常化。我们提出的建议可能不会解决所有问题，但可以推动这一进程。[2]

---

[1] 梅孜主编：《美台关系重要资料选编》，时事出版社1997年版，第218—219页。
[2] 黄华：《亲历与见闻——黄华回忆录》，世界知识出版社2007年版，第263—264页。

老布什不愧是处理国际关系的高手。他的这一席话，道出了处理国家之间关系的真谛，不期望于一次谈判解决所有问题，而是推动解决问题的进程。

5月8日上午，邓小平见老布什。老布什解释了里根有关台湾问题、中美关系的立场之后强调，里根与卡特不同，他是一个有原则的总统，而卡特却是一个软弱动摇的总统。卡特没有反对和遏制苏联侵略的外交政策，里根决心加强美国的力量，比任何一届美国总统更愿意采取行动对付苏联。

邓小平指出："里根政府多次声称，只有一个中国，美国尊重中国的主权，但这要在实际行动上表现出来，首先是在售台武器问题上表现出来，因为这不仅牵扯十亿人民的感情，而且是侵犯中国主权、阻挠中国和平统一的大问题。美国领导人要承诺，在一定时期内逐步减少，直到完全终止向台湾出售武器。至于承诺的方式，可以商量，公报的措辞可以研究。"①

正当中美谈判紧张进行之际，6月25日，里根宣布黑格将于7月辞去国务卿职务，任命乔治·普拉特·舒尔茨为国务卿。黑格虽然出局，但是他关于改善对华关系的主张，却为里根所接受。

7月13日，恒安石向邓小平面交里根的信件，并提交美方新草案。里根在信中表示，要承诺在一定期限内终止向台出售武器极其为难，但是，美国不谋求执行长期向台湾出售武器的政策，也不会无限期地向台出售武器。

美方新草案除将上述意向写入条文外，还表示：美国无意在售台武器的数量和性能上超过美中建交后几年的供应水平。美国预期在一段时间内逐步减少对台湾的武器出售，直至最终导致问题的解决。

恒安石表示，在中美双方就此问题达成协议后，中美高级领导人可以恢复互访，美国国务卿将访华，欢迎中国总理访美。②

7月13日里根总统的信和美方新草案有积极因素，但双方立场仍有不少差距，要继续努力，通过商谈，争取就联合公报达成协议。

里根虽然为形势所迫，不得不处理好与中国的关系，就售台武器问题与中

---

① 中共中央文献研究室编：《邓小平年谱 1975—1997》（下），中央文献出版社2004年版，第822—823页。
② 黄华：《亲历与见闻——黄华回忆录》，世界知识出版社2007年版，第265页。

国进行谈判。但是,他心心念念不忘"老朋友"。里根政府不仅随时向台湾通报美中谈判进程,居然于里根致信中方的第二天,7月14日,应台湾当局要求,做出六点保证:

(1)不设定终止对台军售的日程表;

(2)任何对台军售不事先与北京商量;

(3)不在北京和台北之间扮演任何协调角色;

(4)不重新修改《与台湾关系法》;

(5)不改变关于台湾主权的立场;

(6)不施加压力,迫使台北与北京谈判。①

7月17日,黄华会见恒安石,转达邓小平对里根来信的回应。

当天下午,韩叙副外长向恒安石提出了中方新草案并建议双方开始逐段讨论。又经过两次会谈,美方要在联合公报中写入双方对广泛国际问题的看法,被中方拒绝。中方对17日草案提出了修正案,美方同意以此修正案为基础开始进行逐段讨论。

8月7日,中美双方开始逐段讨论。美方提出一个新草案,却比上次提的草案又有倒退,还宣读新任国务卿舒尔茨的话,说关于售台武器的协议必须符合美国国会通过的《与台湾关系法》。中方感到十分震惊,当场表示美方这一主张将使谈判没有讨论的基础。当天晚上,美方转变谈判调门,恒安石邀中方谈判代表于9日共进午餐,进行非正式接触,提出了一些可以商讨的建议。他们还说,19日美将就美台联合生产FSE飞机一事向美国会发出通知,希望在此以前我们的谈判能达成协议。

双方在逐段讨论中的争执在于:一、中方要求将解决美国售台武器问题与《上海公报》《建交公报》中双方确认的互相尊重主权和领土完整、互不干涉内政的原则直接挂钩,美方反对;二、美方要求将其解决售台武器问题的承诺与中国争取和平解决台湾问题的政策直接挂钩,中方反对;三、关于美方解决售台武器问题的承诺,中方力争尽可能明确,美方则力争尽可能含混;四、中方力争在

---

① 郝雨凡:《白宫决策》,东方出版社2002年版,第583页。

协议中列入以后接触、协商的条款，美方竭力反对；五、美方力争在公报中尽可能列入中美在国际问题上的共同看法和发展双边关系的合作愿望，中方则坚持突出售台武器问题，少谈国际问题和其他双边关系问题。结果是双方互做妥协，于8月15日就公报全文达成协议。①

8月17日上午，邓小平会见恒安石，对联合公报即将发表表示祝贺，然后宣读了致里根总统的口信。邓小平说，我这个人讲话从来不用稿子，但为了郑重其事，这次外交部还是给我写了这么一个稿子，是我的意思就是了。我想讲三点：一、公报只是一个良好的新的开端，但重要的还要看今后美国的实际行动。二、关于台湾问题，这完全是中国的内政。在公报里，中国重申了争取和平解决台湾问题的政策，绝不意味中国向美国或任何人做出什么承诺，也决不允许曲解为美国停止售台武器要以台湾问题的和平解决为前提。三、中国重视中美关系，愿意为两国关系的健康发展与美方一起做出努力。但在两国关系上存在着一片乌云，这就是《与台湾关系法》，希望美国能正视这个问题。②

恒安石说，公报是持久的，美方准备完全忠实地执行公报。

1982年8月17日晚7时（北京时间），《中华人民共和国和美利坚合众国联合公报》（按：简称《中美联合公报》）发表，后来以《八一七公报》著称：③

　　一、在中华人民共和国政府和美利坚合众国政府发表的1979年1月1日建立外交关系的联合公报中，美利坚合众国承认中华人民共和国政府是中国的唯一合法政府，并承认中国的立场，即只有一个中国，台湾是中国的一部分。在此范围内，双方同意，美国人民将同台湾人民继续保持文化、商务和其他非官方关系。在此基础上，中美两国关系实现了正常化。

　　二、美国向台湾出售武器的问题在两国谈判建交的过程中没有得到解

---

① 黄华：《亲历与见闻——黄华回忆录》，世界知识出版社2007年版，第266页。
② 中共中央文献研究室编：《邓小平年谱 1975—1997》（下），中央文献出版社2004年版，第839—840页。
③ 《中华人民共和国和美利坚合众国联合公报》，《人民日报》1982年8月18日01版。

决。双方的立场不一致，中方声明在正常化以后将再次提出这个问题。双方认识到这一问题将会严重妨碍中美关系的发展，因而在赵紫阳总理与罗纳德·里根总统以及黄华副总理兼外长与亚历山大·黑格国务卿于1981年10月会见时以及在此以后，双方进一步就此进行了讨论。

三、互相尊重主权和领土完整、互不干涉内政是指导中美关系的根本原则。1972年2月28日的上海公报确认了这些原则。1979年1月1日生效的《建交公报》又重申了这些原则。双方强调声明，这些原则仍是指导双方关系所有方面的原则。

四、中国政府重申，台湾问题是中国的内政。1979年1月1日中国发表的告台湾同胞书宣布了争取和平统一祖国的大政方针。1981年9月30日中国提出的九点方针是按照这一大政方针争取和平解决台湾问题的进一步重大努力。

五、美国政府非常重视它与中国的关系，并重申，它无意侵犯中国的主权和领土完整，无意干涉中国的内政，也无意执行"两个中国"或"一中一台"的政策。美国政府理解并欣赏1979年1月1日中国发表的告台湾同胞书和1981年9月30日中国提出的九点方针中所表明的中国争取和平解决台湾问题的政策。台湾问题上出现的新形势也为解决中美两国在美国售台武器问题上的分歧提供了有利的条件。

六、考虑到双方的上述声明，美国政府声明，它不寻求执行一项长期向台湾出售武器的政策，它向台湾出售的武器在性能和数量上将不超过中美建交后近几年供应的水平，它准备逐步减少它对台湾的武器出售，并经过一段时间导致最后的解决。在作这样的声明时，美国承认中国关于彻底解决这一问题的一贯立场。

七、为了使美国售台武器这个历史遗留的问题，经过一段时间最终得到解决，两国政府将尽一切努力，采取措施，创造条件，以利于彻底解决这个问题。

八、中美关系的发展不仅符合两国人民的利益，而且也有利于世界和平与稳定。双方决心本着平等互利的原则，加强经济、文化、教育、科技和其他方面的联系,为继续发展中美两国政府和人民之间的关系共同作出重大努力。

九、为了使中美关系健康发展和维护世界和平、反对侵略扩张,两国政府重申上海公报和建交公报中双方一致同意的各项原则。双方将就共同关心的双边问题和国际问题保持接触并进行适当的磋商。

其实,里根本人对于与中国达成这样一个公报并不太愿意。7月28日,中美谈判进入最后关头,里根在记者招待会上一面表示愿意继续发展由尼克松开始的对华关系,同时声称不会放弃多年来形成的台湾朋友和盟友。里根在记者会上明确声明:"我将执行《与台湾关系法》的规定。"①

《八一七公报》签署以后,里根口述了一份总统指令,由国务卿舒尔茨和国防部长温伯格会签,存入国家安全委员会的保险箱。这份指令全文如下:

> 各位都知道,我已同意发表与中华人民共和国的联合公报;我们在公报里表达了美国对继续军售台湾事宜的政策。
>
> 导致签署此一公报的会谈,有一个前提,即美、中双方清楚地理解到,任何减少对台军售要以台湾海峡和平,及中国维持其寻求和平解决台湾问题之基本政策为前提。
>
> 简单地说,美国愿意减少对台军售,有一个绝对条件,就是中国维系承诺和平解决台湾与中华人民共和国之间的歧异。大家应清楚理解到,这两者之间的关联是美国外交政策的永久戒律。
>
> 此外,供给台湾的武器之质与量,完全要视中华人民共和国构成的威胁而定。就质与量而言,台湾相对于中华人民共和国的防卫能力,必须予以维持。

李洁明在回忆录中声称,里根"决心不出卖台湾,即使抛弃《八一七公报》

---

① 陶文钊:《中美关系史》(修订本)第三册,上海人民出版社2016年版,第129页。

的精神亦在所不惜"。①

《八一七公报》墨迹未干，里根就迫不及待地秘密撕毁双边协议。其实，美国总统撕毁自己签署的双边协议，乃是家常便饭，区别只在于有的是公开撕毁，如特朗普；有的是暗中撕毁，如里根。

然而，这个情况，当时属于美国的机密，中方无从知晓。

《八一七公报》的发表，使中美双方在解决建交遗留的售台武器问题方面，迈出了重要的一步。美国政府承诺：不寻求执行一项长期向台湾出售武器的政策，向台湾出售的武器在性能和数量上将不超过中美建交后近几年供应的水平，逐步减少对台湾的武器出售，并经过一段时间导致最后的解决。中方也做出了妥协，没有要求美方明确停止售台武器的最后期限。

《八一七公报》白纸黑字写着：美国政府"无意侵犯中国的主权和领土完整，无意干涉中国的内政，也无意执行'两个中国'或'一中一台'的政策"。这三个"无意"，都是比中美《上海公报》和《建交公报》更为明确的承诺。

《八一七公报》的达成，充分说明，美国人对于现实利益的重视，远远高于意识形态立场。里根作为一名右翼共和党人、新保守主义者，反共立场众所周知，亲台态度有目共睹。在竞选和当选之初，甚至声称要恢复美台之间的官方关系。但是，为了抗衡苏联的扩张势头，里根与中国签署了比左翼民主党人卡特做出更大让步的协议，甚至承诺了连卡特都不敢的承诺："向台湾出售的武器，在性能和数量上将不超过中美建交后近几年供应的水平。"

《八一七公报》的达成还说明，推动中美关系的改善，既要有原则的坚定性，又要有策略的灵活性。既不能无原则地妥协，也不能不顾现实坚持原则不妥协。处理中美这样意识形态截然对立的大国关系，还是得遵循毛泽东处理抗日统一战线的策略原则：以斗争求团结则团结存，以退让求团结则团结亡。大国关系中必须坚持的原则就是国家核心利益。

邓小平对此直言不讳。1982年9月8日，邓小平在北京会见应邀来访的尼克松时明确地说："你第一次到中国访问见毛主席时首先说，你是为美国的利益到

---

① 〔美〕李洁明著：《李洁明回忆录》，林贵添译，台北时报文化出版社2004年版，第229页。

中国来的，这个话讲得非常好。反过来，中国和美国改善与发展关系也是符合中国自己的利益的。遗憾的是，这种明确的战略观点并不是所有领导人都有。"①

《八一七公报》的发表，逆转了里根总统就职以来中美关系低开的态势，形成高走局面。里根开创了此后几任美国新总统处理中美关系的共同走势——低开高走。

1982年夏季，在中美《八一七公报》谈判紧张进行的时刻，中共中央三位副主席邓小平、陈云、李先念，召集外交部主要负责人开会，研究中苏关系问题。邓小平提出，我们要采取一个大的行动，向苏联传递信息，争取中苏关系有一个大的改善，但必须是有原则的，条件是苏联主动解决"三大障碍"消除对中国安全的威胁。②

所谓"三大障碍"，是指苏联在中苏和中蒙边境地区大量驻军、支持越南侵占柬埔寨、武装入侵阿富汗。

中苏两国的分歧和论战，重点一直在意识形态上。中国批评苏联是"修正主义"，苏联指责中国是"教条主义"。邓小平提出改善中苏关系的条件，却没有一条涉及意识形态，全部都是现实的国家利益问题。这与中国处理对美关系的原则是完全一致的。

1983年2月下旬，中共中央外事工作领导小组召开会议，传达讨论邓小平有关对美对苏工作的指示。会议认为，要正确处理对美对苏关系，在外交工作中坚决贯彻执行独立自主的方针。对待任何国际问题，都应从我国人民和世界人民的根本利益出发，根据事情本身的是非曲直，独立自主地确定自己的立场和态度。不能依附、屈从任何一个超级大国，否则就没有我们在世界上的地位。会议认为，美苏两个超级大国都在搞霸权。我们要旗帜鲜明地反对美苏两霸，而不是只反一霸。③

---

① 中共中央文献研究室编：《邓小平年谱 1975—1997》（下），中央文献出版社 2004 版，第 845—846 页。
② 中共中央文献研究室编：《邓小平年谱 1975—1997》（下），中央文献出版社 2004 年版，第 835 页。
③ 中共中央文献研究室编：《邓小平年谱 1975—1997》（下），中央文献出版社 2004 年版，第 890—891 页。

4. 无事生非的"清末巨额债券案"

中美建交的当年11月，美国亚拉巴马州公民拉塞尔·杰克逊等9人代表300多名美国人，通过集体诉讼的方式，向该州地方法院起诉中华人民共和国，要求偿还1911年前清政府发行的湖广铁路债券本息2.2亿美元。亚拉巴马州地方法院传票被告栏列名"中华人民共和国"，受送达人是"外交部长黄华先生"。

湖广铁路债券是清政府于1911年5月与西方四国银行签订的借款合同，期限40年。自1936年起，无人要求支取利息，1951年本金到期时也无人要求偿还。

紧接着湖广铁路债券案，美国又有三起诉讼要求中国偿还旧中国政府发行的26种债券，声称本息合计上万亿美元，相当于中国1980年财政收入的10倍左右。

中方理所当然地退回传票，并多次向美国国务院提出交涉，声明中方不能接受上述文件的原则立场。按国际法，对于一个外国主权国家，除非它自己明确表示同意，否则不得对它行使司法管辖，这就是司法豁免权，历来为各国所公认。

亚拉巴马州地方法院不顾公认的国际法准则，竟然传唤一个主权国家，并以缺席审判相恫吓，其唯一的"依据"是美国1976年颁布的《外国国家主权豁免法》。根据这项法律，外国政府的商业活动不享受豁免。这种用国内法来否定国际法和国际惯例的做法，是美国霸权主义的体现。事实上，《外国主权豁免法》通过时，美国国务院法律顾问也曾致函司法部表示：国务院对于在法院诉讼涉及美国重大利益的外交关系问题时，仍将以"法院之友"的身份进行干预。所以美国外交当局对湖广铁路债券案不能简单以《外国主权豁免法》和所谓"三权分立"而一推了之。

早在1979年中美建交前后，两国就互提的"要求（claims）"提出数字，例如中国公民在美国银行被冻结存款和美国公民在中国被国有化或根据其他原因被冻结的财产。根据当时估计，中国公民约计84万美元，美国公民约计2亿美元，其中并无美国公民所持旧中国发行的债券款项。

1982年9月1日，美国亚拉巴马地方法院悍然做出缺席判决，"命令"中华人民共和国偿付原告4130万美元，外加利息和诉讼费用。原告还扬言要强制执行中华人民共和国在美国境内的财产。

其时,《八一七公报》刚刚签署。中国立即向美国国务院提出严正交涉。美国国务院法律顾问罗宾逊认为:中方如要求国务院根据"法院之友"这样的程序介入,必须自己委任律师出庭,然后由美国国务卿提出"利益声明"和"宣誓书"。罗宾逊同时还指出:如果中方不委任律师出庭,只会增加对方申请扣押财产的可能性。

1983年2月初,美国国务卿乔治·舒尔茨应邀访问中国,与外交部部长吴学谦举行会谈,湖广铁路债券案成为会谈的重要议题。吴学谦向舒尔茨提交了中国外交部对该案的备忘录。

2月5日上午,邓小平会见舒尔茨,在谈到中国政府不接受美国法律管辖问题时指出:"湖广铁路债券问题,我们外长已交一份备忘录给你,这是我们的最后态度,不会有什么改变了。如果中国承认了这件事,就等于承认了你们的治外法权,你们的法庭就要管着我们。中国不受任何外国政府、法庭、议会的干涉,不管后果如何,我们都不能接受。这些问题还是通过外交途径解决为好。"①

舒尔茨表示:"只要中方(向法院)提出看法,不难转入外交途径。"美方态度终于有所松动。

2月10日,《人民日报》全文公布了中方提交给美方的备忘录,严正表示:"国家主权豁免是国际法的一项重要原则,其根据是联合国宪章所确认的国家主权平等的原则。中国作为一个主权国家无可非议地享有司法豁免权。美国地方法院对一个主权国家作为被告的诉讼,行使管辖权,做出缺席判决甚至以强制执行其判决相威胁,完全违反国家主权平等的国际法原则,违反联合国宪章。对于这种将美国国内法强加于中国,损害中国主权、损害中国民族尊严的行为,中国政府坚决拒绝。如果美方无视国际法,强制执行上述判决,扣押中国在美国的财产,中国政府保留采取相应措施的权利。"

备忘录指出:"中国政府一贯主张在和平共处五项原则的基础上发展中美两国的关系。对湖广铁路债券案,中方从一开始就表明了自己的立场,要求美方作出妥善处理。但美国国务院却一直采取推卸责任的态度,致使事态发展到目

---

① 中共中央文献研究室编:《邓小平年谱 1975—1997》(下),中央文献出版社 2004 年版,第 885—886 页。

前的地步。中国政府希望,美国政府切实负起责任,严格遵照国际法原则行事,采取积极步骤,制止事态发展,妥善处理此案,不使它给中美关系以及两国间正常的经济贸易往来造成损害。"①

邓小平对舒尔茨的谈话和备忘录的公布,对美国政府形成了比较大的压力。3月,美国务院法律顾问罗宾逊抵京;6月,美方再度派员来华,探讨如何妥善处理湖广铁路债券案。

1983年7月,中美双方商定:中方委任律师向亚拉巴马联邦地方法院提出动议,目的在于撤销缺席判决和驳回原告提起的诉讼,同时声明:中国这样提出"动议"绝不影响其始终坚持的主权国家享有的豁免权的原则立场。

1983年8月中旬,中国政府的"动议"书和美国国务卿舒尔茨的《利益声明书》和"誓证",同时送达亚拉巴马联邦地方法院。舒尔茨提出的《利益声明书》强调:此案已经成为美中"双边关系中的重大刺激因素"。

1984年2月27日,美国亚拉巴马地方法院撤销其于1982年做出的缺席判决。

杰克逊不服判决,向美国联邦上诉法院提起上诉,被驳回后,又向美国最高法院提起上诉。1987年3月9日,美国最高法院做出裁定,驳回湖广铁路债券持有人提出的复审要求,维持联邦上诉法院1986年7月25日的判决,美国债券持有人无权迫使中国政府偿还1911年由清政府在美国发行的湖广铁路债券。

至此,这件无事生非的案件,终于有了最终结果。

湖广铁路债券案终结了。但是,一些持有旧中国债券的美国人并不甘心。他们成立了债券持有人基金会(American Bondholders Foundation,简称ABF),据称代表了超过2万名持有旧中国债券的美国人。根据所谓的债务继承原则,他们声称新中国应当偿还1949年之前发行的高达7500亿美元的政府债务。

这个组织的主席乔纳·比安科(Jonna Bianco)是田纳西州的一名牧场主。她称赞特朗普是"美国民众利益孜孜不倦的捍卫者和抵抗中国经济入侵的卫士"。2018年9月,她在新泽西州特朗普的高尔夫会所里拜访了特朗普,希望特朗普政府能够施压,让中国承认这些债务主张。

---

① 《吴学谦向舒尔茨递交我外交部备忘录》,《人民日报》1983年2月10日04版。

5. 首访共产党执政的国家，"里根总统拍中国马屁"

1984年4月26日至5月1日，里根总统对中国进行国事访问。这是里根第一次访问共产党执政的国家。《华盛顿邮报》指出："务实主义对意识形态取得了一个值得注意的胜利。"

里根抵华后的第三天，4月28日，中共中央顾问委员会主任、中央军委主席邓小平会见里根总统和夫人南希。

邓小平对里根说："我期待同阁下见面已两年了。我们当面就一些问题交换意见是有益的。"

里根对此表示完全赞同。

邓小平转而对里根夫人说："你为了我们的大熊猫，做了不少事情。谢谢你！"（按：美国人非常喜欢大熊猫。尼克松1972年访华时，中国政府决定赠送美国两只大熊猫。）

南希说："我很高兴这样做。我得到了美国儿童的帮助。"

邓小平对南希说，这次你来访的时间太短了。作为朋友，彼此需要有更多的了解。

南希说，中国有许多地方都想去，有许多东西都想看，这次旅行是太短暂了。

邓小平邀请南希下次带上孙子再来。

邓小平对里根说，我们是同一个年代的人。再过三个月，我就八十岁了。

里根说，再过七年，我也八十岁了。

邓小平说："我们都是七十多岁的人，各自都有几十年的政治生涯。因此，我很高兴能有机会与总统交换意见。"

里根说："我也很高兴。我长时期来期待着这个机会。"①

寒暄以后，邓小平坦率地指出："和平是我们共同关心的首要问题。世界局势不稳定，但争取和平的前景良好。有资格发动世界战争的还是美苏两家。……中国同美国前一段吵了一架，近来是好的。但说中美关系已进入了'成熟阶段'，

---

① 《邓小平会见里根夫妇》，《人民日报》1984年4月29日01版。

这种判断不准确。中美关系的主要障碍还是台湾问题。……如果美国按照杜勒斯的政策对待台湾，不知哪一天，台湾又成为爆炸性问题。"①

杜勒斯是美国对台政策的始作俑者。1950年3月，作为共和党外交政策的主要发言人，杜勒斯出任国务院负责对日合约谈判的特别顾问。5月18日，杜勒斯提交了一份备忘录，断言中国革命的胜利"改变了力量的平衡"，但如果美国"在某个地方迅速采取引人注目的强硬立场表示我们的信心和决心"，那就有可能避免一系列灾难，而台湾正是最合适的地方。②

邓小平在会见国际政要，特别是美国人士时，多次强调，"《与台湾关系法》无论从内容来讲，还是从方式来讲都是干涉中国的内政"，是杜勒斯主义的产物，是"航空母舰"战略的一种体现。邓小平正告美方："如果始终抱着杜勒斯主义不放，把台湾当作美国的一艘'不沉的航空母舰'，中美关系迟早要破裂。"③

里根表示美国将履行在三个联合公报中所承担的义务，奉行"一个中国"的政策。作为访问成果，中美双方达成了五项协定：一、中美政府关于所得税避免双重征税和防止偷漏税的协定；二、中美政府文化协定；三、工业科学技术管理合作议定书；四、工业科技情况合作协定书；五、草签《中美和平利用核能合作协定》。中美关系达到前所未有的高度。

里根总统访华，排场大，要求多，先后派了三个先遣组，每个先遣组都从自己负责的方向提出了无数要求。后来担任中国驻卢森堡大使、当时的中方翻译施燕华回忆，有一个先遣组提出，里根要坐自己的凯迪拉克防弹车，去西安和上海时，也要坐美方的专机"空军一号"。外交部不敢决定，最后请示了邓小平。邓小平说，可以，但是"空军一号"在中国国内飞行时，要有中国的领航员。④

---

① 中共中央文献研究室编：《邓小平年谱1975—1997》（下），中央文献出版社2004年版，第971页。
② 陶文钊：《中美关系史》（修订本）第二卷，上海人民出版社2016年版，第20页。
③ 中共中央文献研究室编：《邓小平年谱1975—1997》（下），中央文献出版社2004年版，第926—927页。
④ 施燕华：《我为国家领导人当翻译》，《党史文苑》2009年第2期，第21页。

其实，美国"空军一号"在中国国内飞行的问题，当年尼克松访华时已经解决了。尼克松乘坐的"空军一号"飞往中国，为什么先到上海，就是中方以迎接贵客的隆重礼仪，派人到上海欢迎尼克松并陪同飞往北京。其实这个所谓的隆重迎接、陪同飞行，是为了让中国领航员登上"空军一号"领航以显示主权。当然，里根与尼克松还是有点区别的。尼克松为了显示对中方的尊重，从上海飞往杭州乘坐的是中方的飞机。里根则要求全程乘坐美国总统专机。

为了里根的安全，美国安全人员要求派人进厨房看着厨师做饭。

中国人喜欢打开大门迎接贵客，美国特工则是让车开到车库、边门，才让总统下车。中方陪同人员惊讶地问：这样会不会对总统很不礼貌？美国特工说："没关系，我们总统习惯走边门。"在美国特工眼里，大门最容易被刺客锁定，适合下手。4月28日晚，里根前往北京长城饭店举行答谢宴会，不走正门，车子径直开到饭店南边的车库门口，进入车库后，穿过装修简单的水泥走廊，经过两旁厨房、库房、服务人员办公室等后勤设施，最后才到达大堂。

白宫的谨慎是有原因的。上任后的第69天，1981年3月30日，里根在华盛顿希尔顿饭店的劳工大会演讲结束返回轿车时遭到约翰·欣克利枪杀，胸部受伤，造成严重的内出血，一度甚至启动了总统继任程序。由于抢救及时，10多天后，里根就康复了。所以，白宫对里根总统的安全工作慎之又慎。

尽管中方竭尽全力做好接待工作，但是，还是发生了一点风波——厕所风波。里根到八达岭长城参观，当时那里还比较荒凉，尤其是厕所，十分简陋。为了接待贵宾，修建了一个贵宾专用厕所。服务人员的理解是，这间厕所，只有里根能用，别人都不能用。结果，里根和夫人上完厕所后，服务员就把门锁上了。陪同的美国国务卿舒尔茨的夫人等几位女宾也想去这个厕所。时任中国驻美大使章文晋的夫人张颖帮忙交涉，服务员就是不通融。于是舒尔茨夫人等几位女宾只好进入为八达岭游客准备的露天旱厕，一条大坑上搭着木板，几个人互相搀扶得以方便。张颖事后回忆："这件事给她们印象很坏，我也无法解释。"到了西安，美国人学精了。贵宾厕所一打开，两个美国特工就把大门把住，只允许美国人去厕所,结果引起了中国礼宾官的愤怒。这还了得,竟然在中国的国土上不让中国人上厕所!中方命令自己的安全人员把那两个美国大兵架走,这才结束了风波。①

里根虽然被誉为美国"最伟大的总统"之一,其实是个"放手掌柜",可能是里根年龄偏大,不能承受过重的政务;也可能是领导有方,举重若轻。所以,里根访华,并没有什么实质性问题需要解决,新闻报道集中在他游览长城、观赏兵马俑等参观项目上。

4月28日下午,与邓小平会见以后,里根结束了与中国领导人两天半的正式会谈会见,轻松地前往八达岭长城参观游览。长城的雄伟壮丽令里根印象深刻。他在回忆录中写道:虽然在照片和电影中看过,但目睹长城,依然相当壮观。站在那里看长城两头消失在群山之间,那种心情此刻我无法言表。中国就像这座长城,伟大而深远。②

在西安临潼秦始皇陵兵马俑,里根夫妇受到特殊礼遇,破例走进一号俑坑。里根走近一匹陶马,想摸一下。他下意识地伸出手去,似乎突然意识到应该事先征得主人同意,手停在半空问:"我可以摸一下吗?"得到允许以后,里根轻轻将手放在马背上,从前往后摸,一直摸到马的屁股停下来,拍了一下马的屁股,扭头问:"它会踢我吗?"同时把手缩了回来。周围的人都被里根的幽默逗笑了。在一号俑坑里面走了几步,里根发现一个武士俑没有头颅,说道:"把我的头给他安上吧!"他还和陶俑比了比身高,遗憾地摇摇头说:"看来我没他高。"里根走出一号俑坑,回身对着俑群喊道:"解散!"次日,香港的一家报纸将里根在俑坑内拍马屁股的巨幅照片刊登在醒目位置,并制作了一个别出心裁的标题:《里根总统拍中国马屁》③。

里根访华的重头戏,是4月30日下午在复旦大学的演讲。

为什么选择在复旦演讲?里根在与复旦大学校长谢希德会见时揭开了谜底。他说:"我感到荣幸的是,谢希德校长早年在美国就读的史密斯学院,也是我夫

---

① 张颖:《外交风云亲历记》,湖北人民出版社2005年版,第73—74页。
② 中国网2015年7月2日,http://henan.china.com.cn/culture/2015/0702/551359.shtml。
③ 范进忠:《里根总统拍中国马屁的由来》,《党史博览》2017年第5期。

人南希读过的学校，你们还是先后同学呢！"①

南希夫人1939年在位于马萨诸塞州的史密斯学院就读，主修英语文学及戏剧，1943年毕业。谢希德校长是1947年赴美国史密斯学院留学，1949年在史密斯学院获硕士学位。

里根演讲中强调："我们生活在一个动荡的世界上，美中两国都是伟大的国家，对减少战争危险都负有特别的责任。我们双方一致认为，为了使人类宝贵的文明能够在当代不毁于一旦，只有一种政策是合理的，那就是：永远不打那种谁也打不赢的核战争。"②

里根说："40年前，当法西斯军队横行欧洲的时候，美国人民付出了巨大的代价，保卫遭到攻击的国家。当法西斯军队横行亚洲的时候，我们与你们并肩战斗来阻止他们。"③美国是一个富于同情心的民族，战争结束后，我们帮助我们的盟友，也帮助我们的敌人。美国是一个挚爱和平的民族，我们憎恨战争。我们一直认为，战争罪大恶极、劳民伤财。

里根在演讲中承认，美国的方式和中国的方式不同，但两个国家可以为了它们的共同利益进行合作。

在仅仅30分钟的演讲中，里根特意花了一分钟左右的时间，转达了一位正在美国哈佛大学攻读比较文学博士学位的复旦青年教师叶扬的问候。里根说："我们动身以前，我的工作人员和他（叶扬）谈了话，他要我告诉大家，他的近况很好，目前正在赶写春季学期论文，他很想念大家，他要我给他过去的学生、他的同事、朋友和家人带个口信，要我替他说：'我想念大家。'""我想念大家"这5个字，里根是用中文说出来的。紧接着，他朝坐在主席台上的谢希德校长点了一下头说："他要我转告谢校长，说他一直记着您对他的友情和鼓励。他说

---

① 文汇.文汇世纪：《里根总统复旦演讲背后的故事》[EB/OL].[2017-11-10].http://app.myzaker.com/news/article.php?pk=5a0559ea1bc8e0a30e000011.
② 复旦大学新闻文化网，《美国总统里根在复旦大学的演讲（摘要）》[EB/OL]，[2004-4-14]，http://news.fudan.edu.cn/2004/0414/4478.html。
③ 复旦大学新闻文化网，《美国总统里根在复旦大学的演讲（摘要）》[EB/OL]，[2004-4-14]，http://news.fudan.edu.cn/2004/0414/4478.html。

您是一位非常出色的女士，一位出色的教育家。他上学期每门功课都得了'优'，你们听了一定会感到自豪。我们恭贺他学习成绩优异，他却说：'我自己没什么可骄傲的，但我为我那所大学感到骄傲。'"①

里根借叶扬之口，对女主人谢校长的赞美跃然而出，这是一种美国式的智慧，是这次演讲中的一个金点子。

叶扬高考恢复之后考入复旦大学外文系，1982年从英美语言文学专业本科毕业，获文学学士学位，并留校任教。同年年底去美国，1983年春入哈佛大学比较文学系研究生院攻读，1986年获比较文学硕士学位，1989年获比较文学哲学博士学位。1991年起在美国加州大学河滨分校比较文学及外国语言系任教，1998年获终身聘任。近十年来，他常回母校复旦大学讲学，2005年百年校庆时，被聘为复旦大学顾问教授。

为了演讲中的这个金点子，白宫团队做了充分准备。

据叶扬回忆，1984年4月10日，叶扬在睡梦中被一个电话惊醒："May I speak with Mr. Ye Yang？"（我可以跟叶扬先生说话吗？）电话中传过来一位美国女士一板三眼的声音。叶扬懒洋洋、慢吞吞地答了一句："S-pea-king."（正在答话呢。）电话那头接了一句："This is Peggy Noonan, at the White House."（我是佩琪·努南，从白宫打来。）这"白宫"一词立即打消了叶扬的睡意。②

里根确定去复旦大学演讲后，要找一位在美国留学的复旦大学学生作为演讲的"闪光点"。白宫团队通过美中交流协会，打听到了叶扬，问他有没有什么可以让里根总统传达的口信。叶扬先客气地寒暄了一番，说总统去复旦大学是极好的选择，接下来说了一番话，几乎一字不改地写进了里根的演讲稿。努南还要求叶扬用中文说一句让里根转达的话，叶扬想了一会儿，说了5个字："我想念大家。"叶扬解释了这句话的意思，并提议找《美国之音》中文部的人校正发音。

---

① 复旦大学新闻文化网，《"但愿我们一路顺风！"——记里根总统在复旦大学的演讲》[EB/OL]，[2004-4-14]，http://news.fudan.edu.cn/2004/0414/4480.html。
② 文汇.文汇世纪：《里根总统复旦演讲背后的故事》[EB/OL]，[2017-11-10]，.http://app.myzaker.com/news/article.php?pk=5a0559ea1bc8e0a30e000011。

叶扬跟努南通话不到一周之后，4月16日晚上，白宫另一位秘书又打去电话，详细询问了叶扬在复旦大学学习和任教的诸多细节，核实了上次跟努南通话时所说到的一些情况，这通电话距里根到复旦大学演说，已经不到两周时间，可见白宫团队工作的细致入微。

对于自己的演讲表现，里根自己认为相当出色："那次演讲棒极了，学生们被迷住了。"回国途中，里根在"空军一号"上对记者们说，他给中国领导人和中国人民留下了良好的印象。"我认为他们理解我们，并对我们充满信任。"①

赴华访问，使里根亲眼看到了中国，更加深刻地认识到美中双方存在广泛的合作领域，回国后，他更加强调美中两国保持密切关系的重要性，为美中关系的发展做了许多实实在在的工作。

现在回过头再看那段历史会发现，里根担任总统的8年，或者说中美建交后的第一个十年，两国之间虽然也有争议，包括美方通过《与台湾关系法》和售台武器这样严重的分歧，但是，中美双方领导人着眼全球战略大局和两国根本利益，超越意识形态羁绊，妥善处置分歧，共同谱写了中美关系最好的"黄金十年"。

在里根任期内，美国政府宣布允许向中国出口可应用于军事的技术，取消禁止向中国出口杀伤性武器的规定，在技术转让中把中国列入友好的非盟国。科技方面，双方签署了和平利用核能合作协定、科技和教育合作交流协定。在经贸方面，两国签订了纺织品贸易协定、海运协定以及关于卫星发射的备忘录。到1988年里根任期结束时，双边贸易额比里根上台时翻了一番。

1988年12月14日，在中美《建交公报》发表10周年前夕，里根在白宫接见中国驻美大使韩叙。其时，美国总统竞选已经结束，布什当选。会见时布什在座。里根说，他的三位前任，尽管党派和观点不同，都致力于使美中两国和两国人民更加接近。他对能够继续和扩大这种努力感到满意。他表示相信，美

---

① 文汇.文汇世纪：《里根总统复旦演讲背后的故事》[EB/OL]，[2017-11-10]，.http://app.myzaker.com/news/article.php?pk=5a0559ea1bc8e0a30e000011。

中关系是基于两国之间的三个公报的坚定基础之上的,两国在今后的岁月中将能缔造更加强固的纽带,并建设一个更加安全和繁荣的世界。[①]

在冷战的最后十年里,苏联和美国的霸权争夺没有停止,而中美间既合作又斗争的态势成为影响世界格局的另一条主线。中美关系的发展变化不仅仅影响中美两国,甚至直接影响整个世界的和平与稳定,同时也关系到美国能否全力以赴同苏联争夺霸权。中、美、苏大三角关系,是20世纪80年代形成的特殊战略三角关系。里根政府的对华政策,着眼于这个战略大三角,服从于美国的战略利益,客观上有利于中国的战略利益。

里根卸任后,东欧剧变,苏联解体,美国一超独大,认为"历史终结"于自由资本主义。中美关系几度动荡不定。但是,由于中国确立市场经济改革方向,加大开放力度,实现了高速发展,中国的国力日益强大,国际地位日益提高,中美关系在曲折中发展。里根以后的几任美国总统,包括老布什、克林顿、小布什,基本沿袭了里根的对华关系路径,先抑后扬,低开高走。

---

① 陶文钊:《中美关系史(修订本)》第三卷,上海人民出版社2016年版,第176页。

第五章

萧规难随：
老布什艰难走出对华关系低谷

1988年，乔治·赫伯特·沃克·布什（简称"老布什"）竞选美国总统并成功胜选。作为在任副总统，老布什在竞选时没有也不可能对里根政府的中国政策横加指责。但是，知华的老布什就任总统时却遇到了新形势，美中关系总体上走上了前任总统里根开创的路径——低开高走。

1. 二战英雄出任"驻京办主任"

老布什的人生经历非常丰富。

日本偷袭珍珠港半年后，1924年出生的老布什中学毕业。是应征入伍，还是上大学学习？面临人生选择的老布什，未同父母商量，毅然决定从军参加反法西斯战争。1943年，老布什从航校毕业，赴太平洋舰队担任鱼雷轰炸机驾驶员，因战功卓著获得飞行十字勋章。

1944年9月2日，老布什驾驶鱼雷攻击机前往日本小笠原群岛的主岛"父岛"执行轰炸任务，飞机被日军炮火击中，机组人员跳伞逃生，其他人员被日军俘虏后遭到残害，只有老布什一人幸运地找到了一条救生筏，最终侥幸被一艘美国潜艇所救。老布什大难不死，荣享后福，不仅成功当选美国总统，还是迄今最长寿的美国总统，2018年11月30日去世，享年94岁。

二战后，老布什抓住石油替代煤炭成为主要能源的机遇，创办石油公司，迅速成为百万富翁。

1964年，老布什弃商从政，两年后当选为美国众议员。

1971年，中国恢复在联合国的合法席位。这一年，老布什担任美国驻联合国大使。这是老布什第一次处理涉及中国的事务。

在第 26 届联合国代表大会期间,面对中国恢复在联合国的合法席位大势已定的情况,老布什代表美国政府提出了"双重代表权"的主张,即承认中华人民共和国在联合国的代表权及其在安理会的常任理事国席位,但同时保留"中华民国"在联合国作为会员国的席位。为此,老布什积极活动,甚至向一些国家承诺提供援助或暗示要撤销援助,以此来进行贿赂或施压。但是,形势比人强,老布什的图谋没有成功。

1971 年 11 月 15 日,中华人民共和国外交部副部长乔冠华率中国代表团从纽约住地前往联合国大厦。事先获知消息的老布什特意等在走廊上,主动伸手向中国代表致意,这是老布什第一次接触中国共产党人。当天,乔冠华在联合国大会的演讲中谴责了苏联和美国的霸权主义。次日,纽约一家报纸上出现了一幅漫画:乔冠华提着两桶饭,倒在了坐在各自办公桌前的马立克和老布什头上,讽刺美苏两国驻联合国的代表是饭桶。马立克是当时的苏联驻联合国大使。

1974 年 9 月,老布什被福特总统任命为美国驻北京联络处第二任主任。这使老布什有机会真正深入地了解中国。那时的北京街头,经常能够看到一对外国夫妇骑着自行车穿街走巷。那张老布什夫妇在天安门广场倚着自行车的留影,成为中美关系的一个经典瞬间。

老布什为什么选择到中国任职?他在 1974 年 10 月 21 日的日记中写道:对前往中国的选择,我扪心自问:"我是为了逃避吗……是为了躲避新闻媒体和'水门事件'吗?是为了躲避一切丑恶的事吗?是觉得前往中国是最简单的(解决麻烦的)办法吗?我认为答案是'不',(我去中国)是因为中国的好奇与神秘……"[①]

"水门事件"爆发以后,尼克松任命老布什为共和党全国委员会主席,试图利用老布什的从政经验和名声,发动共和党的力量,为尼克松护驾。老布什欠尼克松人情。当初老布什竞选国会议员时,尼克松曾经专程到得克萨斯州为他拉票。后来,尼克松又任命他出任美国驻联合国代表。但是,担任这项工作使老布什陷入"政治噩梦",经受了政界的无情攻击。老布什到中国任职,远离是

---

① 〔美〕多萝·布什·科克:《我的父亲 我的总统》,侯萍等译,译林出版社 2008 年版,第 98 页。

非之地,有利于养好心灵创伤。

当时,中国处在"文革"动乱之中,严重封闭。在美国外交界,对华事务是基辛格的专属领域,他人难以插手。第一任美国驻华联络处主任、资深外交官戴维·布鲁斯在北京谨言慎行,安于"闲差"。因此,美国外交界多视出使中国为畏途。老布什却在驻英、法国与驻华之间,选择了中国。他决心放弃美差,迎接挑战,尝试开创新天地。

老布什后来回忆在中国任职的经历:"国务院里的人对我们的(新)对华政策吓得要死。国务卿基辛格因为把牌捂得太严,以至于再能干的(国务院)官员们也拿不出什么(中国政策)好创意。我当时希望能有机会结识中国的下一代领导人——不管可能会是谁。然而,所有的人都告诉我,这是不可能的!但我的政治本能告诉我,这份新工作值得一试,并且能干得不错。"①

正是出于这种"政治本能",老布什见到了邓小平。他在1974年11月1日的日记中写道:我前去拜访邓小平(时任副总理)。他个头很矮。当我们步入他的办公室时,先被人领到屋子中间与他合影。玛莎·霍德里奇(美国国务院外交官)和我一左一右站在邓的两边。然后被领到会客室,我们会面的时间很长,讨论感觉不错……我告诉他,我们的中国政策应该有长足的发展才是。邓小平显得很冷静,他准确地给出了农业人口数据。尽管我们没有足够的时间谈印度巴基斯坦战争,但邓还是谈及对印度的关注。不过,由于我太拘谨了,所以来不及问中国(为印巴冲突)做了些啥。②

这是老布什与邓小平的首次见面。此后,两位领导人多次见面,建立了互相信任的深厚关系,为推动两国关系发展发挥了独特的作用。

老布什利用驻华的契机,积极了解有关中国的一切,包括政治、经济、历史和文化。他请了中文老师,利用各种机会与人练习汉语,还经常邀请中国友人一起打乒乓球和网球。友好的体育活动为老布什更好地了解中国提供了气氛轻松的机会。他遵守外交礼节,也结交私人朋友,擅长私人接触。老布什后来

---

① 〔美〕多萝·布什·科克:《我的父亲 我的总统》,侯萍等译,译林出版社2008年版,第101页。
② Engel, Jeffrey A.(EDT), *The China Diary of George H.W. Bush*, Princeton University Press, 2008, p.89.

曾回忆道，与中国的信任关系很大程度上是依赖于建立某种个人关系。

在北京的日子里，老布什是快乐的。他在记录北京生活的日记中，很多开头是"北京又一个美好的日子"，"我快乐得几乎像患了欣快症"，"有很多事要做，有很多东西要学"……

老布什的观察非常细致。他在1974年10月27日的日记中写道：

> 周六，我和外交官约翰以及玛莎·霍德里奇一起登西山。西山的风景很美，但爬起来也挺累。西山门前立一牌子，上书"不许摘红叶"。然而，在我们登山途中，我看到许多士兵和孩子们手里都拿着红叶，是那种浅红深秋的颜色。①

老布什继续写道：上山的路有点脏，有好多的尘土，还有冰棍纸和报纸做的包装袋。这让我想起了纽约的某些地方。整个公园里到处都是喇叭。刚开始我们并没有意识到这一点，可当它们开播时，走在我们前面、穿着灰大衣的4个孩子彼此看了一眼，然后用手捂住耳朵，好像不愿意听喇叭里播的内容。②

美国驻北京联络处副主任哈里·塞耶曾回忆说，老布什很外向，曾经带着联络处的工作人员寻找北京的特色饭店。积极的社会活动让人以为老布什是一位"很会吃喝玩乐的花花公子"。塞耶有一次在北京街头打车，司机见他是外国人，对着他竖起大拇指说："布什好！"③

老布什在北京任职时间只有一年多一点，1975年11月离任回国，出任美国中央情报局局长，1977年辞职重返商界。

1979年，老布什作为里根的搭档竞选成功，1980年出任美国副总统。

1989年2月25日，老布什就任总统1个月后即飞赴北京进行工作访问。

---

① Engel, Jeffrey A. (EDT), *The China Diary of George H.W. Bush*, Princeton University Press, 2008, p.121.
② Engel, Jeffrey A. (EDT), *The China Diary of George H.W. Bush*, Princeton University Press, 2008, p.135.
③ 〔美〕多萝·布什·科克：《我的父亲 我的总统》，侯萍等译，译林出版社2008年版，第98页。

他是美国历史上第一位上任伊始就出访亚洲的总统，也是他自1975年以来的第5次访华。虽然这一安排有参加日本天皇葬礼的特殊原因，但是，国际关系正在发生的重大变化，促使老布什决定把就任总统以后的首次出访安排到中国。

当时，中苏关系已经明显改善，双方正在安排苏联共产党总书记米哈伊尔·谢尔盖耶维奇·戈尔巴乔夫访华事宜。中美苏大三角关系中，任何两方关系的改善，对第三方来说都是敏感且重大的因素。老布什的北京之行，就是为了摸清中苏关系变化的真实情况，同时实地了解中国的改革开放，以便对美中关系做出正确规划。老布什女儿多萝·布什·科克撰写的《我的父亲 我的总统》一书称，这是一次回家之旅，他看望了老朋友，同时也获得了与邓小平重续旧好的机会。[1]

2月26日上午，中共中央军委主席邓小平会见老布什并设宴招待。

老朋友见面，分外轻松。邓小平说："你这一趟亚洲之行真是相当辛苦，但看得出来，你的身体好得很嘛。"

老布什说："我们虽然经过长途跋涉，但丝毫感觉不到疲劳。"

当时，邓小平身体还非常健康，三年后，他还进行南方谈话。但是，作为一位年届85岁高龄的老人，向往"身体好"是一种极其自然的心理状态。

老布什说："我每天都骑自行车，这种活动方式对我的健康很有帮助。"老布什边说边挥动胳膊，做了一个很有力的手势。

邓小平说："噢，这种活动方式很激烈，我个人却比较喜欢打桥牌。"

老布什恭维说："我在美国的时候就听说您的桥牌打得很好，比我好多了。我很久以前就放弃了打桥牌。桥牌太难、太复杂。当然，我知道，您是这方面的专家。"

邓小平说："现在你当了美国总统，打桥牌就更困难了。我知道，你们美国的总统不好当，恐怕是世界上最难当的'世界冠军'了。"

邓小平的幽默引来满堂笑声。

---

[1] 〔美〕多萝·布什·科克:《我的父亲 我的总统》，侯萍等译，译林出版社2008年版，第136页。

"我的工作是比较忙些,不过这份工作还比较有意思。"老布什抓紧时间转移话题,"我这次访华时间虽然很短暂,但你们的安排都很周到。我和李鹏总理进行了极为有益和有意义的会谈。"

"你这次工作访问,虽然只有短短的两天,但比正式访问还重要。"邓小平说,"希望你今后在适当的时候正式访问中国。"①

"现在世界局势变化很大,这给我们提供了机会,也带来了挑战。"老布什虚晃一句,迅速切入正题,"我个人对苏联领导人戈尔巴乔夫访华感到高兴,我认为这是件好事,相信他能从你们这里学到很多东西。"

老布什上任一个多月,就急匆匆到中国进行工作访问,可不只是为了见见老朋友。他最关心的是中苏关系的变化,要当面听一听邓小平的意思。

邓小平对老布什的意图心知肚明,很随意地说:"戈尔巴乔夫将于5月15日到达北京,我们还不清楚他将带来礼物有多少,甚至越南从柬埔寨撤军这个事情会怎样,我们都不了解。"

邓小平的意思是,中苏关系还充满着未知数,美国人大可不必为此忧心忡忡,解决中美之间存在的问题才是当务之急:"你在北京任联络处主任期间,就为推动中美关系的发展起了作用。我个人希望在你总统任期内,中美关系能在一种新的格局下向前发展。我不是讲战略关系,我是讲两国间相互信任,相互支持,尽量减少我们之间的麻烦。麻烦总会有,但可以减少。"

老布什好不容易把话题扯到中苏关系上,可不想就这么轻易地被绕过去,于是把话挑明了说:"新闻界有人说,我之所以访华,是由于戈尔巴乔夫要到中国来的缘故。其实这种说法是错误的。我来华访问,是因为同意你对我们两国关系的看法,美中两国关系应该有更加美好的未来。"说到这里,老布什显得有些激动:"我向你保证,在我的任期届满时,美中关系一定会比现在更牢固,更好。"

看到老布什激动的样子,邓小平说:"中苏关系由于经历了历史上的许多风风雨雨,不仅积累的问题很多,而且这些经历对中国人民的心理影响也是

---

① 潘敬国主编:《共和国外交风云中的邓小平》,黑龙江人民出版社2004年版,第252—253页。

根深蒂固的。"邓小平向老布什讲述了近代中国的历史：现在虽然实现了中苏关系正常化，但两国关系如何发展仍然是一个未知数，特别是苏联还没有从阿富汗和蒙古撤兵，也没有停止支持越南占领柬埔寨之前，中苏关系便会大打折扣。

说到这里，邓小平着重指出："中国要求改善中苏关系，完全出于自己的利益来做出这样的战略抉择。这不是打什么牌，也不是权宜之计。"

老布什听明白了，中国与苏联改善关系，不会影响与美国的关系。他当即表示："你和我谈话的这一个小时，对于我和我的同事们都是十分重要的。对我们来说，了解这一背景有特别重要的意义。因为不久之后，我们将要就苏联问题做出重大决定。"老布什很自然地亮出自己的王牌。"我可以向你保证，我们所做的任何决定，不管是战略武器的，还是常规武器或其他问题的决定，都不会只对西方有利，而损害中国的利益。"[①]

其时，邓小平关注的重点在国内。他告诉老布什："中国的问题，压倒一切的是需要稳定。没有稳定的环境，什么都搞不成，已经取得的成果也会失掉。中国一定要坚持改革开放，这是解决中国问题的希望。但是要改革，就一定要有稳定的政治环境。……中国正处在特别需要集中力量发展经济的进程中。如果追求形式上的民主，结果是既实现不了民主，经济也得不到发展，只会出现国家混乱、人心涣散的局面。我们要发展社会主义民主，但匆匆忙忙地搞不行，搞西方那一套更不行。如果我们现在十亿人搞多党竞选，一定会出现'文化大革命'中那样'全面内战'的混乱局面。民主是我们的目标，但国家必须保持稳定。"[②]

邓小平的这一席话，为老布什打了预防针，使他在危机到来时稳妥处理美中关系有了自信和底线。

老布什回应说，美中关系的发展有巨大的潜力。

老布什后来在回忆录中说，邓小平在会见时称他为"老朋友"，这"不只是

[①] 宋连生、巩小华：《中美首脑外交实录》，经济日报出版社1998年版，第343—346页。
[②] 中共中央文献研究室编：《邓小平年谱1975—1997》（下），中央文献出版社2004年版，第1266—1267页。

通常的客套,而是对我了解美中关系的重要性以及维护这一关系必要性的一种承认"。①

在北京期间,老布什接受了中央电视台的采访。他是第一位在中国荧屏上向中国人发表谈话的美国总统。

老布什还抽空专门来到了天安门广场。虽然他不能再骑自行车进入广场,而是坐在防弹轿车里面,但是他仍然从车里探出身子,与人们交流,感受到了中国人的活力、自信,看到了长安街上的车水马龙、人头攒动。老布什对中国的改革开放有了切身感受,对邓小平的政策有了更大的信心。

2. 中国动乱,美国制裁,解铃还须系铃人

老布什前脚刚走,中国随即发生了两起动乱。美国的反华势力借机大做文章,美中关系出现倒退,甚至发生严重危机。

首先爆发的是西藏问题。

1989年2月13日开始,分裂主义分子在拉萨制造了4次游行,西藏自治区政府采取克制态度,进行劝阻和教育,维护了社会治安,避免了正面冲突。3月5日下午,数百名"藏独分子"聚集在拉萨街头,高呼口号,挥舞旗帜,打、砸、抢、烧20多个单位、旅馆、饭店。火势甚至蔓延到附近的居民住房和商店。前往救火的10名消防队员受伤,其中两名重伤。当天有3名武警受枪伤,其中一名因子弹穿透心脏而牺牲。3月6日和7日,拉萨街头的骚乱在继续。在3天的骚乱中,横遭暴徒打、砸、抢、烧的商店、旅馆、饭店达90多家,被砸毁门窗的机关、学校、医院数十家,伤亡上百人,直接经济损失在300万元以上。比物质损失更严重的是,骚乱分子肆无忌惮的恶劣行径对包括藏族同胞在内的各族人民感情造成严重伤害,对全国安定团结局面造成恶劣影响。

---

① Engel, Jeffrey A.(EDT), *The China Diary of George H.W. Bush*, Princeton University Press, 2008, p.76.

鉴于少数分裂主义分子不断在拉萨市制造骚乱，严重危害社会安定，为了维护社会秩序，保障公民人身、财产的安全，保护公共财产不受侵犯，根据宪法第89条第16项的规定，国务院决定，自1989年3月8日零时起在拉萨市实行戒严，由西藏自治区人民政府组织实施，并根据实际需要采取具体戒严措施。

这是中华人民共和国成立39年来，国务院第一次颁发戒严令。当时谁也没有想到，没过3个月，国务院再次颁发戒严令。

在拉萨实施戒严的命令发布以后，美方指责中国政府实施"镇压"和侵犯人权。美国参议院歪曲事实，散布有关西藏历史和现实的不实信息，为西藏叛乱分子的分裂行为张目，对中国政府提出抗议，呼吁美国政府和国际组织插手西藏事务，将西藏问题上升至国际问题。

美国插手西藏问题由来已久。早在1950年，美国政府就通过其驻印外交机构私下与西藏地方噶厦政府建立联系，试图阻挠达赖喇嘛派出的代表与中央政府进行和平解决西藏问题的谈判。1950年代中期开始，美国中央情报局与台湾当局联手，以军事援助支持西藏叛匪的武装叛乱活动。1970年代中美关系解冻以后，美国支持"西藏独立"的活动转由非政府组织和国会某些议员出面。

3月19日，全国人民代表大会外事委员会发表声明，对美国参议院粗暴干涉中国内政的行为表示极大的愤慨并提出强烈的抗议。声明指出，拉萨发生的事件，既不是民族、宗教问题，更不是人权问题，而是少数分裂主义分子预谋和蓄意制造的分裂祖国的暴力活动。为维护国家统一，保障社会安定和公民的人身安全以及保护公共财产不受侵犯，中国政府采取了必要的措施，在拉萨实行戒严，这是完全正当的主权行为。西藏是中国领土不可分割的一部分，西藏问题是中国的内政，任何外国政府、议会或国际组织都无权干涉。美国参议院的决议竟然要求美国政府和国际组织插手中国西藏事务，这是中国人民绝对不能接受的。①

次日，全国政协外事委员会发表声明，抗议美国干涉中国内政。

---

① 《就美参议院通过所谓西藏问题决议人大外委会提出强烈抗议》，《人民日报》1989年3月20日01版。

3月21日，中国驻美国大使韩叙约见美国国务院负责东亚事务的代理助理国务卿威廉·克拉克，就美国国会参议院最近通过西藏问题决议一事，向美国政府提出抗议，要求美国政府停止干涉中国内政。

韩叙指出，美国政府曾多次表示，承认西藏是中国的一部分，西藏是中国内政，美国不进行干涉。我们要求美国政府能恪守自己的诺言，从维护中美友好关系的大局出发，采取切实措施，防止这种事情再次发生。①

一波未平，一波又起，并且是更大更严重的风波。

6月4日，中国政府采取断然措施稳定国内局势。

6月5日，正在休假的老布什举行记者招待会，"强烈谴责"中国政府"残酷镇压和平示威的行动"。老布什当场宣布对中国的一系列制裁措施：

> 暂停政府对政府的一切武器销售和商业性武器出口；
> 暂停美中军事领导人之间的互访；
> 重新研究中国留美学生关于延长逗留时间的请求；
> 通过红十字会向那些受伤者提供人道主义的医疗援助；
> 根据中国事态的发展，重新研究美中双边关系的其他一些方面。②

就在戒严令颁布之后，美国驻华使馆人员悍然违反国际法准则，把方励之及其妻子李淑娴接入大使馆，给予政治庇护，粗暴干预中国内政。

与此同时，美国要求国际金融机构推迟考虑向中国提供新的贷款，世界银行在美国的干预下推迟原计划于1989年度向中国7个救灾和工农业项目提供7.8亿美元的发展贷款；美国政府不允许美国进出口银行向中国提供用于经济发展的贷款；美国商务部取消了向中国销售核电厂设备的出口许可证；美国国防部于6月8日通知美国格鲁曼飞机公司，下令在该公司工作的40名中国工程技术人员离开，从而中断了一项改良中国55架歼-8型战斗机的5亿美元的

---

① 《就美参议院通过西藏问题决议一事我驻美大使向美国政府提出抗议》，《人民日报》1989年3月23日01版。

② 宋连生、巩小华主编：《中美首脑外交实录》，经济日报出版社1998年版，第349页。

合同；6月9日，美国国家科学院院长弗兰克·普赖斯下令暂停与中国科学院的科学交流活动；纽约市与华盛顿市分别于6月7日和10日宣布中止同北京的姐妹城市关系。

6月20日，美国政府再次发布声明，对中国实施新一轮制裁，宣布暂停美中之间一切高级官员的互访。美国甚至联合20多个西方国家共同制裁中国，寻求世界银行和国际货币基金组织等国际金融机构推迟向中国提供新的贷款，等等。

面对以美国为首的西方国家的集体制裁，1989年6月16日，邓小平在同新一届中共中央领导集体成员谈话时强调："这次发生的事件说明，是否坚持社会主义道路和党的领导是个要害。整个帝国主义西方世界企图使社会主义各国都放弃社会主义道路，最终纳入国际垄断资本的统治，纳入资本主义轨道。现在我们要顶住这股逆流，旗帜要鲜明。因为如果我们不坚持社会主义，最终发展起来也不过成为一个附庸国，而且就连想要发展起来也不容易。只有社会主义才能救中国，只有社会主义才能发展中国。"

邓小平强调："中国自己要稳住阵脚，否则，人家就要打我们的主意。""要维护我们独立自主、不信邪、不怕鬼的形象。我们绝不能示弱。你越怕，越示弱，人家劲头就越大。并不因为你软了人家就对你好一些，反倒是你软了人家看不起你。"[1]

老布什政府一方面对中国施加压力，试图以压促变，同时也留有余地，防止中美关系彻底破裂，一发而不可收。

6月7日上午，美国总统国家安全事务副助理罗伯特·盖茨打电话给中国驻美大使韩叙，说美国总统布什希望在当天下午6时以前与邓小平通话，请中国大使馆安排。当天下午3时，中国驻美大使馆按照国内的指示告诉美方，中国领导人没有与外国领导人直接通话的习惯，美方有事可以通过中国大使馆联系。

6月21日，老布什致信邓小平，提出派特使到中国进行完全坦率的沟通，希望中国有所回应，以便让特使"得以完全保密的情况下完成他的使命"。老布

---

[1]《邓小平文选》第3卷，人民出版社1993年版，第319—320页。

什在信中写道:"我是本着真正友好的精神写这封信的。我相信,你能了解,这封信出自一位深信中美两国的友好是符合两国根本利益的人之手。这是我多年来的感受,尽管存在着困难的环境,但今天我比以往有着更强烈的感受。我只是想让你相信,我们希望这件困难的事情能以这样一种既使你满意,又不违反我们对我们的基本原则的承诺的方式来加以解决。当朋友之间出现困难时,就像现在这样,我们必须找到办法来解决它们。"

6月22日,邓小平复信老布什,指出中美关系目前面临严峻的挑战,他对此感到担心,因为这种关系是双方多年共同培养起来的。为了避免中美关系继续下滑,邓小平表示同意布什总统的建议,在双方绝对保密的情况下,欢迎美国总统特使访华,并愿意亲自同他进行真诚坦率的交谈。①

为了让特使的中国之行绝对保密,美方煞费苦心。美国总统特使、总统国家安全事务助理布伦特·斯考克罗夫特和副国务卿劳伦斯·西德尼·伊格尔伯格抵京后,不同美国驻华大使馆发生任何联系,不用大使馆的通信设备,自带两名报务人员。斯考克罗夫特乘坐的军用运输机,外部经过伪装,涂掉了标记。飞机连续飞行22小时,在空中加油,中途不在任何地方着陆,以免引起地勤人员的注意。据说这次行程的保密程度,超过了基辛格当年的秘密访华之旅。因为基辛格访华对美国驻巴基斯坦大使没有保密。在美国国内,除老布什总统外,只有国务卿詹姆斯·艾迪生·贝克知晓。

有意思的是,斯考克罗夫特在与老布什合著的《变革中的世界》一书中,描述了一个惊险场景:当他乘坐的C-141型美军运输机进入中国领空时,由于中国只有极少数人知道此事,以至于没有人想到要通知防空部门,因此中国军方打电话请示,报告发现一架不明国籍的飞机,要不要把它打下来。幸运的是,这个电话直接打到了杨尚昆(国家主席、中央军委常务副主席)办公室。杨尚昆告诉军方,不要开火,这是一次非常重要的飞行使命。

据钱其琛回忆,斯考克罗夫特的故事听起来惊险,却不靠谱。因为中美就斯考克罗夫特乘坐的专机进入中国领空的路线和时间进行了充分的磋商。当时,

---

① 熊志勇:《中美关系60年》,人民出版社2009年版,第268—270页。

美方要求不飞经上海空中走廊，以节省时间。中方考虑到如果不经过上海空中走廊，手续复杂，且省时不多，没有同意美方的要求。斯考克罗夫特的专机正是在中方规定的路线和时间进入中国领空的。因此，斯考克罗夫特所说的"险情"根本不可能发生。①

由此可见，即使是亲历者的回忆，甚至是时间不太长之后的回忆，也并不一定十分可靠。

7月2日上午，邓小平会见美国总统特使前，对陪同的国务院总理李鹏、外交部部长钱其琛说："今天只谈原则，不谈具体问题。制裁措施我们不在意，吓不倒我们。"

钱其琛担忧地说："不久将举行西方七国首脑会议，不知又会宣布对中国采取什么制裁措施。"

邓小平语气坚定地说："不要说七国，70国也没有用。"邓小平指出，中美关系要搞好，但不能怕，怕是没有用的。中国人应该有中国人的气概和志气。我们什么时候怕过人？解放后，我们同美国打了一仗，那时我们处于绝对劣势，制空权一点没有，但我们没有怕过。中国的形象就是不怕鬼，不信邪。做外事工作的人要注意这个问题。

会见时，邓小平首先对斯考克罗夫特说："我知道你一直关心中美关系的发展，1972年尼克松总统和基辛格博士的那次行动，你是参与的，像你这样的美国朋友还有很多。"接着，邓小平指出："现在中美关系确实处在一个很微妙，甚至可以说相当危险的地步。对于导致中美关系走向危险甚至破裂方向发展的行动，在美国方面，我们没有看到任何停止的迹象，反而还在加快步伐。三天前，美国众议院又通过了一个进一步制裁中国的修正案，这种行动还在继续。"②

邓小平又说，好在双方领导层中，都还有比较冷静的人，在美国方面，有布什总统；在我们方面，有我本人和其他中国领导人。但是，这个问题不是从两个朋友的角度能解决的。布什总统要站在美国的利益上讲话，我和中国其他领

---

① 钱其琛：《外交十记》，世界知识出版社2003年版，第172—173页。
② Goerge H.W. Bush, Brent Scowcroft, *A World Transformed*, Vintage Press, 1999, p.53.

导人，也只能站在中华民族和中国人民利益的立场上讲话和做出决定。

随后，邓小平进一步指出，问题出在美国。中国没有触犯美国，而美国在很大范围内，直接触犯了中国的利益和尊严。中国有一句话"解铃还须系铃人"，希望美国今后能采取实际行动，取信于中国人民，而不要火上浇油了。

邓小平特别反驳了美国对中国司法事务的干预，明确告诉斯考克罗夫特，中国的内政决不允许任何人加以干涉，不管后果如何，中国都不会让步。中国领导人不会轻率采取和发表处理两国关系的行动和言论，现在不会，今后也不会。但是，在捍卫中国的独立、主权和国家尊严方面，中国的立场是坚定的。

听了邓小平的谈话以后，斯考克罗夫特强调，布什总统是邓主席和中国人民的真正朋友，同伟大的中国和中国人民有直接和密切的接触经历，这在多年来历届美国总统中是独一无二的。

邓小平笑着接过这句话说，他（老布什）在北京骑自行车逛街。

大家笑了起来。会见的气氛才松弛下来。

斯考克罗夫特赶紧说："是的，正是由于上述原因，布什总统最近亲笔写信给您，并派我来华转达他的口信。"

对于美国制裁中国，斯考克罗夫特做了辩解。他说这次来华，不是谈判解决目前中美关系中困难的具体方案，而是解释布什总统所面临的困境和他要努力维护、恢复和加强中美关系的立场。由于两国内部情况的原因，中美关系出现了尼克松总统第一次访华以来从未遇到过的风波。布什总统对此深感不安，派他作为特使，直飞上万千米秘密访华，没有其他含义，就是要同中国领导人取得联系，维护中美关系。

斯考克罗夫特又说，目前，美国国会要求布什政府采取更加严厉的措施，布什总统反对这种议案，今后还将继续反对，但在国会一致通过制裁中国的情况下，布什总统如使用否决权，将遇到极大困难。总统在控制事态发展方面，并不是万能的。

听了斯考克罗夫特的"解释"后，邓小平神情严峻地表示，希望美国政治家和人民了解一个事实：中华人民共和国的历史，是中国共产党领导人民打了22年仗，如果算上抗美援朝，则是打了25年仗，牺牲了2000多万人，才赢得了胜利。中国是一个独立的国家，执行独立自主的和平外交政策，中国的内政不容任何外人干涉。中国不会跟着人家的指挥棒走。不管遇到什么困难中国都能顶得住。中国没有任何力量能取代中国共产党的领导。这不是空话，这是经过几十年考验证明了的。任何国家同中国打交道，都应遵循和平共处五项原则，包括平等互利、互相尊重、不干涉内政的原则。我们希望中美关系能在遵循和平共处五项原则的基础上继续发展，妥善处理各种问题。否则，关系变化到什么地步，责任不在中国。

邓小平最后强调："阁下刚才讲的话，有些我们同意，相当一部分我们看法不一样，但这没关系。结束这场不愉快的事，要看美国的言行。"讲完这席话后，邓小平向客人告退，并请斯考克罗夫特继续与李鹏总理谈。

斯考克罗夫特在邓小平离开前，客气地说："邓主席身体很好。"邓小平反应敏捷，马上幽默地回答道："老了，85岁了。《美国之音》放出谣言，说我病重，死了，可见谣言不可信。"邓小平这句话，表面上是批评美国媒体的不实报道，实质是巧妙地指出美国政府在谣言基础上制定对华制裁政策，是极不明智的。①

斯考克罗夫特在北京仅逗留20小时便飞返美国，向老布什总统汇报情况。7月28日，老布什总统再次秘密致信邓小平，通报了在不久前举行的西方七国集团首脑会议上，美国和日本曾把一些非常令人激怒的措辞从指责中国的公报中删去；同时为美国干涉中国内政辩护，试图把美中关系发生困难的责任推给中方。

老布什在信中说："您在接见斯考克罗夫特时提到一句中国的成语：'解铃还须系铃人'。这正是我们的难题。您认为我们的行动是'系铃'。而我们认为，正是后来发生的事情才是'系铃'。我非常尊重中国关于不干涉内政的一贯立场。因此，我也知道当我建议现在可能采取何种行动时，我在冒损害我们友谊的风险。但是，我们双方曾竭力加强的美中友谊要求一种只有朋友才能表达的坦率。目前，美国国会继续试图压我断绝与中国的经济关系，但我将尽力防止这条船摇摆过度。"

老布什在信中还说："请理解这是一封亲笔信，它来自一个希望看到我们共同前进的人。如果我跨越了建设性的建议与'干涉内政'之间无形的门槛，请

---

① 钱其琛：《外交十记》，世界知识出版社2003年版，第173—177页。

不要对我生气。我们上次会面时,您告诉我,您已将更多的日常事务交给其他人。但我出于尊敬,出于一种亲密和友谊的感情向您求教。您几经起伏,经历了所有这些事件。现在我请求您同我一起展望未来。这是一个具有戏剧性变化的未来。美国和中国对这个令人激动的未来都能做出很大贡献。如果我们能够使我们的友谊重新回到正轨,那么,我们都能为世界的和平和我们两国人民的幸福做更多的事。"①

经过将近两周时间的冷处理,8月11日,邓小平给老布什复信,首先赞赏他对保持和发展中美关系的重视以及为此努力,然后就"解铃""系铃"的含义,特别做了解释。

邓小平在信中写道:"我说过'解铃'、'系铃'的话,意思是:美国深深地卷入了中国的内政,其后又带头对中国进行制裁,在很大范围内触犯了中国的利益和尊严,由此引起的中美关系的困难,责任完全在美国方面,应由美国来解决。美国对华采取的制裁措施还在继续,干涉中国内政的事件仍时有发生。我希望这种情况早日改变,相信布什总统在这方面是可以有所作为的。"②

钱其琛在回顾这一段历史时指出:"邓小平与老布什就'解铃'、'系铃'的争论,不是一般的责任之争,而是当时两国关系的症结所在。在中国看来,是美国干涉中国内政,给中美关系打上了难解的结。只有美国采取主动,解开这个结,才能推动中美关系向前发展。而美方对此却不愿承认,反而将责任推给中方。在打破美国对华制裁的过程中,双方围绕这个关键问题进行了激烈的较量。"③

3. 美国对苏缓和,对华关系进一步退两步

就在中美关系处于解铃系铃的争论阶段,美苏关系发生了重大变化。

老布什上任的当年5月,宣布对苏联实行"超越遏制"战略,改变了里根

---

① 钱其琛:《外交十记》,世界知识出版社2003年版,第177—178页。
② 钱其琛:《外交十记》,世界知识出版社2003年版,第178页。
③ 钱其琛:《外交十记》,世界知识出版社2003年版,第179页。

总统以强硬姿态遏制苏联扩张的战略。美苏两国商定,老布什与苏联总统戈尔巴乔夫于1989年12月在马耳他会晤。在这种情况下,美国为了稳住中国,在对苏战略中占据主动地位,决定再派特使访华。

11月6日,老布什再次给邓小平写信,表示美国与苏联即将举行的首脑会晤不会损害中国的利益,当初尼克松访华的地缘政治原因依然存在,今天,美中两国在许多重要领域有着相似的利益。来信建议,在同苏联总统戈尔巴乔夫会晤后,美国将派出特使,向邓小平通报情况,并探讨如何使美中关系正常化。①

就在老布什来信的前几天,10月31日,邓小平会见尼克松,提出中美关系结束这几个月的过去,开辟未来。邓小平请尼克松告诉老布什:"结束过去,美国应该采取主动,也只能由美国采取主动。美国是可以采取一些主动行动的,中国不可能主动。因为强的是美国,弱的是中国,受害的是中国。要中国来乞求,办不到。哪怕拖一百年,中国人也不会乞求取消制裁。如果中国不尊重自己,中国就站不住,国格没有了,关系太大了。"②

在给老布什复信前,邓小平于11月10日会见了基辛格,提出了一揽子解决中美关系纠葛的建议,并请他回国后向老布什转达。

据钱其琛回忆,邓小平提出的一揽子解决的建议包括四项内容:(一)在一定前提条件下,解决方励之问题,让方励之离开美国驻华使馆,到美国或某第三国去。(二)美国采取适当方式,明确宣布取消对华制裁。(三)双方共同努力,争取在较近期内落实几项较大的中美经济合作项目。(四)建议美方邀请江泽民总书记于第二年适当时间正式访美。③

11月15日,邓小平给老布什复信说:"我一直把你看作中国的朋友,并非常希望在你任期内中美关系得到发展,而不是倒退。在我退休的时候,改变中美关系目前恶化的局面是我的心愿。读了你的信后,我对中美关系如何共同采取步骤恢复和发展友好关系问题,产生了一些想法。我已委托基辛格博士向你

---

① 中共中央文献研究室编:《邓小平年谱1975—1997》(下),中央文献出版社2004年版,第1295页。
② 中共中央文献研究室编:《邓小平年谱1975—1997》(下),中央文献出版社2004年版,第1293—1294页。
③ 钱其琛:《外交十记》,世界知识出版社2003年版,第180页。

当面转达。我希望并相信将能得到你的积极响应。我本人和中国政府欢迎你派私人特使访华。"①

美方很快做出反应。12月1日，老布什给邓小平写信，提出在马耳他美苏首脑会晤后一周内，派总统国家安全事务助理斯考克罗夫特作为特使公开访华，向中方领导人通报美苏首脑马耳他会晤情况。信中还要求中方对邓小平提出的结束中美关系纠葛的一揽子建议，做出进一步的澄清，表示希望并相信可以找到恢复两国关系的途径。

老布什在信中表示，他正在为"解铃"而做出努力，请中方也予以协助，共同做出努力。②

12月9日，斯考克罗夫特再访北京，主要陪同人员依然是副国务卿伊格尔伯格。

与半年前秘密访华不同，这次访问是公开的，进行了两天。邓小平和江泽民总书记、李鹏总理都分别会见了斯考克罗夫特一行。

12月10日，邓小平会见斯考克罗夫特一行。邓小平说："你这次访问是非常重要的行动。中美两国之间尽管有些纠葛，有这样那样的问题和分歧，但归根到底中美关系是要好起来才行。这是世界和平和稳定的需要。"

邓小平指出："中国威胁不了美国，美国不应该把中国当作威胁自己的对手。两国相处，要彼此尊重对方，尽可能照顾对方，这样来解决纠葛。只照顾一方是不行的。双方都让点步，总能找到好的都可以接受的办法。请特使转告布什总统，在东方的中国有一位退休老人，关心着中美关系的改善和发展。"③

钱其琛与斯考克罗夫特举行了两次会谈。第一次是计划内的，第二次则是应斯考克罗夫特要求而增加的。

斯考克罗夫特在介绍了美苏首脑在马耳他会晤的情况后，话题很快转向中方的一揽子解决方案。

听取了钱其琛对一揽子方案的介绍后，斯考克罗夫特表示，中方的建议很

---

① 中共中央文献研究室编:《邓小平年谱1975—1997》(下)，中央文献出版社2004年版，第1299页。
② 钱其琛:《外交十记》，世界知识出版社2003年版，第181页。
③ 中共中央文献研究室编:《邓小平年谱1975—1997》(下)，中央文献出版社2004年版，第1304页。

重要，他将带回去仔细研究。他说，布什总统在这些问题上不是一个不受约束的人。6月宣布的对华制裁措施，是为了照顾所谓美国人民感情上的需要而采取的行动。在目前情况下，如果布什总统实际取消制裁措施，很可能导致国会以总统无法否决的多数票通过立法。对于方励之问题，斯考克罗夫特说，双方确实需要进行仔细的谈判。这最好在北京谈。如果有些对美国非常敏感的问题，可以在美国进行谈判。

钱其琛说，这个问题有一定的复杂性，希望美方认真研究后，提出自己的方案。问题的解决，当然必须经过双方共同的努力。你们有你们的困难，我们有我们的困难。你们在寻求解决问题的方法，我们也在寻求解决的方法。①

斯考克罗夫特公开访华，实际上打破了美国不与中方高层官员互访的禁令。在会谈中，双方同意尽快结束纠葛，开辟未来，中美关系一度取得一些进展。但是，在美国国内，斯考克罗夫特本人却遭遇了一点"小麻烦"：因为是公开访问，按照惯例，钱其琛外长作为主人，为斯考克罗夫特举行欢迎宴会，美国媒体将双方举杯祝酒的场面拍摄下来，刊登在报纸上，又在电视上反复播放，结果引起西方媒体一片喧哗，弄得斯考克罗夫特十分狼狈。过了十几年，钱其琛到美国访问，斯考克罗夫特还特别提到这件事，开玩笑地向钱其琛抱怨说："你们可把我整苦了。"②

更严重的是，斯考克罗夫特公开访华，引来了美国国内对老布什对华政策的猛烈批评。尤其是斯考克罗夫特7月初秘密访华一事被媒体挖了出来，反对派找到了一个集中火力的攻击点。受老布什批评而卸任不久的前驻华大使洛德，12月19日在《华盛顿邮报》公开撰文，批评斯考克罗夫特对中国的秘密访问说："中国人一定十分满意，因为外国人又来朝奉了。"洛德在文章中声称："美国不必担心中苏关系改善，而北京更应该担心快速改善的美苏关系。"

洛德的文章表明，美国外交界开始考虑利用苏联和东欧出现的新局势。就在这个时刻，东欧局势发生剧变。

---

① 钱其琛：《外交十记》，世界知识出版社2003年版，第182—183页。
② 钱其琛：《外交十记》，世界知识出版社2003年版，第184页。

罗马尼亚率先政局动荡,共产党执政的政府一夜之间被推翻,其领导人尼古拉·齐奥塞斯库于1989年12月25日被枪杀。

东欧剧变,美国重新评估国际力量对比,不再急于与中国改善关系,一揽子方案被美方束之高阁。

4. 海湾危机,老布什借机提升对华关系

1990年夏季,海湾危机爆发。

8月2日,伊拉克武装入侵邻国科威特,13小时就占领了科威特全境。科威特皇室成员仓皇出逃到美国游弋在海湾的军舰上避难。

伊拉克与科威特的矛盾由来已久。

伊拉克地处两河流域(美索不达米亚),被誉为"四大文明古国"之一的古巴比伦王国就诞生在这里。公元前550年,这里为波斯帝国所占领。公元7世纪,这里被阿拉伯帝国吞并。16世纪,这里受奥斯曼帝国统治。1920年,这里沦为英国"委任统治区"。1921年宣布独立,成立伊拉克王国。

科威特酋长国建立于1756年。1871年科威特沦为奥斯曼帝国巴士拉省的一个县。28年后,1899年,英国强迫科威特签署秘密协定,英国成为科威特的宗主国,后来又强迫科威特成为英国的保护国。1961年科威特宣布独立。

两国先后独立以后,其边界一直没有划定,不时闹出纠纷。

伊拉克与伊朗之间的"两伊战争",打了8年。伊拉克因此欠了一大堆债,其中相当一部分是欠科威特的。

科威特的本国籍人口为120多万,只有伊拉克的三十分之一左右,但是石油资源非常丰富。

1990年开始,伊拉克与科威特因为石油价格而争执加剧。

匹夫无罪,怀璧其罪。一个欠债累累的壮汉,眼见其邻居富得流油又极其弱小,于是直接下手抢劫。

海湾地区拥有全球三分之二的石油储量,是美国等西方发达国家的生命线,

是石油美元的基石。如果任由伊拉克扩张，引发海湾地区动荡，将严重损害美国和西方发达国家的利益。

作为域外国家，美国处理海湾危机，需要获得联合国安理会的授权。中国是安理会常任理事国，握有关键的否决票。

因东欧剧变停滞半年多的美中关系改善节奏，由此峰回路转，柳暗花明。

8月31日，老布什又致信邓小平，表示美国不会缩小或降低具有重要战略性的中美关系。美国对中国就伊拉克占领科威特所采取的原则立场表示赞赏。

为了寻求中国的支持，美国国务卿贝克获悉钱其琛将于11月初访问伊拉克，希望双方途经埃及开罗国际机场时会面，交换对伊拉克问题的意见。

11月6日，钱其琛与贝克在开罗国际机场候机厅"巧遇"。

美国决心对伊拉克动武，贝克希望中国不要阻拦联合国安理会有关授权美国对伊拉克采取一切必要的行动，包括军事行动的决议。为了换取中国的支持，贝克承诺，美方将寻求机会取消对华制裁，美国也不反对晚些时候世界银行向中国"星火计划"项目贷款1.1亿美元的计划。

钱其琛说，在经济合作方面，美国的行动已经显得缓慢了，中国与日本、欧共体的合作，都已有了进展。至于海湾危机问题，中方并未将其与中美关系挂钩，无论中美关系如何发展，中国都将坚持一贯立场，主张和平解决争端。[1]

此后，贝克提出希望钱其琛出席联合国安理会部长级会议，并以会后正式访问华盛顿、与老布什会见作为谈判筹码。

11月27日，在联合国安理会部长级会议召开前两天，老布什分别致信江泽民总书记、杨尚昆国家主席、李鹏总理，希望中方支持美方提出的决议草案，并且明确承诺，即将进行的安理会投票表决以及钱其琛外长对美国的访问，将为实现双边关系的重大进展提供决定性的机会。

11月29日，中国在联合国安理会投了弃权票，既没有投赞成票支持美国方案，也没有投否决票反对美国方案。美方虽有不满，但是美国的决议草案顺利通过生效。

---

[1] 钱其琛：《外交十记》，世界知识出版社2003年版，第187页。

参加安理会部长级会议后，钱其琛对美国进行为期两天的正式访问。老布什总统在华盛顿会见了钱其琛。这是美国制裁中国，两国关系陷入困境后，美国总统首次正式会见中国部长级高官，标志着中美关系的改善迈出了实质性步伐。

又过了一年，1991年10月10日，老布什约见中国驻美大使朱启祯，通报说他决定派国务卿贝克访华，且不附加任何条件。

老布什说，迟早恢复美中关系，对双方都至关重要，这既符合美国的最大利益，也符合中国的最大利益，希望贝克国务卿访华成为两国关系的转折点。鉴于目前美国国内的政治气候，这次访问只能成功。明年是大选年，美国国内的政治气候将会对美中关系产生影响，难以有所作为。①

11月15日至17日，贝克抵京，双方进行了十分紧张激烈的谈判，在最后关头，贝克的专机7次推迟起飞时间。最终双方达成协议，美国同意取消中止向中国出口卫星等三项制裁措施，取消对中国实施的特殊"301"条款，积极考虑美中间设立贸易、经济和科技合作三个联委会，尽快恢复部长级会谈。至此，美国和西方各国对中国实施了两年多的制裁终于被打破。

特别重要的是，美方承诺支持中国加入关贸总协定。这是中国在打破制裁以后的最大要求。老布什还几次否决了美国国会关于把最惠国待遇与人权挂钩的议案。但是，在台湾问题上，老布什政府却做出了卡特政府和里根政府没有做过的严重举措。1991年11月，借冷战结束的气候，老布什政府强势协助台湾参加在韩国首都汉城（按：2005年改名为"首尔"）举行的"亚太经合组织"部长会议；之后又同意支持台湾以"台、澎、金、马个别关税领域"的身份申请重返"关贸总协定"。更为严重的是，1992年9月，老布什政府决定向台湾出售150架美国最先进的F-16战斗机，这是自1982年以来美国对台湾出售的数量最大、性能最先进的一批武器。老布什试图通过向台湾示好，赢取亲台派的选票。然而，尽管如此，老布什还是没有赢得连任竞选，只干了一届四年总统。

老布什的政治生涯有点类似英国战时首相丘吉尔。丘吉尔为英国赢得了第二次世界大战，却在二战后立即被英国民众抛弃。丘吉尔为此引用古希腊作家

---

① 钱其琛：《外交十记》，世界知识出版社2003年版，第188页。

普鲁塔克的话自嘲:"对他们的伟大人物忘恩负义,是伟大民族的标志。"老布什赢得了冷战,打赢了海湾战争,却因国内经济衰退而落选。

在对华关系上,老布什任总统的四年时间里,经历了1989年的低谷,低开起步,高走收官。

第六章

曲折多变：
克林顿从摇摆到清晰

1992年，美国民主党最高委员会主席威廉·杰斐逊·克林顿出马竞选总统，战胜时任总统老布什，出任第42任（第52、53届）总统。这一年，克林顿46岁。

克林顿是美国第一位出生于第二次世界大战之后的总统、第三位遭受国会弹劾动议的总统，也是仅次于西奥多·罗斯福（美国第26任总统）和约翰·肯尼迪（美国第35任总统）之后的最年轻的美国总统，以及富兰克林·罗斯福（美国第32任总统）之后连任成功的第一位民主党总统。

克林顿由律师从政，在阿肯色州州长任上成功竞选美国总统。

克林顿年纪轻、资历浅、有政绩、声望好。他能够在民主党内脱颖而出，成为总统候选人，完全是拜老布什所赐。

竞选连任的老布什，提出"超越遏制"为主题的外交战略，在其任内实现了苏联的解体和德国的统一、签署了历史上最大规模削减核武器条约、取得了海湾战争的胜利、推动了中东和平进程、建立了北美自由贸易区、采取了务实的对华政策、帮助结束了中美洲的动乱等，有"战时总统""外交总统"之名，声望如日中天。

老布什的威望和成就，让民主党的重量级战将纷纷知难而退。"蜀中无大将，廖化当先锋"，资历较浅但声望颇佳的克林顿得以在民主党内脱颖而出。

美国政界有个说法，"民主党总统赚钱，共和党总统花钱"。老布什外交得分，但是国内经济状况不佳。1990年，老布什上任第二年，美国财政赤字是1980年他作为副总统上任时的3倍。面对巨额财政赤字和民主党控制的国会的压力，老布什只能选择加税来解决赤字问题，然而，这一举动打破了他1988年竞选时提出的任期内不加税的承诺。

在老布什任内，美国还经历过一段为时6个月的经济衰退，到1992年总统竞选年，美国失业率已上升至7.8%，是1984年以来最高的。

在1990年的一次记者会上,老布什自称,比较喜欢处理外交政策,多于国内经济问题。①

克林顿抓住这一番话,提出了对老布什最具攻击力的竞选口号:"笨蛋!问题是经济!"(Stupid! It's economics!)从而奠定了胜选的基础。

克林顿执政期间,美国经历了历史上和平时期持续时间最长的一次经济发展,并使美国高科技行业得到飞速发展,奠定了美国高科技大国的地位。

1. 最惠国待遇捆绑人权,对华关系再度低开

克林顿进入白宫之前几乎没有什么国际事务经验。他是在阿肯色州长的任上直接进入白宫的。阿肯色州位于美国南部内陆。克林顿竞选总统主打经济牌,只是为了攻击对手才涉及外交。他听从外交政策顾问、后来担任总统国家安全事务助理的托尼·莱克的建议,扬长避短,不谈具体的外交政策,从价值道德的角度攻击老布什,提出的口号是"美国不能再纵容从巴格达到北京的任何独裁政权"。②

1992年,邓小平在年初发表南方谈话,中共十四大确定社会主义市场经济的改革方向,中国经济发展再次驶入快车道。

但是,克林顿无视中国的现实,在当选以后的首场记者会上谈到对华关系时,克林顿表示:"赞成在(中国的)人权和贸易方面没有出现一些变化之前,对中国享有的贸易最惠国地位施加一些限制。"然后,他急急忙忙地补上了一句:"不孤立中国,确保中国继续发展市场经济,对我们来说是有重大利益关系的。"③

克林顿政府早期的对华外交政策,由温斯顿·洛德一手操办。洛德是"中国通",参与了尼克松解冻中美关系以来的全过程,还出任过美国驻中国大使。

---

① 严波:《美国对华外交行政决策机制探析——以老布什时期对台政策为例》,《哈尔滨工业大学学报(社会科学版)》2006年第8卷第6期,第28页。
② 郝雨凡:《白宫决策》,东方出版社2002年版,第614页。
③ 宋连生、巩小华主编:《中美首脑外交实录》,经济日报出版社1998年版,第382—382页。

克林顿对外交，包括对华关系的无知和无视，正好给了洛德施展身手的机会。

1993年3月30日，国务卿克里斯托弗在参议院的任命答辩听证会上作证时说："我们将按照洛德的建议制定政策……即力争用最惠国待遇鼓励中国有更好的表现、更好的行为。"① 这就清楚地说明了洛德在克林顿政府制定对华外交政策方面的作用。

洛德自从与老布什在对华关系上翻脸以后，一直在寻找报一箭之仇的机会。民主党人克林顿胜选以后，洛德背叛共和党总统的行为得到奖赏，获得主管东亚事务的助理国务卿之职。

洛德迎合克林顿的竞选口号，强烈主张把人权与延续中国的最惠国地位挂起钩来。

人权外交并非克林顿首创。早在1982年，美国国务院在一份文件中强调"人权是美国外交政策的核心"。

美国的所谓人权外交，声称意在改善其他国家的人权状况，保障宗教自由促进自由选择，寻求公众支持，其最终目的是在全世界推行美国的价值观念、政治生活和利益，保障和推广美国式自由。

克林顿政府一上任，就在人权问题上向中国施加压力。

克林顿挑选的国务卿人选沃伦·克里斯托弗，曾在卡特政府中担任过助理国务卿，主管人权事务。1993年3月25日，克里斯托弗出席众议院拨款委员对外行动小组委员会关于中国最惠国待遇问题的听证会，特别强调中国的最惠国待遇问题将与人权挂钩。

5月10日，洛德带着14点清单抵达北京，与中国外交部副部长刘华秋会谈。洛德声称，如果中国要避免新的制裁，就要在人权、防扩散、贸易等方面取得"重大的进步"。洛德的强硬，理所当然地使他受到冷落，中国领导人没有一人出面接见他。洛德空手而归，在离华到达日本后说，如果中国不履行过去在人权、贸易以及武器销售问题上的协议，美国就要给中国最惠国地位附加条件。②

---

① 王勇：《最惠国待遇的回合》，中央编译出版社1998年版，第229页。
② 刘连第编著：《中美关系的轨迹——1993年—2000年大事纵览》，时事出版社2001年版，第8页。

中方积极展开舆论攻势。5月21日，美国即将决定延长中国最惠国地位一周前，中共中央总书记、国家主席江泽民接受美国有线电视公司记者采访，重申中国希望与美国"增加信任，减少麻烦，发展合作，不搞对抗"。

关于最惠国待遇问题，江泽民指出，中国希望能够很好地解决最惠国待遇问题。"如果取消，双方都将受到损害。对美方来说，至少损失十多万个就业机会，消费者要多花钱。美国对中国的对外贸易固然重要，中国对美国的对外贸易恐怕也不是不重要的。"①

5月24日，《人民日报》在一版头条位置，全文刊出江泽民接受美国有线电视公司记者采访的全文。中国国家主席接受外国记者采访的内容，在《人民日报》一版头条位置全文刊出，是非常罕见的。

5月28日，白宫公布《总统关于中国最惠国地位的声明》。声明称，中国在美国的对外政策中占有重要的地位，但美国也需要坚持自己的价值观。美国对华政策的核心是：坚决要求中国在人权问题上有重大的改进。总统决定延长中国最惠国地位12个月。明年是否延长将取决于中国是否在改进人权状况上取得重大进展。②

同一天，克林顿发布《关于延续中国最惠国地位的条件的行政命令》，提出1994年延长对华最惠国地位的两个必要条件和五个重要条件。

两个必要条件是：允许自由移民和遵守中美两国1992年达成的有关犯人劳动产品的双边协定。

五个重要条件是：（1）采取步骤开始遵守《普遍人权宣言》；（2）释放因非暴力表达其政治和宗教信仰而遭监禁和拘留的中国公民，并对其情况做出令人满意的说明；（3）保证对犯人给予人道的待遇；（4）保护西藏独特的宗教和文化遗产；（5）允许国际广播电台和电视台向中国播放节目。③

当天，克林顿在向国会阐述对华政策时明确表示："坚决要求中国在人权问题上有更大的改进"，他还邀请几个"民运分子"出席会议，在西藏问题上歪曲

---

① 《江泽民主席纵论国内外大事》，《人民日报》1993年5月24日01版。
② 刘连第编著：《中美关系的轨迹——1993年—2000年大事纵览》，时事出版社2001年版，第10页。
③ 宋连生、巩小华：《中美首脑外交实录》，经济日报出版社1998年版，第389页。

事实指责中国政府监禁"民主人士"侵犯西藏人民的权利。①

这就改变了老布什政府拒绝把最惠国待遇与人权挂钩的政策立场。但是，克林顿狡猾地拒绝了国会的要求，把最惠国待遇与人权挂钩的评估权留在了政府部门手里。这为他在第二年调整对华政策留下了活动空间。

此外，由民主党控制的美国众议院人权小组通过决议，反对北京承办 2000 年奥运会。克林顿政府的一系列对华遏制措施，使两国关系再度跌入低谷。

中国政府坚决反对把延长最惠国待遇与人权挂钩。在克林顿发布行政命令后，中国外交部发表声明，抗议美方将贸易问题政治化，严重干涉中国内政。

声明指出，5 月 28 日，美国总统克林顿宣布就延长 1994 至 1995 年度对华最惠国待遇提出附加条件。这是公然违反中美三个联合公报和两国贸易关系协定原则，严重干涉中国内政的行为。中国政府对此表示坚决反对，并向美国政府提出抗议。

声明强调，最惠国待遇是中美双方根据两国贸易关系协定做出的对等、互惠的安排，是中美进行正常贸易的基础，符合两国人民的根本利益。美方将贸易问题政治化，甚至就延长对华最惠国待遇提出附加条件，这是中方不能接受的。如果美方一意孤行，只能严重损害中美关系和经贸合作，最终损害美国自身的重大利益。

声明最后指出，众所周知，由于社会制度、意识形态、历史和文化背景不同，中美之间在人权等问题上存在一些分歧。双方应该按照国际关系基本准则，通过平等对话、求同存异的方式加以解决，任何强加于人的做法都是行不通的。我们注意到，越来越多的美国公众和有识之士主张无条件延长对华最惠国待遇，要求维护和发展中美关系。我们希望美国政府审时度势，改弦易辙，纠正自己在最惠国待遇问题上的错误做法。②

中国确定以市场经济为取向的改革，经济高速发展，对外资的吸引力越来越强。由于美国捆住了自己的手脚，日本与欧洲国家"乘虚而入"，抢占中国市

---

① 王立：《波澜起伏——中美关系演变的曲折历程》，世界知识出版社 1998 年版，第 288 页。
② 《我国外交部发表声明》，《人民日报》1993 年 5 月 29 日 01 版。

场，令美国商界大为不满，纷纷表达不满意见。美国商界与克林顿政府中的经济部门和国会中的对华友好力量互相呼应，形成了推动最惠国地位与人权相"脱钩"的强大力量。

外交界开始出现不同声音。1994年1月1日，《纽约时报》刊出对美国驻华大使芮效俭的采访报道。芮效俭认为，中国正在进行的社会变革具有十分深远的意义，"如果你看鸦片战争以来的150年，你无法不得出这样的结论：最近15年是中国近代史上最好的15年。而在最近15年中，过去两年又是在经济繁荣、个人选择自由、外部信息获取和自由迁移以及国内稳定等方面做得最好的两年。"[①]

芮效俭的说法让美国国务院大为恼火，却得到了美国商务部、财政部和克林顿政府新设立的国家经济委员会的高度评价。执掌国家经济委员会的罗伯特·爱德华·鲁宾公开主张把人权与贸易分开。

1994年1月29日，鲁宾在与记者的早餐会上说："毫无疑问，在没有特别事件发生的情况下，中国将会在不远的将来成为世界上最大的经济体，美国必须同中国保持经济关系。"鲁宾是出身华尔街的金融家，他对中国经济发展的分析具有极大的预见性。

也是在1994年年初，美国众议院成立了由两党议员组成的跨党派小组，其宗旨是推动国会放弃一年一度对中国最惠国待遇附加人权条件的做法。

在这种背景下，克里斯托弗国务卿于3月中旬对中国进行访问。

3月12日下午，中国国务院总理李鹏会见克里斯托弗。

克里斯托弗在会谈一开始就强硬地表示："你们不要有一种错觉，你们必须在人权方面有重大的、全面性的进展，否则，将会失去最惠国贸易地位。"

李鹏针锋相对地回答说："中美关系从来都不是建立在共同的意识形态和价值观念基础上的。中美之间存在一些分歧，只能通过平等协商求得解决，单方面施加压力的想法只会使问题复杂化。"

李鹏强调："中美两国存在着不同的人权观，中国是一个发展中国家，发展中国家的人口占世界人口的4/5。把发达国家的人权观强加于发展中国家是不公

[①] 郝雨凡：《白宫决策》，东方出版社2002年版，第622页。

正的，中国绝对不会接受美国的人权观。对发展中国家来说，讲到人权首先是生存权和发展权。人权，人权，作为一个人首先要能生存下去才能谈得上权利。"

李鹏明确地告诉克里斯托弗："你们美国不要有一种错觉，以为中国人就害怕失去最惠国待遇。中国当然不愿意失去最惠国待遇，但我们已经做好了两手准备。中国人有很强的生存能力，我们发展经济主要靠国内市场。"

李鹏给克里斯托弗列举了中美经贸发展的良好势头后说："你们一直强调中国对美国贸易顺差达 200 亿美元，其实这些钱都是你们美国人设在中国的合资公司赚去了。"①

中国政府在人权问题上的坚定立场和对最惠国待遇的底线思维，令克里斯托弗明白，克林顿政府的对华政策已经难以执行下去了。

3 月 13 日上午，中国国家主席江泽民会见克里斯托弗一行。双方都降低了调门。

克里斯托弗向江泽民转达了克林顿总统的问候，并说，克林顿总统决心在美中之间建立广泛的、更富有建设性的关系，美中双方要抓住机遇，采取积极的行动把两国关系推向前进。

江泽民称赞克里斯托弗先生曾亲身参与中美关系正常化的进程，对两国关系的历史是熟悉的。江泽民指出：过去 45 年中，中美关系历经曲折，既有经验，也有教训。时间证明，如果中美双方都能着眼于世界大局，从两国根本利益出发，相互尊重，超越意识形态分歧，发展合作，中美关系就前进，不仅造福于两国人民，也有利于世界和平与稳定。与此相反，中美关系就会产生困难，遭受挫折。我们都应牢记历史的教训。

江泽民指出，中美两国社会制度和意识形态不同，在一些问题上存在分歧是很自然的。分歧不应成为双方开展互利合作的障碍。中美都是主权国家，有分歧可以讨论，但要平等，要相互尊重，而不能干涉对方内政。中美关系应当好起来，这是两国人民的共同愿望，也是世界和平与稳定的需要。②

---

① 宋连生、巩小华主编：《中美首脑外交实录》，经济日报出版社 1998 年版，第 409—410 页。
② 《江泽民主席会见美国国务卿时说中美关系应当好起来》，《人民日报》1994 年 3 月 14 日 01 版。

经过一年时间的观察，克林顿政府意识到，把人权与最惠国待遇挂钩的政策根本行不通。第一，最惠国待遇是双向的，是两国正常交往的最基本条件，取消最惠国待遇，意味着美国将丧失中国这一巨大的市场，意味着美国当年将损失 80 亿美元，相当于 15 万人失业，这与克林顿政府确保经济繁荣的目标不相容。第二，把人权与最惠国待遇挂钩，直接破坏中美在其他一些领域，尤其是国际安全领域的战略合作。第三，中国不可能在人权问题上向美国做出重大让步。因为中国经济迅速发展，政治局面稳定，国力日益增强，国际地位不断提高。在这种情况下，中国政府认为克林顿政府所提的人权条件，本质上就是一种颠覆性的政策。第四，克林顿政府自身因为给中国最惠国地位附加人权条件而陷入国内政治困境，指望中国做出让步来满足克林顿政府应对国内政治斗争，根本是南辕北辙。第五，将最惠国待遇与人权挂钩，如果中国没有满足改善人权的要求就取消中国的最惠国待遇，又与这一战略的另一目标，促使中国走向市场化和把中国融入国际社会背道而驰，从长远的观点来看更加不利于中国公民社会的形成和人权的改善。经过将近一年的观察和思考，克林顿政府认识到，将人权与最惠国待遇挂钩作为同化中国意识形态、推进中国民主进程的手段，实在是一个说不通的政策。

1994 年 5 月 26 日，克林顿总统宣布将延长对华最惠国待遇与人权脱钩。这表明克林顿政府的商业实用主义战胜了意识形态至上的"美国价值"。此后，美国虽然依然在人权问题上向中国施压，但是没有再把人权与最惠国地位联系在一起。克林顿政府的对华遏制政策也开始转向。中美关系开始从低谷向上攀升，此后虽然一波三折，麻烦不断，但两国关系向上发展的基本态势已经不可改变。

2. "银河"号假情报真折腾，中国"两害相权取其轻"

"最惠国待遇与人权挂钩"一波未平，"违规出口化学武器前体"一波又起。克林顿政府时期的美中关系，云谲波诡，重大突发事件不断。

就在克林顿宣布将人权与中国的最惠国地位挂钩两个月后，1993 年 7 月 23 日，美国驻华使馆官员突然紧急约见中国外交部国际司官员，称美国得到确切情报，7月15日从大连港出发的中国"银河"号，装载着制造化学武器的原料硫二甘醇和亚硫酰氯，正驶向伊朗阿巴斯港。美方要求中国政府立即采取措施，制止这一违规出口行为，否则美国将对中国进行制裁。

"银河"号是中国远洋运输总公司的全集装箱货轮。1993年7月7日，该船从天津新港上货后起航，途经上海、香港、新加坡、雅加达，最后共载628个集装箱，驶向中东，预计8月3日抵达位于波斯湾的迪拜港卸货，然后去沙特达曼港和科威特港，航行目的地中并没有伊朗的港口。

硫二甘醇和亚硫酰氯是两种液态化学品。硫二甘醇系糖浆状无色透明液体，主要用于制造防腐剂、杀虫剂、除草剂和棉织物染色剂，还可用于制造圆珠笔油。亚硫酰氯是无色或淡黄色液体，主要用于有机合成、染料、农药和医药制造。因曾有国家将这两种化学品制成芥子气等用于战场，1993年1月签署的《禁止化学武器公约》规定，对这两种化学品的转让应受控制。中国早在1990年就制定了禁止和限制化学武器的措施，其中就包括这两种化学品。

8月1日，美国派遣军舰跟踪进入印度洋的"银河"号，同时派遣飞机盘旋"银河"号上空进行侦察，向"银河"号原计划停靠的港口散布不实传言，向预定停靠的港口所在国家施压，不准"银河"号进港。

8月3日，美国竟然要求中国政府命令"银河"号返回出发地，或者由美国人登船检查，或者停留在某个地点听候美方发落。

中国政府认真对待美方指控。8月3日，"银河"号奉命停泊在距离霍尔木兹海峡10多海里的公海上。经过认真、全面调查后，中方于8月4日明确告诉美方："银河"号货轮根本没有装载美方所说的两项化学品。美国所"确认"的情报是错误的。"银河"号所载货物虽有小部分属伊朗，但这些货物并非化学品，而是文具、小五金、机械零件和染料等，且这些货物原定路线是与船上其他物品一起在阿拉伯联合酋长国的迪拜港卸货然后转运，并非由"银河"号直运。美方所说的"银河"号驶往伊朗港口的计划纯属子虚乌有。

中方还强调，中国对化学品的出口严格秉承慎重和负责任的态度，从不出口以制造化学武器为目的的化学品及技术和设备，中国要求美国停止这种破坏船只正常商业航行的阻碍和干扰行为。

同时，为使问题得到公正解决，中方提出让"银河"号前往中东的第一站迪拜港，由当地海关与中方一同检查货轮。

但是，美方坚称情报可靠，不相信中方的说法。

8月7日，外交部部长助理秦华孙紧急召见美国驻华大使芮效俭，就美无端指责中国"银河"号货轮载有危险化学品并干扰该船正常商业运输活动一事，对美提出强烈抗议。

秦华孙说，自7月23日以来，美方以获得情报为由，多次向中方交涉称：中国"银河"号货轮载有化学武器前体硫二甘醇和亚硫酰氯，于7月15日左右在大连港启航，运往中东地区。中方严正声明，中国遵守化武公约的规定，不会出口此类化学品。但美方不予置理，一意孤行，致使中国"银河"号货轮不能按计划停靠有关港口。"银河"号货轮被迫在公海漂泊，美方还在公海采取军舰跟踪和军用飞机拍照等非常行动，对该货轮进行干扰和威胁。

秦华孙说，中方进行了认真调查，现已查明，美方所称"银河"号船期、启始和抵达港及所谓载有上述化学品的情况完全失实。中方已多次向美方说明事实，提出解决问题的积极建议，包括在中东第一站卸货时由当地海关与中方共同验货，并要求美方停止一切干扰活动，确保我船进入各有关港口卸货。但时至今日，我船仍未获准进港，面临极大困难。这是美方以莫须有的情报，肆意采取干扰行动所一手造成的。

秦华孙强调，在国家关系中，依据莫须有的所谓情报对另外一个主权国家采取行动，是违反国际关系准则和国际法的。在中方多次澄清事实的情况下，美方仍抱住自己的所谓情报不放，企图影响中国与有关国家之间的友好关系，拒不消除由此而造成的严重后果，责任完全在美方。

秦华孙指出，美方的行动无端地损害了中国的国际形象，干扰了中国船只的正常航运，破坏了主权国家之间正常的关系和贸易往来，给中方造成了严重的经济损失，使中方船只及其人员的安全受到严重威胁，并给中美关系投下了新的阴影。

最后，秦华孙严正指出，中国对美方所采取的这种毫无道理的霸道行为提出强烈抗议。中国再次强烈要求美方立即采取措施，确保"银河"号顺利按原计划进入各有关港口卸货。中方要求美方对其无理做法所造成的一切损失和后果进行赔偿和承担责任，并保证今后不再干扰中国商船的正常航运和商业活动。[1]

但是，直至8月12日，美方仍然宣称："我们有可靠的情报，证明船上载有化学武器前体，我们决心对该船进行检查。"[2]

为避免事态恶化，减少损失，经过多方协商，中国同意美国提出的检查货轮的要求，货轮进入沙特阿拉伯王国达曼港，美国派专家作为沙特的技术顾问协同检查"银河"号。时任外交部国际司副司长沙祖康临危受命，以中国政府代表、中方检查组负责人的身份赴沙特现场处理。

8月26日，沙特、中国、美国三方达成协议：审阅"银河"号货运清单，找出运往伊朗的货物，进行外观检查；对有疑问的货箱，可卸下进行开箱检查；检查结束后，三方共同在检查结果报告上签字并予以公布。

15年后，沙祖康回忆说，同意上船检查当然是中央的决策。在当时的情况下别无选择。"如果你拒绝，他（美国）就说，果然给我说中了吧，船上肯定有吧，那就跳进黄河也洗不清了。"

"两害相权取其轻"，沙祖康说，"拒绝，窝囊，我们就要背黑锅；让他们去查，某种程度上我们受到了侮辱，也窝囊。但是两个窝囊中选择了第二个。等这个事情的真相查明了，没有（违禁化学品），那窝囊就是他们的。"[3]

8月28日上午，中国、美国和沙特三方代表齐聚码头。10时许开始检查。运往伊朗的货箱自然首当其冲。第一箱打开，全是一些铅封黑色铁桶。在场的美国人惊喜，沙特人惊奇，只有中国人沉住气。美国技术专家们小心翼翼地琢磨这些黑铁桶，认为这可能就是他们要找的两类液体化学品，打开之后却发现是固体染料。此后，接连打开全部运往伊朗的集装箱，一无所获。

这个结果让美国人极度失望。美方提出要扩大检查范围。中方要求美方提供扩大检查范围的正当理由。美方没有正当理由，却威胁中方说，如果不让检查，

---

[1] 《我外交部向美提出强烈抗议》，《人民日报》1993年8月8日01版。
[2] 雷海：《"银河"号事件始末》，《航海档案》2016年第3期，第18—22页。
[3] 雷海：《"银河"号事件始末》，《航海档案》2016年第3期，第18—22页。

美方将不会在检查结果上签字。中方再次退让，同意了美方的无理要求，但结果再度令美方失望。

美国又找借口说，他们怀疑情报部门弄错了集装箱编号。据他们透露，美国情报机构提供的箱号是CSAQ3101和CSAQ3102。"银河"号上却没有这两个编号的集装箱。美方以情报部门可能记错了"号码"为由，提出检查相近、易混的CSAQ3010号集装箱。中方欣然同意。但开箱一看，却是扑克牌。这令美方十分尴尬。这一天的检查工作再度进行到晚上11时左右，美方怀疑并认为要检查的49个集装箱全部开箱查完，美国人仍一无所获。

8月31日，开箱提取物品的化验结果表明，没有美国人指称的硫二甘醇和亚硫酰氯。

美国仍然不肯善罢甘休。美方代表、美驻沙特使馆参赞马克尤姆称，华盛顿认为，美方只检查了"银河"号的部分货物，"不能公开承认船上没有硫二甘醇和亚硫酰氯两类化学品。"马克尤姆提出，要么船上的中国货全部开箱检查，要么根据单子一部分一部分查，直到华盛顿认为可以了为止。

对于美方的无理要求，中方代表指出：你们一再撕毁原先达成的协议，出尔反尔，不守信义。现在竟公然违背"绝不染指"第三国货物的承诺！美方自知理亏，却又百般狡辩，最后拿出挡箭牌："这是奉华盛顿之命。"沙特代表不愿意直接表态，于是建议："以后达成的协议应见诸文字，三方签字。"以巧妙方式表达了对美方的不满。美方代表觉得沙方意见有些突然，看了对方一眼说："你这建议我要请示华盛顿。"

9月1日晚5时20分，三方恢复会谈。为向全世界澄清事实真相，中方郑重宣布："为更顺利地进行下一步检查，尽快查清事实真相，了结此事，中方在对美方要求持反对立场的情况下，同意扩大检查。"

"银河"号所载货柜逐一打开，全部开箱检查。然而，开箱越多，美国人越紧张，越难堪，前些天盛气凌人的嚣张气焰不见了。最后连沙特代表也不耐烦了，当开箱一看又是纸箱包装的、分量很轻的日用商品时，沙特代表故意挑逗美国代表："OK？！"美国人苦笑着回应："OK。"直到"银河"号上的628个集装箱全部开箱检查完毕，仍然没有发现美国指控的化学武器前体——硫二甘醇和亚硫酰氯。

9月4日下午1时，中国、美国、沙特三方代表正式签署《调查报告》，确认"银河"号货轮未载有上述化学武器前体。

沙祖康说："这个调查报告是我在北京写好了带去的，就把日期和名字空出来了，叫美国人签字。"沙祖康受命以后，对船上所载货物，逐一向货主进行过调查，因而十分自信。

美方代表看完沙祖康拿出来的这份检查报告草案，提出要进行修改。这让沙祖康的警惕性再度绷紧：美国人还要搞阴谋？出乎意外的是，美国代表在检查报告草案上添加了"经彻底地核查""断然地表明"和"根本没有"这些字眼。

沙祖康回忆说："我当时一看，神经病犯了你，有你这么写的吗？因为太好了，好得使我怀疑后面有阴谋。"[1]

其实不是什么阴谋，而是怨气。美国要求检查的依据是中央情报局的情报，检查的结果却表明情报完全错误，这让负责检查的美国国务院官员颜面尽失，非常恼火。美方代表就是要通过这份检查报告表明：他们的检查是认真负责的，错误在于情报部门。

有人说，美国有三个政府，一个是行政当局，以总统为首；一个是国会，有众议院和参议院；还有一个是最高法院。所以，与美国人打交道非常难，不知道最后是谁一锤定音。

其实，即使在行政系统，也是各部门自作主张，自行其是。"银河"号事件就是如此。克林顿政府的总统国家安全事务助理莱克、国务卿克里斯托弗和国防部长阿斯平，对中央情报局的错误情报使美国在全世界面前出丑极为恼火。

"银河"号事件引发了美国政界对当下美中关系的批评反思，推动克林顿政府反省对华政策。克林顿政府意识到，如果听任这种势头发展，美国将失去正在发展的潜力无限的中国市场，或者说，中国将认定美国是阻碍中国和平发展的最主要敌人。这是美国承受不起的历史责任。

---

[1] 雷海：《"银河"号事件始末》，《航海档案》2016年第3期，第18—22页。

3. 克林顿谋划"新太平洋共同体",不得不正视中国机遇

1993年7月7日,克林顿利用到日本出席西方七国首脑会议之机,在早稻田大学发表演讲,提出了"后冷战时期"美国的亚太战略,美国媒体称之为"新太平洋主义",其目的是建立"新太平洋共同体"。

克林顿强调,这一战略有三大支柱,即:

(1)美国要"全面参与"亚太经济发展与合作;

(2)实现"美国主导下的"亚太多边安全机制;

(3)促进亚太各国的"民主化"。[①]

也就在这个时候,克林顿正式宣布,在11月亚太经合组织(APEC)部长级会议后,他将邀请APEC各领导人在西雅图举行会议,就建立"新太平洋共同体"及与此有关的经济问题进行讨论。

9月中旬,克林顿签署"行动备忘录",决定与中国采取全面接触的政策,提高对话级别、恢复与中国高层领导人的交往、开展广泛交流。克林顿政府上台之初的单边对华遏制政策正式转变为遏制与接触两手并用的传统政策。

20世纪90年代,有一个十分流行的说法:19世纪是地中海世纪,20世纪是大西洋世纪,21世纪是太平洋世纪。

1992年,中国明确社会主义市场经济改革方向,经济发展再次进入高速增长阶段,引起了国际社会的广泛关注。1993年春末夏初,世界银行和国际货币基金组织等权威机构,将当时GDP排名位于全球第9位的中国,列为世界第三大经济强国。《华盛顿邮报》刊文指出:"经过一个世纪的混乱之后,中国看来正在增强它的经济和军事实力,从而可能使它成为一个世界性的,而不是地区性的大国。"

面对中国迅速发展的大势,克林顿不得不调整对华政策,抓住中国机遇,由遏制转向接触。

接触中国,首先就是要从中国的市场经济改革中获利,抢占中国市场,分

[①] 官力:《峰谷间的震荡》,中国青年出版社1996年版,第264—265页。

享中国经济起飞的好处。其次，接触中国还是美国亚太新战略的需要。亚太地区对于振兴美国的经济至关重要，而亚太地区的经济稳定与发展是与中国经济的稳定与发展息息相关的。美国亚太新战略的另一重点是安全战略，美国的一个长远目标是防止全球大规模杀伤性武器扩散，在这个问题上最棘手的是朝核问题，美国政府软硬兼施也没有很好地解决。美国认为中国是唯一能够直接影响朝鲜的国家，如果要解决朝核问题，就必须争取中国的充分而有效的合作。

面对太平洋世纪，亚太各国寻求加强经济合作，共同迎接太平洋世纪的到来。

1989年1月，澳大利亚总理霍克访问韩国时首先提议，后来在澳大利亚总理霍克、日本首相细川护熙和新加坡总理李光耀等人的共同倡议推动下，1989年11月5日至7日，澳、美、日、韩、新西兰、加拿大及东盟六国在澳大利亚首都堪培拉举行了亚太经济合作组织首届部长级会议，亚太经济合作组织（APEC）成立。

APEC的宗旨和目标是："相互依存，共同受益，坚持开放性多边贸易体制和减少区域内贸易壁垒。"该组织的最高活动是非正式首脑会议，它是区域内国家首脑个人非正式的集会，就有关经济问题发表见解，进行意见交流。

1993年9月17日，克林顿致信江泽民主席，邀请他出席11月在西雅图举行的亚太经合组织领导人首次非正式会议。美方还表示将安排两国元首举行双边会晤。3天后克林顿又提前给江泽民主席发来贺电，祝贺中华人民共和国成立44周年，并再次表达了希望同中国建立合作关系的愿望。

9月24日，克林顿又一次致信江泽民主席，恳切希望能够同他在11月举行的亚太经合组织领导人首次非正式会议上举行会晤。

吴建民回忆道，对于克林顿的邀请，中国面临两种选择：

（1）就事论事，江泽民主席美国之行的活动将局限于会见克林顿和出席会议；（2）把江泽民主席的美国之行作为一项系统工程来安排，推动中美关系的改善。①

---

① 吴建民：《外交案例》，中国人民大学出版社2007年版，第221—226页。

中国选择了后者。

江泽民主席的美国之行虽然不是对美国的正式访问，却是自1989年以来中美之间的第一次元首会晤，举世瞩目，对今后的中美关系将会产生重要的影响。中方策划江泽民的美国之行，是作为一项系统工程来做的，目的是推动中美关系的改善和发展。

1993年11月19日，江泽民主席同克林顿总统在西雅图举行正式会晤。当天，西雅图天朗气清，有人说这是个不错的预兆。西雅图是一个多雨的城市，在过去百年来的这一天，有78天是下雨天。

下午1时，江泽民主席在国务院副总理兼外交部部长钱其琛、外交部副部长刘华秋和中国驻美国大使李道豫等人的陪同下，在雷尼尔俱乐部与美国总统克林顿进行会晤。克林顿首先表达了对江泽民主席一行的欢迎。

克林顿表示，他坚信美中两个大国应当建立建设性的关系，美方愿意在广泛基础上同中方进行坦率对话，寻求解决两国关系中存在的问题。他表示中国是一个拥有几千年文明的大国，现在正向21世纪的强国过渡，中美之间有许多共同利益，没有理由不搞好关系。

江泽民强调："中美关系不仅是双边关系，还应该放在世界范围内，着眼于未来，着眼于21世纪来考虑。现在的世界，是一个不安定、问题很多的世界。20世纪的最后几年，有远见的、对人类负责的政治家们，如果对世界人民不做点什么事，是向历史交不了账的。"[1]

江泽民诚恳提出，将一个什么样的中美关系带入21世纪，这不仅关系中美两国人民的利益，也关系世界和平与发展的大局。中美两国领导人需要登高望远来看待和处理两国关系。

江泽民的这番话，把两国元首会晤和中美关系放到了一个新的高度，为双方讨论中美之间的重要问题做了很好的铺垫。

江泽民表示，作为一个拥有11.7亿人口的国家主席，他深刻认识到11.7亿人口的温饱问题在中国就是最大的人权问题。解决好这个问题，不仅对中国的

---

[1] 吴建民：《外交案例》，中国人民大学出版社2007年版，第221—226页。

稳定，而且对亚洲乃至世界的稳定，都是一个重大的贡献。他还声明，一国不应该干涉另一国的内政。

江泽民还谈到了世界多样性的问题。他说："我们这个地球上有上千个民族、二百多个国家和地区，所处的自然环境不同，社会发展经历各异，形成了多种多样的生活方式、价值观念、宗教信仰和文化传统，各国人民根据各自的国情，选择符合本国实际情况的社会制度和发展模式，制定行之有效的法律和政策，是合情合理的，应该受到尊重。"①

江泽民强调："世界这样丰富多彩，是件好事，并不是坏事。各国和各种文化应该也可以相互交流、学习借鉴、取长补短，共享人类文明的成果。""各国人民最了解本国的具体情况，最有资格找到适合本国的发展道路。因此，各国的事务归根到底应该由本国政府和人民自己去管。"

两位领导人还讨论了最惠国待遇问题。

克林顿辩称，他迫于国会压力，希望用一种克制而具体的方式同江主席讨论，并表示他本人当年阻止了国会通过取消对华最惠国待遇的法案，他不希望就这一问题再次出现辩论。他还开列了美国要求改进的五方面：红十字会有权探视监狱，释放"政治犯"，与达赖就西藏问题展开对话，对"劳改产品"进行调查，以及允许"持不同政见者"的家属移民海外。②

江泽民严肃指出，最惠国待遇不是单方面的给予，更不是一种恩赐，而是对中美双方都有利的，应该继续下去。他又指出，冷战结束了，但人类长期面临的和平与发展两大主要问题远未解决。现在，中国人民正在集中力量进行经济建设，努力消除贫困，提高人民的生活水平，中国改革开放的进程是不可逆转的，希望美国能够采取开放态度，在平等互利的基础上同中国加强合作。中国经济发展对美国和世界都有利，广阔的中国市场具有巨大的潜力，合则两利，斗则两亏，因此，对中国进行遏制，或诉诸经济"制裁"，实际上也损及美国自身的利益。

---

① 宋连生、巩小华：《中美首脑外交实录》，经济日报出版社1998年版，第403—405页。
② 宋连生、巩小华：《中美首脑外交实录》，经济日报出版社1998年版，第406—407页。

这次会晤是1989年以来，中美两国首脑举行的首次会晤，有力地推动了中美关系向正确轨道发展。

在会后举行的记者招待会上，克林顿表示，他与江泽民主席的会晤"富有成果"，"中国毕竟是一个占全球人口1/5，并且是世界上经济发展最快的国家，我们必须就广泛的地区和全球问题做出共同努力"。通过这次会晤表明，中美双方"都决心继续发展两国现有关系中的积极方面，同时以比过去更加坦率的态度商讨解决存在的问题"。

江泽民在第二天回答记者的采访时说："在发展经贸合作，维护国际和平与安全等广泛的领域里，中美间存在许多共同利益。双方要保持高层接触，两国的各个部门间要增加往来，增进了解，发展我们的共同利益。"①

江泽民利用出席APEC会议的机会，与美国各界人士广泛接触，进行面对面的交流，减少他们的误解，争取他们对中美关系发展的支持。

11月17日，江泽民在旧金山做短暂停留并与700多位工商界领袖共进晚餐。他详细介绍了中国的政治经济形势，鼓励他们看中国时要把眼光放远些。他说："我确信，美国工商界具有强大的实力和丰富的经验，不会让机会从自己手指缝间溜走。"江泽民主席特别强调，中国永不称霸，中国的发展不会对任何人形成威胁，只会有利于世界的发展。

江泽民还会见了美国两位前国务卿小亚历山大·梅格斯·黑格和霍华德·舒尔茨、前农业部长尤特及美国国际集团、阿莫科、菲利普·莫里斯、麦道、硅谷集团、施乐、波音、通用汽车、雪佛兰、美国电报电话公司、国际商用机器公司等80多家美国大公司、金融界的领导人，赞赏美国工商界为增进中美两国人民交流和促进两国经济合作所做出的努力和贡献，指出中美经济互补性很强，如能排除政治干扰，两国的经济合作潜力一定会得到更大发展。

江泽民参观了波音公司埃弗雷特工厂，称赞这个飞机制造业的巨人是推动中美关系改善的先行者。他告诉3000名员工，中国是波音公司在美国之外的世界上最大的客户，以回击当时一些人对中国在对美贸易中获得顺差的普遍抱怨。

---

① 宋连生、巩小华：《中美首脑外交实录》，经济日报出版社1998年版，第408页。

作为访问的铺垫,江主席访问之前,中国已经承诺购买或租用234架波音飞机,价值90亿美元。

江泽民主席提出想访问一个普通工人的家庭。波音公司安排33岁的装配工卡里·奎勒斯接待中国领导人。当江泽民主席抵达奎勒斯家时,他用英语向他们一家打招呼,在之后的交谈中,他也不时地用英语说上几句。江泽民主席对奎勒斯说:"我听说你有四次被评为'本月最佳职工',你的工作一定很出色。"然后,江主席接二连三地问了他许多问题:是哪儿人,什么时候开始在波音工作的,上下班通勤时间有多长,夫妻俩是否拥有自己的房子,等等。①

奎勒斯的妻子梅拉妮为客人上茶,并请江主席品尝她亲手烘烤的小甜饼。江主席送给主人的女儿一个玩具大熊猫。她回赠给客人一幅自己画的画。"为您画的是一幅'睡美人'。"梅拉妮·奎勒斯解释道。"真漂亮。"江主席说道,"我要把它送给我的孙女,她也喜欢画画。"江主席从口袋里掏出他孙子孙女的照片,自豪地给屋子里的人传看。这一举动更加拉近了主客之间的距离。临走前,他向奎勒斯赠送了中国纪念品,包括一幅猫咪刺绣,他说这是即将到来的感恩节的礼物。

江泽民主席一出门,一大群记者围上来,争先恐后地问:"这个家庭怎么样,幸福不幸福?"江主席说:"这个家庭很幸福,很好。"他引用俄罗斯作家列夫·托尔斯泰的小说《安娜·卡列尼娜》中的开篇语:"幸福的家庭都是一样的,不幸的家庭各有各的不幸。"引来记者一片掌声。②

在西雅图举行的APEC领导人非正式会议上,中方确立了台湾参与国际组织活动的"西雅图模式"。

台湾问题是中国加入APEC过程中的一个棘手问题。

在筹备会议过程中,江泽民明确要求在亚太经合组织第一次领导人非正式会议一开始,就为台湾代表的与会立好规矩。台湾作为中国领土的一部分,从一开始就是以地区经济体身份参加亚太经合组织活动的。1991年台湾加入亚太

---

① 宋连生、巩小华:《中美首脑外交实录》,经济日报出版社1998年版,第409—410页。
② 宋连生、巩小华:《中美首脑外交实录》,经济日报出版社1998年版,第410页。

合作组织时签订的《谅解备忘录》对此已有明确规定。中国政府就此问题向美国政府明确提出，作为第一次领导人非正式会议的东道主，美国有义务遵守《谅解备忘录》，并在实践中予以体现。后来，美国终于同意搞一个"西雅图模式"，确认台湾只能作为地区经济体，只能派负责经济事务的官员与会。克林顿在处理台湾问题时表现得相当谨慎。会议期间，虽然台湾地区代表萧万长（台湾当局经济建设委员会主委）一直想和克林顿挨在一起，却被克林顿屡屡回避，萧万长转而明确要求会见克林顿，也被美方拒绝。

此后，"西雅图模式"成为台湾地区代表参与亚太经合组织领导人非正式会议正式安排。

4. 李登辉"私人"访美，中方坚定捍卫核心利益

克林顿政府虽然确立了改善和发展美中两国关系的方向，但是，遏制中国发展的意图从未消减。特别是利用台湾问题遏制中国，是美方惯用的戏码。

1994年4月30日，克林顿签署国会通过的《1994和1995财政年度国务院授权法》。该法案附有国会的一声明："《与台湾关系法》第三条优先于政府的政策声明，包括公报、条例及指令以及基于上述声明制定的政策。"

《与台湾关系法》第三条规定："美国将向台湾提供使其能保持足够自卫能力所需数量的防御物资和防御服务。"[1]

美国国会原先的用词是"取代"，美国国务院认为使用"取代"就意味着美中《八一七公报》失效，经过一再讨价还价，结果采用了"优先于"（take primacy）这个词。

虽然这个声明不是《1994和1995财政年度国务院授权法》的正式组成部分，没有法律效力，对行政机构没有约束力，但是，这个声明表明了国会的一种强烈意向，总统在执行过程中一般会加以注意。

---

[1] 梅孜主编：《美台关系重要资料选编》，时事出版社1997年版，第168页。

这个《授权法》还主张美国内阁级官员访台，并要求总统在美国作为成员国的多边国际组织中"支持台湾"；要求总统大幅度提升美台关系，要求国务院允许在台湾出生的美国公民以"台湾"而不是"中国"作为其出生地。①

虽然克林顿声称签署这个法案是迫于国内反华思潮和国会的双重压力，实际上却反映了克林顿政府通过台湾问题扰乱中国的发展意图。

5月5日，中国外交部副部长田曾佩约见美国驻华大使芮效俭，奉命就美国《1994和1995财政年度对外关系授权法》中含有多项反华条款事向美方提出强烈抗议，指出这个《授权法》公开践踏了中美两国政府的《八一七公报》，是对中美关系基础的严重破坏，完全违背了美国政府关于奉行"一个中国"的承诺。②

9月7日，美国政府对台政策做出了明确调整：美国官员将与台湾当局进行较高层次的接触；允许建立美台次内阁级的对话；准许美台官员在白宫和国务院以外的机构中进行会晤；支持台湾加入关贸总协定并寻求在一些国际组织中能够听到台湾声音；同意台湾驻美机构改名为"台北驻美经济文化代表处"等。美方声称仍坚持"一个中国"的政策，对台政策的调整仅仅是为了解决实际问题和做生意。③很显然这些措施都是对《八一七公报》的公然挑衅，是又一次公开拿台湾问题制造中美之间的矛盾。

从当时的背景来看，台湾是美国第六大贸易伙伴。台湾上千亿美元的外汇，有半数投资美国国债。对于美国经济来说，台湾已经成为不可或缺的一部分。克林顿政府支持发展对台湾关系，既是谋求美国在台湾的利益，也是借以敲打中国政府。

台湾方面，李登辉主政以后，一直在寻求与美国政府的接触。特别是，李登辉为了实现台湾地区领导人的首次直选，迫切希望得到美国的"背书"。自1994年起，李登辉亲信、台湾综合研究院院长刘泰英每年注资150万美元，雇

---

① 陶文钊：《中美关系史》（修订本），上海人民出版社2016年版，第256页。
② 《我向美国政府提出强烈抗议》，《人民日报》1994年5月6日01版。
③ 刘连第编著：《中美首长的轨迹——1993年—2000年大事纵览》，时事出版社2001年版，第44—45页。

用华盛顿著名的公关公司卡西迪公司，为台湾当局在美国国会山从事政治游说。之后其又加大资金投入，经费高达每年350万美元。

克林顿入主白宫的头两年，政绩并不突出，所收获的政治捐款不足以应对两年后的连任竞选。台湾当局瞅准了这个空子。卡西迪公司负责人向一位民主党核心人员表示，只要克林顿准许李登辉访美，台湾将向其提供不少于500万美元的政治捐款。此外，台湾当局还通过卡西迪公司，以民间机构的形式，向李登辉的母校康奈尔大学提供250万美元的捐款。

1995年5月上旬，美国国会众议院和参议院分别以全票和97∶1的压倒多数票通过了允许李登辉访美的决议案。5月22日，美国政府宣布，克林顿决定允许李登辉于6月的第一周到美国进行"非官方的、私人的访问"，参加康奈尔大学的毕业典礼。1965年至1968年，李登辉曾在康奈尔大学攻读农业经济学博士学位。

美国国会的决议和克林顿的决定，得到美国各大媒体的赞赏。《华盛顿邮报》《纽约时报》《芝加哥论坛报》均发表社论，支持李登辉访美。

6月7日，李登辉开启美国之行。6月9日，李登辉在康奈尔大学发表非常具有挑衅性的政治演讲，题为"民之所欲，长在我心"，宣扬"台湾经验"，声称要"突破外交孤立"，强化"台美"关系。在这篇演讲中，李登辉17次使用"在台湾的中华民国"这一词语，利用美国的讲台，公开挑战"一个中国"原则。

面对美国的背信弃义，中国不得不做出一系列反击措施。

对于台湾的图谋，中国政府早有警惕。1995年4月中旬，钱其琛副总理赴纽约出席联合国《不扩散核武器条约》审议和延期大会。4月17日，钱其琛与美国国务卿克里斯托弗在纽约举行会谈。关于李登辉图谋访美的问题，克里斯托弗明确承诺，美方不会允许李登辉访问美国。克里斯托弗称允许李登辉访美不符合美台间的非官方关系的性质，美方最多是考虑给李延长过境签证。①

克林顿政府允许李登辉访美，打破了中美建交近17年来不准台湾最高层领导人访美的"禁令"，严重损害中美关系的政治基础，助长了台湾当局推行"两

---

① 钱其琛：《外交十记》，世界知识出版社2003年版，第305页。

个中国""一中一台"的嚣张气焰。中方立即做出强有力的反击措施:

5月23日,钱其琛以副总理兼外长的身份,召见美国驻华大使芮效俭,提出强烈抗议。

同日,外交部、全国人大外事委员会、全国政协外事委员会分别发表声明,谴责和抗议美国的这一错误行径。

中国宣布取消和推迟原定与美国进行的双边交流计划,包括推迟国务委员兼国防部长迟浩田访美之行,中止李贵鲜国务委员及空军司令员于振武对美国的访问,暂停中美关于"导弹及其技术控制制度"和核能合作的专家磋商,推迟美国军控与裁军署署长和负责政治、军事事务的助理国务卿帮办原定来华的访问。①

6月16日,驻美大使李道豫奉命正式通知美国政府,由于美国允许李登辉访美,造成恶劣后果,他奉召回国述职。同时,中方对美国新任驻华大使的提名拖而不复。这是中美建交以来第一次双方大使都不在对方国家。

中方的一系列组合拳震动了美方,促使美方重新审视对华政策,最后美国两党形成主流意见:中国的崛起和强大难以阻挡。"孤立"和"遏制"中国不是上策,与中国保持"接触"才符合美国的长远利益。

克林顿政府立即实施紧急补救措施。

6月7日,李登辉抵美当天,克里斯托弗国务卿即致信钱其琛副总理,解释说李登辉此次美国之行是"纯粹的私人访问",美国行政部门的任何官员都不会与之会见,李登辉不会从事任何具有官方性质的活动。

6月8日下午,克林顿在白宫约见中国驻美大使李道豫,对允许李登辉访美进行了辩解,同时再次重申美国执行"一个中国"政策。克林顿强调,不管台湾方面如何宣传,李登辉此次访美行程都是私人的、非官方的,不代表美国政府承认台湾,美国将继续谋求与中国建立建设性的关系,维护现行对华政策。

会见时,白宫一反惯例,特意安排记者到现场拍照,以烘托气氛,营造声势。由于克林顿的解释不足以消除李登辉访美造成的恶劣影响,美国政府也没

---

① 钱其琛:《外交十记》,世界知识出版社2003年版,第308—309页。

有就今后如何处理此类事件做出明确答复,李道豫大使当场向克林顿表示,不能接受美方的解释。①

7月下旬,中国人民解放军在东海公海上进行导弹发射训练,6枚常规导弹以雷霆万钧之势劈开长空,向预定海域呼啸而去,精准命中既定目标,世界为之震惊。

在导弹呼啸声中,基辛格率领美中协会(美国涉华事务高官组成的团体)代表团访问北京。江泽民会见了基辛格。这是江泽民担任总书记以来,第三次会见这位"中国人民的老朋友"。据基辛格回忆,江泽民在会见时说:"我们不会向压力屈服……这是我们的哲学原则。"

基辛格回忆道:"在1996年的危机中,江主席选择了一个非常中国化的方式让我知道事态不会失控。我告诉他,当我见到毛主席的时候,他说中国为了解决台湾问题可以再等100年。我问江主席:'那么,此话是否依然可信呢?'主席回答道:'不,不再是这样了。那是24年前,现在我们只能再等76年。'"

基辛格在会见时说:"美中关系十分重要,我这次来访看到了中方对改善美中关系的积极态度。我将为美中关系的发展继续不懈努力。"②

基辛格回到美国以后,向行政当局介绍中国之行的情况后说,中美两国历史状况等土壤截然不同,不能完全用美国的标准去衡量中国,任何对华的强硬施压都不会取得想象中的效果。

1995年8月初,第28届东盟外长会议和东盟地区论坛在文莱举行。作为东盟的对话国,中、美两国都将赴会。

据钱其琛回忆,赴会前,美国国务卿克里斯托弗表示,希望与钱其琛在文莱举行双边会晤,并说克林顿总统有一封重要的信件,要转交给江泽民主席。

8月1日下午,钱其琛与克里斯托弗在文莱斯里巴加湾的国际会议中心举行了大约一小时的会晤。

---

① 钱其琛:《外交十记》,世界知识出版社2003年版,第309—310页。
② 熊志勇:《中美关系60年》,人民出版社2009年版,第301—302页。

克里斯托弗首先转交了克林顿总统致江泽民主席的一封信。信中提到，美国继续奉行一个中国政策，遵守三个联合公报，反对"两个中国"和"一中一台"的主张，反对"台湾独立"，反对台湾加入联合国。但是，克林顿的信件没有明确今后将如何处理台湾当局领导人访美的问题。

克里斯托弗在会晤中提出了两点新的内容：一是美国非常希望与中国建立平等的伙伴关系；二是克林顿总统授权他告诉中方，愿意邀请江主席"在不久的将来访问华盛顿"。但是，克里斯托弗没有说明访问的具体时间和访问方式。①

当时，美国1989年后对我国进行的所谓制裁仍在继续，国家元首的正式互访一直处于停顿状态。虽然江泽民主席与克林顿总统在西雅图进行了会谈，但是，那是利用国际会议的场合，不是正式的访问。克里斯托弗显然是想以这两点为"诱饵"，让中方同意他提出的恢复中美间一系列对话、磋商和高层往来的建议。

中方最为关注的，是美方今后将如何处理台湾当局领导人访美这一重大问题，对此，克里斯托弗没有做出明确的表态。因此，钱其琛对克里斯托弗的建议没有给予积极回应，只是同意美方派彼得·塔诺夫副国务卿到北京与李肇星副外长进一步磋商。

塔诺夫于8月24日至27日来华。根据克林顿总统的授权，塔诺夫通报了关于美方今后对台湾当局领导人访问将采取的若干限制措施：首先，这类访问必须是私人的、非官方的，只能是为个人目的，不能具有任何政治目的；其次，这类访问不仅要避免实质性的官方性质，也要避免可能被人认为具有政治象征意义的礼节性和标志性；再次，这类访问将是很少的，只有在特定的情况下才能被允许，并且是"个案处理"。②

塔诺夫的通报基本上回应和解决了中方的严重关切。于是，中方同意逐步恢复中美间的高层往来。

当年10月，江泽民主席出席联合国成立50周年大会之后，在纽约与美国

---

① 宋连生、巩小华：《中美首脑外交实录》，经济日报出版社1998年版，第411页。
② 钱其琛：《外交十记》，世界知识出版社2003年版，第313页。

总统克林顿进行了正式会晤。

当时,美国本有意邀请江泽民主席到华盛顿进行访问,但又表示难以按"正式国事访问"来安排,提出以"正式工作访问"来进行。所谓工作访问和国事访问的区别,主要是工作访问没有在白宫南草坪举行的欢迎仪式,没有21响礼炮。通常情况下,安排工作访问可以有两种解释:一是双方要讨论某个重要而紧急的议题,时间上来不及安排正式的国事访问,或访问的内容较为单一,时间较短,礼仪也就从简;二是双方的关系似乎还没有发展到鸣礼炮的热烈程度,所需维系的仅是两国间的工作关系。工作访问的形式,可以向外界显示两国关系的局限性。

从当时的情况看,江泽民主席如实现访美,将是1985年之后中国国家元首对美国的第一次访问,对恢复和改善中美关系具有重大意义。因此,这无论从内容和形式上都应该是正式国事访问。

但是,美国坚持不安排正式国事访问,这不仅仅是一个礼遇问题,而是反映出美国政府在改善和发展对华关系问题上还没有足够的政治意愿。

为了走出元首访问的僵局,中方提议,借出席联合国成立50周年特别纪念会议之际,中美两国元首在纽约会晤。

1995年10月24日,江泽民与克林顿在纽约林肯中心举行会晤,就加强和发展中美关系达成战略共识。

会谈时,江泽民提出:"我们主张:一、两国领导人应当从战略高度看待中美关系,排除各种阻力和干扰,使中美关系的航程始终保持正确的方向。二、中美三个联合公报仍然是中美关系的基础。只要三个公报得到遵守,中美关系就发展;相反,就遭挫折。三、中美两国能走到一起,是因为我们有共同的利益。为了发展和扩大双方的共同利益,我们需要尊重各自的国情与选择,超越社会制度和意识形态的差距,以一种平等、协商和合作的精神,处理相互间的一切问题。"

江泽民强调:"影响中美关系最重要、最敏感的问题是台湾问题,构成中美关系基础的三个联合公报的核心问题也是台湾问题。我们不希望再发生两国关系稳定发展受到干扰的事件。"①

---

① 《江泽民主席与克林顿总统正式会晤》,《人民日报》1995年10月26日01版。

会谈时，克林顿总统明确表示，赞成江泽民主席关于应从战略全局和新世纪的高度处理两国关系的观点；在中美两个大国间，孤立不是选择，遏制不是选择，对抗不是选择，唯一正确的选择，是保持建设性接触。

关于台湾问题，克林顿说，美国恪守中美三个联合公报，承认只有一个中国，台湾是中国的一部分，中华人民共和国政府是中国唯一合法政府，美方不希望台湾问题成为两国分歧的来源。①

克里斯托弗国务卿对处理台湾当局领导人访美问题再次承诺，对此类访问采取严格限制措施，"这种访问将是私人的、非官方的，而且是很少的，并将个案处理。"当然，他也留了一个小尾巴，说美方不能完全排除今后会有这种访问的可能性。

针对美方提出希望恢复中美有关导弹不扩散、和平利用核能合作、军控和出口管制等问题的磋商，钱其琛提出，中美就不扩散问题的磋商，应当包括美售台武器问题，因为这是一种武器扩散，也是中方最关切的问题。②

作为江泽民主席的陪同人员，驻美大使李道豫前往纽约，参加了中美首脑会晤后留在美国，也就算是返任了。

此后，中美间的高层互访和政治磋商逐步恢复。中国国防部部长、司法部部长于1996年访美。至此，围绕李登辉访美问题，中方与美国较量基本上告一段落。国际舆论普遍认为中国赢得了这一局。克林顿政府认识到了台湾问题的敏感性和中美关系的重要性。进入第二任期以后，克林顿对发展中美关系有了更大的自觉和自信，两国元首的互访终于实现。

1998年，克林顿对华进行国事访问时，公开阐述了美国对台政策的"三不"主张。据钱其琛回忆，那是6月30日上午，克林顿偕夫人在上海图书馆与上海市民代表举行圆桌会议时说：美国不支持"台湾独立"，不支持"两个中国""一中一台"，不支持台湾加入任何必须由主权国家参加的国际组织。③

这是美国总统第一次公开做出"三不"承诺。

---

① 钱其琛：《外交十记》，世界知识出版社2003年版，第314页。
② 钱其琛：《外交十记》，世界知识出版社2003年版，第314—315页。
③ 钱其琛：《外交十记》，世界知识出版社2003年版，第315页

5. 中国驻南联盟大使馆遇袭，误炸还是故意？

1999年5月7日午夜时分，被炮火轰炸了一天的贝尔格莱德市民正处在疲惫的梦态中，一场飞来横祸降临中国驻南联盟大使馆。

美国第509空军轰炸机联队飞行员波恩马洛特准将，当晚驾驶一架B-2隐形轰炸机，从美国密苏里州怀特曼空军基地起飞，来到了南联盟上空，把5枚2000磅重的导弹瞄准了"南联盟军需供应采购局"。贝尔格莱德当地时间晚上11时45分左右，波恩马洛特向北约指挥中心报告："准确击中目标，任务已完成，要求返航。"指挥中心响起一片欢呼声："Give me five！"①（和我击个掌）

然而，美军空袭的这个所谓的"军需供应采购局"，竟然是中国驻南斯拉夫联盟的大使馆。

遭受导弹袭击的大使馆，房顶被掀掉，使馆主楼内四处起火，浓烟弥漫，呛人的烟雾让人喘不过气来。楼梯被毁坏，钢筋、铁丝、各种建筑材料密密麻麻地垂挂下来。3名中国公民被炸身亡，他们是新华社记者邵云环、光明日报社记者许杏虎和妻子朱颖。

这一天，是以美国为首的北约空袭南斯拉夫联盟的第45天。3月23日，北约秘书长索拉纳发布对南联盟进行空中打击的命令。次日，北约对南联盟的空袭开始，这是一场未经联合国安理会授权而对一个主权国家进行的武力攻击。

南联盟南部的科索沃地区，原来是南联盟塞尔维亚共和国的一个自治省，人口200万，其中90%为阿尔巴尼亚族人，同塞尔维亚族长期存在矛盾，一直寻求独立。

1998年2月，宣称为科索沃独立而战的阿族武装"科索沃解放军"与南联盟塞尔维亚军警发生冲突，造成多人死亡。

1998年10月，以美国为首的北约集团，大兵压境，要求南联盟塞尔维亚政府给予科索沃高度自治。塞尔维亚政府迫于压力，同意就科索沃自治地位同

---

① 杨正泉：《新闻事件的台前幕后——我的亲历实录》，外文出版社2015年版，第291—292页。

阿族谈判，并接受国际观察团进入科索沃。

1999年1月，科索沃拉查克村发现有45具阿族人尸体。美国人领衔的国际观察团认定这是塞尔维亚军警制造的"人道灾难"。这一发现成为科索沃战争的导火索。

1999年2月6日，在美国和北约的压力下，塞尔维亚政府和科索沃阿族代表在巴黎附近的朗布依埃举行和平谈判。谈判的基础是美国特使希尔草拟的方案，其主要内容是：尊重南联盟的领土完整，科索沃享有高度自治，南联盟军队撤出科索沃，"科索沃解放军"解除武装，按当地居民人口比例组成新的警察部队维持治安，北约向科索沃派遣多国部队保障协议实施。

谈判双方对这个方案都不满意。阿族代表坚持要求把科索沃独立写入协议，并且不愿解除武装。塞尔维亚则不同意科索沃获得自治共和国的地位，并且反对北约部队进驻。谈判无果而终。

一个多月后，谈判重启。3月18日，阿族代表单方面签署了协议，但南联盟塞尔维亚方面拒绝签字。3月19日，北约向南联盟发出最后通牒。3月24日，北约发动了对南联盟的空中打击。这是20世纪的最后一场战争。

中国、俄罗斯、印度等许多国家都谴责北约并敦促其立即停止军事行动。中国还积极推动联合国安理会召开紧急会议，讨论科索沃问题。

5月7日子夜，"炸馆事件"发生以后，中国政府高度重视，紧急向美国提出严正交涉和最强烈抗议，并派遣专门小组乘专机前往贝尔格莱德处理这一事件。

当时，南联盟上空被北约划为禁飞区，中国的专机要进入南联盟，必须得到北约的安全保证。为确保安全，外交部指示驻美国和驻比利时等国使馆，向美方及北约提出交涉，要求以美国为首的北约采取一切必要措施，不仅口头上做出保证，而且必须是书面确保中国政府专机在南斯拉夫降落、起飞、停留和飞行期间的绝对安全，停止轰炸中方伤员接受治疗所在的南联盟医院。终于，在9日凌晨2时30分左右，北约向中方做出了书面保证。拂晓时分，中方专门小组乘坐中国民航专机，赴贝尔格莱德执行任务。

时任外交部部长唐家璇事后回忆说："当时没有人向我诉说过任何困难和不

安,后来我才了解到,有的同志在上飞机前是写好了遗书的。"①

"炸馆事件"的消息传开以后,立即引起全国人民的强烈反应。青年学生群情激愤,举行游行示威,严厉声讨美国的暴行。

国际社会也对以美国为首的北约的暴行表示强烈谴责。俄罗斯总统叶利钦发表声明,并打电话给江泽民主席,强烈谴责北约袭击中国使馆的野蛮行径。亚洲、非洲、拉丁美洲多国领导人也分别致电致函中国领导人,谴责以美国为首的北约轰炸中国大使馆,积极声援中国政府,并向遇难者家属表示慰问。

以美国为首的北约,不敢承认这是一起故意针对中国的阴谋,而是千方百计将事件定性为"误炸"。

5月8日,事发当天,正在俄克拉荷马州视察龙卷风灾情的美国总统克林顿向记者表示,中国使馆被炸事件是一起并非故意制造的不幸事件,对由此给中方造成的人员伤亡和财产损失,向中国领导人和中国人民表示深切哀悼和遗憾。②

5月8日下午5时40分,即"炸馆事件"发生以后不到18小时,应中国的要求,联合国安理会召开紧急公开会议,非正式磋商中国驻南联盟大使馆遭受以美国为首的北约重磅炸弹袭击事件,并在会议结束后由安理会主席向新闻界发表谈话。14日,安理会举行正式会议,通过安理会主席声明,维护了中方的利益和尊严,伸张了正义。

5月9日,时任中共中央政治局常委、国家副主席胡锦涛发表电视讲话,代表中共中央、中国政府和中国人民,对我驻南斯拉夫大使馆的全体工作人员表示诚挚的问候,对死难的烈士表示深切的哀悼,对他们的家属和受伤人员表示亲切的慰问。胡锦涛重申中国政府对以美国为首的北约野蛮暴行的严厉谴责,要求北约必须对此承担全部责任,并保留采取进一步措施的权利。胡锦涛在讲话中充分肯定了中国人民对以美国为首的北约袭击我驻南使馆暴行表现出极大愤慨和强烈的爱国热情。胡锦涛明确表示,中国政府坚决支持、依法保护一切

---

① 唐家璇:《劲雨煦风》,世界知识出版社2009年版,第184页。
② 唐家璇:《劲雨煦风》,世界知识出版社2009年版,第175页。

符合法律规定的抗议活动。我们相信,广大人民群众一定会从国家的根本利益出发,自觉维护大局,使这些活动依法有序地进行。要防止出现过激行为,警惕有人借机扰乱正常的社会秩序,坚决确保社会稳定。①

中国驻南使馆遭袭,激起了中国人民的爱国主义热情,保护好、引导好这种热情,有利于国家的和平崛起。

5月10日,中国外交部长唐家璇向美国驻华大使尚慕杰提出四点严正要求:一、公开、正式向中国政府、中国人民和中国受害者家属道歉。二、对北约导弹袭击中国驻南斯拉夫联盟共和国大使馆事件进行全面、彻底的调查。三、迅速公布调查的详细结果。四、严惩肇事者。同一天,外交部发言人宣布:根据中华人民共和国政府声明的精神,考虑到目前的情况,中方决定:推迟中美两军高层交往;推迟中美防扩散、军控和国际安全问题磋商;中止中美在人权领域的对话。②

尚慕杰对中国公民无辜伤亡表示哀悼,并做出深切道歉,同时提出克林顿总统希望与江泽民主席通话。由于美方尚未就"炸馆事件"正式道歉,中方对克林顿总统希望通话的要求,没有做出任何回应。

5月13日,克林顿总统在白宫会见中国驻美国大使李肇星,并在李大使专门带去的使馆吊唁簿上留言:"对死难者表示深切哀悼,对其家属和中国人民表示真诚的歉意。"③

克林顿在会见时又一次提出与江泽民通话的要求。考虑到美方态度发生了变化,江泽民主席于14日同克林顿总统通了电话。

克林顿在电话中直入正题:"主席先生,我愿对发生在贝尔格莱德的悲剧表示由衷的道歉,尤其是向受伤人员和遇难者的家属表示慰问。我保证查清事件发生的原因,并尽快让中国人民了解事实真相。"

克林顿反复强调,美中关系非常重要,他将尽最大努力处理好这场"悲剧",

---

① 《中共中央政治局常委、国家副主席胡锦涛发表电视讲话》,《人民日报》1999年5月10日01版。
② 《唐家璇外长代表我国政府正式照会美驻华大使 再次向美方提出严正交涉》,《人民日报》1999年5月11日01版。
③ 李肇星:《说不尽的外交》,中信出版社2014年版,第38页。

使两国关系恢复正常发展。

江泽民重申了中国政府的严正立场,强调指出,中国政府十分关心本国公民的生命安全。我们是一个有12亿人口的国家,每个中国人的生命都极其宝贵。这是中国政府必须维护的最根本人权。①

6月16日,美国总统特使、副国务卿托马斯·皮克林来华,向中国政府报告美国政府对轰炸我使馆事件的调查结果。在会见、会谈中,他一改外交官的潇洒和雄辩,总是拿着备好的稿子照本宣科,生怕出现任何纰漏。

皮克林反复说,美方绝非故意轰炸中国使馆。造成这一悲剧性错误主要有三个原因:第一,确定南联盟军需供应采购局这一目标的方法有严重缺陷;第二,美军方和情报部门的数据库未输入中国驻南联盟大使馆正确位置的数据;第三,美核查目标的程序未能纠正上述两方面的错误,美有关部门也未向任何知道该目标是中国使馆而非南联盟军需供应采购局的人员进行过了解。

唐家璇当场指出,美方目前关于事件原因的说法是难以令人信服的,由此得出"误炸"的结论是中国政府和人民不能接受的。

此后,中方一直就此事向美方提出交涉,要求美方尽快做出积极回复。

2000年4月8日,皮克林代表美国政府在华盛顿,向李肇星大使通报美方对"炸馆事件"的责任调查结果时,仍重复那些老套说法,只承认使用了不合适的目标定位方法,而且每一级审查都未发现其中的错误,表示美方已对美国情报部门的8名人员进行了惩处,其中1名已被解雇。

自1999年7月15日起,中美双方代表在北京就我国驻南联盟大使馆被炸索赔案进行谈判。这是新中国成立以来首例直接针对外国政府的索赔案件。

中美双方共进行了5轮谈判,每轮谈判都十分艰苦。中方代表团以充分有力的法律依据为武器,牢牢把握谈判的主动权,迫使美方在谈判中始终都不得不采取低姿态。

8月,美方按协议支付了中方伤亡人员赔偿金450万美元,由中国政府直接分付给3位烈士家属和受伤人员。

---

① 唐家璇:《劲雨煦风》,世界知识出版社2009年版,第187页。

2001年1月17日，美政府最终向中国政府支付了轰炸中国驻南联盟大使馆财产损失赔偿金2800万美元。①

6. 朱镕基访美谈"入世"，克林顿贪婪敲竹杠

"炸馆事件"发生一个月前，1999年4月6日至14日，应美国总统克林顿的邀请，中国总理朱镕基前往美国进行正式访问，就中国加入世贸组织与美方展开最后的谈判。这是中国总理15年来首次访美。中国与美国就"入世"问题展开双边谈判已经进行了十多年，中美双方谈判代表做了大量工作，需要两国首脑临门一脚，达成最终协议。

据罗伯特·劳伦斯·库恩撰写的《江泽民传》记载，江泽民和朱镕基认为，"入世"能增加国外投资，提高中国优势企业的竞争力，迫使效率低下的国有企业适应市场需求或是倒闭。朱镕基在政治局会议上说："我们已经谈了15年……黑发人谈成了白发人。是结束谈判的时候了。"②

然而，其时中美之间的舆论氛围不太好，甚至可以说相当严峻。

以美国为首的北约在科索沃采取军事行动以来，中国政府从维护国际正义出发，坚决反对北约以武力干涉主权国家南斯拉夫联盟的内政。

在贸易问题上，美国认为对华贸易长期存在巨大逆差，中国对美贸易交往不公平。1998年的贸易逆差为210亿美元。关于中国加入世贸组织的谈判，原来进行得比较顺利，可是最近一个阶段，美国政府在这次谈判中的态度改变了，不敢迈出最后的一点点距离。

在台湾问题上，1998年9月20日，美国和日本以朝鲜"发射导弹"为由，宣布合作制订战区导弹防御系统（TMD）计划，台湾在此考虑之列，台湾当局表现得非常积极。11月，美国能源部长访问台湾并会见了李登辉和其他高级官员。

---

① 唐家璇：《劲雨煦风》，世界知识出版社2009年版，第187页。
② 〔美〕库恩：《江泽民传》，谈峥等译，世纪出版集团、上海译文出版社2005年版，第315页。

在人权问题上，美国决定在日内瓦人权会议上提出谴责中国的人权状况的提案，在中国引起了极大愤慨。

在西藏问题上，美国和西方媒体持续进行歪曲报道。美国很多议员支持达赖，利用班禅"转世灵童"问题攻击中国。1999年1月20日，美国国务院设立西藏问题特别协调员，公开插手西藏事务。

1999年3月，爆出李文和被指控为中国窃取美国核武库机密案。出生于台湾的美籍华裔科学家李文和，曾在美国洛斯阿拉莫斯国家实验室工作，这个实验室因为研制出世界上第一颗原子弹而闻名于世。1999年3月，美国能源部长理查森下令解雇李文和，称其触犯安全条例。《纽约时报》率先予以报道，其他媒体纷纷跟进。李文和被逮捕入狱。一时间"核间谍"疑云笼罩。经过一年时间的调查审理，李文和与美国联邦政府达成诉讼协议：他对一项罪名认罪，政府收回其他58项指控并将其释放。2006年6月3日，美国联邦政府和5家媒体组织（《华盛顿邮报》《洛杉矶时报》《纽约时报》、美国广播公司和美联社）宣布他们会一起向李文和支付160万美元，以解决李文和对政府侵犯其隐私的指控。

在高新技术方面，自20世纪90年代初以来，美国一直渲染中国"偷"美国的高新技术。1999年2月，休斯公司对华出口卫星被禁止，理由是这会使中国的导弹发射技术得到改进，对美国国家安全利益有害。5月25日，美国众议院考克斯委员会公布了一份题为《美国在同中华人民共和国交往时对国家安全以及军事、商业方面的关注》的报告，简称"考克斯报告"。这份长达872页的报告，在没有任何实质性证据的情况下，使用"似乎""大概""如果""可能""或许""将来或许会"等猜测性语言，指责中国利用各种手法盗窃美国的核技术，改进中国的核弹头及运载工具，严重威胁美国的国家安全。这份报告提出了包括加强对中国高技术出口限制在内的一系列"建议"。中方对"考克斯报告"进行了有力的批驳。

一起沸沸扬扬的政治献金案，使两国关系雪上加霜。美籍华人钟育翰曾向克林顿夫妇的基金会捐赠40万美元，牵涉到从唐山豪门集团出逃的经济犯罪分子陈伟（贺业军）。1998年，钟育翰就此认罪。

1999年3月15日，第九届全国人大第二次会议举行记者招待会，朱镕基按惯例回答记者提问。美国《时代》周刊记者提问说：你再过几天就将访问美国，但是考虑到现在华盛顿出现了一种很不好的反华情绪，看起来你的美国之行就好像要一片"雷区"。在美国人好像不太喜欢中国的情况下，你认为中国还值得把美国当成你们的朋友吗？

朱镕基回答说：在中美两国元首实现互访以后，中美之间致力于建立建设性战略伙伴关系，发展势头本来是很好的。但是由于种种不讲你们也知道的原因，在美国出现了一股反对中国的潮流，这使我们感到很不安。我不认为我对美国的访问将要进入"地雷阵"，可是确实会遇到很多敌意和不友好的气氛。在这种气氛中，我应邀访美当然是个很不轻松的任务，很多媒体也预言我的访问不可能成功，但我还是要去，因为既然你们有气，我就要去给你们消消气。这不是个"地雷阵"，无非是气氛不太好，而我的访问就是要去说明真相，恢复中美致力于建立建设性战略伙伴关系的好势头。①

"地雷阵"是朱镕基就任国务院总理后，在1998年3月19日举行的首次记者招待会上用过的词。朱镕基说："这次九届全国人大一次会议对我委以重任，我感到任务艰巨，怕辜负人民对我的期望。但是，不管前面是地雷阵还是万丈深渊，我都将一往无前，义无反顾，鞠躬尽瘁，死而后已。"②

朱镕基话音刚落，记者会现场响起热烈掌声，经久不息。

4月2日，出访美国4天前，朱镕基接受美国道琼斯公司董事长兼《华尔街日报》发行人康比德夫妇采访，坦率地说："我想，我这次访问不会很轻松。中国有句话叫做'两面不讨好'。一方面是一些美国人不欢迎我，另一方面是一些中国人不要我去，所以我想，我的任务是 very difficult job（困难重重的工作）。"③

江泽民认为"考虑到我国的总体利益，这次访问应该按计划进行"。"我们必须继续和美国打交道。"江泽民说，"没有必要因为取消访问而引起许多误解……"④

---

① 《朱镕基答记者问》，人民出版社2009年版，第13页。
② 《朱镕基答记者问》，人民出版社2009年版，第8页
③ 《朱镕基答记者问》，人民出版社2009年版，第107页。
④ 〔美〕库恩：《江泽民传》，谈峥等译，世纪出版集团、上海译文出版社2005年版，第315—316页。

4月6日，朱镕基抵达洛杉矶。两小时后，他出现在洛杉矶市长雷登举行的欢迎午宴上。

朱镕基一上来就主动送上一份"厚礼"："你们加州的联邦参议员范恩斯坦老太太每次访问中国时，都要谈到加州柑橘向中国出口的问题，"朱镕基说，"谢天谢地，从今以后不用再谈了。"虽然《中美农业合作协议》要在好几天以后才能签署，他还是透露了主要内容："根据这次达成的农业合作协议，中国将取消从美国七个州进口小麦和从包括加州在内的四个州进口柑橘的限制。"①

雷登就美方所关心的中美贸易逆差发问，朱镕基说："贸易逆差不是什么大事，它不仅有利中国，对美国也许更有利。"他解释说，中国对美国出口的都是美国自己不生产的低级产品，如果美国不从中国而从其他国家进口的话，要多花200亿美元，这是对美国有利的一个量化的概念。况且，中国出口产品的原料、设备、技术都是从韩国、日本、新加坡、中国香港、中国台湾、欧盟甚至是从美国来的，"中国只赚了小头，"朱镕基用小手指表示，"大部分钱是上述那些国家和地区赚去的。这笔账都算在我的头上是不公平的。"朱镕基拍拍自己的口袋继续说道，"如果真有美方统计所说的600多亿顺差到我的口袋里，那中国的外汇储备就不止1450亿，而会是2500亿到3000亿美元，超过日本，世界第一，现在是世界第二。"②

"关于这个问题，我要到波士顿 MIT（麻省理工学院）再详细阐述，也许不能得个博士学位，但希望得到美国人民的谅解。"③朱镕基用他的机智、从容赢得满堂喝彩。

对于"政治捐款"等敏感话题，朱镕基幽默地回应道，你们也太小看我这个总理了，中国有1450亿美元的外汇储备，要贿赂什么人的话，至少拿几个亿出来不是问题，几十万美元的"政治捐款"那也太少了。

说到人权问题，朱镕基表示，中国在这方面还有一些不够完善的地方，但我们正在努力改进，不可否认的是在这方面中国正处在历史上的最好发展时期。

---

① 荣牧民：《驻美记者直击美国》，东方出版中心2010年版，第209—212页。
② 《朱镕基三次访美即兴演讲》，《党政论坛·干部文摘》2011年第2期，第60页。
③ 荣牧民：《驻美记者直击美国》，东方出版中心2010年版，第209—212页。

晚上，南加州的华人华侨盛宴欢迎朱镕基总理一行访问美国。旅美中国艺术家为朱镕基呈现了一场精彩的表演，深深打动了朱镕基和在场的每一位华人华侨。朱镕基做即席演讲说："各位的深情厚谊使我非常感动，特别是小朋友天真无邪的表演，我已经流了眼泪说不出话来了。"

朱镕基说："在今天的午宴上，我受到了洛杉矶人民的欢迎，我感谢你们真挚的情感。可惜上帝大约不喜欢我访问美国，昨天天气很好，今天就变脸了，下着大雨。但刚才侨界的人士讲得好，大雨给加州和洛杉矶带来了财气和福气。如果真是这样的话，那我就愿意做出牺牲，来给加州的人民，带来美好的意外。"

朱镕基说，我们到美国是来给华侨们打气的。"我们非常尊敬、非常爱护各位海外侨胞以及港澳同胞、台湾同胞。希望你们常回家看看，不过……"朱镕基幽默地说道，"回来之前，请你们检查一下自己的笔记本，不要造成什么'误会'。"①

4月8日上午，美国总统克林顿在白宫南草坪举行仪式，热烈欢迎中国国务院总理朱镕基对美国进行正式访问。乐队高奏中美两国国歌，礼炮鸣放19响。随后，朱镕基总理在克林顿总统的陪同下检阅仪仗队。

克林顿总统和朱镕基总理先后在欢迎仪式上致辞。克林顿说，欢迎朱总理来到白宫，来到美国。"你的访问是我们两国人民由来已久的关系中的一个重大事件。在本世纪中，两国有20多年几乎根本没有对话，这种状态对中美两国都不利。在新世纪来临时，美中两国如果继续努力建立建设性战略伙伴关系，两国关系就能够进一步发展。这种建设性的关系将使我们在处理对两国人民至关重要的问题上有所进展。"

克林顿赞扬中国执行了明智的经济政策，即力争维持增长，保持低通货膨胀和货币稳定。他说："在亚洲金融危机的时候，中国经济稳定对亚洲经济回升起着至关重要的作用。在江泽民主席访美以及我去年访华后，你的这次访问我是非常欢迎的。我期待同你会谈，总理先生，我愿再次表示热烈的欢迎。"②

---

① 荣牧民：《驻美记者直击美国》，东方出版中心2010年版，第209—212页。
② 《朱镕基总理离洛杉矶抵华盛顿 克林顿总统举行仪式热烈欢迎》，《人民日报》1999年4月9日01版。

什么叫"说的比唱的还好听",这就是一个实例。当克林顿发表这番热情洋溢的欢迎词的时候,他已经打定主意让朱镕基空手而回。

朱镕基总理在致辞中说:"我受江泽民主席的委托,带着12亿5千万中国人民的嘱托,向伟大的美国人民致以最诚挚的问候和最美好的祝愿。"

朱镕基说:"过去18个月以来,江泽民主席和克林顿总统实现了成功的互访,决定中美双方致力于建立中美建设性战略伙伴关系。这种友好合作关系符合中美两国人民的利益,符合世界人民的利益,符合世界和平和国际合作利益。美国是世界上最大的发达国家,中国是世界上最大的发展中国家。我们同是联合国安理会的成员,我们两国的合作将有利于促进世界和平。中国是世界上最大的潜在市场,我们两国在经济、贸易、科技等领域的紧密合作,为我们这个地球的繁荣昌盛带来美好的希望。"

朱镕基说:"春天是播种的季节,是希望的季节。当我们共同在这片美丽肥沃的土地上再次播下中美友好种子的时候,我不能不缅怀缔造中美友好合作关系的先驱者们。他们有的已经过世,有的仍然健在,我不能不对他们历史性的远见、英明果断的决策和始终不渝的努力表示崇高的敬意和深切的怀念。"[1]

朱镕基使命在肩,用诗一般的言辞,向美国人民表达友好合作的真诚心愿。

朱镕基与克林顿在白宫会谈以后,举行联合记者会,朱镕基妙语连珠,让美国的主流媒体再次亲眼见到了中国共产党人的坦诚和幽默。

香港《文汇报》记者提出了第一个问题:朱总理为什么会在美中关系出现诸多新矛盾之际仍然如期访美?

朱镕基回答说:"你是要我说实话吗?说老实话,我一点也不想来。尚慕杰(时任美国驻华大使)大使告诉我,他要先回美国,到我将要去的地方介绍我、介绍中国,他准备被打得鼻青脸肿。尚慕杰还特意给了我一个善意忠告,到美国后一定要'笑脸常开'。我当时回答尚慕杰说:你是美国人,都可能被打得鼻

---

[1] 《朱镕基总理离洛杉矶抵华盛顿 克林顿总统举行仪式热烈欢迎》,《人民日报》1999年4月9日01版。

青脸肿,我是中国人,我担心我这个 New Face(新面孔)将要变成一个 Blood Face(头破血流)啊。"

对于美国有些人指控中国幕后主使对克林顿进行政治献金这样的政治敏感问题,朱镕基旁敲侧击地回答说:"很多香港报纸报道,我到美国是送大礼来了。我希望在此提醒香港传媒人士注意,你们将来在报道中,绝不要写什么'送一个大礼'这样的事,因为那会被解释成政治献金或竞选资助,这对克林顿总统是非常不利的。"①

在回答所谓中国窃取美国核技术的问题时,朱镕基讲了一个故事:"洛杉矶市市长夫人曾问我如何庆祝中华人民共和国成立 50 周年。我告诉她说,我们今年将有一个盛大的阅兵式,展示中国最新式的武器,这些武器是中国自己开发的,不是从美国偷来的。市长夫人向我建议在那些武器上标明:'Made in China, not from America'(中国制造,不是从美国偷来的)。"②一席话令克林顿总统捧腹大笑。

这场记者会举行了 45 分钟,几乎所有的中外记者都只对朱镕基发问。克林顿没有办法,他只好在朱镕基回答完问题以后抢着说:"这个问题,我有一点要补充的。"

然而,记者招待会还没结束,美国贸易代表办公室向在场外无法参加记者招待会的记者散发了一份"中美联合声明",以及长达 17 页的附件,随之又在网上公布。这一下炸了窝。美方的单方面鲁莽行动激怒了朱镕基和随行人员。有人认为美国人故意如此,以逼迫中方做出更大让步。清单中的有些问题,双方确实已经达成协议,但是有些仍在谈判过程中,有些则是美国单方面要价,中方根本没有同意。中方就此向美方做出严正交涉。

随同朱镕基访问美国的中国首席谈判代表吴仪,激烈指责美国首席谈判代表巴尔舍夫斯基,后者反唇相讥,还按照克林顿总统的指令提出新要求。两个女强人整整吵了一天,谁也不示弱。

---

① 《朱镕基三次访美即兴演讲》,《党政论坛·干部文摘》2011 年第 2 期,第 63—66 页。
② 《朱镕基三次访美即兴演讲》,《党政论坛·干部文摘》2011 年第 2 期,第 67 页。

到了晚上,吴仪和巴尔舍夫斯基还没吵出一个结果来。拉德饭店有个盛大的晚餐会,好几百人坐在那里等着朱镕基的来临。预定时间过去了一个多小时,朱镕基才匆匆进来,随行人员缺了好几位。

"今天是个糟糕的日子。你们知道我刚才为什么迟到吗?"他一进门就向主人解释,"就因为中国加入世贸组织的谈判出现了麻烦。"大家面面相觑,不知道发生了什么事,就听他接着说:"现在的问题是我们已经做了很大让步,但是美国方面还要我们做更大的让步,我不是担心要下台,我担心即使我签了这个协议,我现在没办法说服我们中国老百姓呀!"

尽管朱镕基心情极坏,可是依然牢记赴美的使命,"向美国人民解释一些问题,说明一些真相,来促进相互的了解。"他继续说道:"美国的电话现在采用的是 CDMA 系统,而欧洲和中国采用 GSM 系统。现在我们决定采用 CDMA 系统并且和美国合作。这个市场有多大呢?中国去年一年就增加 5000 万部电话,这个增长的速度会越来越快,所以这是一个难以想象的广阔市场。我认为我的谈判对手不像我一样是工程师出身,他还没有看到这个意义。我想在座的各位能够看到这个意义,因此让我们共同努力,抓住这个机会而不是让这个机会失掉,否则我只好让给欧洲了。"[①]

朱镕基一讲完,400 多人站起来为他鼓掌。据在场的记者描述,这掌声持续了半分钟。

与宴会上的热情气氛截然不同,谈判桌上剑拔弩张,两位女强人唇枪舌剑,谁都寸步不让。到了凌晨 2 点,等候的记者得到消息:谈判濒于破裂。巴尔舍夫斯基站起来说准备撤了。吴仪斩钉截铁地说,朱总理不会因为谈判无果而延期离开华盛顿。

巴尔舍夫斯基又坐下来。谈判完全破裂的后果,她也承受不了。又经过锱铢必较的 3 个小时,双方就《中美农业合作协议》达成一致,中美双方的代表于凌晨 6 时在协议上签了字。7 时许,克林顿和朱镕基发表联合声明,称美国坚定支持中国于 1999 年加入世贸组织。

[①] 李肇星:《说不尽的外交》,中信出版社 2014 年版,第 49 页。

这一回，巴尔舍夫斯基真是"里外不是人"。她强硬地为美国争取利益，得罪了中国人。可是，朱镕基的专机刚刚离开华盛顿，她就受到美国各界的强烈指责。《纽约时报》《华尔街日报》《华盛顿邮报》，几乎所有美国的主流媒体，前几天都在指责白宫对北京过于软弱，现在却众口一词地指责白宫没有弹性，连这么好的协议都不知道拿下来，还说此举造成的后果一时难以估量，但肯定会非常严重。

那些大企业的老板看到中国人一下子做出那么多让步，以为大功告成，全都惊喜万分，忽然听说巴尔舍夫斯基居然不愿签约，都说这个愚蠢的女人让美国"错过了火车"。

参议院财政委员会把巴尔舍夫斯基叫了过来。巴尔舍夫斯基情知不妙，实际情形比想象的还要糟糕。她话还没有说完，就听见参议员查菲说："那可不是好消息。他们肯定已经做出很大的让步。"

怒火终于烧向白宫。

有人说白宫已经失去一次有利可图的机会，有人说白宫正在逼中国人收回已经做出的承诺。参众两院从来都是指责白宫对中国过于软弱，可是现在这些议员好像比中国人还要愤怒。

阿拉斯加州的共和党参议员穆考斯基，指责克林顿的决定是"政治上的胆怯行为"。参议院财政委员会主席罗斯说得比较委婉："中国的市场开放程度与工业化国家已不分上下。"这分明是告诉白宫，不能指望从那份协议上占到更多便宜了，你要有本事，就走进他们的市场中去好了。

最刻薄的还是新闻界，有一位记者写道："他（克林顿）入主白宫以来最应该后悔的事情有两件，一个是勾搭了莱温斯基；一个是拒绝了中国人的协议。前者证明总统的无耻，后者证明总统的无能。"

克林顿弄巧成拙，后悔莫及。

他想讨好国会内的强硬派，特别是共和党人，可是，他遭到了国会，特别是共和党议员的痛骂；他想为经济界争取更大的利益，可是，经济界心痛到手的鸟儿飞了；他想通过施加更大的压力让中国做出更大的让步，可是中国似乎不在乎了。

据说，朱镕基的专机刚刚飞离华盛顿，克林顿就坐不住了。他让白宫的通信主任接通朱镕基的电话。电话打到朱镕基下榻的纽约华尔道夫酒店，已经是13日下午2时，距离朱镕基离开华盛顿77小时。两人在电话中交谈了20多分钟。朱镕基说他见到很多美国人，他们都支持中国加入世贸组织。克林顿赶紧说："我有同样的感受，因此我们应该详尽地商议一下。"①克林顿建议两周之内重开谈判，他将派美国贸易副代表卡西迪前往北京。听到朱镕基在电话那边表示同意，克林顿放下电话，如释重负。

刚刚在电话中与克林顿商定，双方于当晚再发表一个新闻公报，宣布继续抓紧中国加入WTO的谈判，朱镕基心情大好。

朱镕基带着这样一个好心情，前去参加纽约经济俱乐部和美中贸易关系委员会举行的晚宴，谈笑风生，话里有话。他说："中国政府代表团这一次应克林顿总统的邀请访问美国，我们认为是非常成功的，尽管我们每一个成员都准备在美国被打得鼻青脸肿。我曾向尚慕杰大使请教，我怎么才能不被打得鼻青脸肿呢？他说，你要always keep a smiling face（总是面带笑容）。但是我脾气很坏，要我装出笑脸，我是装不出来的。虽然没有装出笑脸，我仍然受到美国人民的欢迎。因此，我觉得中美两国人民的友好是有着非常深厚的历史基础和群众基础的。保持中美两国人民的友好关系这样一个政策，是美国共和党和民主党一致的政策。"

朱镕基信心满满地说："尽管我们两国的关系中间目前出现一些困难、一点波折，但是我完全相信，这种波折、这种困难，在中美友好关系的历史长河中间，它们只是一个小小的插曲。我们希望这一点小小的乌云即将过去，中美两国友好关系的灿烂的阳光即将到来。"②

按照朱镕基与克林顿商定，中美双方的"入世"谈判如期于1999年4月底前在北京重新开始。美国人以为，既然中国人请他们到北京来谈，就意味着4月8日那次"最大的让步"是算数的，他们只要加加减减就成了。可是，中国

---

① 李肇星：《说不尽的外交》，中信出版社2014年版，第51—52页。
② 李肇星：《说不尽的外交》，中信出版社2014年版，第53—55页。

同行告诉他们，那不算数，要重新谈判。美国人感到"被愚弄"了，中国人却有一句老话，叫作"过了这个村就没有那个店"。①

中美"入世"谈判，真应了"好事多磨"这句俗语。美国人从北京空手而归，紧接着发生了"炸馆事件"，两国关系一下子恶化。一直等到中国民众的情绪平静下来以后，中美才于 11 月中旬再次展开"入世"谈判。

11 月 10 日，中国外经贸部石广生部长与美国贸易代表巴尔舍夫斯基大使率领的美国代表团，就中国加入世界贸易组织问题举行会谈。

中国代表团由外经贸部、外交部、国家发展计划委员会、国家经贸委、农业部、财政部、信息产业部、中国人民银行、保监会、证监会等部门的官员组成。

这次谈判，双方都拿出十八般武艺，打心理战术。美国谈判代表甚至玩"失踪"（消失 5 小时不接电话）、把行李送往机场等极限施压手段。

最后关头，朱镕基出现在谈判现场。他让中方谈判代表把双方互不相让的最后 7 个问题写在一张纸上，直接对美国谈判代表说，这 7 个问题，有两个问题我可以让，其他你们必须让步。如果接受，可以马上签订协定。我不是来跟你们谈判的，我是来做决策的。②

美方拿到中方的两个让步，有了台阶，立即答应签订协议。1999 年 11 月 15 日，《中美关于中国加入世界贸易组织的双边协议》在北京签署。

朱镕基以两个问题的让步，换来 5 个问题的不让步，换来整个中美"入世"协议，显示了中国领导人的气魄和智慧。据龙永图回忆，朱镕基告诉他们，他到谈判现场，不是他自己要来的，那不是他的意思，是江主席的意思，是政治局常委的决定。对那 7 个问题当中两个问题做出让步，也不是他个人的决定，而是执行整个最高领导层的政治决定。③

解决了美国这个中国加入世贸组织的最大障碍，还有与欧盟等国家和国家

---

① 凌志军：《变化》，中国社会科学出版社 2003 年版，第 364 页。
② 龙永图：《"入世"谈判是这样完成的》，载《中国共产党历史口述实录》（1978—2001），济南出版社 2002 年版，第 443 页。
③ 龙永图：《"入世"谈判是这样完成的》，载《中国共产党历史口述实录》（1978—2001），济南出版社 2002 年版，第 444 页。

集团的谈判,又经过了两年,2001年12月11日,中国正式加入世贸组织。

中国"入世",解决了经济发展的两大制约瓶颈:一是市场问题,为中国巨大的产能打开了世界市场;二是资金问题,为经济发展赢得了全球,主要是来自发达国家的更多投资。中国经济发展进入前所未有的快车道。自2002年起,中国10年平均GDP增长10.67%,期间还经受了2008年国际金融危机的冲击。此前10年,从1992年至2001年,中国GDP平均增长率为10.35%,期间还包括邓小平南方谈话后超高速发展的3年,1992年14.2%、1993年13.9%、1994年13.1%。去掉这3年,年平均增速只有8.9%。从1978年改革开放算起,到"入世"前的2001年,24年平均年增速为8%。

"入世"以后的10年,是中国经济发展的黄金10年。历史证明,当年中国为加入世贸组织而做出的决定,是完全正确的,为中华民族的和平崛起,迈出了历史性的一步。

在克林顿总统的两个任期内,中美关系又一次实现了低开高走。

第七章

从"战略对手"到"利益攸关方"：
小布什定义对华关系

第七章 从"战略对手"到"利益攸关方":小布什定义对华关系

乔治·沃克·布什(简称"小布什")2000年战胜时任副总统的艾伯特·戈尔,成功当选美国第43任总统(第54、55届)。他和老布什也是美国历史上第二对父子总统。

美国历史上第一对父子总统,是开国元勋约翰·亚当斯(美国第二任总统)与其儿子。

亚当斯与乔治·华盛顿(美国首任总统)、托马斯·杰斐逊(美国第三任总统)、本杰明·富兰克林(唯一签署《独立宣言》《1783年巴黎条约》、1787年《美国宪法》这三项美国独立最重要法案文件的建国先贤)齐名,是《独立宣言》起草委员会的成员、签署者之一,被誉为"美国独立的巨人""革命建筑师"。他是美国第一任副总统,其后接替华盛顿成为美国第二任总统。1800年11月,老亚当斯把美国首都从费城迁到华盛顿,成为首位入主白宫的总统。

约翰·亚当斯的儿子约翰·昆西·亚当斯是美国第六任总统。他在詹姆斯·门罗(第五任总统)时期担任美国国务卿,解决与英国的许多纠纷,从西班牙手中取得佛罗里达,因此,被认为是美国历史上"最有成就的国务卿之一"。1829年小亚当斯卸任总统后当选为国会众议员,是唯一一位当选美国众议员的卸任总统,不少学者认为他的17年众议员生涯比总统生涯更伟大。

作为第二位子承父业的总统,小布什的总统生涯,与"二"有着不解之缘。

在2000年年底的选举中,小布什赢得总统职位,经过了佛罗里达州的两次计票,佛罗里达州最高法院和美国联邦最高法院的两次判决。小布什获得的选举人票比竞选对手戈尔多5张,但是选票却比戈尔少50多万票,是1888年以来第二位赢得了总统选战,却没有赢得选票的总统。

在1888年的美国总统选举中,民主党人、在任总统格罗弗·克利夫兰比对手多得选票大约10万张,但是共和党人本杰明·哈里森却赢得了更多的选举人票,从而当选为总统。

小布什在总统任上,发生了两起载入史册的大事:"9·11"事件和2008金融危机。

小布什发动了两场战争:阿富汗战争和伊拉克战争。

美国媒体一直揪住小布什的"二"大做文章:从就任总统开始,小布什的智力程度一直是许多媒体的热门话题,有人甚至质疑小布什的智商过低。小布什在各种公开演讲中所犯的文法错误和语无伦次,包括发音上的错误,常常是媒体喜闻乐见的笑料。不过,小布什并不是第一个遭受了类似批评的美国总统。

1. "南海撞机",中美关系跌入低谷

小布什虽然子承父业当上了总统,但是,他的对华态度和政策取向,却与其父背道而驰,南辕北辙。

在整个竞选活动期间,小布什多次谈及美国的外交政策和中美关系问题。

小布什对现行中美关系基本框架持否定态度。小布什认为克林顿政府与中国确立的"致力于建立面向21世纪的建设性战略伙伴关系"是不真实的,是不符合中美两国战略利益相互冲突的实际情况的,在这样一个框架下形成的对华接触战略"被证明是失败的",因而他提出"中国是美国的战略对手,而不是战略伙伴"。如果他在选举中获胜,他的政府将以一种"严厉而强硬的态度"对待中国。

在国际力量对比上,小布什公开宣称,"我将不得不把中国放在第一位,把俄罗斯放在第二位","因为中国是一个巨人,它是一个日益强大的国家。它是一个已经具有巨大的经济潜力的国家","美国在亚洲的主要挑战是中华人民共和国",美国要对迅速崛起的中国给予更多的关注,要"在没有恶意,但也没有幻想的情况下同中国交往"。这实际上是把中国确定为冷战后美国的主要敌手。[1]

---

[1] 熊志勇:《中美关系60年》,人民出版社2009年版,第391页。

关于美国的亚太安全政策，小布什指责克林顿政府将中国置于"亚太战略的中心地位"，宣称"共和党政府了解中国的重要性，但不会把中国置于其亚洲政策中心"，如果他上台，将高度重视日本，把进一步加强美日关系视为美国亚太安全政策的基础。他认为，日本是美国的一个主要伙伴，美一日联盟是亚洲和平、稳定、安全与繁荣的重要基础和"引擎"。他的智囊班子建议，应把现实的美日双边同盟发展成美、日、韩、澳四边同盟。小布什还特别强调调整对印度的政策，建立美印之间的战略合作关系。他说："我们应该同印度政府携起手来，确保它是亚洲稳定与安全的一支力量。"小布什加强与印度的合作，目的在于围堵和孤立中国。

在影响中美关系最为关键的台湾问题上，小布什明确宣布"美国要帮助台湾自卫"。这等于告诉台湾在未来可能爆发的两岸军事冲突中，美国要以武力介入。这就改变了克林顿政府在处理两岸关系时所持的"模糊政策"。

在研制和部署国家导弹防御系统（NMD）和战区导弹防御系统（TMD）问题上，克林顿决定暂缓部署，而小布什则宣布要全面部署。

小布什说："我们仍然需要发展导弹防御系统———既包括战区导弹防御系统，也包括全国导弹防御系统。如果我是总司令，我们就将研制并且部署这些导弹。"①

小布什的竞选班底明确提出，研制和部署此类先进武器系统所针对的主要不是几个"流氓国家"和国际恐怖主义的威胁，而是中国和俄罗斯这样的核大国。

从上述主张可以清晰地看出，小布什将要对美国政府现行对华政策所做的调整是大幅度的、原则性的，这不是一种战术手段变换，而是一种战略方向的改变。这种调整，比奥巴马早了10年，比特朗普早了16年。

小布什之所以试图大幅度调整对华关系，主要有两个原因。

一是中国在美国的国际战略均势上的重要性下降。苏联和东欧发生剧变，尤其是克林顿总统时期美国发展成为科技创新大国，美国一超独大，睥睨群雄，不再需要中国作为国际均势的战略平衡力量。

---

① 朱明阳：《亚太安全战略论》，军事科学出版社2000年版，第283页。

二是美国需要新的对手甚至敌手。在美国有一句格言:"没有伟大的敌人,便没有伟大的美国。"美国是一个需要敌人的国家。美国的战略文化,就是制造"敌人"的文化。美国必须不停地寻找"敌人",不停地疾呼"威胁",不停地渲染"危机"。对于美国国内民众来说,如果没有外部威胁,就会失去激发国家活力的压力。对于美国的盟国而言,如果没有一个共同的外部安全威胁,就没有国家需要美国的安全领导。小布什政府患有严重的"敌人饥饿症"。[①] 环顾全球,俄罗斯国力衰落,欧盟周边多事且内部矛盾巨大,日本经济没有起色。唯一有可能成为美国战略竞争对手的只有正在快速发展的中国。

小布什执政后,立即兑现竞选诺言,对华政策不仅比克林顿强硬,而且大有改变尼克松以来美国对华政策基调之势,要与中国进行一场全面的军事对抗。

南海撞机,把中美安全关系的紧张态势推上了前台。

自20世纪90年代中期台海危机以来,美国频频派出战机在中国沿海领空附近盘旋侦察,中美战机出现多次空中对峙局面。自1998年起,中美双方多次就海上军事安全问题进行磋商,并于2000年达成避免海上危险军事行动的共识:当两国军用航空器在国际空域相遇时,双方应当适当遵守现行国际法和国际惯例,适当顾及对方的航行安全,以防止危险接近。

美军的战机经常在别人家门口转悠,危险终究不可避免。

2001年4月1日上午,美国一架EP-3型军用侦察机在海南岛东南中国专属经济区海域上空活动,中方两架歼-8战斗机对其进行跟踪监视。9时7分,当中方飞机在海南岛东南104千米处正常飞行时,美方飞机突然转向,其机头和左翼与中方一架战机相撞,致使中方飞机失控坠海,飞行员王伟下落不明。美方受损飞机未经中方允许,进入中国领空,并于9时33分降落在海南岛陵水军用机场。

撞机事件发生以后,中共中央总书记、国家主席、中央军委主席江泽民十分关心跳伞飞行员的安全,多次指示海军和有关部门全力组织搜救行动。海军

[①] 由旭、由冀:《国家导弹防御系统与中美关系》,载《限制性接触:布什政府对华政策走向》,新华出版社2001年版,第241页。

立即派出舰艇和飞机赶赴海南岛东南海域搜寻救助我飞行员,广州救捞局也及时派出搜救船只赶赴事发海区。

大规模搜救王伟的行动持续了两周,共出动舰艇113艘次,飞机115架次,渔政船、渔船1000多艘次,军民10万余人次。最后确认王伟已经没有生还的可能。4月14日,海军党委批准王伟同志为革命烈士。4月16日,军委主席江泽民签署命令,授予王伟"海空卫士"称号。

美国人的新闻素养极强,善于在第一时间公布信息,先声夺人,操控舆论。"撞机事件"发生6小时后,美方就在网上公之于众。

美军太平洋总部在其官方网站发布声明,简单描述了发生在南海上空的撞机事件,要求中国政府按国际惯例,保持美军飞机的完整,保证美方机组人员的安全,为美方飞机和机组人员立即返回美国提供便利条件。声明对中方飞机被撞后坠毁、飞行员失踪等严重情况,只字未提,仿佛"撞机事件"中只有美方受损,中方没有任何损失。

中方对"撞机事件"极度愤怒。事件发生的当天夜间,美方在网站上发布声明几小时后,中国外交部部长助理周文重紧急召见美国驻华大使约瑟夫·普理赫指出:"中国军用飞机在中国近海上空对美国军用侦察机实施跟踪监视,属正当飞行活动,符合国际惯例。中方飞机坠毁的直接原因,是美机违反飞行规则突然向中方飞机转向、接近造成的。发生这一事件的责任完全在美方。中方就此向美方提出严正交涉和抗议。中国人民要求美方解释,为什么美国军用飞机要到距离我们国家这么近的地方活动?为什么美方飞机突然转向,撞毁中方飞机?"

周文重强调:"中方正在搜寻飞行员的下落。我们对这名飞行员的状况极为关心。"[①]

普理赫曾任美军太平洋总部司令、海军上将,有35年职业军人生涯,从美军退休后出任美国驻华大使。他后来回忆说:"撞机事件发生后,自己一度试着拨打中国外交部电话9小时,但愤怒的中国人拒接。"

[①] 《中方向美方提出严正交涉和抗议》,《人民日报》2001年4月3日01版。

对于撞机事件，普理赫声称不能同意中方的说法。对于中方坠海的飞机和失踪的飞行员，普理赫只是轻描淡写地表示"遗憾"，虽然表示愿意协助中方搜救失踪飞行员。普理赫一再要求中方尽快释放美军机组人员，归还美军侦察机，并提出中方人员不准登上美军飞机进行检查。①

周文重当场驳回了普理赫的狡辩，拒绝了美方的要求，强调指出："美方飞机在未经许可的情况下进入中国领空并降落中国机场，是严重侵犯中国领空和主权的行为。对美方给中方造成损失问题，以及对美机未经许可进入中国领空并降落中方机场一事，中方保留进一步向美方交涉的权利。"②

同日，中国驻美国大使杨洁篪在华盛顿紧急约见美国国务院负责人，奉命就美军侦察机撞毁中方军用飞机一事向美方提出严正交涉和抗议。

还是在4月1日当天，外交部发言人就美国军用侦察机在南海空中撞毁中国军用飞机事件发表谈话。

外交部发言人叙述了事件经过后指出："中国军用飞机在中国沿海对美国军用侦察机实施跟踪监视，属于正当的飞行活动，符合国际惯例。中方飞机坠毁的直接原因，是美机违反飞行规则突然向中方飞机转向、接近造成的。发生这一事件的责任完全在美方。中方已就此向美方提出严正交涉和抗议，对美方给中方造成损失问题，中方保留进一步交涉的权利。"③

4月2日夜间，周文重再次召见美国驻华大使普理赫。

周文重指出，美方应对4月1日上午美军侦察机撞毁中方飞机这一严重事件承担全部责任。美方的行为违反了《联合国海洋法公约》关于尊重沿海国在其专属经济区所享有的一系列主权权利和管辖权，特别是尊重其维护该海域和平、安宁和良好秩序权利的规定，违反了上述公约关于一国行使公海自由应遵守海洋法公约和其他国际法规则的规定，破坏了中美之间于去年5月就避免海上危险军事行动达成的有关共识。美机肇事后未经中方许可闯入中国领空并降落中方机场，进一步违反了国际法和中国法律有关规定，构成了对中国主权和

---

① 唐家璇：《劲雨煦风》，世界知识出版社2009年版，第269页。
② 《中方向美方提出严正交涉和抗议》，《人民日报》2001年4月3日01版。
③ 张沱生、史文：《中美案例危机管理案例分析》，世界知识出版社2007年版，第288页。

领空的侵犯。中方强烈要求美国政府认真对待中方的交涉和抗议,就美军飞机上述违反国际法的挑衅行径向中国政府和人民做出解释,并采取切实有效措施防止类似事件再次发生。

周文重对美方近日所发表的指责中方的谈话表示强烈不满。他指出,美机撞毁中方飞机的事实相当清楚。美机在飞行中突然大角度向中方飞机转向、接近,是造成中方飞机坠毁的直接原因。美方不顾中方一再反对,频繁派飞机到中国沿海进行侦察活动,是导致上述严重后果的根源。美方没有资格向中方提什么要求,为自己开脱责任,而应正视事实,承担责任,向中方道歉。

周文重强调,根据1944年《国际民用航空公约》和《中华人民共和国领海及毗连区法》,美方飞机进入中国领空必须事先征得中方同意。有关迹象表明,美机在撞机事件发生后通信系统仍正常工作,但从进入中国领空到降落机场的整个过程中都未向中方发出申请或通知。美机此举违反了国际法,侵犯了中国主权和领空。无论根据国际法还是中国国内法,中方都有权对未经许可闯入中国领空并降落中国机场的飞行器进行调查,何况美方飞机并非一般民用飞行器。

周文重强烈敦促美方认真对待中方的严正交涉和正当要求,尽快就美方飞机撞毁中方飞机并侵犯中国主权和领空的行径,向中国政府和人民做出解释。①

也是在4月2日和3日,小布什连续两次发表讲话,表示美国的优先考虑是要求机组人员尽快返美,以及侦察机在未经"破坏或摆弄"的情况下完整归还美国;说什么美国已经给中国时间来做正确的事,现在是让美机人员回家和归还美机的时候了。小布什还声称,这一事件可能破坏两国建立卓越关系的期望。②

小布什的讲话,对中国失踪飞行员只字未提。

4月3日上午,国家主席江泽民在北京会见卡塔尔国首相阿卜杜拉时,就"南海撞机"事件发表公开谈话,指出:"最近在中国海南岛沿海空域发生的中美军用飞机碰撞事件,责任完全在美方,我们有充分的证据。是美国的飞机违反飞行规则,做出危险的动作,撞毁我飞机,致使我飞行员下落不明。人是最可宝

---

① 吴建民:《外交案例》,中国人民大学出版社2007年版,第325—332页。
② 唐家璇:《劲雨煦风》,世界知识出版社2009年版,第270页。

贵的。我对这名飞行员的人身安全十分关心，已多次指示要不惜一切代价，全力进行搜救。"

江泽民说："我们无法理解，美国为什么要在离中国这么近的地方经常进行侦察飞行，这次又在碰撞我飞机后，违反国际法和国际惯例，侵犯我领空，降落在我机场。美国应停止在中国沿海空域的此类飞行，这样才能防止类似事件的再次发生，才有利于中美关系的发展。"①

美国国务卿科林·卢瑟·鲍威尔不仅拒绝就撞机事件向中方道歉，甚至颠倒是非，诬称美国机组人员是被中国"扣押"了。

美国一位国防部官员则表示，美国海军为了"监控局势发展"，派了三艘驱逐舰前往海南岛附近海域，并将在那里停留。美国居然上演炮舰外交的老戏！

4月4日，国家主席江泽民在出访拉美六国的送行仪式上再次就撞机事件发表讲话。他说，我刚才又指示海军司令员石云生和其他有关同志，不惜一切代价，动用一切手段继续搜救那位跳伞飞行员。

他指出，这次撞机事件的责任完全在美国方面。美方应该向中国人民道歉，并做一些有利于中美关系发展的事，而不是发表颠倒是非、不利于中美关系的言论。②

江泽民在送行仪式上对唐家璇等明确指示，中央由胡锦涛同志抓此事。"外交部要认真贯彻落实中央指示，协调有关部门，务必妥善处理好这一事件，你要亲自负责此事。"③

遵照江泽民的指示精神，针对美方"不负责、不道歉、不配合、不悔改"的蛮横态度，4月4日下午，外交部部长唐家璇亲自召见普理赫，讲了四点意见：第一，美方应当为这次事件负全责；第二，事件发生后美方采取的态度和做法是错误的，我们很不满意；第三，要想中方放人，美方必须先道歉；第四，美方应当立即停止在中国沿海的侦察活动。

---

① 《就美侦察机撞毁我军用飞机事件江泽民主席发表谈话》，《人民日报》2001年4月4日01版。
② 《江泽民前往拉美六国访问前指出美方应该向中国人民道歉》，《人民日报》2001年4月5日01版。
③ 唐家璇：《劲雨煦风》，世界知识出版社2009年版，第271页。

普理赫听唐家璇讲完以后说，布什总统和鲍威尔国务卿也希望这一问题能够尽快得到妥善解决，以免美中关系受到损害。

普理赫辩解说，事故发生在国际空域，虽然后来美机的确进入中国领空，但在降落前确曾向中方发出过求救信号并请求降落。他甚至称，根据他多年的飞行经验，难以同意中方对碰撞原因的说法，目前也不能承担责任并向中方道歉。

据说飞行员出身的普理赫能够驾驶50多种不同型号的军用飞机。

唐家璇严词批驳普理赫的辩解，指出处理这一事件的重要原则就是要尊重客观事实。这一事件不是一个技术问题，而是中美间严重的政治和外交问题，把这一问题的解决引向单纯的技术争论是错误的。

唐家璇说，在中美关系的历史中，中方从没有做任何挑衅美方的事。如果说有人总向对方挑衅，那不是别人，正是美国自己。多年来，是美国不断派飞机到中国沿海进行军事侦察活动，而中国从未派任何飞机到美国西海岸或东海岸进行侦察。

唐家璇强调，对于美方的上述行径，我们的态度一是反对，二是不怕。多年来的事实证明，美方愈是施压，就愈会激起中国人民的愤慨。

唐家璇要求普理赫将中方上述交涉和他在中国实地了解到的情况如实向华盛顿报告，并希望他在解决这一问题的过程中发挥建设性作用。[①]

也是在4月4日，中国国防部发言人就美国侦察机撞毁中国军用飞机事件发表谈话。

谈话首先列举了事实：4月1日上午，美电子侦察机驾抵我海南岛东南海域上空活动。8时36分，我军发现美机正向我三亚外海抵近侦察；8时45分，我航空兵歼-8双机起飞，对美机的侦察进行例行性跟踪监视；9时7分，我机航向110度，美机在我机右侧400米同向平行飞行，突然大动作向大陆内侧我机方向转向，其机头、左翼撞在我方一架飞机尾部，使我方飞机失去控制坠海，飞行员王伟跳伞。另一架飞机安全返航，于9时23分着陆。美机未经许可进入中国领空，于9时33分在陵水机场着陆。美机组人员共24人全

---

① 唐家璇：《劲雨煦风》，世界知识出版社2009年版，第272—274页。

部安然无恙。本着人道主义精神，我们对美方人员进行了妥善安置。

谈话指出："事发后，我们立即组织飞机和舰艇前往出事海域搜救我方跳伞飞行员。至4月4日凌晨，共派出各型飞机48架次、舰船29艘次。目前，我方飞行员仍然下落不明，搜救行动还在进行中。"

谈话强调："多年来，美国军用侦察机频繁对我沿海实施抵近侦察，我机对其实施跟踪监视，完全是正当的，符合国际法。此次撞机事件的直接原因，是美机违反飞行规则，突然大动作向我机转向造成的。我们对美机这种行为表示愤慨和谴责，美方对此事件必须承担全部责任。中方对美方造成中方的损失保留进一步交涉的权利。我们对我方失踪飞行员的下落表示关注，并将继续采取措施全力进行搜救。"①

经过中方的坚决斗争，美方态度有所转化。

美国东部时间4月4日（中国北京时间4月5日），鲍威尔向媒体表示："我们对中国飞机未能安全降落表示遗憾，我们对中国飞行员罹难表示遗憾。"

鲍威尔当天致信钱其琛副总理说，我们对这一事故造成的痛苦感到十分遗憾。布什总统非常关切中方失踪飞行员的情况。他本人、我和所有美国人都和那名飞行员的家人及其所关心爱护的人一样，在思念和祈祷。鲍威尔在信中还表示，美方愿与中方一道为富有成果和成功的两国关系而努力，使这一不幸事件成为过去。②

次日，小布什在华盛顿美国报纸编辑大会上讲话时说："我对中国一名飞行员失踪表示遗憾，我对他们损失一架飞机表示遗憾。我们为那名飞行员和他的家属祈祷。"

小布什还表示，"我们同中国的关系十分重要"，"我们不应让这个事件影响（美中）关系的稳定。"③

其时，复活节即将来临。2001年的复活节是4月15日。美国人急于让其机

---

① 《国防部发言人发表谈话对美方造成中方的损失保留进一步交涉的权利》，《人民日报》2001年4月5日01版。
② 《就美军用侦察机撞毁我军用飞机事件 钱其琛复信鲍威尔》，《人民日报》2001年4月8日02版。
③ 《布什对我飞行员失踪表示遗憾》，《人民日报》2001年4月7日03版。

组人员回家与亲人团聚。特别是那些机组人员的亲属，到中国驻美使、领馆前示威。在路旁树干上系上黄丝带，晚上点着蜡烛守夜祈祷。甚至有人在街上拦住中国外交官质问："你们为什么不让我们的人回家？"美国一些媒体煽风点火，声称中国实际上已经把美国机组人员扣作"人质"。①

为了回应美国人的疑虑，中国驻美大使杨洁篪接受了美国有线电视网（CNN）的采访，明确表示，道歉非常重要，美国必须道歉。事件能否顺利解决全在美国的态度，他还形象地比喻道：一伙人总在你门前开车徘徊，家里有人出去查看，结果自家的车子被毁，人也失踪了，对此，家里人总该有权利做一点调查吧，对方至少也应该说对不起吧。这"非常重要"。他希望美国人民自己做出公正判断。②

杨洁篪接受采访的视频播出以后，对美国舆论产生了积极的影响，赞同美国政府向中国道歉的比例，由最初的不足20%上升到50%以上。有的美国机组人员家属表示，如果美方道歉就能让他们的家人回家，他们支持向中方道歉。

4月5日晚上开始，中美双方就美方的道歉信开始进行磋商。在中方的坚定立场面前，美方的道歉信六易其稿，于4月8日晚上按照中方要求加重了道歉的语气，使用了"深表歉意"（very sorry）的措辞；增加了"未经许可进入中国领空"的内容、对中方妥善安置美方机组人员表示感谢，并且去掉了"中方应允许美方在不迟于5月7日将美机运离中国"的内容。

就在中美双方就道歉信进行磋商的时候，正在智利访问的江泽民主席4月6日再次就"撞机事件"发表谈话指出，美国应该就美侦察机撞毁中国战斗机一事向中国人民道歉；中美两国领导人应该站在两国关系全局高度，解决这一问题。③

当天，钱其琛复信鲍威尔指出，对于美军侦察机在海南附近撞毁中方军用飞机并在未经许可情况下进入中国领空和降落中方机场的严重事件，中国政府的立场是十分清楚的。美方理应承担自己的责任，向中国人民做出交代，并就如何避免类似事件再次发生，双方进行磋商。中方不希望这一事件损害中美关

---

① 张沱生、史文：《中美案例危机管理案例分析》，世界知识出版社2007年版，第288—296页。
② 唐家璇：《劲雨煦风》，世界知识出版社2009年版，第277页。
③ 唐家璇：《劲雨煦风》，世界知识出版社2009年版，第278页。

系，为此一直采取冷静、克制的态度加以处理。但遗憾的是，美方迄今为止的表态仍是中方不能接受的。中国人民对此极为不满。

钱其琛要求美方正视事实，采取积极务实的态度，向中国人民做出道歉，这对解决问题至关重要。双方还可继续就美方飞机处理等善后问题进行磋商。①

4月7日，受江泽民主席委托，中央军委副主席迟浩田看望王伟妻子阮国琴和与王伟同时执行跟踪监视任务的长机飞行员赵宇，转达了江泽民主席的亲切关怀和问候。

迟浩田称赞王伟和赵宇用实际行动维护了国家的主权和民族尊严，两位飞行员的行动反映了全国人民和全军官兵的意志，表现了英勇顽强的大无畏精神。

迟浩田指出，这次撞机事件完全是由美方造成的，我们有充分的证据和法律依据，他们想推卸责任是不行的，人民解放军不答应，中国人民不答应，世界人民也不会答应。他们这种强词夺理、霸气十足的做法已经过时了。②

4月8日，中央军委副主席、国务委员兼国防部长迟浩田在与来访的巴西国防部长金唐博士一行举行会谈时，专门谈了撞机事件。

迟浩田说，多年来，美国军用侦察机频繁对中国沿海实施抵近侦察，中国飞机对其实施跟踪监视，完全是正当的，符合国际惯例。此次撞机事件的直接原因是美机违反飞行规则，突然大动作向中国飞机转向造成的。美方应正视现实，承担责任，向中国人民做出道歉，并采取切实有效措施，避免类似事件再次发生。人是最宝贵的，我们对失踪飞行员的下落十分关注，并将继续全力进行搜救。③

4月8日，美方再度展示强硬态度。时任美国副总统理查德·布鲁斯·切尼说，"（撞机事件）这一僵局拖得时间越长，就越难处理中美之间的关系，就越难避免中美之间的长远关系受到损害。"

鲍威尔声称在中美撞机事件中，没有证据证明美国有任何过错，美国不会

---

① 《钱其琛复信鲍威尔》，《人民日报》2001年4月8日02版。
② 《江泽民主席委托军委领导同志看望王伟妻子阮国琴和飞行员赵宇 迟浩田转达江泽民主席和朱镕基总理胡锦涛副主席的亲切关怀和问候》，《人民日报》2001年4月8日01版。
③ 《迟浩田与巴西国防部长会谈》，《人民日报》2001年4月9日04版。

就战机相撞一事向中方道歉，要求中方尽快让24名机组人员回家；并威胁说，这一事件正破坏着中美双边关系，如果不能迅速解决，中国可能会失去对美国的永久性正常贸易关系。

然而，这只是谈判过程中讨价还价的策略。让机组人员在复活节前回家，对于小布什政府是十分重要的政治议题。

4月9日，美方的强硬态度开始改变。鲍威尔在这一天接受美国福克斯电视台采访时说，对中国飞行员失踪一事，"我们已经表达遗憾（regret）""我们已经表达我们的哀伤（sorrow）""我们对此感到抱歉（sorry）"，并对美机当时紧急迫降一事承认"确实侵入了中国领空"。①

4月9日，正在新西兰访问的中央军委副主席张万年，在与新西兰总理海伦·克拉克会见时，专门谈了美机撞毁中国飞机事件。他说，这次撞机事件的责任完全在美方。美国必须就此向中国人民道歉，并承担全部责任。为防止和避免此类事件再次发生，美国应停止在中国沿海地区的侦察飞行。②

4月11日下午，普理赫向中国外交部部长唐家璇递交了关于美国军用侦察机撞毁中国军用飞机的道歉信。美方在道歉信中表示："布什总统和鲍威尔国务卿对中方飞行员失踪和飞机坠毁都已表示了真诚的遗憾，请向中国人民和王伟的家属转达，我们对飞行员王伟的失踪和那架飞机的坠毁，深表歉意（very sorry）。"美方道歉信还对美方侦察机"未经口头许可而进入中国领空并降落，深表歉意（very sorry）"。唐家璇接受道歉信后说：我注意到美国政府在信中两次使用了"深表歉意"。美方应该明白，"撞机事件"是一起严重的事件。中方要求美方向中国人民做出道歉，是完全应该的。

唐家璇同时正式通知普里赫："我们理解美国人民和机上人员家属盼望机上人员早日回国与亲人团聚的急切心情，鉴于美国政府已向中国人民道歉，出于人道主义考虑，中国政府决定允许上述人员在履行必要手续后离境。"③

4月11日，中国国家主席江泽民在结束对乌拉圭的国事访问，离开蒙得维

---

① 张沱生、史文：《中美案例危机管理案例分析》，世界知识出版社2007年版，第288—296页。
② 《新西兰总理会见张万年》，《人民日报》2001年4月10日03版。
③ 唐家璇：《劲雨煦风》，世界知识出版社2009年版，第281—282页。

的亚前，向随行的新华社记者发表了以下谈话：

"美国政府就美军侦察机撞毁中方飞机事，已经向中方递交了致歉信。出于人道主义考虑，中国政府决定允许美方机组人员离境。

"这一事件并未完全了结。希望美方认真对待中方的立场，妥善处理。

"我多次说过，中美关系的发展符合中美两国的共同利益，对亚太和世界的和平与繁荣也至关重要。中美关系的发展必须建立在中美三个联合公报和国际关系基本准则的基础之上，这样才能妥善处理两国间的问题。"①

美国东部时间4月11日早上8时25分（北京时间晚上8时25分），美国总统小布什就美国机组人员获准离开中国一事向外界发表正式讲话。

4月12日，复活节前三天，美方24名机组人员从海南省海口市出境返美。

围绕"撞机事件"，中美之间第一阶段的谈判，围绕"道歉"和"放人"进行。美方最初试图"人"与"机"一起解决，中方坚持人机分离。中方提出美方道歉就放人，美方坚持不道歉。最后在中方的坚持和其他因素，包括复活节迫近、美方机组人员家属的强烈要求等作用下，美方不得不表示了道歉。

英文表达"道歉"的词有三个：apologize、sorry和regret。专家认为，其中最正式的是apologize；其二是sorry；语气最弱的regret。

另外，如果一国政府对另一国政府说"sorry"，肯定是"道歉"。如需加重语气，可在前面加"very"或"deeply"等修饰词。

解决了"道歉"和机组人员离境问题以后，4月18日开始，中美双方就撞机问题开始谈判。

美方谈"人"的问题由国务院主导；谈"飞机"则由军方主导。

谈判伊始，美方要求首先讨论美机返还问题，中方断然拒绝。美方称如果不优先讨论美机返还问题，就拒绝参加第二天的谈判会议。

中方针锋相对：要想解决问题，就必须充分认识事件的严重性，采取务实和建设性的态度，对中方的要求做出积极反应，以利于事件的妥善解决。否则，免谈！②

---

① 《江泽民主席发表谈话》，《人民日报》2001年4月12日01版。
② 唐家璇：《劲雨煦风》，世界知识出版社2009年版，第284—285页。

周文重与普理赫紧急磋商，谈判得以继续进行。

5月10日，美方技术评估小组对飞机评估后，提出派技术人员赴陵水机场，将飞机修复后，整机飞离海南。

中方断然拒绝了美方的要求。

就在三天前，美方竟然恢复了对中国近海的侦察飞行，这是自"撞机事件"发生后美方首次恢复此类飞行。中方立即出动战机对美机进行了跟踪、监视。在这种情况下，美方竟然提出让他们把飞机修好飞回去，简直是欺人太甚！

中方强调，鉴于美机的性质，如何返还飞机问题，不仅仅是个技术问题，而是一个具有重要象征意义的政治问题。飞机修复后像什么事都没发生一样，整机飞离中国，这是不可能的，中国人民是不能接受的。

最后，美方考虑再三，提出将飞机拆解后再运走的方案。中方同意了这一方案，并表示愿意向美方提供必要协助。

7月3日，美方从俄罗斯航空公司租用的安-124型远程重型民用运输机，经过10个架次的飞行，将大卸八块的EP-3飞机机体、机上侦察设备及部分拆解工具，从海南陵水机场起飞出境。次日上午，美方拆运技术人员乘美方专机从三亚机场出境。至此，美国EP-3侦察机的拆运工作全部结束。

"撞机事件"虽然解决了，小布什政府却决意在安全关系上与中国对抗。

4月25日，小布什政府决定对台出售40亿美元的武器，其中包括进攻性武器潜水艇。这是1992年老布什对台出售60亿美元武器以来最大的一笔对台军售。

就是在这一天，小布什对新闻界说，他将"不惜任何代价武力保卫台湾"，而后因引起各界恐慌又补充说"不会改变一个中国的政策"。[1]

5月初，美国国防部向新闻界宣布"停止与中国的一切军事往来"。由于美国国务院认为此一说法不妥，于是改为"个案审理"。这种语言的修改并没有改变实质政策，中美军事往来还是被禁止了。与此同时，美国国防部宣布收回

---

[1] 熊志勇：《中美关系60年》，人民出版社2009年版，第375—380页。

已发给部队的由中国制造的贝雷帽。其目的就是要在军中制造反华情绪。

5月4日，小布什下令联邦政府各机构"逐个"审议与中国的各项接触。于是持中国护照的人被禁止进入政府建筑物，甚至供游客参观的白宫也禁止接待中国护照持有者。

5月中旬，小布什政府同意台湾领导人陈水扁"过境"纽约，并为他提供来访外国领导人使用的车辆。

5月28日，美国国防部长拉姆斯菲尔德则提出美国人要为战争做好准备。

小布什政府一面不断挑起中美军事对抗，一面却执行着与中国加强经济合作的政策。

国务卿鲍威尔多次明确提出，美国将中国视为战略上的竞争对手，但在经济上中美是合作伙伴。小布什政府实施这一"逆向双轨"政策，是出于这样一种考虑：与中国进行军事对抗和加强与中国的经济合作，都有助于美国经济持续发展，两者并不必然矛盾。从策略上讲，通过加强与中国的经济合作，一是可以牵制中国以武力解决台湾问题的决心，有助于实现美国的台海政策目标——"紧张而没有战争"；二是有助于中国接受美国价值观，降低对美国霸权政策的不满情绪。

6月1日，小布什写信给众议院和参议院领导人，正式要求延长与中国的正常贸易关系。他说，发展对华贸易关系有利于美国农民和美国企业。美国国会响应小布什的主张，顺利通过了延长中国最惠国待遇的决定。

2. "9·11"改变世界，中国赢得十年和平发展机遇

正当小布什在与中国对抗的道路上越走越远的时候，发生了举世震惊的"9·11"事件。

美国东部时间2001年9月11日上午（北京时间9月11日晚上），美国纽约和华盛顿及其他一些城市相继遭受恐怖袭击。

8时45分，一架从波士顿飞往纽约的美国航空公司波音767飞机遭劫持，

撞向纽约曼哈顿世界贸易中心南侧大楼,在距地面大约20层处出现巨大的火球和滚滚浓烟,伴随爆炸发生。9时3分,又一架飞机以极快的速度冲向世贸中心北侧大楼,飞机从大楼的一侧撞入,从另一侧穿出,引发巨大的爆炸。

这一天是星期二,恐怖袭击发生时,小布什正在佛罗里达州萨拉索塔的埃玛·E. 布克(Emma E. Booker)小学参加一次阅读示范。

9时20分,小布什在教室里听取简报后,就在这所小学向全美发表有关恐怖分子袭击美国本土的讲话:"女士们,先生们,此刻对于美国是一个艰难的时刻……两架飞机撞上了世贸中心,这很明显是一起针对美国的恐怖主义袭击……任何针对美国的恐怖主义行径是不会得逞的。"小布什宣布,将对飞机失事原因展开全面调查,美国政府决不姑息纵容任何恐怖主义行为,同时他也对此事件中遭受不幸的美国人民和家庭表示沉痛的哀悼。[1]

虽然撞机事件才过去了5个多月,但中国站在国际道义和原则的立场上,反对一切形式的恐怖主义。江泽民当天即致电小布什,代表中国政府和人民,向美国政府和人民表示深切的慰问,并对死难者表示哀悼。同时,江泽民主席表示,中国一贯谴责和反对一切恐怖主义的暴力活动。

9月12日晚,江泽民应约与小布什通话。

小布什感谢江泽民主席不久前向他致电,就美国发生的恐怖暴力袭击事件表示慰问和哀悼。

他说,国际恐怖主义是对世界和平的威胁。他期待着与江主席以及国际社会的其他领导人一起,加强合作,共同打击国际恐怖主义。小布什希望美中两国在联合国安理会加强这方面的合作。

江泽民说,这次袭击事件不仅给美国人民带来了灾难,也是对世界人民向往和平的真诚愿望的挑战。中国人民和美国人民一样,强烈谴责这起骇人听闻的恐怖活动。

江泽民代表中国政府和人民再次向美国政府和人民,对遇难者家属表示深切慰问,对死难者表示沉痛哀悼。

---

[1] 〔美〕乔治·沃克·布什:《抉择时刻》,东西网译,中信出版社2011年版,第122页。

江泽民说，我们十分关心救援工作的进展。我们愿向美方提供一切必要的支援和协助。

他表示相信，在总统先生领导下，美国人民一定能够克服当前困难，做好善后工作，尽快恢复社会和生活秩序。

江泽民表示，我们愿意与美方和国际社会加强对话，开展合作，共同打击一切恐怖主义暴力活动。希望两国外长和两国常驻联合国代表团加强磋商与合作。①

"9·11"事件造成3000多人死亡，其中2940人在世贸中心遇袭事件中死亡或失踪，189人因恐怖分子驾机撞击五角大楼而殒命，44人因恐怖分子劫持的飞机坠毁在宾夕法尼亚州而丧生。

美国东部时间9月20日晚上9时，小布什在国会参众两院联席会议上向全美发表电视演讲。这是"9·11"事件后小布什的第三次演讲，也是最特殊的一次演讲。一般情况下，美国总统在参众两院联席会议演讲，是为了发表国情咨文。这是小布什关于"9·11"事件最重要的演讲，他在演讲中强烈谴责恐怖主义，直指基地组织为"9·11"事件的黑手，明确美国将以反恐划线，支持反恐就是美国的朋友，不支持反恐就是美国的敌人。

小布什在演讲中声情并茂地说："今晚，我们的国家在恐怖威胁中觉醒，并奋起捍卫我们的自由。我们化悲伤为愤怒，化愤怒为决心。无论是我们将敌人绳之以法，还是以正义惩治敌人，正义必将伸张。"

小布什说："9月11日，自由的敌人对我们的国家发动了一场战争。战争对于美国人来说并不陌生——在过去的136年里，除了1941年的一个星期天（珍珠港事件），战争一直都是发生在国外。美国民众也知道战争所造成的伤亡——但这些不应该发生在一个中心城市和平的早晨；他们知道突然袭击，却不应该瞄准数以千计的普通民众。而这一切却都在一天之内发生了，接下来对世界来说将会是黑夜，自由正遭受恐怖袭击。"

小布什明确指出："我们所搜集到的所有证据都指向了一个松散的恐怖组织——阿尔-凯达（al-Qaida），他们同样也是袭击了美国驻坦桑尼亚和肯尼亚

---

① 《江泽民主席应约同布什总统通话》，《人民日报》2001年9月13日01版。

大使馆的罪魁祸首，并且是科尔号事件的责任方。"

阿尔-凯达就是通常所说的基地组织，奥萨马·本·拉登是其首领。

小布什明确要求："今晚，美利坚合众国向塔利班政权提出如下要求：将藏身在阿富汗境内的所有阿尔-凯达头目及成员交给美国政府；释放所有被非法关押的包括美国公民在内的外国人员；保护外国记者、外交官和救援人员；立即永久性关闭阿富汗境内的所有恐怖分子训练营，将所有恐怖分子交给有关当局；给美国完全出入恐怖分子训练营的权力，以确保它们不再被使用。

"这些要求不存在谈判或讨论，塔利班政权必须立即执行。他们必须交出恐怖分子，否则将会得到与恐怖分子相同的下场。"

小布什声明："世界上的每个国家、每个地区，现在你们处在抉择时刻，要么与我们站在同一战线，要么与恐怖分子同流合污，但美国从今天开始将把任何向恐怖主义提供避风港和援助的国家视为美国的敌人。"①

小布什明确以反恐划线。中国坚持支持反恐行动，中国自身也是恐怖主义的受害者。

《华盛顿邮报》敏锐地指出："这是冷战后中国首次支持美国的军事行动。"美国官方和民众对中国的好感陡然猛增。

作为回报，小布什在推迟对日本和韩国访问的情况下，仍然按原计划参加10月20日至21日在上海举行的亚太经济合作组织非正式领导人会议，并在10月19日进行了他上任以来与中国国家主席江泽民的首次会谈，时间长达3小时。

小布什表示，他一直期待着这次访问，以便同江泽民主席进行面对面的会谈。他强调，美国政府高度重视与中国的关系。中国是一个伟大的国家。中国不是美国的敌人，他把中国看成是美国的朋友。美国致力于同中国发展建设性合作关系。毋庸讳言，美中之间会有分歧，但将本着相互尊重、坦率相待的精神来处理相互间的分歧。

小布什表示，他一直强烈支持中国加入世贸组织，他对中国即将"入世"

---

① https://georgewbush-whitehouse.archives.gov/infocus/bushrecord/documents/Selected_Speeches_George_W_Bush.pdf.pp65-73.

表示祝贺，认为无论对中国还是对美国，这都会带来好处。他还祝贺中国申奥成功。

小布什感谢中国在"9·11"美国发生恐怖袭击事件后迅速做出反应，明确、坚定地支持美国人民反对恐怖主义。他还感谢中国在这方面给予的合作。

江泽民表示，中国高度重视与美国的关系，一向主张中美发展建设性合作关系。为此，双方可以建立高层战略对话机制，由我们两人直接或派代表就共同关心的重大问题交换意见，及时沟通。

江泽民说，我们生活在一个丰富多彩的世界里。中美两国会有不同的观点，但我们必须长期共存，有不同意见应求同存异，应不断努力扩大我们的共同点。历史证明，只要我们这么做，我们的关系就会得到发展。

江泽民说，台湾问题始终是中美关系中最敏感的问题。我们解决台湾问题的基本方针始终是"和平统一、一国两制"，我们希望美方恪守一个中国政策，遵守中美三个联合公报。

小布什表示，他这次来到中国向中方重申，美国政府奉行一个中国的政策，遵守美中三个联合公报。

江泽民说，改革开放后，中国有了很大的发展，上海就是中国发展一个生动的缩影。我们非常重视与美方的经贸合作。不久前，我们购买了30架波音飞机，这说明中美经贸合作是有广阔前景的。

关于反对恐怖主义问题，江泽民说，中国一贯反对一切形式的恐怖主义，支持对恐怖主义进行打击。打得准才能打得狠，应避免伤及无辜。中美之间可以建立中长期的反对恐怖主义合作机制。①

小布什是江泽民在亚太经合组织领导人非正式会议期间会见的第一位外国领导人。

两位领导人会谈以后，共同会见中外记者。

江泽民说，中美作为世界上有重要影响的两个国家，在维护亚太和世界的和平与安全，推动地区和全球经济的发展与繁荣，以及同国际社会一道打击恐

---

① 《江泽民主席与布什总统举行会谈》，《人民日报》2001年10月20日01版。

怖主义等方面,都拥有共同责任和利益。中国重视与美国的关系,愿与美方共同努力,发展建设性合作关系。

小布什表示,他与江主席的会谈是非常成功的,他来上海是因为中国及亚太地区其他国家是美国反恐怖主义的重要合作伙伴,也是因为美国经济发展的未来和亚洲经济发展的未来是息息相关的。美国和亚洲国家面临共同的威胁,也有着共同的希望。我们都希望生活在一个更繁荣、更和平的时代。[1]

作为这次会议的一个成果,亚太经合组织领导人发表了"反恐声明"。声明强调:"领导人一致强烈谴责 2001 年 9 月 11 日在美国发生的恐怖袭击事件,对每位死难者和死难者家属、美国政府和人民深表同情和慰问。

"领导人认为,这种屠戮生命的行径和其他一切形式的恐怖行为,不论发生在何时、何地,针对何人,由谁所为,都严重威胁着所有人民,所有信仰,以及所有国家的和平、繁荣和安全。恐怖主义对亚太经合组织倡导的自由、开放和繁荣目标,对亚太经合组织各成员信奉的价值观,也构成直接挑战。

"领导人认为,必须全面加强各层次、综合性的国际反恐合作,重申联合国应在此方面发挥主导作用。领导人特别强调联合国有关决议的重要性。

"领导人承诺,恪守《联合国宪章》和其他国际法,防止、制止一切形式的恐怖活动,迅速、有效执行安理会第 1368 和 1373 号决议,支持一切旨在加强国际反恐机制的努力,呼吁加强合作将凶手绳之以法,呼吁尽快签署并批准包括《禁止资助恐怖主义的国际公约》在内的所有国际反恐公约。

"领导人决心根据各自具体情况加强反恐合作。

"领导人承诺进行全面合作,加强经济与金融部门的相互沟通,确保经济与市场不受国际恐怖主义的干扰。"[2]

反对恐怖主义的共同利益,使中美两国再次站在了一起。

2005 年,小布什连任总统后,将中国定位为"负责任的利益攸关方"。这是小布什政府的副国务卿罗伯特·佐利克(Robert Zoellick)在"中国向何处去"

---

[1] 《江泽民主席和布什总统共同会见记者》,《人民日报》2001 年 1 月 20 日 02 版。
[2] 《亚太经合组织领导人反恐声明》,《人民日报》2001 年 10 月 22 日 02 版。

的演讲中首次提出来的。

2005年9月21日，佐利克在美中关系全国委员会就美中关系问题发表演讲说：中国是一个大国，中国在成长，中国将影响未来的世界。对美国和全世界来说，根本的问题是：中国将如何运用自己的影响力？[①]

为了回答这个问题，现在我们在政策方面需要看得更远一些，不仅仅考虑为中国加入国际体系打开大门的问题：我们需要促使中国成为这个体系中负责任的、利益相关的参与者。国际体系帮助中国获得成功，中国也有责任加强这个体系。

此后，"负责任的利益攸关方"被写入了2006年美国《国家安全战略报告》，正式成为美国官方的对华新定位。

"利益攸关方"这一新词，从此成为国际社会谈论中国的一个时髦用语，"中国责任论"取代了"中国威胁论"。中国获得了前所未有的良好国际环境，赢得了为期至少10年的和平发展机遇期。中国经济在这黄金10年实现了高速发展。"9·11"事件发生的当年，2001年，中国GDP总量1.32万亿美元，位于法国之后，居全球第6位。2002年，中国GDP总量1.45万亿美元，超越法国，居全球第5位。2006年，中国用了4年时间，GDP总量达到2.71万亿美元，超越英国，居全球第4位。2007年，中国GDP总量达到3.49万亿美元，超越德国，居全球第3位。2010年，中国GDP总量达到5.93万亿美元，超越日本，居全球第2位。10年时间，中国的GDP总量，从第6位上升到第2位。从此以后，中国经济总量稳坐全球次席。2019年，中国GDP总量达到13.46万亿美元，是美国的65.6%，是第3名日本的2.64倍。期间经过2005年开始的汇率战，人民币兑美元从8.2∶1左右升值到6.9∶1左右，人民币升值近16%；中国以强劲的经济发展和巨大的外汇储备，有力地帮助国际社会走出了危机。

然而，2010年以后，当中国GDP总量居于全球第二，并且持续保持高速增长状态时，美国再度把中国作为竞争对手，美中关系再度逆转，一路走低。

[①] 吴建民：《外交案例》，中国人民大学出版社2007年版，第362页。

3. 离岸制衡，美国希望保持台湾现状

每一届美国政府，事实上都希望台湾保持现状。

台湾统一，即使是美方一再强调的"和平统一"，不符合美国的利益，因为这将使美国失去遏制中国的一个利器。

"台湾独立"，在美国没有准备与中国打仗的前提下，同样不符合美国利益。因为美国已经充分认识到，一旦台湾宣布"独立"，中国一定会使用武力实现统一。

美国希望台湾保持现状的传统政策是"战略模糊"。自尼克松总统访华以来，美国承认只有一个中国，但是要求中国不能用武力统一台湾，甚至表明一旦台海发生武装冲突，美国将出兵干涉，却又没有明确出兵的条件。"战略模糊"使美国获得了较大的回旋余地，能够左右逢源，坐收渔翁之利，同时也不惹祸上身。

小布什政府一上任，在台湾问题上咄咄逼人，大有将"战略模糊"变为"战略清晰"之势。

2001年4月25日，中美南海撞机事件刚刚开始谈判，小布什政府宣布向台湾出售40亿美元的武器，包括4艘"基德"级驱逐舰、8艘柴电动力潜艇和12架P-3C反潜巡逻机在内的大批性能先进、具有进攻性的武器。这是克林顿政府从来没有过的大手笔。

也是在这一天，小布什接受美国广播公司《早安美国》节目采访。他一反以往美国在台湾问题上的模糊态度，在被问及如果中国大陆攻打台湾，美国是否有义务保卫台湾时，小布什回答说："是的，我们有这个义务，中国必须了解这一点。我会这样做（保卫台湾）的。"

有记者问，"美国是否会使用全部军事力量？"

布什答道："（美国）将尽其所能来帮助台湾自卫。"

这是中美建交以来，美国总统第一次在台湾问题上使用"尽其所能"这么一个词。

小布什接受《早安美国》节目采访正值其上台百日之时，此言一出，立即引起美国舆论的高度关注。许多媒体认为，这意味着美国准备直接卷入台海冲

突。美国国家安全顾问康多莉扎·赖斯甚至还补充说,布什总统在台湾问题上的讲话是"相当认真的"。

中国政府就售台武器向美方提出强烈抗议。小布什政府的回应却是:美国"仍然支持一个中国的政策"。

5月17日,布什在白宫接见美国社区亚太裔领袖时再次声称,若中国大陆"动武",美国将会协助台湾。

5月21日,陈水扁"出访"中南美洲5国。美国不仅准许陈水扁"过境"纽约和休斯敦,而且安排其与州、市领导人和联邦国会议员会见等。

美方还加强与台湾当局的军事联系,包括高级军事官员互访、培训、兵棋推演、情报交流和建立军事热线等。

小布什政府的这一系列举动,助长了"台独"势力的气焰。

2002年8月3日,台湾地区领导人陈水扁提出"一边一国"论。他以视讯方式向在东京召开的"世界台湾同乡联合会"29届年会发表开幕致辞,首次明确宣称"台湾是一个主权独立国家","台湾跟对岸中国'一边一国',要分清楚"。他还强调称,只有2300万人民才能决定台湾的前途,如果有需要,台湾现状的改变要公民投票,"要认真思考公民投票立法的重要性与急迫性"。[①]

这是自李登辉1999年7月9日在接受"德国之声"记者采访,公然将两岸关系定位为"国家与国家,至少是特殊的国与国关系"的"两国论"以来,最严重的"台独"行为。当年李登辉的"两国论",曾经引发了几乎走向武装冲突的台海危机。

8月5日,中共中央台办国务院台办新闻发言人严词批判陈水扁的这些言论是重提李登辉"两国论",充分暴露了陈水扁公开支持"台独"的立场,这是对包括台湾同胞在内的全体中国人民的公然挑衅,也是对国际社会公认的一个中国原则的公然挑衅,必将对两岸关系造成严重的破坏。[②]

陈水扁的"台独"言行,逼迫小布什政府的台海政策清晰化。

[①] 苏起:《危险边缘》,台北天下远见出版公司2003年版,第303页。
[②] 《中共中央台办国务院台办新闻发言人就陈水扁鼓吹"台独"发表谈话》,《人民日报》2002年8月6日01版。

然而，出乎意料的是，这个清晰化却是以误解开场的。

2002年8月27日，陈水扁发表"一边一国"的"台独"言论20多天以后，美国常务副国务卿理查德·李·阿米蒂奇到北京进行中美副外长级政治磋商。在会见、会谈和新闻发布会上，阿米蒂奇都重申美国奉行一个中国的政策，不支持"台湾独立"。

在美国驻华大使馆举行的记者招待会上，阿米蒂奇应记者的要求，对陈水扁的"台独"言论发表评论说："陈水扁在8月3日的讲话是我们（美中双方）讨论的话题之一。美国国务院和白宫发言人已说明了美方的看法，那就是美国不支持'台湾独立'。我并不认为（陈水扁）8月3日的讲话会干扰布什总统和江泽民主席的峰会。"[1]

当场，有一个记者提了一个"假设"的问题："如果有这样一种情况，即海峡两岸人民决定台湾可以'独立'，那怎么办？华盛顿是否继续不支持'台湾独立'？"

阿米蒂奇回答说："措辞是重要的。我们说'不支持'，这是一回事，这和说'反对'不一样。如果海峡两岸人民出台解决（台湾问题的）方案，那么美国显然是不会介入的。所以，我们用'不支持'这个词。"[2]

当天，世界四大通讯社之一的美联社记者，按自己的理解，播发一条"爆炸性"的消息，说美国常务副国务卿阿米蒂奇在北京的记者招待会上声称"美国既不支持，也不反对'台湾独立'"。该消息称，这是"对美国台湾政策做出的重要澄清"。[3]

密切关注阿米蒂奇中国之行的台湾当局看到这样的"好消息"，激动万分，大声叫好，说"美国对台政策出现重大突破""美国对'一边一国'论表示善意"，等等。

台湾"官方"通讯社"中央社"驻华盛顿记者立即发出消息，并撰写长篇分析文章称，阿米蒂奇的谈话表达了美国内心的想法，"具有相当特殊的意义"；

---

[1] 熊志勇：《中美关系60年》，人民出版社2009年版，第432页。
[2] www.phoenixtv.com，2002年9月2日。
[3] 熊志勇：《中美关系60年》，人民出版社2009年版，第433页。

"特别是在陈水扁'一边一国'谈话引起紧张之后,美国依然不改原本立场,相当难得"。"台独"报纸《自由时报》刊文说:"布什政府显然接受了台湾('一边一国')的说法……不会轻易改变公开支持陈水扁的态度。"

台湾"外交部"发言人张小月激动地说:"台湾应把布什政府上任后所讲的话做出综合分析。"①

陈水扁的搭档吕秀莲沾沾自喜地说,如果公开宣布"台湾独立",或两岸开战,"美国当然不会参与";如果"台湾独立"只是对现状的认定,"美国当然不会反对"。

民进党代秘书长游盈隆认为,阿米蒂奇的说法"比克林顿政府时代的谈话更有利于台湾"。

奉李登辉为"精神领袖"的"台湾团结联盟"政策会主任李先仁声称,阿米蒂奇的谈话"等于是清楚地告诉中共和全世界,'台湾独立'与否要由台湾人来做决定","是对陈水扁'一边一国'谈话的善意回应"。

正当"台独"分子喜形于色、利令智昏的时候,美国国务院于当天就对美联社的报道做出"重大更正",强调阿米蒂奇"不是这么说的",阿米蒂奇谈话的核心是"美国在一个中国政策之下不支持'台湾独立'"。

8月28日,刚刚结束中国之行的阿米蒂奇,在日本东京举行记者招待会。他慎重地拿出事先准备好的讲稿,阐述美国"一个中国"的政策是"两岸人民都同意只有一个中国,而台湾是中国的一部分",表明美国"遵守三个联合公报"。阿米蒂奇严肃指出,不论"一边一国"论有多少含义,美国的态度就是"不支持'台湾独立'"。②

美国国务院的"重大更正"和阿米蒂奇本人的澄清,是被"台独"分子的狂嚣逼出来的,使小布什政府的台海政策不得不逐步清晰起来。当然,反恐的大背景下,美国对中国的需求多于中国对美国的需求。这无疑是一个十分重要的原因。

---

① 熊志勇:《中美关系60年》,人民出版社2009年版,第433页。
② 熊志勇:《中美关系60年》,人民出版社2009年版,第440页。

2002年10月下旬，江泽民访问美国，在位于得克萨斯州的"草原教堂"牧场，与牧场主人、美国总统小布什举行非正式的最高级会晤。小布什在会晤时表示，美国反对"台湾独立"。但在公开的新闻发布会上，小布什则宣称，美国不支持"台湾独立"。这种用词上的差别，其实反映了在反恐的大背景下，美国需要借重中国，不想让台湾问题干扰美中合作大局，但是又不愿意完全放弃利用台湾问题牵制中国。

陈水扁看到了中美之间的这个分歧，认为可以利用，于是更为积极谋划"台独"。2003年9月28日，陈水扁在民进党党庆会上宣称，将在2006年"催生台湾新宪法"。10月6日，陈水扁向记者表示："公民投票一定要落实，新宪法一定会诞生。台湾不是另一个国家的一个省或一个州。"

陈水扁愈演愈烈的"台独"言行，让美国意识到这是一个"麻烦制造者"，台湾问题有可能朝着不可控的方向发展。

2003年9月29日，针对前一天陈水扁的讲话，美国国务院发言人发表讲话，提醒陈水扁信守上台时做出的"四不承诺"，并逐一念出："不宣布独立、不更改政府称号、不把'两国论'纳入宪法和不推动统独公投。"①

11月27日，台湾"立法院"三读通过"公投法"。

12月2日，美国国务院发言人首次明确表示，美国"反对'台独'公投"。小布什也表示，美国反对任何一方片面改变台海现状，美国不愿见到台湾举办走向"独立"的"公投"。这也是美国首次将不支持"台独"转向反对"台独"公投。

为了从法理上遏制"台独"，给分裂分子划出红线，2005年3月14日，第十届全国人民代表大会第三次会议通过了《反分裂国家法》。陈水扁试图鼓动美国向中方施压。结果，美国众议院通过了一个不痛不痒的决议案。白宫发言人发表谈话称："我们反对任何企图用和平手段以外的方式决定台湾未来命运的做法。"美国国务院发言人说，美国国务院已经对大陆和台湾清楚表明，通过《反分裂国家法》解决不了台湾问题。②

---

① 熊志勇：《中美关系60年》，人民出版社2009年版，第434—435页。
② 熊志勇：《中美关系60年》，人民出版社2009年版，第437页。

陈水扁连任后，一方面企图通过操控"台独"议题巩固基本盘，一方面试图通过制造两岸紧张关系遮掩其贪腐丑闻，其言行更加肆无忌惮。

2006年1月29日，陈水扁在春节讲话中提出要废除"国统会"和"国统纲领"。美国发表声明要求陈水扁放弃"废统"的做法。迫于美国的压力，陈水扁调整了说法，于2月27日宣布"国统会终止运作"和"国统纲领终止适用"，但台湾"总统府秘书长"陈唐山等人公开表示，"废除"与"终止运作""终止适用"并无区别。

美国对陈水扁的出尔反尔失去信任，同时认识到"台独"行为的危险性，美国认为"台独"问题最终会演变为战争，而美国会被迫卷入，这是此时的美国并不想看到的。

陈水扁在当年5月展开所谓"兴扬之旅"。早在二三月间，台当局有关部门就开始向美国提出陈水扁的"过境"要求。然而，美国一直到5月2日才给出正式答复，并明确建议陈水扁去程过境夏威夷，回程在阿拉斯加的安克雷奇过境，而且只能加油休息，不能安排过夜或公开活动。

直到陈水扁预定启程的当天下午，台"驻美代表"还在与美磋商，希望至少能让陈水扁在美国本土的迈阿密或休斯敦"过境"，遭到美方拒绝。陈水扁不得不将启程时间从5月3日傍晚推迟到5月4日早晨。对于美方的做法，台湾媒体评论指出，这是对陈水扁的惩罚，也是羞辱。

5月10日，美国副国务卿罗伯特·B.佐利克在国会做证时毫不含糊地告诉国会议员：让我清楚地说，"台湾独立"就是战争，美国将因此断送很多生命。"台独"同情不得，助长不得，同情、助长造成的后果终将严重损害美国的利益。

"台独"就是战争，这样的话如果是出于中国官员之口，是完全正常的。但是，这样的话出于美国高官之口，特别是佐利克这一层级的，还是第一回。陈水扁不计后果的"台独"言行，令美国的对台政策终于清晰化。

2007年6月8日，中国国家主席胡锦涛在德国海利根达姆出席八国集团同发展中国家领导人对话会议期间，会见了小布什。两位领导人就双边关系及共同关心的国际和地区问题交换了意见。关于台湾问题，胡锦涛表示，要妥善处理台湾问题，共同维护台海和平稳定和中美共同战略利益。

小布什强调，美国政府在台湾问题上的立场没有变化，美方反对单方面改变台湾海峡现状的行动。[①]

当然，试图单方面改变台海现状的是陈水扁当局。所以，中美两国元首的矛头所向，完全一致。

虽然小布什政府口头表态非常积极正面，但是，在售台武器上，却毫无改善。2008年10月3日，小布什政府通知国会，决定向台出售爱国者-3反导系统、E-2T预警机升级为鹰眼2000型相关设备和服务、阿帕奇直升机、标枪型导弹、潜射鱼叉导弹和飞机零部件等6项武器装备，总价值64.63亿美元。对此，中国外交部、国防部、全国人大和全国政协外委会都坚决表示反对，并决定中止包括中美国防部级防务磋商在内的两军部分交流项目。

小布什政策的对台政策，其实就是保持台湾的现状，大陆不统，台湾不独，大陆不武，美国实施离岸平衡，既制约大陆，也制约台湾内部的各种政治势力，最后由美国在太平洋对岸说了算。

美国对华政策的两面性，在台湾问题上表现得淋漓尽致。

[①] 《胡锦涛主席会见美国总统布什》，《人民日报》2007年6月9日01版。

第八章

高开低走：
奥巴马逆转对华关系走势

第八章 高开低走：奥巴马逆转对华关系走势

奥巴马不仅改写了美国总统的肤色，也改写了美国总统处理对华关系的走势——逆转低开高走惯例，走出高开低走的新态势。

1. "上天福佑"，试图"改变"的首位非裔总统

2008年，巴拉克·侯赛因·奥巴马成功当选美国第44任总统，成为美国历史上第一位非洲裔总统。

奥巴马上任当年即获得诺贝尔和平奖，获奖理由是"在加强国际外交及各国人民之间合作上，做出了非凡的努力"。其实，奥巴马就是在上任的时候宣布了一下，要结束伊拉克战争。结果是诺贝尔和平奖到手了，伊拉克战争一直到奥巴马干完8年总统任期仍然没有结束。

在奥巴马之前，有3位美国总统获得过诺贝尔和平奖。他们是美国第26任总统西奥多·罗斯福——1906年，因成功调停日俄战争获诺贝尔和平奖，是第一位获得这一奖项的美国人；美国第28任总统托马斯·伍德罗·威尔逊——1919年，因倡导国际联盟而获诺贝尔和平奖；美国前总统吉米·卡特——2002年，因数十年来坚持调解国际冲突获诺贝尔和平奖，舆论公认，卡特卸任以后，比他担任总统干得更好。罗斯福获得这一奖项是在担任总统的第5个年头，威尔逊是在担任总统的第7个年头，卡特是已经卸任总统20多年之后，奥巴马则是上任第一年。从这一点讲，他书写了新纪录。

奥巴马就任总统后的第三年，干成了小布什两个总统任期都没有干成的事——击毙基地组织首脑、"9·11"事件策划者奥萨马·本·拉登。美国东部时间2011年5月2日凌晨1时30分，奥巴马在白宫观看美军击毙本·拉登的

实时视频直播图片，曾经成为热议的话题。

奥巴马竞选美国总统的那一年，是国际金融危机爆发的年份。尽管没有丰富的从政经验，但是，他上任以后，国际金融危机却逐渐平息，没有酿成20世纪30年代那样的全球经济大萧条。

2012年，在失业率高达7.9%的情况下，奥巴马竞选连任成功，这是自1940年战时总统罗斯福以来仅见的奇迹。这或许与他姓名中的那个"巴拉克"有关。在非洲东部语言斯瓦西语里，巴拉克的意译是"上天福佑"。

这位"上天福佑"的总统，早年经历却相当坎坷，甚至一度是问题少年——"瘾君子"。

奥巴马的父亲巴拉克·奥巴马，是夏威夷大学第一个非洲籍学生，来自非洲东部国家肯尼亚；母亲斯坦利·安·邓汉姆来自堪萨斯州。1959年，两人相识于夏威夷大学。1961年，小奥巴马出生于夏威夷州首府火奴鲁鲁。

两年后，奥巴马父母离婚。上小学后，奥巴马随同母亲和继父到印度尼西亚定居。1971年，10岁的奥巴马被送回夏威夷，与外祖父母同住，就读于知名私立学校普纳荷（Punahou School），直至1979年12年级（高中）毕业。这所学校以培养出中国革命的先行者孙中山和奥巴马而闻名。这所学校有不少荣誉：全美排名前十的中学，全美运动项目排名第一的中学，美国中文教育首屈一指的中学等。它在美国教育界有很高的声望和影响。普纳荷的学费很高，奥巴马就读时学费为每年1000美元，家庭普通的奥巴马依靠助学金完成学业。奥巴马在回忆录里把这所学校称为"岛屿精英的孵化器"。[1]

就在奥巴马返回夏威夷的当年12月，老巴拉克到夏威夷和奥巴马同住了一个月。作为圣诞节礼物，老巴拉克送给奥巴马一个篮球。奥巴马从此喜爱上了篮球运动，并很快入选普纳荷校队。1979年，普纳荷校队获得夏威夷州冠军，奥巴马因擅长远距离投球得了"巴利轰炸机"的雅号。篮球让奥巴马结束了多种族背景所形成的自卑感和漂泊不定的生活所带来的孤独感，找到了归属感。

---

[1] 参见〔美〕希瑟·莱尔·瓦格纳著：《巴拉克·奥巴马》，米拉译，清华大学出版社2008年版，第36—47页。

篮球还帮他找到了释放自我的方式，终结了问题少年时期。① 从此以后，奥巴马一直没有中断打篮球。成年以后，只要返回夏威夷，奥巴马还会约高中旧友打一场篮球比赛。

进入大学，奥巴马才首次抵达美国本土。他先在加利福尼亚州的洛杉矶西方学院求学，期间在该校《宴会》杂志上发表了体现他青春精神发展脉络的诗歌《老爹》，后被《纽约客》(*The New Yorker*)杂志转载并广为流传。两年后，他转往纽约的哥伦比亚大学，主修政治学及国际关系。1988年，奥巴马进入哈佛大学法学院就学。1990年2月当选为《哈佛法律评论》总编，他是该刊创办104年来首位非洲裔美国人总编。美国许多报纸在一版头条位置报道了这一新闻，奥巴马开始崭露头角。②

1996年，37岁的奥巴马步入政界，成功竞选伊利诺伊州的参议院席位。8年后，奥巴马成功当选美国参议员。

奥巴马在当选国会参议员之前，发生了一件"改变"其个人命运和美国历史的大事。2004年7月27日，民主党举行全国代表大会，奥巴马应邀做主题演讲。"主题演讲"的要求是阐述本党的纲领和政策宣言。这项殊荣，通常由本党具有远大前途的政治新星来担纲。奥巴马把演讲的主题集中在自己的多文化背景对美国政治的重大意义上。奥巴马指出，必须减弱诸如种族之类的社会差异的影响，夯实那些让美国人团结一致的纽带和基石。奥巴马在演讲中强调："这里不存在一个自由主义的美国和一个保守主义的美国，而只有一个美利坚合众国。这里不存在黑人的美国和白人的美国、拉丁族裔的美国和亚洲的美国，而只有美利坚合众国……我们是一个民族，所有人都宣誓效忠星条旗，所有人都保卫美利坚合众国。"③

奥巴马的演讲，令与会者深受震撼。发表演讲之前，奥巴马只是一个在伊利诺伊州政府工作的无名小卒；演讲之后，他已经成了全国知名的政治新星，其

---

① 〔美〕希瑟·莱尔·瓦格纳：《巴拉克·奥巴马》，米拉译，清华大学出版社2008年版，第46—47页。
② 苗晓勇：《奥巴马传记》，吉林大学出版社2009年版，第103页。
③ 杨道金：《帝国变脸——贝拉克·奥巴马传奇》，人民日报出版社2009年版，第458页。

影响力与娱乐明星不相上下。

两年以后，2006年，《时代》周刊以奥巴马为封面人物，标题是"下一个总统？"①

再过两年，2008年，奥巴马成功当选美国总统。奥巴马的个人命运和美国历史，都因为这一次演讲而"改变"。"改变"正是奥巴马2008年竞选总统口号的关键词"change we need（我们需要改变）"。

2. 金融危机爆发，美国求助中国拯救经济

2008年是一个具有转折意义的年份，也是多事之秋。由美国次贷危机引发的国际金融危机，成为1929年以来全球最严重的经济危机。

20世纪90年代以来，美国抓住以信息技术为主要标志的新技术革命契机，充分激发其强大的创新能力，实现了二战以后前所未有的经济高速增长，资本市场更是空前繁荣。

2001年，IT泡沫破灭，美国经济陷入衰退。为了刺激经济，美联储采取扩张性的货币政策，经过13次降息，到2003年6月25日联邦基金利率下调至1%，创45年来最低水平。② 低利率催生了房地产热，更容易获得且价格更低的贷款，更多的购房意愿，再加上越来越高的房地产价格，房地产业整体呈现出异常繁荣的局面。美国金融机构推波助澜，向那些信用级别较"次"的客户发放住房按揭贷款。这些"次"级客户还本付息的能力是通过房价的快速上升来实现的。这就是"次级贷款"。金融机构为了摆脱可能的坏账压力，把"次级贷款"打包上市交易，实行债券化，将风险转嫁给保险公司、投资银行、养老基金、对冲基金等其他金融机构，导致泡沫更大规模积聚，金融风险进一步放大。

---

① 苗晓勇：《奥巴马传记》，吉林大学出版社2009年版，第118页。
② 余永定：《美国次贷危机：背景、原因与发展》，《当代亚太》2008年第5期，第14页。

2003年，美国经济开始复苏。为防止通货膨胀反弹，从2004年6月到2006年6月，美联储连续17次上调联邦基金利率，导致住房贷款市场利率上升、房价下跌，那些信用级别较"次"的贷款客户无力借新还旧。2006年年底，住房按揭贷款出现"断供"，"次贷危机"开始引爆。经过半年多时间的发酵，贝尔斯登、美林证券、花旗银行和汇丰银行等国际金融机构相继宣布数以百亿美元的"次贷"损失。2007年4月，美国第二大"次贷"供应商新世纪金融公司申请破产保护。2007年8月16日，为17%的购房者提供按揭贷款的美国康特里怀特金融公司宣布资金周转发生困难，这引起市场的极大恐慌。2007年最后一个季度，贝尔斯登公司旗下的两家对冲基金被迫关闭。2008年3月，美国第五大投资银行贝尔斯登因流动性短缺而不得不被J.P.摩根低价收购。2008年9月15日，有158年历史的美国第四大投行雷曼兄弟宣布申请破产保护，涉及债务总额达到6130亿美元。次贷危机终于引发国际金融危机。

从次贷危机到国际金融危机，全球损失超过1.4万亿美元，几乎是20世纪80年代末的美国储蓄和贷款危机、90年代的日本金融萧条以及1997年亚洲金融风暴损失的总和。[1]

国际金融危机沉重打击了美国国际影响力，提升了中国的国际地位。2008年，中国作为美国最大的债权国之一，中国持有的美国机构债（主要是对房利美和房地美的债权）高达3700亿美元[2]，拥有美国国债6962亿美元。[3]

国际金融危机发生以后，为了防止债权变成废纸，俄罗斯提议抛售美国国债，这令美国政府极为紧张。其时执政的小布什政府财政部长亨利·保尔森紧急致电中国、日本等债权大国，承诺保护债权国的利益。美国政府甚至将资不抵债的房利美和房地美直接收归国有，以确保债权人的权益。

为了防止国际金融危机冲击中国经济，2008年11月，中国政府决定实施积极的财政政策和适度宽松的货币政策，推出了进一步扩大内需、促进经济平稳较快增长的十项措施，涉及保障性安居工程，农村基础设施，铁路、公路、机

---

[1] 葛奇：《次贷危机的成因、影响及对金融监管的启示》，《国际金融研究》2008年第11期，第16页。
[2] 余永定：《美国次贷危机：背景、原因与发展》，《当代亚太》2008年第05期，第32页。
[3] 崔鹏：《浅析人民币国际化的几个问题》，http://www.x26u.con/3/view-1390670.htm。

场等建设，生态环境建设，医疗、卫生、文化事业发展，自主创新和结构调整，地震灾区重建，提高城乡居民收入，增值税转型改革，加大金融对经济增长的支持力度等。中央政府的投资规模为4万亿元人民币，加上地方政府和企业的投资，总额达到几十万亿元。这一措施，不仅稳定了中国经济，而且托住了正在快速下滑的世界经济，实现了V形反转。2009年，中国对世界经济增长的贡献率超过50%，成为全球最强劲的经济增长引擎。①

美国学界敏感地意识到中国的重要性和国际地位的大幅度提升，提出了一些出乎意料的新概念，如"中美国"和"G2"。

"中美国"（Chimerica，或译为"中美经济共生体"）这一概念，是由美国哈佛大学著名经济史学教授尼尔·弗格森和柏林自由大学经济史教授莫利兹·舒拉里克共同提出来的。2007年2月5日，他们联名发表《"中美国"再认识》一文，认为当前世界经济最明显的特征不是流动性过剩或资产短缺，而是企业利润和实际利率水平之间的差距，造成这一现象的重要原因是"中美国"的崛起。这一经济共生体集合了中国这个全球经济增长最快的新兴市场和美国这个世界金融业最发达的经济体双方的优势：美国优于企业管理、营销和金融，中国则专心工程设计和制造；美国富有且追求享乐，中国虽然穷困但生活节俭；美国消费大量中国生产的小商品，且热衷于用房屋抵押贷款来维持消费水准，中国则更热衷于储蓄，将存款借给美国；美国满足了购物欲，中国则获得了就业机会。由此，中国创造了巨额贸易顺差，然后又立即借给美国。通过政府之手，中国将贸易盈余变成美国国债，降低了美国的长期利率。美国和相关国家得益于低利率，使金融和房地产业得到繁荣发展。②

2007年3月5日，弗格森在《洛杉矶时报》上发表题为"买下'中美国'"的文章③，进一步阐述"中美国"这个世界上最大消费国和最大储蓄国构成的利益共同体。他认为美中不是两个国家，而是同属于一个叫"中美国"的国家，

---

① 罗坚毅、何晓洁、张勇：《中国对世界经济增长贡献率的研究——基于1996—2016年数据分析》，《经济学家》2017年第12期，第93页。
② 参见梁亚滨：《称霸密码：美国霸权的金融逻辑》，新华出版社2012年版，第231—237页。
③ Niall Ferguson, "Buy Chimerican", *Los Angeles Times*, MAR.5, 2007, A15.

它们之间是一种共生关系，一个储蓄一个消费，一个出口一个进口，一个提供产品一个提供服务，一个储备外汇一个印制美元。

2008年9月，国际金融危机爆发以后，弗格森进一步指出，占全球陆地面积13%、人口25%、国内生产总值33%左右的中美两个大国之间的合作，是过去10年世界经济发展的引擎。事实上，美国需要中国的帮助才能维持宽松的货币政策和积极的财政政策，中国也需要依靠美国的货币和财政政策实现高速发展。

弗格森展望未来说："当'中美国'时代结束后，中国会在20年内超越美国。"然后，在中国的统治下，世界将维持和平，并出现中国的"经济霸权"时代。

中美"两国集团"的提法出现得更早。2004年年底，美国彼得森国际经济研究所所长弗雷德·伯格斯滕提出，美国未来应着力培养四组G2关系：美—欧盟、美—中、美—日、美—沙特。

与此同时，美国一些学者抱怨G7（美、英、法、德、日、意、加七国集团）无能，呼吁美中日欧"四国集团"或中美"两国集团"取而代之。

2006年9月22日，美国彭博新闻社发表文章，引用美国知名中国经济问题专家唐纳德·斯特拉斯海姆的观点称："最重要的全球经济关系是美中两国集团。"

2007年5月23日，英国《金融时报》发表文章：《G2崛起，中美孤立G7》。文章指出："无论从哪个角度看，正在进行的中美战略对话，很可能是未来主导全球经济事务的G2组织雏形。"此文提到的中美战略对话，全称为中美战略经济对话。2006年9月，中国副总理吴仪和美国财长保尔森在北京发表联合声明，宣布两国将进行新的中美战略经济对话，一年两次，轮流在双方国家进行。

在2008年6月出版的《外交》杂志上，弗雷德·伯格斯滕发表《平等的伙伴关系》一文，明确提出"领导世界经济秩序的两国集团（G2）"。6月19日，第四次中美战略经济对话闭幕的第二天，美国对外关系委员会在纽约召开"如何应对中国对全球经济的挑战"媒体电话会，伯格斯滕在会上再次积极宣传其中美"G2"构想，声称，如果美国要鼓励中国在全球经济中承担更多的责任，就应该和中国分享全球经济的领导地位，把中国放在"负责任的利益攸关方"位置是远远不够的。他建议，美中战略经济对话机制应进一步升级为"领导世界经济秩序的两国集团格局"。

伯格斯滕关于中美"两国集团"的话音刚落,以雷曼兄弟公司破产为开端的国际金融危机呼啸而来,中国抵御国际金融危机的出色表现赢得全球喝彩。有关中美"两国集团"共管世界的话题在全球引起强烈反响。尼尔·弗格森建议奥巴马总统就职第二天就召开"中美经济共生体G2会议"。

基辛格、布热津斯基等超级战略学家也加入了"G2"大合唱,使这一构想的影响力骤然扩大。

2009年1月12—13日,为纪念中美建交30周年,中国人民外交学会和美国威尔逊中心基辛格中美关系研究所共同举办"纪念中美建交30周年研讨会",基辛格、布热津斯基等人公开倡导建立中美"跨太平洋战略伙伴关系"和"非正式两国集团"。他们两位讲话的主要内容相继在美国《国际先驱论坛报》和英国《金融时报》上发表,引起了全球各方关注。

基辛格认为,国际事务的重心正在发生偏移,从大西洋移到了太平洋,移到了印度洋。经济危机直接影响到各个民族国家的利益,除了采取通力的合作外,民族国家没有办法能够独立应对这样一场全球的经济危机。所以需要一个新的经济体系使经济和政治的必要性结合起来,"中美两国的人们,要不懈地为建立起这样一种跨太平洋两岸的战略伙伴关系做出努力"[①]。

布热津斯基则提出,中国强调的是要中国实现和平崛起,而且致力于实现一个和谐的世界,所有这些概念美方是可以认同的。基于这样的现实,就是我们相互合作、相互依赖,我们共同的思路,有利于双方合作解决现有的和潜在的问题,并且在一系列挑战问题上进行合作。中美两国应"超越为化解经济危机而通力合作的即时需要""拓展和深化两国地缘战略合作"。在伊朗、印巴、巴以、气候变化、核扩散等地区和全球问题上,美国都需要中国参与。因此需要一个"非正式的两国集团""实现一个真正意义上的全球伙伴关系",来推动这些进程。两国元首应"定期举行非正式会晤,就双边关系乃至全球事务展开

[①] 《美前国务卿基辛格就中美关系30年稳步发展的主要经验及世界意义发言》,搜狐博客,"1979—2009中美建交30年回顾与展望 中国人民外交学会纪念中美建交30周年研讨会"专题页面,http://haiwaiqun.blog.sohu.com/108426009.html。

面对面的深入讨论"。中国所强调的"和谐"可作为美中两国高层峰会讨论的开始。①

2009年1月17日,布热津斯基接受日本《读卖新闻》专访时再次强调:"在双边关系方面,美国应加强与中国的关系,确立中美G2关系。"

面对美国学者的热捧,中方保持清醒,不为所惑,不赞成什么"中美国",也不同意什么"G2"。中国一贯认为,中国是一个人口众多的发展中国家,要建成一个现代化国家还有很长的路要走,对此我们始终保持清醒;中国一贯奉行独立自主的和平外交政策,不与任何国家或国家集团结盟;中国一贯主张世界上的事情应该由各国共同决定,不能一两个国家说了算。

2009年年初,奥巴马宣誓就任总统时,面对着这样一种中美关系,一改美中建交以来历届总统的做法,美中关系不再"低开",而是"高开"起步。

奥巴马政府就职后一个月,便与中国政府确立了全面接触的渠道,双方共同开创了白宫易主后中美关系快速平稳过渡的先例。

2009年4月,奥巴马与时任中国国家主席胡锦涛在伦敦二十国集团峰会期间实现了首次会晤。之后,根据两国元首共识,双方创立了中美战略经济对话机制,由两国元首的四位特别代表就战略性、长期性、全局性问题进行深入沟通。中美在伊核、朝核、气候变化和经贸问题上的沟通和协调取得了积极进展。

2009年11月15日,奥巴马第一次踏上了中国土地。在这次精心安排的国事访问中,奥巴马与胡锦涛进行了长时间的交谈,达成许多重要共识。在66小时的访华行程中,奥巴马始终唱着一个调门:中美两国在共同应对全球挑战方面开展合作,有助于促进世界繁荣与安全。②

就在中美关系一路高歌的时候,2009年年底在哥本哈根气候大会上发生了戏剧性的一幕③。

---

① 《美前总统国家安全事务助理布热津斯基就中美关系正常化的战略意义做主旨发言》,http://haiwaiqun.blog.sohu.com/108411029.html。
② 《中美联合声明》,《人民日报》2009年11月18日02版。
③ 《温家宝讲述哥本哈根气候大会"内幕"故事》,2010年3月14日,中国网,http://www.chinanews.com/gn/news/2010/03-14/2168109.shtml。

哥本哈根气候大会，全称为"《联合国气候变化框架公约》第15次缔约方会议暨《京都议定书》第5次缔约方会议"，于2009年12月7—18日在丹麦首都哥本哈根召开。来自192个国家的代表与会，商讨《京都议定书》一期承诺到期后的后续方案，即2012年至2020年的全球减排协议。

在此次会议上，中美两国在执行碳减排国际监督方面产生严重对立。美国执意坚持中国承诺的碳减排必须接受国际监督，中国明确予以拒绝。

当地时间12月18日，奥巴马抵达哥本哈根，一下飞机立即参加一场20多个国家举行的紧急会议。由于不满美国的立场，温家宝没有出席这次会议，仅派一位副外长参加。美方觉得这是对奥巴马的羞辱。

随后，奥巴马与温家宝进行了近一个小时的单独会见，但是双方没有取得共识。奥巴马发表谈话宣称，如果没有国际监督，"任何协议将只是纸上空谈"。奥巴马的这种强硬作风，令温家宝愤而离开会议中心，返回下榻的酒店。

在此后举行的一个大范围会议上，中方对美方还以颜色，派遣一名低级别官员代表温总理出席会谈。会场上，各方代表各执一词、相持不下，误解、退席和给脸色等各种谈判招数百出。大会主席、丹麦首相拉斯穆森被迫数次暂停谈判，以缓和气氛。

奥巴马见温家宝没有与会，非常恼火，认为这是很大的外交侮辱，并当场发火说："如果能与能够做政治决定的人协商就好。"美方向中方表示：奥巴马总统想与温家宝总理再次进行会谈。但是，温家宝已经回到酒店，答应当晚7点可以安排见面。就在这个时候，美方获悉温家宝正在与印度、南非、巴西三国领导人开会协调立场。于是，奥巴马不请自来，直接闯进会场，边走边说：温总理我是不是来得早了一点，我是先到外面等着，还是加入你们一起讨论？温总理礼貌地表示欢迎"加入"。于是，四国会议变成了五国商讨，并最终取得共识。

任何气候协议必须获得193国全票通过，才能成为联合国条约。经过马拉松式的艰难谈判，大会在拖延了一天以后，各方还是没能达成一致。19日，大会主席、丹麦首相拉斯穆森建议，会议以备忘录的形式通过以奥巴马所提协议为基础的草案文本。19日下午，哥本哈根气候大会在达成不具法律约束力的《哥本哈根协议》后闭幕。

"77国集团"①（Group of 77, G77）参加哥本哈根气候变化大会的谈判代表卢蒙巴·迪亚平认为，这份最终文件草案并不是通过"民主的程序"得出的，并且仅仅是一些国家达成的协议，没有考虑到广大发展中国家的利益。他谴责美国及主办国丹麦践踏穷国权利，他说："这是气候变化协商有史以来最糟的，该协议将让发展中国家与穷人陷入永久的贫穷循环。"迪亚平指出，发展中国家需要更多的资金援助，协议中的数目"仍是不够的"，而且发展中国家也很难接受发达国家提出的"苛刻前提"。②

"国际地球之友"③（Friends of the Earth International）主席巴希则说，哥本哈根峰会是"悲惨的失败"。他说："气候急剧恶化，富国拖延行动已迫使世界最穷困的人们陷入饥饿、苦难甚至死亡，这个灾难性结果完全是发达国家造成的。"④

美国重要生态保护团体"塞拉俱乐部"也表示，美国参议院必须承担大部分责任，他们至今尚未批准奥巴马支持的减排法案。⑤

联合国秘书长潘基文19日下午举行记者会，介绍谈判进展情况。潘基文承认，过去13天的谈判相当复杂，进展也相当艰难。虽然本次会议没有达成一项具有法律约束力的协议，但他仍然强调，本次大会是"极端重要的开始"。他表示将尽力推动在2010年实现这一点。潘基文说，他在过去24小时里没有睡，也没有好好吃顿饭。

---

① 77国集团，是发展中国家在反对超级大国的斗争中，逐渐形成和发展起来的一个国际集团。1963年在18届联大讨论召开贸易和发展会议问题时，75个发展中国家共同提出了一个《联合宣言》，当时称为"75国集团"。1964年，第一届联合国贸易发展会议召开，77个发展中国家和地区在会上发表了联合宣言，自此称为77国集团。1979年，该集团的成员国已增加到120个，但仍沿用了77国集团的名称。77国集团为推动南南合作和南北合作做出了重要贡献。
② 杨宗：《哥本哈根幕后：温家宝愤而离席抗议奥巴马》，《扬子晚报》2009年12月20日。
③ 国际地球之友是一个国际组织，由国际间70余国环保组织组成，如英国地球之友、韩国环境保护运动联盟、德国环境与自然保护联盟等都在内。国际地球之友拥有一个小型秘书处，位于荷兰阿姆斯特丹，协助此联盟体系运作与协调共同行动。
④ 《气候大会达无法律约束力协议》，《扬子晚报》2009年12月20日，转引自http://news.sina.com.cn/o/2009-12-20/024716801103s.shtml。
⑤ 《气候大会达无法律约束力协议》，《扬子晚报》2009年12月20日，转引自http://news.sina.com.cn/o/2009-12-20/024716801103s.shtml。

3. 中国经济全球第二，美中关系逆转"走低"

2010年是中美关系的重要转折年。

就在这一年，中国GDP总量超过日本，成为全球第二大经济体；中国制造业产值超过美国，成为全球头号制造业大国。[①]

《华尔街日报》用"一个时代的结束"来形容这一历史性时刻。[②]

中美关系陷入了结构性矛盾——老大与老二的矛盾。

改革开放以来，特别是加入世贸组织以后，中国的发展势头迅猛异常：

1978年，改革开放起步的当年，中国的GDP仅1495亿美元，只是美国的6.34%，当年美国的GDP为23565亿美元。[③]

20年后的1998年，中国的GDP为10290亿美元，与自己相比，20年GDP增加了6.89倍，但是与美国相比只是略有提升，为美国的11.3%，美国的GDP总值为90891亿美元。[④]

再过10年，2008年，中国的GDP达到45982亿美元，是美国的31.24%，比例提高了近20个百分点，美国GDP为147185亿美元。[⑤]

此后，中国经济总量一年一大步。

2010年，中国GDP总值为6.10万亿美元，占美国GDP总值的40.8%，美国GDP总值则为14.96万亿美元。[⑥] 从此，中国经济总量稳居世界第二，并且把

[①] Chester Dawson, Jason Dean, "China Passes Japan Economy for No.2-But Plays It Down", *The Wall Street Journal*, Feb.14, 2011, A12.

[②] Chester Dawson, Jason Dean, "Rising China Bests A Shrinking Japan", *The Wall Street Journal*, Feb.14, 2011, A1.

[③] 数据来源参见世界银行网站，网址：https://data.worldbank.org/indicator/NY.GDP.MKTP.CD?end=2017&start=1978，2018年12月2日。

[④] 数据来源参见世界银行网站，网址：https://data.worldbank.org/indicator/NY.GDP.MKTP.CD?end=2017&start=1998，2018年12月2日。

[⑤] 数据来源参见世界银行网站，网址：https://data.worldbank.org/indicator/NY.GDP.MKTP.CD?end=2017&start=2008，2018年12月2日。

[⑥] 数据来源参见世界银行网站，网址：https://data.worldbank.org/indicator/NY.GDP.MKTP.CD?end=2017&start=2010，2018年12月2日。

排名第三的日本越甩越远。

2012 年，中国 GDP 总值占美国的 50%[①] 以上，2014 年达到 60%[②] 以上，2017 年达到 65.28%[③]。中美的经济总量日益接近。

中国经济的高速发展，震惊了世界，震撼了美国。

美国自从成为世界老大以后，不仅自己绝不再当老二，甚至不允许世界上有老二，以免自己的老大地位受到挑战。

从 2011 年开始，奥巴马政府改变对华政策，从全面合作转向遏制对抗。

当然，美国对华政策，即使在全面合作高入云端之时，从来也没有放弃过遏制那一手。

2010 年 1 月 29 日，美国国防部网站公布了总额达 63.94 亿美元的对台军售计划，严重损害中国的核心利益，引发了奥巴马就职以来的首次中美重大正面摩擦。此后，奥巴马政府又分别在 2011 年 9 月、2014 年 12 月、2015 年 12 月三次对台军售。[④]

2010 年 2 月 18 日，奥巴马在白宫地图厅会见了达赖，一方面表示美国承认西藏是中国的一部分，要求达赖恢复与中国中央政府的接触，一方面又说支持西藏寻求"真正自治"。奥巴马与达赖"温馨而又相互尊敬"的私人关系由此开始。此后，奥巴马又分别于 2011 年 7 月、2014 年 2 月、2016 年 6 月在同一地点以同一方式会见达赖。

上述做法，只是美国遏制中国的常规做法，与 2011 年以后的对华措施相比，只是小 Case（事例）而已。

2011 年年初，中国宣布 2010 年 GDP 跃居世界第二以后，美国立即调整对华关系，制定遏制中国的战略举措——重返亚太，实现亚太再平衡。

奥巴马政府重返亚太战略的实施，不是对中国崛起的应急反应，而是深思熟虑的结果。这一战略被认为是美国自冷战结束以来国家安全战略最重要的一

---

① 2012 年中国的 GDP 产值为 8.56 万亿美元，美国的 GDP 产值为 16.16 万亿美元。
② 2014 年中国的 GDP 产值为 10.48 万亿美元，美国的 GDP 产值为 17.42 万亿美元。
③ 2017 年中国的 GDP 产值为 12.23 万亿美元，美国的 GDP 产值为 19.39 万亿美元。
④ 任远喆、王戴林：《中美建交 40 年的 40 件大事》，《世界知识》2019 年第 1 期，第 23 页。

次重新定向①,是美国维持其世界霸权整体战略有机的组成部分②。

奥巴马就任美国总统后,立即着手进行新的战略布局,纠偏前任政府的对外政策和行事风格,试图从中东和欧洲抽出部分力量,把战略重点放在亚太地区。2009年7月,奥巴马政府的国务卿希拉里·克林顿出席在泰国举行的东盟地区论坛外长会时高调宣布:"美国回来了。"③

2009年11月14日,奥巴马在日本东京发表演讲,声称美国是一个太平洋国家,自己则是美国第一位"心系太平洋的总统"。

奥巴马说:"世界上没有哪个地区比亚太地区的变化更剧烈,美国与亚太地区的命运也在这种变化中更紧密地联系在一起,美国将更多地参与讨论如何构筑亚太地区的未来,并参加该地区合适的多边组织。"④

中国经济总量跃居世界第二之后,美国加快了"重返亚太"的步伐。奥巴马把与中国的关系定位为"非敌非友",多次声称"中国既不是朋友,也不是敌人,是竞争者"⑤。

2011年10月,希拉里在《外交政策》杂志上发表署名文章《美国的太平洋世纪》⑥,提出随着伊拉克战争的结束,"今后10年,美国外交方略最重要的使命之一是大幅增加对亚太地区外交、经济、战略和其他方面的投入"。文章声称,"未来的政治将决定于亚洲""美国将置身于行动的中心""我们现在的挑战是建立跨太平洋的伙伴关系和机构网,使之与我们的跨大西洋网络一样持久,并与美国的利益和价值观一致"。这被认为是"美国重返亚太"的高调宣示。

希拉里在亲述回忆中毫不隐讳地声称,"亚太再平衡"战略的最重要考虑之

---

① 陈雅莉:《美国的"再平衡"战略:现实评估和中国的应对》,《世界经济与政治》2012年第11期,第65页。
② 金灿荣、刘宣佑、黄达:《"美国亚太再平衡战略"对中美关系的影响》,《东北亚论坛》2013年第5期,第4页。
③ 阮宗泽:《美国"亚太再平衡"战略前景论析》,《世界经济与政治》2014年第4期,第6页。
④ Barack Hussein Obama, "Remarks by President Obama on Issues Affecting Asia-pacific Nations", *Suntory Hall*, Tokyo, Japan, Nov.14, 2019.
⑤ 陈之罡:《奥巴马对华政策猜想》,《第一财经日报》2008年11月6日。
⑥ Hillary Rodham Clinton, "America's Pacific Century", *Foreign Policy Magazine*, Nov.11, 2018.

一是应对一个"不再隐藏自己意志"的中国，一方面，"如果我们能够影响中国的政策朝正确方向发展，那么美国在亚洲其他地方的事情就好办得多"，另一方面，重新加强与日本、韩国、菲律宾、泰国、澳大利亚等美国在亚太地区盟友伙伴的军事安全合作关系，"以平衡中国不断增长的实力"。

2011年11月10日，APEC夏威夷首脑会议前夕，希拉里在夏威夷大学东方研究中心正式抛出"转身亚洲"（Pivoting Asia）的新概念。紧接着，奥巴马在APEC会议上演讲，强调美国的全球经济、安全和战略重心将全面转向亚太。[1]

用奥巴马的话说，"美国将维护核心原则并与盟友密切合作，在塑造该地区及其未来中发挥更大、更长远的作用"[2]。

作为"转身亚洲"的具体举措，2012年1月，奥巴马政府公布美国新军事战略报告《维持美国的全球领导地位：21世纪国防的优先任务》[3]，宣布加强在亚太地区的军事存在，进一步提升海空军作战能力。美军确定了"两个60%"的军力部署目标，即在2020年前将60%的海军军舰、海外60%的空军力量部署到亚太地区。

在2012年6月3日闭幕的香格里拉对话会上，时任美国国防部长莱昂·帕内塔明确提出了美国"亚太再平衡战略"。

2014年3月，五角大楼发布四年一度的《防务评估报告》，强调"国防部将继续贯彻总统向亚太这一关键地区实施再平衡的总目标。我们对亚太地区和平与稳定的承诺需要一种能够慑止侵略，在所有领域有效作战，并对危机和突发事件采取果断应对措施的持久能力"。[4]

2014年4月2日—3日，"美国—东盟防务论坛"在夏威夷召开，美国首次以东道主身份主办美国与东盟之间的部长级非正式会议。时任美国国防部长查尔

---

[1] 朱锋：《奥巴马政府"转身亚洲"战略与中美关系》，《现代国际关系》2012年第4期，第1页。
[2] 田源、张新：《美国"重返亚太"战略的背后——专访军事科学院世界军事研究部美国问题专家林治远》，《解放军报》2011年12月26日04版。
[3] United States Department of Defense, "Sustaining U.S. Global Leadership: Priorities for 21st Century Defense", https://www.defense.gov/, Jan.5, 2012.
[4] 徐长银：《美亚太再平衡战略部署今年又上新台阶》，新华网，2014年11月28日，http://www.xinhuanet.com/world/2014-11/28/c_127259275.htm。

斯·蒂莫西·查克·黑格尔在论坛上重申美国对亚太地区的"承诺",期待将这一论坛活动"常规化",并释放出"亚太再平衡"将会延续的信号。这一战略也得到了美国鹰派和一些智库的支持。新美国安全研究中心高级研究员罗伯特·卡普兰甚至认为,美亚太战略面向中国崛起进行调整,是"20年前就应该做出的"①。以华盛顿智库名义发表的题为《力量支撑的合作:美国战略与中国南海》的报告,建议美国政府未来10年内将其在全球舰艇数量增至346艘。

"重返亚太战略",以制衡中国力量和影响力的上升、巩固美国在本地区的利益和地位为目标,以外交、军事和经济三管齐下、相互配合的方式,通过在中国周边加强军事部署、强化同盟体系,"以平衡中国不断增长的实力""确保美国在亚洲的存在因应盟友对中国崛起的关切得到重新加强"。同时,对亚太多边机制的发展建设实施更直接的影响,重塑国际海洋、经贸规则,限制中国的发展空间。

军事是美国的优势领域,也是美国在"再平衡"战略上功夫下得最多、动作最迅速、影响最大的方面。奥巴马寻求在亚太地区的军事部署"更广泛、更灵活、更持久",方法是"巩固老朋友,寻找新伙伴",通过不断强化与传统盟国的合作,积极建立新的军事伙伴关系。例如,在日本本土、冲绳、韩国、关岛、澳大利亚、菲律宾、新加坡等国家和地区进行军事调整和部署,让海军陆战队进驻达尔文基地,将包括导弹防御系统、"猛禽"战斗机、"鱼鹰"运输机、"全球鹰"无人侦察机、战斗机以及濒海战斗舰、核动力潜艇等在内的大批最先进的武器装备调往亚洲。

下面展示了美国军队实施"亚太再平衡"战略的进展②:

- 2012年国防战略评估报告,正式提出美国"重返亚太"战略。2011年美国与澳大利亚达成协议,美海军陆战队开始以轮换方式进驻澳中北部的达尔文港。

---

① Robert D.Kaplan, "Why John J.Mearsheimer Is Right", *The Atlantic*, january/February, 2012.
② 安刚:《奥巴马这八年,给中美关系留下了什么》,《世界知识》2016年第23期,第19页。

- 2012年1月奥巴马政府公布美国新军事战略报告《维持美国的全球领导地位：21世纪国防的优先任务》，宣布加强在亚太地区的军事存在，进一步提升海空军作战能力。美军确定了"两个60%"的军力部署目标，即在2020年前将60%的海军军舰、海外60%的空军力量部署到亚太地区。
- 2012年6月美国与新加坡达成一致，明确美军到2017年在新部署多至4艘最先进的濒海战斗舰，其中2艘现已到位。
- 2013年美越确立"全面战略伙伴关系"。
- 2014年3月五角大楼发布四年一度《防务评估报告》，指出"我们对亚太地区和平与稳定的承诺需要一种能够慑止侵略，在所有领域有效作战，并对危机和突发事件采取果断应对措施的持久能力"。美国海军陆战队开始重建其在东亚的力量，到2014年春有1.9万人驻扎亚太，2017年将增至2.2万人。
- 2014年4月与菲律宾签署《加强防务合作协议》，菲将向美开放本国最多5个军事基地，供美国对飞机、船舰及军队进行换防，美军时隔20多年再次得以进入菲本土军事基地。
- 2014年8月美国海军五年作战计划公布，计划到2020年美国海军部署在前沿基地的舰艇将由现在的97艘增加到120艘，而部署在太平洋地区的舰艇将由现在的50艘增加到65艘，包括最新的DDG级导弹驱逐舰、联合高速船、"海神"侦察机、"咆哮者"电子战斗机，以及F-35C联合攻击战斗机等升级版飞机，"最强大的平台将在西太平洋执行军事行动"。
- 2014年8月美澳签署军事协定，商定到2017年驻达尔文基地的美军人数增加一倍多，海军陆战队队员轮驻规模扩大到2500名。
- 2014年10月美国部分解除对越出售杀伤性武器的禁令，以帮助越南促进海洋安全。
- 2015年出台《21世纪海上力量合作战略》《国家安全战略》《亚太海洋安全战略》三个文件，明确美国在亚太地区的三大安全利益：海洋自由、制止冲突与胁迫、遵守国际规则和规范。
- 2015年7月美军宣布2017年前在新加坡部署4艘濒海战斗舰，现已有两艘部署到位。

- 2015年10月"本福德"号导弹驱逐舰进驻日本横须贺基地。"贝里"号在2016年轮换已在日本的"拉森"号。通过在2017年前向日本增加部署3艘最先进的导弹驱逐舰，美国加强了在东北亚地区的导弹防御能力。
- 2015年11月宣布拨款2.59亿美元用于帮助东南亚各国加强海事安全。
- 2015年12月美新签署加强防务合作协议，决定深化军事技术合作关系，并明确美国自2015年年底起在新首次部署海军用P-8"海神"海上多任务飞机。
- 2016年1月美国海军证实，已将核动力航母"约翰·斯坦尼斯"号派遣到西太平洋地区，执行为期7个月的任务。这样，加上已在日本横须贺港的"罗纳德·里根"号航母，亚太地区现有两艘美国核动力航母。
- 2016年美国进驻菲律宾的五个军事基地。
- 2016年9月国防部长卡特发表演讲宣称，"亚太再平衡"已完成前两个阶段的部署，美军将在第三阶段巩固和发展过去取得的成果，将包括F-35第五代战机、P-8型反潜侦察机、弗吉尼亚级核潜艇升级版在内的更多最先进武器装备派往亚太，并大力发展新一代战略轰炸机、无人驾驶潜水装置及太空和网络新技术。

外交上，美国广泛参与亚太地区既有的多边机制和区域合作架构，并极力密切与本地区主要国家和区域组织的关系。冷战结束后美国建立起来的"轴辐体系"面临新的挑战，美国试图建立一种更具包容性的多边合作机制。近几年来，美国加入了《东南亚友好合作条约》，广泛参与东盟地区论坛、东亚峰会等区域性多边国际组织，多边途径参与亚太事务。同时，美国不断加深与传统盟友，如日本、韩国、菲律宾和澳大利亚等国的关系，同时也拓展了与印度、新加坡、越南等国的关系。希拉里访问缅甸，被称为"破冰之旅"；奥巴马接踵而至，成为对缅甸进行历史性访问的首位在任美国总统。这体现了希拉里提出的美国"前沿部署外交"思想，即美国不满足于在海上亚洲保持主导地位进而向陆上亚洲进行渗透。希拉里指出为适应不断变化的亚太形势，美国将遵循6个关键行动方针：加强双边安全联盟，深化与新兴大国的关系，参与区域性多边机构，扩大贸易和投资，打造一种有广泛基础的军事存在，促进民主和人权。同时，改变以往在南海等海洋领土主权争端中的"不介入"政策，积极寻找并利用海洋问题这一再平衡的新支点大做文章。

经济上，美国对在亚洲的"出口安全"和"贸易赤字"一直不满，力图推进跨太平洋伙伴关系协议（Trans-Pacific Partnership Agreement，简称TPP）谈判，建立以其为中心并排斥中国的泛太平洋经济合作区。美国虽然是全球唯一的超级大国，但在亚太地区的经济大战和一体化势头下，无法在经济上全面介入该地区运行多年的多边经贸机制，特别是该地区形成了以中国为中心、以市场为导向的自发性经济合作机制。TPP经济合作模式，是美国企图主导亚太经济合作的切入点和工具，有利于美国制定一套有利于自身的游戏规则和制度安排，还能分享亚洲经济增长的红利。

"亚太再平衡"战略是一个全面而完整的政策，美国希望借此来维护其全球霸权，推动美国经济复苏，遏制中国在亚太地区不断扩大的影响力。不过，对于亚太地区的很多国家来说，更愿意在中美之间左右逢源，即"军事上依靠美国，经济上依靠中国"。奥巴马政府的"亚太再平衡"战略，让某些国家以此为契机，想方设法把自己的问题变成美国的问题，把自己与中国的争端变成美国与中国的争端，从而扰乱了亚太地区的局势。

4. TPP，奥巴马构建围堵中国的"经济北约"

2016年2月4日，美国主导、有"经济北约"之称的"跨太平洋伙伴关系协定"（TPP）在新西兰北部海滨城市奥克兰正式签署。日本、澳大利亚、文莱、加拿大、智利、马来西亚、墨西哥、新西兰、秘鲁、新加坡和越南12个参与国的经济总量，占全球经济总量的40%左右。

这是奥巴马政府在经济上围堵中国的一项战略举措。

2015年10月5日，TPP谈判取得实质性突破并达成基本协议后，奥巴马发表声明称，"美国不能让中国等国家书写全球贸易规则"①。"经济北约"的目的袒露无遗。

奥巴马在另一个场合说过："美国正在被实行经济扩张主义的中国挑战。如今拥有世界上最快计算机和火车的国家已不再是美国而是中国，中国凭借其强劲的增长和财力，已经在世界经济舞台上与美国'平起平坐了'。如果美国不能够保持足够的'前沿防御'和战略威慑以牵制中国，自己就很有可能会排除在亚太区域经济合作之外，甚至出现地区经济'去自由化'。"②

因此，美国主导的TPP谈判重点，是成员国的政治体制必须尊重自由、民主、法制、人权、普世价值观。而且TPP统一监管标准包括贸易和服务自由、货币自由兑换、税制公平、国企私有化、保护劳工权益、保护知识产权、保护环境资源、信息自由（包括新闻自由、互联网自由等）。

作为跨区域的自由贸易协定，TPP与以往的自由贸易协定相比具有三个鲜明特点③。

一是成员国之间存在巨大的差异性和复杂性。从参与主体来看，各经济体遍及北美、南美、东亚和大洋洲，各成员国在地理、人口、政治、宗教信仰以及经济发展水平和经济结构等方面存在的差异性和复杂性比较突出。

二是协议内容的广度和深度超过以往任何自由贸易协定。从广度上看，它体现了全覆盖的特点，既包括商品贸易、服务贸易等传统的条款，也包含知识产权、劳工、环境、临时入境、国有企业、政府采购、金融、能力构建等亚太区绝大多数FTA（区域自由贸易协定）尚未涉及或较少涉及的条款。从深度上看，它体现了高标准的特点，在关税减免、服务贸易、知识产权、劳工、环境、国有企业、政府采购等相关领域的最终标准都明显超出FTA的现有水平。在商品贸易领域，有望实现全部贸易品零关税。在服务贸易领域，采取"准入前国民

---

① 《促TPP获美国国会批准 奥巴马将继续打中国牌》，《中国青年报》2015年10月9日07版。
② 转引自阮宗泽：《美国"亚太再平衡"战略前景论析》，《世界经济与政治》2014年第4期，第10页。
③ 吴涧生、曲凤杰：《跨太平洋伙伴关系协定（TPP）：趋势、影响及战略对策》，《国际经济评论》2014年第1期，第66—67页。

待遇+最惠国待遇+例外条款"这一自由化程度较高的方式，即对所有服务部门均给予准入前国民待遇和最惠国待遇，仅对国防、金融、航空等少数特殊行业设置例外条款。

三是协议内容和标准更多体现美国自由贸易理念及其战略利益诉求。在知识产权领域实施高于WTO（《与贸易相关的知识产权协议》）的标准，有利于美国从技术贸易、技术转移和专利使用等方面获取更多的技术扩散收益，但不利于发展中国家以低成本获取先进技术。TPP协议中增设了劳工和环境条款，并将贸易与之相挂钩，通过强加于他国较高的劳工环境标准等，有助于美国借此对其他成员国的出口产品实施贸易制裁。TPP强调谈判要实现统一原产地规则、全面减免关税、服务贸易的国民待遇和最惠国待遇，目的是为了扩大对亚太区域的出口。

TPP的谈判重点和协议特点，无一不是针对中国的。

TPP成员国，有发达国家如美国、日本、加拿大等，也有发展中国家如马来西亚、墨西哥等；多数是资本主义国家，也有社会主义国家如越南；有巨型经济体，也有微型经济体如文莱。有些国家，无论是经济发展水平，还是市场经济发育程度，都远远不如中国。美国把这些国家拉进TPP，纯粹是为了围堵中国经济发展。

TPP的前身是跨太平洋战略经济伙伴关系协定（Trans-Pacific Strategic Economic Partnership Agreement）。这是由亚太经济合作组织成员国中的新西兰、新加坡、智利和文莱等四国发起，从2002年开始酝酿的一组多边关系自由贸易协定，原名为亚太自由贸易区，旨在促进亚太地区贸易自由化。由于2005年签署这一协议的初始成员国为4个，故又称为"P4协议"。

"P4协议"签署以后，发起国邀请澳大利亚、马来西亚、秘鲁、美国及越南等5个国家磋商。2008年2月，美国宣布加入"P4协议"，并于当年3月、6月和9月就金融服务和投资议题举行了3轮谈判。2008年9月，美国总统奥巴马决定参与TPP谈判，并邀请澳大利亚、秘鲁等一同加入谈判。

2009年11月14日，奥巴马访问东京时宣布，美国加入跨太平洋伙伴关系协定。奥巴马说，"美国将再次在亚洲发挥领导作用，积极参与亚太地区贸易和投资方面的合作"。

美国借助TPP的已有协议，推行自己的贸易议题，全方位主导TPP谈判。自此，跨太平洋战略经济伙伴关系协议，更名为跨太平洋伙伴关系协议。

由于奥巴马政府把一项自由贸易协议变成了围堵中国的政治工具，美国内部分歧大，认为让步太多，"将深深伤害美国经济"。2016年参与总统竞选的民主、共和两党候选人都表示反对这一协议。

2016年11月9日，在美国国会两院均占多数席位的共和党议会领导层宣布，暂时搁置对跨太平洋经济合作协定的批准。

2017年1月23日，上任三天的特朗普签署总统令，宣布美国退出《跨太平洋伙伴关系协定》。特朗普说："《跨太平洋伙伴关系协定》会损害美国的制造业，是美国'潜在的灾难'。""我们所做的这件事情对美国工人来说是一件大好事。"①

2017年10月30日，不含美国的跨太平洋伙伴关系协定11个参加国在日本召开为期3天的首席谈判代表会议，采取"冻结"协定部分项目效力的方法，签署了新的自由贸易协定，更名为"全面且先进的TPP"（CPTPP）。

2018年12月30日，CPTPP获得澳大利亚、加拿大、日本、墨西哥、新西兰、新加坡、马来西亚、越南、文莱、智力、秘鲁等11个国家政府批准，并于当日正式生效。这11个国家覆盖了近5亿人口，大约占全球总GDP的13%，以全球第三大经济体为主，史称"无美国版TPP"。

奥巴马政府在TPP上功亏一篑。

不过，奥巴马政府在经济上围堵中国却并不仅此一事。2010年年底，国际货币基金组织（IMF）董事会通过份额和治理改革方案，以适应新兴市场和发展中国家在全球经济中的权重上升。根据这个改革方案，IMF的份额将增加一倍，约有6%的份额向活力旺盛的新兴市场和代表性不足的发展中国家转移。改革方案实施以后，中国的份额和投票权将提高至6.394%和6.071%，成为仅次于美国和日本的第三大成员国。印度、俄罗斯和巴西的份额都将在IMF内跻身前十。美国

---

① 江宇娟：《特朗普正式宣布美国退出TPP》，新华社华盛顿电，2017年1月23日。

的投票权虽有小幅下降，但仍将拥有17.41%的份额和16.48%的投票权，继续拥有事实上的否决权。按照IMF的规则，重大事项需经五分之三成员国并持有85%投票权同意。美国保持超过15%的投票权，意味着仍然握有重大决策否决权。但是，美国国会拖延批准IMF的改革方案，一拖就是5年。直到2015年12月18日，在国际社会的强烈批评声中，美国才最终予以批准。

美国不仅在金融领域卡中国脖子，在实体经济领域更加肆无忌惮。

中国最大的工程机械制造企业三一重工集团，在美国的并购案遭到奥巴马政府的越权阻止。

2012年9月，中国三一重工集团的子公司拉尔斯控股公司（Ralls Corp）拟斥资30亿美元，收购位于美国俄勒冈州海军基地附近的4座风力发电厂项目。美国外商投资委员会（CFIUS）以威胁国家安全为由下令阻止，要求风电厂项目停止建设并撤走所有物资设备。拉尔斯公司不服，向美国哥伦比亚特区联邦地方分区法院提出诉讼。美国外商投资委员会搬出奥巴马总统。2012年9月28日，奥巴马总统签署行政命令，要求拉尔斯公司两周内撤走所有设备，并于90天内撤出全部投资。3天后，拉尔斯公司于10月1日将美国政府追加为被告，认为奥巴马总统的行政命令违法，导致拉尔斯公司遭受巨大损失。[1]

美国哥伦比亚特区联邦地方分区法院杰克逊法官初审裁定美国政府相关动议合法有效。拉尔斯公司向美国哥伦比亚特区联邦法院提起上诉。

2014年7月15日，由汉得逊大法官、布朗大法官和维会金斯大法官组成的美国哥伦比亚特区联邦法院合议庭推翻初审判决，一致认定[2]：

（1）三一集团在美关联公司拉尔斯在该风电项目中具有受宪法程序保护的财产权；

（2）奥巴马总统下达的禁止拉尔斯公司俄勒冈项目的总统命令违反程序正义，剥夺了拉尔斯在该项目中受宪法保护的财产权，美国政府需要向拉尔斯提

---

[1] 参见向阳：《三一起诉背后：国际遇阻、国内寒流》，《科技与企业》2012年第11月（上），第2—3页。
[2] 参见凤凰财经综合：《三一重工子公司起诉奥巴马政府获胜诉》，http://finance.ifeng.com/a/20140716/12730291_0.shtml，2014年7月16日。

供相应的程序正义，包括美国外商投资委员会、总统做出相关决定所依赖的非保密信息和在了解相关信息后回应的机会；

（3）美国外商投资委员会就拉尔斯公司俄勒冈项目针对三一各公司下达的各项命令不因奥巴马总统令而下达自动规避法院的审查，初审法院应就拉尔斯对美国外商投资委员会各项命令的挑战和诉求立案并进行实质审查。

这一案件的胜诉，不仅是中国企业对美国政府的胜诉，更重要的是，此案暴露美国政府以国家安全为由，对中国企业存在偏见和歧视。

也是在2012年，10月8日，美国对中国电讯设备企业华为公司下达"封杀令"。

美国政府对华为下达"封杀令"的依据，是美国众议院情报委员会抛出的一份长达52页的调查报告①。这份报告到处充斥着"怀疑""无法确信"等臆断词语，缺乏真凭实据，其结论竟是"可能对美国带来安全威胁"。报告唯一确证的事实是华为创始人任正非曾在中国人民解放军中担任工程师。报告认为，如果订购华为的设备，在中国与美国或其他国家交战的时候，这些设备可能成为重要的间谍工具。

华为对美国政府的封杀令做出了回应。

华为的回应开宗明义：美国是一个法治国家，所有的指控都应基于确凿的证据和事实。美国众议院情报委所主导的、历时11个月完成的报告，仍然未能提供明确的信息或者证据证明其担忧是合理的。

华为指出，美国众议院情报委员会的一切活动和努力似乎都指向一个事先已确定的结果。这份报告，充满了传闻和臆测的信息，妄图证明这些根本不存在的指控。

华为认为，"华为的日益强大，正是美国畏惧华为进入的根本原因"。所谓"安全风险"，根本就是一个不能成立的借口。

就在2012年上半年，华为销售收入达到162亿美元，超过爱立信成为全球最大的电信设备制造商。华为建立的全球化销售与服务体系，能够为用户提供方便快捷的服务。

---

① 《美国国会对华为的安全指责》，《中国经济和信息化》2012年第11期，第40页。

此后，从奥巴马政府到特朗普政府，华为在美国一直遭受打压。

2018年1月12日，华为与美国最大的电信运营商美国电话电报公司合作，将于第二天宣布在美国销售华为手机，广告海报挂到了美国的大街小巷。就在这个时刻，美国18名国会议员突然致信联邦通信委员会，要求对销售华为手机展开调查，并且提出应当审慎地评估中国电信公司在美国市场的渗透。

2018年4月17日，美国联邦通信委员会（Federal Communications Commission，简称FCC）启用新规定：对于接受以在全国普及通信线路的目的而设立的该委员会补贴的通信企业，不得采购存在安全方面风险的外国企业的产品。这一规定就在事实上禁止美国通信企业采购中国产品。该委员会高官明确表示"华为和中兴是（禁止对象）候选企业"。

2018年12月1日，华为董事会副主席兼首席财务官、华为创始人任正非长女孟晚舟在加拿大被捕。当地时间12月5日，加拿大媒体称，孟晚舟或将随后被引渡至美国，就涉嫌违反美国对伊朗的出口禁令一事接受调查。

在5G应用问题上，美国到处施压，公开要求其盟国禁止使用华为的5G设备。

5. 从东海、南海到朝鲜半岛，美国从幕后走到前台

奥巴马政府不仅从经济上围堵中国，而且从地缘上实施强势围堵，特别是在西太平洋方向。

2011年开始，东海、南海乃至于朝鲜半岛，美国四处点火，重启冷战时期的"岛链战略"。

1951年，时任美国国务卿约翰·福斯特·杜勒斯基于地缘政治需要和意识形态阵线，首次提出"岛链"概念，将西太平洋岛屿分为三个岛链，用以围堵苏联、中国等社会主义阵营面向太平洋方向的战略出口。

第一岛链北起阿留申群岛、日本列岛、琉球群岛，中连台湾，南至菲律宾群岛、印度尼西亚群岛、与中国沿太平洋海岸线平行；第二岛链北起日本列岛、纪小笠原群岛、硫黄列岛等，向南延至哈马黑拉马等岛群；第三岛链以夏威夷群岛

为中心，北起阿留申群岛，南到大洋洲一些群岛，涵盖广阔的西太平洋区域。①

二战后担任驻日盟军最高司令的美军五星上将道格拉斯·麦克阿瑟，把第一岛链称为"不沉的航空母舰"，因为该岛链距中国大陆仅160公里，能够直接向整个中国东部沿海地区投射力量。

冷战结束以后，"岛链"概念已经弃置不用。

中国崛起以后，奥巴马政府重拾"岛链"概念，试图将其打造成遏制中国走向深海的有效防线。

（一）钓鱼岛：美国以日制华的一块石头

钓鱼岛局势的激化，是在2012年。

2012年4月16日下午，正在美国华盛顿访问的日本东京都知事石原慎太郎，在当地的一个研讨会上发表演讲称，"东京市政府决定从私人手中购买'尖阁列岛'（按：钓鱼岛）"，他表示这一计划已经获得钓鱼岛"土地拥有者"的同意。

石原在美国首都华盛顿宣布购买钓鱼岛的决定，不能不令人想到美国，无论是会场上的美国背影，还是会场外的美国背景。

日本是美国推行亚太安全战略的重要支柱。重返亚太，实施"亚太再平衡"战略，美国必须紧紧抓住日本。加大倚重日本的力度，也就必须离间中日，以日制华。中日之间存在领土争议的钓鱼岛，成为一块可以利用的石子。日本则正好瞌睡有人递枕头，借助美国老大的威风，逼迫刚刚坐上老二位置的中国。钓鱼岛问题就不再仅仅是中日间的领土争议，而是演变成为中美日大国博弈的标的物。

历史上，最先发现、命名、利用、管辖钓鱼岛列岛的是中国。早在7世纪成书的《隋书·流求国传》中，有高华屿（钓鱼岛）的记载。1221年，南宋王象之所著《舆地纪胜》一书中，提到钓鱼台、赤屿。②

---

① 史春林、李秀英：《美国岛链封锁及其对我国海上安全的影响》，《世界地理研究》2013年第2期，第2页。
② 刘江永：《历史文献记载中的钓鱼岛》，《世界知识》2011年第4期，第26页。

1372年，明朝派遣杨载出使琉球，册封琉球国王。① 钓鱼岛成为中国赴琉球的航海标志。琉球王国包括36个岛，但其中没有钓鱼岛。中国与琉球的海上疆界是琉球海槽，双方不存在任何领土争端。

1373年，由于日本倭寇经常骚扰中国闽浙沿海，中国对日本实行海禁，并在闽海打击倭寇，一直把倭寇赶过琉球海槽。这表明，钓鱼岛列岛在当时已被纳入中国海防。

16世纪中国海防图中明确标有钓鱼岛、黄尾屿、赤尾屿。

1871年前后，清政府重新调整福建海防后，钓鱼岛划归台湾的宜兰县管辖。

钓鱼岛问题成为中日之间悬而未决的领土争议，始自中日甲午战争，源于二战后美国的离间谋略。

1872年，琉球王国被日本强行改成琉球藩；1879年撤藩设县。为了让当地人忘掉琉球的王室、汉字，忘掉当时曾经用的大清年号、道光铜钱，日本进一步把琉球县改名为冲绳县。

1895年4月17日，在甲午战争中失败的中国，被迫与日本签订《马关条约》，将台湾割让给日本。此后，日本把钓鱼岛划入冲绳县。②

1943年12月1日，中美英三国发表《开罗宣言》，要求日本将所窃取的领土归还中国。③

1945年7月26日发表的《美、中、英三国促令日本投降之波茨坦公告，美国、中国、英国政府领袖批准》(简称《波茨坦公告》)明确日本的主权限于本州、北海道、九州、四国及盟国指定的其他岛屿内。苏联于1945年8月8日对日宣战后加入该公告。钓鱼岛被划入冲绳管辖，但仍然不是日本领土。④

---

① 刘江永：《历史文献记载中的钓鱼岛》，《世界知识》2011年第4期，第26页。
② 刘江永：《钓鱼岛之争的历史脉络与中日关系》，《东北亚论坛》2014年第3期，第8页。
③ 参见韩永利、关敬之：《〈开罗宣言〉对台湾及钓鱼岛归还中国的认定》，《太平洋学报》2014年4月，第88—90页。
④ 参见韩永利、关敬之：《〈开罗宣言〉对台湾及钓鱼岛归还中国的认定》，《太平洋学报》2014年4月，第91—94页。

1951年，朝鲜战争爆发以后，美国撇开中国，操纵部分国家与日本签订《旧金山对日和约》，其中第三条称，日本对于美国向联合国提出将北纬29度以南之西南诸岛（包括琉球群岛与大东群岛）、孀妇岩岛以南之南方诸岛（包括小笠原群岛、西之岛屿硫磺列岛）及冲之岛与南鸟岛置于联合国托管制度之下，而以美国为唯一管理当局之任何提议，将予同意。美国解释称，钓鱼岛包括在北纬29度以南之西南诸岛之中。①

1953年，美国政府通过27号令将钓鱼岛非法列入托管范围，②为日后中日钓鱼岛纷争埋下了隐患。

1971年，日美签订《关于琉球诸岛及大东诸岛的日美协议》，也称《归还冲绳协定》。美国在将琉球群岛和大东群岛的权利移交给日本的同时，将钓鱼岛划入"归还区域""交还日本"。日本政府据此主张对钓鱼岛的领土主权。美国政府也表示，"把原从日本取得的对这些岛屿的行政权归还给日本，毫不损害有关主权的主张。美国既不能给日本增加在它们将这些岛屿行政权移交给我们之前所拥有的法律权利，也不能因为归还给日本行政权而削弱其他要求者的权利……对此等岛屿的任何争议的要求均为当事者所应彼此解决的事项。"③美国故意在中日之间打入一个争议的钉子。

1996年4月，日美两国签署《日美安全保障联合宣言》，声称"在联合国维持和平行动和人道主义国际营救活动中，将促进自卫队和美军进一步发挥各自作用，为以联合国为核心的国际和平作出积极的努力。"这预示着日美安全合作将扩大到世界范围。④

1997年9月，日美两国政府公布了新的《日美防卫合作指针》，指出制定指针的目的是"要从平时开始就构筑对付武装攻击日本及其周边事态的更加有效和更加可信赖的日美合作和牢固基础"。其中，所谓"周边事态"，是"对日本和平与安全产生重大影响的事态"，周边事态的概念不是指地理概念，而是着眼

---

① 参见刘江永：《钓鱼岛之争的历史脉络与中日关系》，《东北亚论坛》2014年第3期，第11—13页。
② 参见刘江永：《钓鱼岛之争的历史脉络与中日关系》，《东北亚论坛》2014年第3期，第13页。
③ 参见刘江永：《钓鱼岛之争的历史脉络与中日关系》，《东北亚论坛》2014年第3期，第11—13页。
④ 参见张大林：《评"日美安全保障联合宣言"》，《国际问题研究》1996年第4期，第24页。

于事态性质。日美两国政府在就各种事态的状况达成共识的情况下,有效地协调各种活动。① 这就将钓鱼岛及其海域列入美日共同防卫的范围内。

1999年5月24日,日本参议院通过《日美防卫合作指针》相关三法案,即《自卫队修正法》《周边事态法案》和《日美物资劳务相互提供协定修正案》。"三法案"的核心是《周边事态法案》,这个法案允许日本政府在美军介入日本"周边"军事冲突时,为美军提供海上搜救、后勤支援等后方支持。②

奥巴马政府在钓鱼岛政策上的基本态度,与前几任政府一样,即在主权问题上不明确表态,既不承认钓鱼岛为日本所有,也不承认钓鱼岛属于中国。但是,奥巴马政府反复强调钓鱼岛问题适用于《美日安保条约》,将钓鱼岛问题与中美关系、美日关系、亚太战略捆绑在一起,从而力图以钓鱼岛问题为支点,把遏制中国、强化美日同盟和实现亚太地区"再平衡"的战略融为一体。

2009年2月26日,日本首相麻生太郎在国会回答民主党关于钓鱼岛受第三国侵犯时的对策称,钓鱼岛是日本固有领土,是《日美安保条约》的适用对象。这是有史以来日本首相首次公开发表关于《日美安保条约》适用于钓鱼岛的言论。2010年,日本首相菅直人上台,时任美国国务卿的希拉里在不同场合强调《美日安保条约》适用于钓鱼岛。

在石原提出东京市政府购买钓鱼岛的设想后,2012年7月24日,日本首相野田佳彦表示,启动钓鱼岛"国有化"程序。9月3日,日本中央政府与钓鱼岛所谓"岛主"展开正式"购岛"谈判。

日方宣称,最早获取钓鱼岛"所有权"的是福冈县八女市出身的实业家古贺辰四郎。1895年,古贺从日本政府手中获得了30年的租期。1932年,古贺辰四郎的儿子古贺善次用15000日元(现约2500万日元)从政府手中购入除"赤尾屿"之外的钓鱼岛各岛屿。1970年后,古贺家把钓鱼岛的"所有权",以4600万日元的价格"转让"给了琦玉县的栗原国起。有报道称,石原慎太郎与

---

① 朱锋:《"周边事态":矛盾与问题——对日美防卫合作指针和相关法案的思考》,《现代国际关系》1999年第8期,第23—25页。
② 朱锋:《"周边事态":矛盾与问题——对日美防卫合作指针和相关法案的思考》,《现代国际关系》1999年第8期,第23—25页。

栗原之家是"世交",石原慎太郎的母亲与栗原的母亲就有交往。

日本政府启动钓鱼岛"国有化"之后,中国政府提出了强烈抗议。

2012年9月9日,在出席亚太经合组织第二十次领导人非正式会议期间,中国国家主席胡锦涛同日本首相野田佳彦进行交谈,表明中方立场:日方采取任何方式"购岛"都是非法的、无效的,中方坚决反对。中国政府在维护领土主权问题上立场坚定不移。日方必须充分认识事态的严重性。

然而,日本政府一意孤行。9月10日,日本政府召开阁僚会议,决定从钓鱼岛"土地权所有者""购买"包括钓鱼岛在内的3个岛屿,将其"国有化"。

当天,中国外交部发表声明强调,"日本政府不顾中方一再严正交涉,宣布'购买'钓鱼岛及其附属的南小岛和北小岛,实施所谓'国有化'。这是对中国领土主权的严重侵犯,是对13亿中国人民感情的严重伤害,是对历史事实和国际法理的严重践踏。中国政府和人民对此表示坚决反对和强烈抗议。"①

也是在9月10日当天,中华人民共和国政府发布《关于钓鱼岛及其附属岛屿领海基线的声明》②。

9月12日,日本政府正式宣布钓鱼岛"国有化"。

9月18日,中国派出11艘公务船前往钓鱼岛海域巡航宣示主权,其中3艘渔政船驶入钓鱼岛12海里海域。12海里是中日都主张的领海基准线。这是中国公务船首次进入这一海域。此后,中国公务船,包括中国海警局成立以后的海警船,经常出入钓鱼岛12海里海域。日方就此向中国驻日大使馆发出电话抗议。

2012年11月29日,美国参议院通过《国防授权法案》,其中有一项条款称,美国虽然对钓鱼岛主权最终归属不持立场,但承认日本对该岛屿的行政管辖权,并重申《美日安保条约》第五款规定的美国对日本的安全承诺。

2013年1月18日,时任美国国务卿希拉里会见日本外相岸田文雄时公开宣称,美方承认钓鱼岛处于日本行政管辖之下,反对任何寻求破坏日本管辖权的"单方面行动"。这是美国政府首次将矛头指向中国,反对任何寻求削弱日本对

---

① 《中华人民共和国外交部声明》,《人民日报》2012年9月11日01版。
② 《中华人民共和国政府关于钓鱼岛及其附属岛屿领海基线的声明》,《人民日报》2012年9月11日01版。

钓鱼岛行政管辖权的单方面的强制行动。

以钓鱼岛纷争为契机，美国加大协防日本夺岛作战能力，在日本部署多种先进机型，包括P-8"海神"反潜侦察机和EA-18G"咆哮者"电子战机等。美国还表示将在日本部署F-35隐形战机、濒海战斗舰等装备。日本媒体称，美国在日本的军事装备部署旨在"应对中国的海洋霸权扩张"。美日还进行岛屿作战演习，提升日本自卫队的夺岛能力。

2012年8月，美国海军陆战队与日本自卫队在北马里亚纳群岛的天宁岛和关岛进行模拟夺岛演习。2013年1月22日，美国海军陆战队与日本陆上自卫队在美国西海岸举行代号为"铁拳"的夺岛军演，这是美日史上规模最大的联合登陆实战演习。报道称，美军正有意培养日本自卫队的进攻作战、夺岛作战和海外部署能力。2013年6月，美日在美国加州举行代号为"黎明闪电战"的夺岛作战联合军演。这是日本首次以陆海空武装力量共同与美国开展的联合军演。

针对美国和日本利用钓鱼岛遏制中国的意图，中国以海空武装力量突破第一岛链做出回应。2009年2月，中国核潜艇"突破"连接日本九州—中国台湾—菲律宾的"第一岛链"，在日本冲绳县宫古岛和与那国岛之间航行。从2010年开始，中国海军穿越宫古海峡、冲绳海峡一线，赴西太平洋已经成为常态。

2015年3月30日，中国空军突破第一岛链，飞越巴士海峡，首次赴西太平洋进行远海训练。不到两个月，5月21日，中国空军首次飞越宫古海峡，再次赴西太平洋开展远海训练。

2013年11月23日，中国国防部发布声明，划设东海防空识别区。防空识别区不是领空，而是保卫空防安全的预警区，彰显了一个国家的空防能力。

美、日利用钓鱼岛制造东海紧张局势，反而激发了中国海空力量走向远洋的决心和能力。

（二）"自由航行"，美国在南海压迫中国战略纵深

东海危机未平，南海又拉响警报。

2012年4月10日，12艘中国渔船在中国南海黄岩岛潟湖内正常作业，一艘菲律宾军舰企图抓扣被其堵在潟湖内的中国渔民，正在附近巡航的中国渔政

和海监船迅速赶往黄岩岛海域维权，菲方亦派多艘舰船增援，双方发生对峙。

黄岩岛，曾用名民主礁，是中国固有领土，一向在中国主权管辖之内，过去从未遇到过挑战，也得到国际上的广泛承认。[①]

1997年以前，菲律宾从未就中国政府对黄岩岛行使主权管辖和开发利用提出过任何异议。但是，从1997年开始，菲律宾染指黄岩岛。2012年，在解救被菲律宾军舰抓扣中国渔船的过程中，中国政府于5月3日迫使菲律宾军舰撤退。从此，黄岩岛回到中国控制之下。黄岩岛模式开创了和平解决南海争端的先例。

包括黄岩岛在内的南海诸岛，有四大群岛——东沙群岛、中沙群岛、西沙群岛、南沙群岛。

南海自古就是中国的领土。西汉时期，中国人已经开始在南海航行，发现一群珊瑚岛礁，即今天的南沙群岛。东汉杨孚《异物志》有"涨海崎头，水浅而多磁石"的记载。[②]这里的"涨海"就是南海，"崎头"则是当时对包括西沙群岛和南沙群岛在内的南海诸岛的岛、礁、沙、滩的称呼。三国时期，万震所著的《南洲异物志》和康泰所著的《扶南传》，有关于南沙群岛地貌特征的记述。[③]唐代以后，中国人越来越多地到这一带海域从事捕捞活动，中国历代政府也随之对南沙群岛进行了管辖。明朝郑和7次下西洋，对南海诸岛进行命名、定位。一份在伊朗发现的古地图也将南海标注为中国海。清代，中国政府将南沙群岛标绘在权威性地图上，对南沙群岛行使行政管辖，《更路簿》记载了中国海南岛渔民所习用的南沙群岛各个岛、礁、滩、洲的地名具体方位。[④]

域外国家涉足南海诸岛始于20世纪。

1933年，法国殖民者派舰艇侵占了南沙群岛的一些岛礁（九小岛事件），遭到中国政府及各界人士的强烈反对。卢沟桥事变爆发后，日本于1938年以武力

---

① 参见李金明：《从历史与国际海洋法看黄岩岛的主权归属》，《中国边疆史地研究》2001年12月，第71—77页。
② 李亚明：《南沙群岛历来就是中国的领土》，《海交史研究》1995年第2期，第5—9页。
③ 李亚明：《南沙群岛历来就是中国的领土》，《海交史研究》1995年第2期，第5—9页。
④ 曾昭璇、曾宪珊：《清〈顺风得利〉（王国昌抄本）更路簿研究》，《中国边疆史地研究》1996年第1期，第86—103页。

占领了南沙群岛的一些岛屿，擅自定名为"新南群岛"。二战后，日本交出了所占领的南海岛屿。

第二次世界大战结束后，南海诸岛再次回到中国怀抱。

1946年，中国海军在上海成立"前进舰队"，前往西沙群岛、南沙群岛接管主权，在岛上举行接收仪式，并立碑纪念，派兵驻守。1947年，中国政府内政部公布了《南海诸岛新旧名称对照表》。同年，出版《南海位置略图》，标明南海海域包括东沙群岛、西沙群岛、中沙群岛、南沙群岛，都属于中国领土，并在南海诸岛四周画有11条断续国界线。[①]1948年，国民政府内政部发布的《中华民国行政区域图》以及附图《南海诸岛位置图》公开出版，成为中国官方最早正式公开表示南海断续线的地图。

中华人民共和国成立后，立即对南海诸岛行使主权。

1950年，中国人民解放军进驻永兴岛。

1951年，中国总理周恩来发表南海诸岛主权主张。

1957年7月，中国建立西沙群岛气象站。

1959年3月24日，中国广东省海南行政区公署在西沙群岛的永兴岛设立西沙群岛、南沙群岛、中沙群岛办事处。

南海是一座宝库。石油天然气储藏量超过200亿吨，有"第二个波斯湾"之称；矿物资源丰富，含有锰、铁、铜、钴等35种金属和稀有的锰结核；岛上的植物耐盐、耐旱，生长茂密；鱼类资源丰富，有1500多种，马鲛鱼、石斑鱼、金枪鱼等产量高，经济价值极大，是中国渔民远海捕鱼的主要品种；海鸟种类多样，栖息繁衍在各个岛屿上。南海丰富的自然资源成为南海争端产生的直接原因。

南海周边国家侵占南海诸岛的现象主要发生在南沙群岛，对中国南沙群岛全部或部分岛礁提出主权要求的国家主要有越南、菲律宾、马来西亚、印度尼西亚和文莱。其中，越南侵占岛礁29个；菲律宾侵占8个；马来西亚侵占5个；印度尼西亚虽未占领岛礁，但对有关海域提出海洋权利要求；而中国驻守8个

---

① 王灵桂：《南海问题中十个不容改变的基本事实》，《太平洋学报》2006年第24卷，第47页。

（包括台湾驻军的太平岛）。

20世纪70年代以后，越南、菲律宾、马来西亚等国以军事手段占领南沙群岛部分岛礁，在南沙群岛附近海域进行大规模的资源开发活动并提出领土要求。

1974年，中国海军将南越伪军赶出西沙。1975年，越南非法侵略南沙群岛一些岛屿，提出对西沙、南沙的领土要求。在南海诸岛争端中，以越南同中国对南沙群岛的争议最为激烈，但是越南不是最早发现、最早经营、最早管辖南沙群岛的国家。[1]

马来西亚1979年在发布的一份新地图中，划定其大陆架和领海疆域，将中国令礁、簸箕礁、南海礁、安波沙洲、南乐暗沙、校尉暗沙一线以南的海域划归马来西亚，中国政府对此提出抗议，但马来西亚的解释为"安波沙洲和弹丸礁一直是马来西亚领土的一部分"。

菲律宾在1946年成为独立国家，原本与南海诸岛无任何历史渊源。20世纪70年代以前，菲律宾并没有任何法律文件或领导人讲话提及本国领土范围包括南沙群岛。美国与西班牙1898年签订的巴黎条约和1900年签订的华盛顿条约明确规定了菲律宾的领土范围，并未包括南沙群岛。1953年菲律宾宪法、1951年菲美军事同盟条约等也对此做了进一步确认。

南沙海域发现丰富的油气资源后，菲律宾凭借其靠近南沙群岛的地理位置，推行"保护南沙海域油气资源"的海洋新战略，强行侵占中国南海诸岛的部分岛屿。1996年，菲海军在中国南海黄岩岛举行两栖登陆演习，其中许多演习是针对中国南沙群岛的。

2009年以来，菲律宾和越南等国在南海问题上频频挑起事端，引起域外国家的关注。奥巴马政府开始调整南海政策。

2010年7月23日，时任美国国务卿希拉里·克林顿在越南河内出席东盟地区论坛外长会议时，使用事先精心准备的讲稿，就南海问题向中国发难，声称美国在南海地区拥有"国家利益"与"国际利益"，美国将实施"南海航行自由"，

---

[1] 李金明：《从历史与国际海洋法看黄岩岛的主权归属》，《中国边疆史地研究》2001年第4期，第71—73页。

反对使用武力或以武力相威胁。

2011年6月27日，美国参议院通过决议，"谴责"中国在南海地区的"示强行为"，主张美国应加强在该地区的军事存在，直接介入中国与菲律宾、越南等国的纷争与摩擦。

2012年4月17日，黄岩岛事件发生后，菲律宾外交部长声称，"要和中国一同到国际法院寻求解决途径"。

美国唯恐南海不乱，鼓动菲律宾扩大事态，向国际组织状告中国。

2012年8月3日，美国国务院发表声明，对南海局势发展中的"对抗性言论、资源开发分歧、胁迫性经济行动，包括使用障碍物阻止进入黄岩岛周边事件不断升级"表示关切，指责中国"提升三沙市行政级别以及在南海有争议地区建立一个新的警备区之举有违通过外交合作解决分歧的原则，加剧了地区紧张局势升级的风险"。

2013年1月22日，菲律宾单方面就中菲南海问题提交国际仲裁。

2016年7月13日，常设仲裁法院南海仲裁案临时法庭公布裁定的第二天，联合国官网发布声明称："常设仲裁法院和联合国没有任何关系。"7月14日，海牙国际法院也发表声明，声称常设仲裁法院与己无关。

仲裁不同于诉讼和审判，需要双方自愿。

2006年8月25日，中国批准《联合国海洋法公约》时，依据"公约"第298条规定，向联合国秘书长提交书面声明，对于《公约》有关条款所述的任何争端（涉及海洋划界、领土争端、军事活动等争端），中国政府不接受《公约》第15部分第2节规定的任何国际司法或仲裁管辖。

菲律宾单方面提起南海争议仲裁，既不符合"双方自愿"的仲裁原则，也不符合中方关于不接受"海洋法公约"国际司法和仲裁的声明。

更加吊诡的是，美国这一没有批准《联合国海洋法公约》的国家，却对鼓动南海仲裁最为起劲。

2013年7月27日，美国副总统拜登（Biden）在新加坡发表演说时表示，"通过尊重所有声索方权益的和平外交手段，是有效管控紧张局势和解决领土争端及使之得以消除和解决的唯一途径，它也是国际法的根基。它意味着没有恫吓、强制、侵略或好战言论。所有和平解决这些争端的手段都应该开放,包括仲裁"。①此后,美国利用各种双边和多边场合,对菲律宾诉诸国际仲裁的做法给予坚定支持。

两天以后,7月29日,美国参议院通过一项决议案,声称中国"改变领土现状",在钓鱼岛周边及南海"威吓和动用武力",继续就南海和东海问题向中国施压。

2014年5月28日,奥巴马在西点军校发表演讲②,四次提及中国,指责中国与邻国在南海的争端造成地区局势紧张,声称美如不能确保各方遵守国际海洋法公约,那就是"退却"和"懦弱","美国已准备好应对中国在南海的'侵略'行为"。美国把南海当作以"全球公域介入与机动联合"概念应对"反介入/区域拒止"的首要实践场,初步实现了军事上对东南亚的"重返"。

进入2015年,美国明显提高了反对中国南海岛礁建设行动的调门,并给中国扣上试图通过岛礁建设改变南海现状的帽子,要求其停止相关行动。

3月19日,美国国会多位资深议员联名致信国防部长阿什顿·卡特及国务卿约翰·福布斯·克里(Kerry),称"中国正在改变岛礁的规模、结构和物理特征,此乃致力于改变南海现状的实质性变化";它"不仅对美国及其在该地区的利益是个直接的挑战,也是对整个国际社会利益的挑战"。他们要求政府采取行动,对此做出全面回应。③

5月13日,在美国国会举行的一场涉及南海问题的听证会上,负责亚太安全事务的助理国防部长施大伟表示,尽管南海争端的其他各方也在填海造地或从事其他形形色色的岛礁建设,然而自2014年以来,中国已填造了2000英亩土地,以致多于所有其他方填海造地之总和。中国的行为会破坏地区安全,危及2002年中国与东盟签署《南海各方行为宣言》后的南海现状。

5月30日,在香格里拉安全对话会上,美国国防部长卡特声称:"美国对南海填海造地的速度与范围、进一步军事化的前景以及这些行动可能……增加声

---

① 韦宗友:《美国南海政策新发展与中美亚太共处》,《国际观察》2016年第6期,第148页。
② 安刚:《奥巴马这八年,给中美关系留下了什么》,《世界知识》2016年第23期,第20页。
③ 韦宗友:《美国南海政策新发展与中美亚太共处》,《国际观察》2016年第6期,第142页。

索国之间的误判或冲突的风险深感忧虑。"他指责中国在南海的行为"与奠定亚太安全秩序的国际规范不相协调,也与反对强制、注重外交的地区共识相抵触";敦促"各方立即永久停止填海造地"。①

8月,美国国防部发布的《亚太海洋安全战略报告》指出,中国在南海的填海造地可使它向南海地区投射权力,拓展在南海的执法及海军的存在。通过这些行动,中国正单方面地改变该地区的物理现状,给降低紧张局势的外交举措增添障碍。报告敦促中国同争端的其他方一起停止填海造地、兴建设施及岛礁的军事化。

2016年,美国进一步加大对中国在南海地区的所谓"军事化"关注力度。

2月23日,时任美国国务卿克里在华盛顿与中国外交部部长王毅举行会谈,专门谈了南海争端及军事化问题。克里强调,"我们希望停止对所占地貌的扩张和军事化。我们认为真正的去军事化及非军事化有利于各方。我们也敦促大家依照国际法澄清领土和海洋主张,致力于和平解决和管控争议,包括通过真诚的双边及多边会谈或仲裁等国际机制"②。

5月23日,奥巴马首次访问越南。在两国发表的联合声明中,双方除表示将进一步加强彼此的安全与防务合作外,还表达了对南海问题的"严重关切",认为"南海事态的最新发展引发了紧张局势,侵蚀信任并威胁和平、安全与稳定。两国认识到维护南海航行和飞越自由及不受阻碍的合法商业活动的重要性,呼吁非军事化与解决争端时的自我克制"。

2016年7月12日,南海仲裁结果发布。中国声明这个仲裁结果是"一张废纸"。美国国务院立即发表声明予以支持,敦促中菲双方履行仲裁裁决。7月26日,美国在与日本、澳大利亚举行部长级三边战略对话后发表联合声明,认为南海仲裁决定是最终的,对中菲双方都具有约束力,呼吁中国遵守裁决。

中国一面宣布不参与仲裁,一面在南沙埋头"岛礁建设",赤瓜礁、南薰礁、东门礁、华阳礁、永暑礁、渚碧礁和美济礁相继建设完成,美济礁、渚碧礁和

---

① 韦宗友:《美国南海政策新发展与中美亚太共处》,《国际观察》2016年第6期,第143页。
② 韦宗友:《美国南海政策新发展与中美亚太共处》,《国际观察》2016年第6期,第143页。

永暑礁上修建了可以起降大型飞机的跑道。

中国"岛礁建设"的能力出乎意料,对南海的控制力显著增强,彻底改变了南海的力量格局。美国终于坐不住了,从幕后跑到台前。

美国不仅频频发表干预南海的言辞,而且直接在南海秀"肌肉"——"航行自由"。

南海"航行自由"是奥巴马政府利用南海争端威胁中国、维护美国霸权的行动。

美军的"航行自由行动"始于20世纪70年代,是美国针对国际海洋法制度变革,以行使所谓"公海自由、过境通行和无害通过权"为名,采取的旨在抵消部分沿海国家"过度海洋主张"的措施,以确保美国军事力量在全球范围内绝对的海空域行动自由。这项行动的对象国家和地区有近20个,遍布各大洲,苏联、俄罗斯、越南、印度尼西亚和中国等榜上有名。美国认为,美国舰机有权在中国专属经济区进行军事侦察和情报收集,美国军舰有权在不通知中国政府的情况下在中国岛礁12海里内"无害通过"。中国政府认为,"航行自由"不等于"横行自由",包括美国在内的世界各国在南海的商业航行自由从来不是问题,中国反对的是外国舰机在他国专属经济区进行军事抵近侦察的自由。同时,根据中国相关法律的规定,外国军舰驶入中国12海里领海必须事先告知或获得事先同意。

2015年5月20日,美国首次派遣最先进的海上巡逻机P-8A飞抵中国南海部分在建岛礁附近,并邀请CNN记者随机同行,将中国在南海的岛礁建设实况及中美在南海上空的"尖锐对话"公之于众。

2015年10月27日,美国海军"拉森"号宙斯盾舰进入南海中国岛礁周边12海里内,并在美济礁附近水域巡逻。中国外交部副部长张业遂召见美国驻华大使博卡斯,提出"严正交涉和强烈抗议"。

2016年1月30日,美军"柯蒂斯·威尔伯"号驱逐舰驶入没有争议的南海西沙领海。美国国防部为此高调宣称:"美国将在任何国际法允许范围内自由飞行、航行并开展各项行动。"

从此,美国在南海的"自由航行"成为常态,经常进入中国岛礁12海里海域,以至于数次出现中美军舰几乎相撞的危险局面。

对美国外交有重要影响的智库新美国安全研究中心,2012年年初发布了一份题为《基于实力的合作：美国、中国与南海》的报告，报告认为，不断激化的南海局势实际就是中国力图实现地区主导权所致。如果美国不继续坚持其地区安全秩序基石地位，而是出于经济低迷原因继续降低在南海的军事存在，则菲律宾和越南等国会纷纷倒向中国。届时中国将会获得亚太大国地位，南海将完全由中国控制。中国将不仅可以解决长期困扰自身发展的能源问题，还将以自私的国内立法取代一百多年才形成的维系世界经济正常运转和全球化基础的国际海洋法，美国的全球地位将因此遭到极大的削弱。①

由此可见，美国视南海问题为事关美中权力消长的全局性问题。美国认为选择这一争议地带作为遏制中国的发力点，不仅可以加强与东南亚南海争端国的政治、经济和军事关系，从而有效监控中国的能源进口与外贸运输，形成对中国经济的潜在震慑，而且能够有效限制中国海上力量的发展，延缓甚至阻止中国冲出"岛链"、走向"海上强国"的进程。如果说此前美国在南海问题上的态度还更多地具有"被动反应"的特点，那么，奥巴马政府的这一政策正日益体现出强劲的"主动塑造"功能。

特朗普政府继续奥巴马政府的南海政策，频频派军舰到南海"自由航行"，进入中国驻守的岛礁12海里海域进行示威挑衅。

（三）"萨德"入韩，美国撕裂中韩关系

2015年9月3日，中国举行纪念抗战胜利70周年盛大阅兵纪念活动。韩国总统朴槿惠不顾美国反对，登上天安门城楼，站在中国国家主席习近平身边。

4个月后，2016年1月6日，朝鲜进行第四次核试验。这一次引爆的是氢弹。朝鲜上一次进行核试验是2013年2月12日。

朝鲜第四次核试验一周以后，2016年1月13日，朴槿惠宣布，出于国家安全和利益考虑，韩国政府将研究有关引进美国末段高空区域防御系统（Terminal High-Altitude Area Defense，THAAD，简称"萨德"系统）事宜。

---

① 转引自曾勇：《美国南海政策的理性思考——解读〈基于实力的合作：美国、中国与南海〉》，《世界经济与政治论坛》2012年第3期，第48—60页。

这是韩国对朝鲜极度愤怒的反应，也是对中国极度失望的反应。

此前，美国一直要求韩国引进部署"萨德"系统。韩国顾虑中国的态度和该系统对韩国的实际作用不大，对于部署"萨德"系统一直采取"3 No政策"，即美方未对韩提出要求，韩美未进行磋商，双方未做决定，进行战略模糊应对。

朝鲜生事，韩国既感到芒刺在背，又对中国不能制止朝鲜感到失望。在美国的一再逼迫之下，韩国终于同意"萨德"系统入韩，中韩关系遭受严重挫折。

中方反对朝鲜进行核试验，同样反对韩国引进"萨德"。

朝鲜核试验使东北亚局势日益恶化。美国借朝核问题加大在东北亚的军事存在，日本借朝核问题重整武装，中国东北方向的战略态势越来越严峻。朝鲜核试验场距离中国边境仅100公里左右，直接危及中国的生态环境和国家安全。

朝鲜进行第四次核试验的当天，中国外交部发表声明指出："朝鲜民主主义人民共和国不顾国际社会普遍反对，再次进行核试验，中国政府对此表示坚决反对。实现半岛无核化、防止核扩散、维护东北亚和平稳定，是中方的坚定立场。我们强烈敦促朝方信守无核化承诺，停止采取任何恶化局势的行动。维护半岛及东北亚和平稳定符合各方共同利益。中方将坚定推进半岛无核化目标，坚持通过六方会谈框架解决半岛核问题。"[①]

2016年3月2日，联合国安理会一致通过了对朝制裁新决议，包括要求各国禁止向朝鲜运送可能用于核、导计划的物品，收紧对朝鲜的武器禁运措施，冻结可能与核、导计划有关的金融资产等。

作为拥有否决权的安理会常任理事国，中国投了赞成票。

韩国决定引进萨德系统，中国予以强烈反对。

"萨德"系统[②]是美国弹道导弹防御体系（Ballistics Missile Defense System，简称BMDS）的重要组成部分。弹道导弹防御体系主要分三个阶段拦截：助推段、中段和末段。其中萨德系统（高层防空）和爱国者PAC-3防空系统（中低空）主要负责末段拦截，即防空体系的"最后一道防线"。

---

① 《国际社会坚决反对朝鲜进行核试验》，《人民日报》2016年1月7日03版。
② 参见孙绍红：《"萨德"搅乱东北亚风云》，《世界知识》2015年第9期，第32—33页。

"萨德"反导系统由拦截弹、车载式发射架、地基 X 波段雷达及指挥控制自动化系统等构成。它比"爱国者"更先进、命中率更高、拦截能力更强、防御覆盖面更大。它采用精度非常高的高速动能拦截弹摧毁来袭导弹,能在 200 公里范围内拦截高度达 40—150 公里、射程为 3500 公里的弹道导弹,号称"世界唯一能在大气层内外拦截弹道导弹的陆基系统"。

"萨德"系统还具有较高的机动能力与生存能力,不但可以快速空运到所需区域,还可通过公路机动变换阵地,躲避空中打击。其地基雷达与发射车分散部署,可提高生存能力和扩大防御区域。"萨德"系统运用了多种战术数据链装备,具有先进的网络作战能力。既能接收天、地、海基多种外部信息源的预警探测信息,还能为低层反导系统进行目标信息指示。同时,其指挥自动化系统还能作为网络体系数据传输的接口与中继站。

"萨德"系统对中国最大的威胁在于其拥有一部"AN/TPY-2"X 波段火控雷达。韩国首都首尔市与北京的直线距离约为 945 公里,与上海市的直线距离约为 867 公里。如果韩国部署"萨德"系统,兰州以东的中国内地,包括首都北京在内的华北、东北、华东、华中和西北地区的一部分,完全暴露在美国雷达的探测范围之内。所以,中国有足够的理由,反对韩国部署"萨德"系统。

对于邻国意图的难以判断是国际关系中安全困境的一个核心特征。韩国同意美军部署"萨德"系统这一行为,引发了中俄等国的猜疑和焦虑,出现了"霍布斯主义恐惧"安全困境。

英国历史学家赫伯特·巴特菲尔德在《历史与人类关系》一书中对国家间的安全困境有一段经典描述:"在这样一种局面下,你会对其他国家有现实的恐惧感,别国也会对你有着同样的恐惧,也许你对别国根本无伤害之意,做的只是一些平常的事情,但你无法使别国真的了解你的意图。你无法理解别国为什么会如此的神经质。反之亦然。在这种情况下,双方都以为对方是敌意的、无理性的,都不肯做出可以使大家都获得安全的保证。军备竞赛的不断升级,就是这种状态的产物。"[①]

---

① Butterfield, *History and Human Relations*, London, Collins, 1951, p.21.

早在 2015 年 2 月 4 日，中国国防部部长常万全访问韩国，与韩国国防部长官韩民求举行会谈，就驻韩美军拟部署"萨德"系统表达了明确的反对立场。

2016 年 2 月 2 日，朝鲜在进行第四次核试验后不到一个月时间，向国际海事组织通报即将发射"地球观测卫星"。这一举动再次激起国际社会的强烈反对。2009 年 4 月 5 日，朝鲜宣布成功发射"光明星 2 号"试验通信卫星。联合国安理会通过决议，严格禁止朝鲜利用弹道导弹技术发射卫星。

2016 年 2 月 7 日，韩国国防部宣布，韩美两国决定着手讨论在驻韩美军基地部署末段高空区域防御系统即"萨德"系统事宜。

当天，中国外交部发言人明确表示："中方对此深表关切。中方在反导问题上的立场是一贯的、明确的，一国在谋求自身安全时，不能损害别国安全利益。有关国家如采取推进地区反导部署的举动，将刺激半岛局势进一步紧张升级，不利于维护地区和平稳定，也不利于各方妥善应对当前局势。我们敦促有关国家慎重处理这一问题。"①

次日，中国外交部副部长刘振民紧急召见韩国驻华大使金章洙，就韩方的上述决定提出交涉。

也是在 2 月 8 日这一天，中国约见了朝鲜驻华大使池在龙，就朝鲜利用弹道导弹技术发射卫星提出交涉。

中国与朝鲜半岛南北双方关系同时降至冰点，这是史无前例的第一次。中国东北方向的战略环境更加恶化。

朝核问题由来已久，其根本原因是朝鲜的安全焦虑和美国的战略图谋。

冷战期间，朝鲜在苏中与美国之间游刃有余，其经济发展和生活水平，一度高于韩国。1980 年，当时的朝鲜最高领导人金日成提出统一的朝鲜半岛使用"高丽民主联邦共和国"为国名，其实是想以朝鲜统一韩国。韩国是美国在东北亚的冷战前哨。美国不撒手，半岛就没有统一之日。

冷战结束以后，苏联东欧分崩离析，中国埋头发展经济，朝鲜失去了依靠。

---

① 《中方对韩美决定正式启动商讨美在韩部署"萨德"系统深表关切》，《人民日报》2016 年 2 月 8 日 03 版。

面对美国的军事压力和韩国日益繁荣的经济，朝鲜的安全焦虑日甚一日，"拥核自保"的谋略由此而生。

朝核问题也曾有过解决的希望。

朝美两国于 1994 年 10 月在日内瓦签署了《朝美核框架协议》[①]。根据协议，朝鲜同意冻结其核计划，不再对一座 5 兆瓦的核反应堆重新添加核燃料，停止两座石墨减速反应堆的建设，封闭其核燃料后处理厂，并最终拆除这些核设施。美国将负责在 2003 年底前，为朝鲜建造一座 2000 兆瓦或两座 1000 兆瓦的轻水反应堆。反应堆建成前，美国将同其他国家向朝鲜提供重油，作为能源补偿。[②]

朝鲜的核反应堆，可以生产制造核武器的原料，而轻水反应堆的核废料，不能生产制造核武器的原料。

从 1997 年年底开始，美国以怀疑朝鲜秘密从事核武器开发为由，故意延缓援朝轻水反应堆工程。按原定计划，第一座核电站应于 2003 年以前竣工，但截至 2002 年 3 月底，轻水反应堆的设备采购仅完成了 43%，两座轻水反应堆的基础工程分别完成了 50% 和 56%。

2002 年 12 月，美国认为朝鲜违反 1994 年的框架协议，停止向朝提供重油。朝鲜随即宣布解除核冻结。

朝核危机再度爆发。

国际社会希望和平解决朝核问题。

朝鲜提出与美国直接对话。美国拒绝朝鲜的直接对话要求，希望有关国家一起参与对话。

中方积极斡旋，发起六方会谈。

2003 年 8 月 27 日至 8 月 29 日，由朝鲜、韩国、中国、美国、俄罗斯和日本六国共同参加的六方会谈首次会议在北京举行。

首次六方会谈达成了一项主席声明，就下一轮会谈的时间进行了商议，但是没有签署任何协议。

[①] 曹丽琴:《朝美核框架协议的签订及前景展望》,《东北亚论坛》1995 年第 4 期，第 36—40 页。
[②] 《朝鲜半岛核问题由来》, 国际在线, 2004 年 6 月 21 日, http://news.cri.cn/gb/3821/2004/06/21/56/@203413_3.htm。

主席声明达成4点重要共识：

——有必要通过和平方式解决朝核问题，从而确保朝鲜半岛和平稳定，实现朝鲜半岛的无核化；

——有必要解决朝鲜对安全的忧虑；

——朝核问题要分阶段、并行地、概括性地解决；

——不要进行任何导致局势恶化的行动。[①]

到2007年9月30日为止，六方会谈共举行了六轮，并在此前的2005年达成"9·19共同声明"，该声明为解决朝鲜半岛核问题确立了基本框架，成为六方会谈机制启动后一个"里程碑"式文件。2009年朝鲜宣布退出六方会谈。

在六方会谈断断续续进行之时，2006年10月9日，朝鲜再次进行核试验。自此至2017年9月3日，朝鲜共进行了六次核试验。

美国其实对于朝鲜的核武器完全不在乎。没有运载工具，核武器只是一个摆摆样子的大玩具。

2009年12月，国务卿希拉里·克林顿首次使用"战略忍耐"来描述美国对朝政策。她在评价美国朝鲜问题特使博思沃斯对朝鲜的访问时称，奥巴马对朝政策是"战略忍耐"，同时与六方会谈中其他各方保持密切协商。[②]

这一政策不打算给朝鲜任何好处，以免造成不可逆的让步后果；另一方面希望一旦在全面施压条件下朝鲜内部发生剧变，美与盟友也可以占据主动。从本质上分析"战略忍耐"政策，还是美国政府没有迫切的谈判意愿，也不愿承担可能为谈判付出的政治风险与经济代价。奥巴马政府的设想是，把朝核问题拖延下去，并且把"朝核威胁"作为加强地区军事联盟的"强大"理由，在以拖待变的过程中避免单独为朝鲜付出任何代价，只用联合或单边制裁反制朝鲜"挑衅"。

朝核问题是朝美之间的主要矛盾。朝鲜虽然态度强硬，但对与美谈判一直抱有期待，希望以谈判恢复朝美关系，最终实现两国关系正常化。美国是朝美矛盾中更加强势的一方，也是美韩、美日双边军事同盟中主导力量更强的一方，

[①] 《韩国代表团团长称六方会谈达成四点重要共识》，中新网，2003年8月29日，http://www.chinanews.com/n/2003-08-29/26/340807.html。

[②] 杨悦：《奥巴马政府对朝"战略忍耐"政策探析》，《外交评论》2015年第4期，第137—156页。

美国是否有意愿重返谈判桌几乎是重启谈判的关键。

2012年4月15日，在纪念金日成100周年诞辰阅兵式上，朝鲜首度公开了KN-08新型远程导弹。该导弹的射程达到5000公里至6000公里，可打击美国西海岸目标。美国终于真正感受到了来自朝鲜的现实而紧迫的威胁。

6. 从安纳伯格到瀛台，元首峰会定调"新型大国关系"

2013年6月7日至8日，习近平主席在美国加利福尼亚州安纳伯格庄园与奥巴马总统举行了会晤。这是两国政府换届后中美元首第一次面对面接触和交流，也是中美高层交往的一个创举。

中美两国元首第一次举行"不打领带""没有脚本"的会晤。

习近平是在结束对特立尼达和多巴哥、哥斯达黎加、墨西哥进行国事访问后，抵达美国加利福尼亚州，与奥巴马举行中美两国元首历史上第一次庄园会晤。

习近平主席在庄园会晤开场白中表示，此次会晤的主要目的是为中美关系发展规划蓝图，开展"跨越太平洋的合作"。会晤的地点选在"美国通往亚洲的门户"——加州举行，这本身就释放了中美致力于在亚太对话合作的积极信号。

在两天的时间里，两国元首举行了两场会晤、一场晚宴，还一起散步，会晤和交流的时间加起来超过8个小时。双方所谈，既有各自国内情况和治国理政经验，也有中美关系和国际地区问题；既有政治安全问题，也有经济金融问题；既有双边问题，也有网络安全、气候变化等全球性问题；既谈合作，也不回避分歧，不求面面俱到，但求深入坦诚。这次会晤无论是互动的时间和质量、交流的深度和广度，都是前所未有的，反映了双方对中美关系的高度重视，适应了新时期中美关系发展的需要，体现了中美关系的战略意义和全球影响。

习近平在会晤中提出，新形势下，我们应该深入审视两国关系。我们需要一个什么样的中美关系？中美应该进行什么样的合作来实现共赢？中美应该怎样携手合作来促进世界和平与发展？这不仅是我们两国人民关注的事，也是国际社会关注的事。我们双方应该从两国人民根本利益出发，从人类发展进步着眼，创新思维，积极行动，共同推动构建新型大国关系。①

时任国务委员杨洁篪介绍说：关于中美新型大国关系的内涵，习主席在会晤中用三句话做了精辟概括。

一是不冲突、不对抗。就是要客观理性看待彼此战略意图，坚持做伙伴，不做对手；通过对话合作、而非对抗冲突的方式，妥善处理矛盾和分歧。

二是相互尊重。就是要尊重各自选择的社会制度和发展道路，尊重彼此核心利益和重大关切，求同存异，包容互鉴，共同进步。

三是合作共赢。就是要摒弃零和思维，在追求自身利益时兼顾对方利益，在寻求自身发展时促进共同发展，不断深化利益交融格局。②

关于如何将新型大国关系的精神贯彻到中美关系的方方面面，习主席提出了四点建议：一要提升对话互信新水平，把两国领导人在二十国集团、亚太经合组织等多边场合会晤的做法机制化，用好现有90多个政府间对话沟通机制；二要开创务实合作新局面，美方应在放宽对华高技术产品出口限制等问题上采取积极步骤，推动两国贸易和投资结构朝着更加平衡的方向发展；三要建立大国互动新模式，双方应在朝鲜半岛局势、阿富汗等国际和地区热点问题上保持密切协调和配合，加强在打击海盗、跨国犯罪、维和、减灾防灾、网络安全、气候变化、太空安全等领域合作；四要探索管控分歧新办法，积极构建与中美新型大国关系相适应的新型军事关系。

奥巴马总统对此做出了积极反应，表示美方高度重视美中关系，愿在互利互尊基础上与中方构建国与国之间新的合作模式，并共同应对各种全球性挑战。③

美国总统国家安全事务助理多尼隆表示，奥巴马总统与习近平主席的会晤"积

---

① 杜尚泽、温宪、饶爱民：《习近平同奥巴马总统举行中美元首会晤》，《人民日报》2013年6月9日01版。
② 温宪、陈一鸣：《跨越太平洋的合作——杨洁篪谈习近平主席与奥巴马总统安纳伯格庄园会晤成果》，《人民日报》2013年6月10日02版。
③ 温宪、陈一鸣：《跨越太平洋的合作——杨洁篪谈习近平主席与奥巴马总统安纳伯格庄园会晤成果》，《人民日报》2013年6月10日02版。

极而富有建设性,内容广泛,实现了会前预期,是一次非常成功的会晤"①。

尽管美方认为这次元首会晤"非常成功",但是,奥巴马政府没有直接回应"新型大国关系"。

次年 11 月,奥巴马到北京出席亚太经合组织第二十二次领导人非正式会议期间,表示赞成"新型大国关系"。

11 月 12 日,习近平与奥巴马举行正式会谈。奥巴马在会谈时说:"我非常重视习近平主席提出的主张和建议,赞同加强交流对话,增进了解互信,扩大互利合作,建设性管控分歧,共同推进美中新型大国关系。"②

此前一天晚上,习近平在中南海瀛台宴请奥巴马,两位元首进行了一场长达 4 个多小时的会面,包括散步、宴会、茶聚等活动。

11 月 11 日晚上,北京月朗风大。

原定的安排,两国元首于 6 时 30 分开始在中南海瀛台散步。随后到瀛台涵元殿小范围会见,然后是香扆殿小范围晚宴,最后是迎薰亭茶叙。计划 9 时 15 分结束全部活动。

然而,两位元首谈得特别好,特别深入。每一个环节都大大延迟,原定 30 分钟的会见持续了 90 分钟。习近平说,吃饭去吧,不想让客人饿肚子。奥巴马说,还想和你谈几个问题。

原定 90 分钟的宴会持续了近 2 个小时,原定 30 分钟的茶叙,持续了近 1 个小时。总之,夜里 11 点多他俩才挥手告别。

散步的时候,习近平向奥巴马介绍了瀛台的历史。

习近平说,瀛台建于明朝,在清朝是皇帝批文、避暑和宴客的地方。清朝的康熙皇帝曾经在这里研究制定平定内乱、收复台湾的国家方略。后来光绪皇帝时,国家衰败了,他搞百日维新,失败后被慈禧太后关在这里。

奥巴马接口说:中美历史上这一点是相似的,改革总会遇到阻力,这是不变

---

① 温宪:《美总统国家安全事务助理多尼隆表示中美元首会晤非常成功》,《人民日报》2013 年 6 月 10 日 02 版。

② 杜尚泽、赵成、刘卫兵:《习近平同美国总统奥巴马举行会谈》,《人民日报》2014 年 11 月 13 日 01 版。

的规律,需要我们拿出勇气。

习近平画龙点睛:了解中国近代以来的历史,对理解中国人民今天的理想和前进道路很重要。

能来这个地方散步,奥巴马估计事先没有想到。

在西方人的眼中,中南海是神秘的地方。散步的时候,奥巴马问习近平在哪里办公,习近平指着身后:在那里办公。

奥巴马很实在地说:我也在白宫散步,但是没有瀛台这么大圈。

两国元首握手话别时,奥巴马用了非常动情的一句话概括:今晚,我这辈子最全面、深入了解到中国共产党的历史和执政理念以及您的思想。

正是在这场夜话中,习近平说:"现在中美新型大国关系的战略目标是清楚的,我们不能让它停留在概念上,也不能满足于早期收获,还要继续向前走。我们要坚持从战略高度和长远角度出发,以积水成渊、积土成山的精神,不断推进中美新型大国关系建设。"

奥巴马深表赞同,这才有了第二天正式会谈时关于推进新型大国关系的一番表态。

奥巴马在夜话时表示:"我更加理解中国人民为何珍惜国家统一和稳定。美国支持中国改革开放,无意遏制或围堵中国,因为这样做不符合美国的利益。美方愿意同中方坦诚沟通对话,增进相互了解,相互借鉴经验,有效管控分歧,避免误解和误判。中国是美国的合作伙伴。在多极化时代,美方欢迎中国在国际事务中发挥建设性作用,愿意同中方加强交流合作,携手应对各种全球性挑战,共同促进亚太和世界和平与安全。"[1]

2013年美国加州安纳伯格"庄园会晤",2014年中国北京中南海"瀛台夜话",2015年美国华盛顿"白宫秋叙",2016年中国杭州"西湖之约",习近平与奥巴马4年时间9次会面,其中5次利用国际会议间隙进行简短的会晤或交谈,包括2013年俄罗斯圣彼得堡G20峰会、2014年荷兰海牙第三届核安全峰会、

---

[1] 杜小杜:《习奥瀛台夜话,到底聊了什么》,http://politics.people.com.cn/n/2014/1114/c1001-26025214.html,2014年11月14日。

2015年土耳其安塔利亚G20峰会、2015年法国巴黎气候峰会、2016年美国华盛顿第四届核安全峰会。这在中美元首交流史上是史无前例的。尽管奥巴马政府实施"亚太再平衡",两国元首的交流却越谈越好。

第九章

不确定性：
特朗普时代的美中关系

第九章 不确定性：特朗普时代的美中关系

2016年11月8日，70周岁的唐纳德·J.特朗普当选为第45任美国总统。他不仅创造了美国总统当选年龄最大的纪录，而且书写了没有从政经历的"政治素人"当选总统的新纪录，开启了美国政坛史无前例的"不确定性"执政风格。

特朗普的竞选主张是"美国优先"，口号是"让美国再次伟大"。特朗普认为美国正在面临着失去世界最强国家地位的危险，呼吁"美国人民团结一致，为一个目标奋斗，就能够恢复这一地位，而使美国继续作为自由、力量和繁荣的世界灯塔"[①]。

外交上，特朗普提出缓和美俄关系，利用经济杠杆影响他国事务，重塑美国军事力量，研发订购最先进装备，并让美国盟友承担更多防务费用以至于自己保护自己。

在对华关系上，特朗普主张将中国列为"汇率操纵国"，减少对华贸易逆差，在钢铁等行业中要求中国放弃"不正当竞争"，为美国增加就业机会。

特朗普上台以来，中美关系低开低走，经济、政治、军事等领域摩擦不断，呈现大起大落的波浪式下行趋势。

1. 鲜衣怒马明星商人，颠覆传统"政治素人"

出生于1946年的特朗普是商界精英、亿万富翁、电视明星，喜好怒马鲜衣，举止高调出众。

---

① 杨其静：《特朗普当选，中国面临巨大挑战》，中国人民大学国家发展与战略研究院《政策简报》2016年11月总第11期。

特朗普生长于纽约市昆士区，毕业于沃顿商学院，开发了一系列世界著名的房地产项目，其中包括位于纽约的第五大道特朗普大厦、华尔街40号、君悦饭店、棕榈滩特朗普国际饭店、大西洋城特朗普泰姬陵赌场酒店、迪拜大厦等。

特朗普的祖父是德国移民，一辈子经营小饭馆，由于经常酗酒，中年去世，其时特朗普的父亲仅11岁。

特朗普的父亲佛莱德·特朗普排行老二，是家庭中唯一的男孩，小小少年便挑起了家庭重担。他给水果店送过货，也擦过皮鞋，还到建筑工地抬过木头。不过，他最感兴趣的是建筑。他到夜校学了木工，在16岁时就建成了自己的第一个项目——邻居存放自行车的车库。此后佛莱德·特朗普投身地产业，成为纽约成功的地产商。

特朗普是家里的第三个孩子，从小就有武断、进取心极强的个性。13岁被父亲送进军校，直至读完高中。特朗普回忆说："对我的童年影响最深的，是我的父亲——佛莱德·特朗普。我从他身上学了很多东西，我学会了用坚韧不拔的精神对待一项困难的生意，学会了激励别人，学会了竞争和效率，即挤进去，干起来，干好，退出来。"①

1964年，特朗普报考了宾夕法尼亚大学沃顿商学院。

毕业后，特朗普回家和父亲一道工作。

1971年，特朗普独自在曼哈顿租了一套公寓，离开了父亲。他希望在纽约第五大道这块全球商业黄金地带找到自己的价值。

于是，有了重振四十二大街的格兰德饭店，有了特朗普大楼，有了博德沃克大厦，有了与希尔顿的战斗……

特朗普渴望出名。他坚信知名度会带来生意上的成功。为此，他采取了一般成功商人不敢尝试的策略：把自己打造成品牌——用自己的名字命名地标建筑、赌场酒店、高价住宅楼、航空公司、游戏、自行车赛等；把自己打造成明星，主持收视率超高的真人秀电视节目，为广告代言，出版超级畅销书，公开私生活包括家庭内幕；把自己的语言打造成独一无二的标识，通过"真实的夸张"——

---

① 〔美〕唐纳德·特朗普：《做生意的艺术》，张晓炎等译，企业管理出版社1991年版，第18页。

以"牛皮大王"①著称,经常发表极具个人特色的语言;把自己与名人联系在一起,通过结识名人让自己更有名,包括那些名气稍逊于自己的名人,推销自己。特朗普为自己创造了三个身份:"他是唐纳德·特朗普这个人,是唐纳德·特朗普商业帝国的领袖,是唐纳德·特朗普这个品牌。"② 21 世纪初,特朗普的个人财富在美国排行 73 位,全球排行 205 位。③ 但是,特朗普却是美国知名度最高的人,远远超越财富绝对大大多于他的比尔·盖茨、沃伦·巴菲特、史蒂夫·乔布斯等人。④

1990 年,特朗普遭遇危机——无法按期偿还银行贷款和利息。当年特朗普欠银行和其他金融机构 90 亿美元,到 6 月 15 日得偿还 7300 万美元。特朗普施尽浑身解数,还差 6500 万美元。

换成别人,可能会宣布破产——潜逃或者跳楼,但是特朗普从不认输。他有几张王牌:一是他独立拥有的特朗普品牌仍然很强势;二是大部分银行不希望他垮台。特朗普坐在主场,把银行代表召集到他的会议室开会,要求获得 5 年的喘息期,到 1995 年 6 月 30 日之前不要向他催债。

特朗普振振有词:"抱歉,我的生意现在不好做。我希望你们能扔了以前的合同,给我 5 年时间改善财政状况,忘了今后 5 年我欠你们的债。"

特朗普威胁说,如果逼债,他会和贷款方在法庭耗上几年时间。如果同意他的方案,他就放弃打官司。

银行考虑了 4 天,同意了特朗普的要求。

特朗普认为,在这件事上,"名气确实让我在跟银行谈判的时候有底气,因为他们觉得我的这个名字很重要"⑤。

---

① 〔美〕罗伯特·斯莱特:《博弈大师地产大亨特朗普》,马昕译,中国人民大学出版社 2006 年版,第 123 页。
② 〔美〕罗伯特·斯莱特:《博弈大师地产大亨特朗普》,马昕译,中国人民大学出版社 2006 年版,第 190 页。
③ 《福布斯》杂志 2004 年 6 月 3 日公布的排行榜。
④ 〔美〕罗伯特·斯莱特:《博弈大师地产大亨特朗普》,马昕译,中国人民大学出版社 2006 年版,第 13 页。
⑤ 〔美〕罗伯特·斯莱特:《博弈大师地产大亨特朗普》,马昕译,中国人民大学出版社 2006 年版,第 136—143 页。

5年以后，特朗普如期还清了债务。他的身价和知名度都得到了提升。

特朗普处理人际关系的方式是"善变和直来直去"，"特朗普能够前一刻还疾风暴雨地攻击某人，随后马上就变成满面春风，只要他认为这样做对他有好处"[①]。

特朗普不惧怕与人对抗，"在某些情况下唯一的选择就是对抗。……但一旦有人想恶劣地或不公平地对待我，或想占我的便宜，我的一贯态度是毫不留情地给予有力的反击，这肯定会带来危险。起码会使本来很糟糕的形势变得更糟。如果，你是为你的信念而战，即使这意味着在这一过程中你将失掉一些人，但你要相信，事情总会有好的结局。当市府不公正地拒绝我的特朗普大楼交付与其他房地产商相同的税率时，人们都认为我极有可能败诉，人们告诉我这是一场打不赢的政治仗。我只是想，不论结果如何，这是件值得干的事。最后我胜诉了，这当然就更好了。"[②]有媒体评价特朗普是"最让人闻风丧胆的企业家"[③]。

这样一位极具争议的亿万富豪，对政治，特别是对美国总统职位，有着持久的强烈兴趣。

早在1987年3月22日，特朗普就花巨资在《纽约时报》和《华盛顿邮报》上刊登整版广告，批评美国的外交和国防政策并给出自己的解决方案。

1988年、2000年和2004年，特朗普都表达过竞选总统的想法，在2000年还正式参与改革党总统候选人身份的竞选，不过随后很快退出。

2012年，特朗普参选的呼声很高。当时的民调显示，特朗普的支持率领先共和党的另一位总统参选人米特·罗姆尼，与时任总统奥巴马相比，仅相差几个百分点。为了赢得竞选优势，特朗普发起质疑奥巴马出生地的运动。按照美国法律规定，不是在美国出生的人，就没有资格担任总统。特朗普把这项运动搞得声势浩大，甚至派调查小组去夏威夷调查奥巴马的身世。最后，白宫公布

---

① 〔美〕罗伯特·斯莱特：《博弈大师地产大亨特朗普》，马昕译，中国人民大学出版社2006年版，第11页。
② 〔美〕唐纳德·特朗普：《做生意的艺术》，张晓炎等译，企业管理出版社1991年版，第13—14页。
③ 〔美〕罗伯特·斯莱特：《博弈大师地产大亨特朗普》，马昕译，中国人民大学出版社2006年版，第129页。

了奥巴马的出生证。特朗普闹腾一番，一无所获，宣布退出共和党总统参选人提名竞选。

2015年6月16日，特朗普在纽约市第五大道特朗普大厦正式宣布，将参加第58届总统大选。他是第12位宣布参加当年总统竞选的共和党人。2016年5月26日，特朗普在共和党内的代表支持数达到1238票，正式锁定共和党总统候选人提名。2016年11月9日，美国大选计票结果显示，特朗普获得超过270张选举人票的胜选标准，成功当选美国总统。这次大选，选举人投票的结果是，特朗普获得304张选举人票，领先竞选对手希拉里77票。然而，民选票计票结果却是特朗普仅获得46%的选票，比希拉里少2.1个百分点，得票少200多万张。① 特朗普是继小布什之后，又一位赢得选举但输掉普选的总统候选人，也是迄今普选失票最多的胜选总统候选人。

有评论认为，如果不是美国联邦调查局在距总统大选投票日只有11天的2016年10月28日，重启对希拉里"邮件门"的调查，很可能败选的是特朗普。因为美国联邦调查局重启"邮件门"调查前10天，2016年10月19日进行的总统候选人第三场电视辩论，多数美国媒体认为希拉里是最终辩论的赢家。2016年10月24日，美国联邦调查局重启调查前4天，民意调查机构显示的数字，希拉里大幅领先特朗普12个百分点。而在美国联邦调查局重启调查后第3天（2016年10月31日）的民调结果显示，希拉里仅领先特朗普1个百分点。②

2016年11月6日，距美国总统选举日仅剩2天，美国联邦调查局决定维持其7月首次调查后的结论不变，即没有证据显示民主党总统候选人希拉里·克林顿及其助手有意违反法律，不向美国司法部建议就"邮件门"事件起诉希拉里。然而，此时大局已定。所以，有评论认为，是联邦调查局把特朗普送上了美国总统宝座。

有分析人士这样评价2017年美国总统大选：特朗普与希拉里的竞选，是在"疯子"与"骗子"之间进行选择。特朗普是一个"疯子"，其竞选策略就是"怼"。

---

① 万倩倩：《投票博弈：美国大选重新计票检视》，《重庆行政》2017年第2期，第46—47页。
② 转引自中国新闻网：《希拉里"电邮门"影响选情 与特朗普支持率仅差1%》，http://www.chinanews.com/gj/2016/10-31/8048037.shtml，2016年10月31日。

他用简单粗暴的语言直接表明自己的看法。比如，怼共和党的一位总统参选人特德·克鲁兹，特朗普在社交媒体上直接贴出克鲁兹夫人的照片和自己夫人对比说，"不必揭秘，照片胜过千言万语"。

特朗普的政见和言论更是出奇得大胆。比如，要求美国"全面禁止"穆斯林入境，否则恐遭更多类似"9·11"事件的袭击。[1]

特朗普没有什么固定的竞选套路。他可以在公开场合直接说"我讨厌跟你说话"；他也可以直接羞辱对手说，"我的支持率比你高"。他把所有循规蹈矩的竞争者折腾得找不着北，然后靠着不按常理出牌的套路，让自己赢得共和党的提名，成为老牌政客克林顿·希拉里的对手。

在电视辩论中，特朗普说："我告诉你们，我们的制度就是个破烂。我给很多人钱，因为在此之前，两个月之前，我还是生意人。每个人我都给，他们开口我就给。你知道吗？两年，三年以后，我要他们办事的时候，我给他们电话，他们就在那等着。就这样一个破烂的制度。"[2] 他还攻击那些低收入的外国劳工，他抨击他们夺走了美国人的工作机会，于是他获得了大量底层民众的支持。

特朗普凭借其不按常理出牌的风格赢得了美国大选。第二天，《纽约客》杂志主编戴维·雷姆尼克发表专论，用"一场美利坚的悲剧"来形容特朗普的当选。在他眼中，特朗普是一个不折不扣的"骗子"，粗俗不堪，浅陋无知，蔑视少数族裔和女性，无视事实与科学，靠煽动仇外主义情绪和鼓吹白人至上主义思想而当选，一想到他要进入白宫，人们无法不感到"恶心和深深的忧虑"。他宣称，特朗普的当选对于美国国内和国外的"本土主义、威权主义、贬损女性行为和种族主义"来说是一场"胜利"，但对于美国宪法和自由民主体制来说则是一场"悲剧"。[3]

---

[1] 参见新华网：《特朗普再发离谱言论："全面禁止"穆斯林入境》，http://www.xinhuanet.com/world/2015-12/09/c_128512367.htm，2015年12月9日。

[2] 参见《美大选共和党初选首场辩论》，http://video.sina.com.cn/p/news/w/v/2015-08-09/163665050491.html，2015年8月9日。

[3] 王希：《特朗普为何当选——对2016年美国总统大选的历史反思》，《美国研究》2017年第3期，第15—16页。

《时代》周刊虽然把特朗普作为2016年"年度人物",但给出的理由却是特朗普在竞选中利用蛊惑人心的方式操纵了选民的绝望感,动员起一支"隐秘的选民队伍",将他们的愤怒活生生地倾泻到选举政治之中,并不惜以"摧毁昨日的政治文化"为代价来"建构明日的政治文化",从而在选民中制造"我们vs.他们"的深深裂痕。所以特朗普应该获得的更为合适的头衔不是"美利坚合众国总统",而是"美利坚分裂国总统"。①

特朗普执政两年后的中期选举结果表明,特朗普确实成功分裂了美国:拥护特朗普的死忠粉,看到特朗普怒怼全球为国谋利,颠覆政治正确让白人重获尊严,减税引资让工人重新就业,坚定投票支持;反对特朗普的群体特别是包括主流媒体在内的精英群体,更加厌恶特朗普否定普世价值、全球树敌、谎言欺世、损害国家和民众的长远利益,伤害美国形象。

特朗普的胜选,是反"建制派"的胜利。

特朗普以"搅局者"的姿态进入政坛,采用了一种出其不意的极端做法,不按规矩出牌,无视媒体,肆意颠覆"政治正确",经常口出狂言,打破了传统的选举规范,也破坏了媒体与竞选者原有的交往规则和基本礼貌。特朗普应对媒体的技能十分娴熟,以肆无忌惮甚至玩世不恭的态度来对待一向自以为可以呼风唤雨的媒体,不断制造轰动新闻和轰动效应,利用媒体免费为其做广告。他不期望媒体对他进行公正的报道,也不指望媒体说他"政治正确",而是借用媒体为他造势,将媒体变成竞选工具和最有力的竞选助手。同时,他还借助推特等新传播技术,不断发布消息和意见,从而建构起一支由支持者组成的网络选民队伍,并通过他们传递消息。②

特朗普把自己打扮成这些"被遗忘的"中下层白人的代言人,将全球化视为对美国利益的出卖和牺牲。他声称,全球化或全球主义不仅没有使美国人受益,反而使受到伤害的美国人越来越多;国门大开的结果是许多历史上并不够资

---

① 王希:《特朗普为何当选——对2016年美国总统大选的历史反思》,《美国研究》2017年第3期,第15—16页。

② 王希:《特朗普为何当选——对2016年美国总统大选的历史反思》,《美国研究》2017年第3期,第16页。

格的人长驱直入进入美国，将美国逐渐变得"非美国化"。在这些选民眼中，"全球化"就是美国的资本、工厂和工作机会流向发展中国家的同义词。

在共和党和民主党的全国代表大会上，特朗普和希拉里都描述了各自的愿景。但是，我们可以看到同一个美国下，他们的表达是多么不同。

希拉里描述的是一个崇尚多元价值的、具有包容性的、将继续开放的、充满活力的、富有创新精神的美国。这也许的确是一个美好的、令人向往的愿景，但它是一个陌生的、昂贵而遥远的梦，享有它需要付出极大的代价，包括持续地接受政府的干预，付出昂贵的经济支出。这是精英阶层的梦，不是普通人的梦。

特朗普描述的美国则处于危险的边缘，传统社会面临重重挑战，美国价值观受到攻击。他所描绘的梦是"美国第一"，这是一个现实的、熟悉的、触手可及的梦，让人感到安全和舒适。人们希望在这个梦中重新找回父辈曾经享有过的特权与优越感、中产阶级生活的舒心以及作为一个美国人的骄傲。当特朗普道出"底层人"的忧虑和失落感的时候，他看准了这些选民为了挽救正在消逝的传统而孤注一掷的心理。

所以，特朗普并不只是单独的个人，而是一个新兴社会运动的领袖，他的竞选和当选，都是美国这场社会运动的外在表现。这场运动超出了美国两党政治的传统框架。特朗普自始至终也未得到共和党的充分背书，他的竞选之路也没有被完全纳入传统的两党竞争轨道，因此"特朗普当选"是对美国主流政治模式的一次颠覆。虽然这场运动在一开始就遭到了包括美国政界、学界、媒体界、文化界各路精英人士的协力打压，但最后的计票结果还是让大多数精英跌破眼镜。

美国在其理想主义道路上所取得的每一项成就——协助了欧洲和日本的战后重建，维系了"泛美利坚和平"，推动了第三世界的非殖民化，塑造了全球资本主义体系，主导了冷战后的全球化，建立了全球自由贸易体系——无不代价巨大，而且还衍生出预料之外的结果。特朗普凭着他商人的精明，算出了美国理想主义全球化的资产负债表，得出了这条路线已经破产、无以为继的悲观结论。他现在就是要把美国从这条不归路上拉回来，他要进行一场"理想主义全球化革命的反革命"，这或许才是特朗普当选的实质。

2. "致命中国"："四大金刚"的对华策略

特朗普的"美国优先"，并不意味着放弃国际关系、埋头于美国国内的经济复苏，恰恰相反，他实际上是要打破既定的国际关系，把美国透支自己服务全球的理想主义全球化，转变为牺牲他国服务美国的利己主义全球化。

特朗普为了实现"美国优先"，挑选了"四大金刚"作为辅佐：经济顾问、白宫国家贸易委员会主席彼得·纳瓦罗，总统首席战略专家和高级顾问史蒂夫·班农，总统国家安全事务助理约翰·罗伯特·博尔顿，贸易代表罗伯特·莱特希泽。

特朗普对中国经济的认识主要来自其经济顾问彼得·纳瓦罗。

年近古稀的纳瓦罗，1986年获得哈佛大学经济学博士，1989年开始在加州大学教授经济学和公共政策。他秉持"中国威胁论"，思想极端、观点激进，具有典型的冷战思维，主张对中国采取强硬态度。纳瓦罗针对环境问题、人力成本问题、汇率问题的看法，大多停留在过去。

2006年，纳瓦罗出书告诫美国企业界与中国经济往来具有高风险。2007年，他在《解构中国价格》中称，中国产品价格由"补贴、低估汇率、假冒、盗版"形成。其后，纳瓦罗陆续出版"中国三书"：《即将到来的中国战争》《致命中国》和《卧虎：中国军国主义对世界意味着什么》。

《致命中国》体现了纳瓦罗对中国的主要看法。在这本书中，纳瓦罗声称，中国企业向世界市场提供了大量有害产品——毒药、垃圾、劣质产品和假货。其次，列举出了中国倾销贸易产品的8种贸易武器，认为这8种武器摧毁了美国的制造业基础，带走了供应链条，造成了美国工作岗位的丢失。这8种武器分别是：精心编制的非法出口补贴网络；对货币的狡猾操纵和总体低估；对美国知识产权财富公然的造假、盗版和偷窃；相当短视的意愿，即用大规模的环境破坏来换取几块钱的生产成本优势；远低于国际规范的、极度松散的工人健康和安全标准，导致工人患上褐色肺、截肢和一系列复杂的癌症；不合法的关税、配额以及其他关键原材料的出口限制（从锑到锌），并作为一种战略手段来获得对世界冶金和重工业更大的控制；掠夺性定价和倾销，旨在将外国竞争者赶出关键资源市场,并用垄断价格获取消费者的权益;"保护主义长城"——旨在让所有的外国竞争者无法在中国大地立足。

纳瓦罗认为,美国应该从个人、企业、政府三个层面采取措施反击中国。一是不要购买中国产品,让日本、墨西哥、德国的产品成为中国产品的替代品。因为便宜的产品并不一定适宜,可能付出受伤或者死亡的代价。同时,要求美国相关部门加强原产地标示信息监管,以便很容易地找到"中国制造"标识。二是通过美国自由公平贸易法案。如果中国拒绝放弃其违反自由贸易规则的武器,总统和国会要迅速采取行动出台法案。三是加强全球协调合作共同对付中国。除了通过自由和公平贸易法案,美国必须在国际上和欧洲、巴西、日本、印度以及其他受害者合作,向世界贸易组织请愿,让中国完全遵守相关规定。谴责中国利用其联合国的否决权作为交易筹码,获取伊朗等受制裁国家的自然资源和原材料。四是将中国定位为货币操纵国,以秘密穿梭外交方式施压人民币汇率,迫使人民币拉回到公平价值。五是劝阻美国企业到中国投资。通过立法等手段来组织美国企业以技术换市场,因为中国常常通过直接窃取或者通过有关政策要求技术转移或重新选址,使公司的知识产权丢失。六是阻止部分中国企业到美国收购或者筹资。同时,由于中国对电影、电视、互联网的严密审查,加上对大量盗版的支持,构成了对自由贸易的冲击。要通过立法,禁止任何需要审查的中国媒体和互联网公司在美国上市筹集资金。七是鼓励美国加强对高技术领域的控制权,加强针对中国反情报活动的努力,加强网络战,对中国进行监控和严查。[1]

特朗普胜选以后,把竞选顾问纳瓦罗这个"鹰派中的鹰派"任命为新成立的白宫国家贸易委员会主席,担任总统助手及贸易和工业政策主任。纳瓦罗是特朗普上任以来少数几个没有更换的白宫成员。

特朗普的谋士中,还有一个重要成员——史蒂夫·班农。据说班农是特朗普胜选的"操盘手""黑衣宰相",甚至是"白宫的隐形总统",曾经担任特朗普的

---

[1] Navarro, Peter W., *Death by China: Confronting the Dragon—A Global Call to Action*, Wharton School Publishing, 2011.

总统首席战略专家和高级顾问。尽管班农在特朗普身边的时间很短，他是2016年8月中旬，选举日85天以前加入特朗普竞选团队的，在白宫只干了8个月就被辞退，但是，他制定的国策，包括对华战略深刻地影响着特朗普。

2017年8月16日，班农离开白宫前三天，接受《美国瞭望》杂志记者采访时声称："和中国的经济战争就是一切。我们需要疯狂地执着于此。如果我们输了它，我想在五年后，最多不过十年后，我们就要迎来一个下滑的转折点，而我们将再也无法恢复元气。"至于朝鲜问题，班农声称朝鲜的核威胁没有军事解决的选项，"忘了吧"。①

这篇专访发表以后，据说引起了包括白宫办公厅主任约翰·凯利在内的多名高官的不满，他们甚至要求特朗普解雇班农。班农自己则否认接受过采访。虽然特朗普当天表示"我喜欢班农，他是我的朋友"，但是，3天后，即8月19日，特朗普辞退了班农。虽然班农离开了，但是，白宫的戏码正按照班农编写的剧本在上演。与中国的贸易战愈演愈烈，而朝鲜问题虽然实施了战争边缘策略，却转瞬间烟消云散。

2017年12月17日，离开白宫4个月的班农，在日本东京发表演讲，批评历届美国政府对中国实行"绥靖政策"，容忍美国成为中国经济扩张牺牲品，最终失去经济地位绝对优势，使"美国成了中国的附属国"②。班农忌惮《中国制造2025》，认为通过这一计划，中国将掌控全球10个产业，尤其是其中的芯片及硅片制造、机器人和人工智能等高科技产业，将使中国在21世纪统治全球制造业。③而这与美国希望重振制造业的计划发生了冲突。国际金融危机后，美国政府希望借助制造业促进经济复苏和就业，因此在国内提出"再工业化"战略，对外则鼓励制造业回流，特朗普更是呼吁"雇美国人、用美国货"。同时，班农

---

① 《白宫首席战略顾问班农：特朗普正与中国打经济战》，中青在线，2017年8月17日，http://news.cyol.com/content/2017-08/17/content_16403957.htm。
② 《特朗普亲信班农东京演讲 称美国已成为"中国附属国"》，凤凰网视频，2017年12月19日，http://v.ifeng.com/video_10309791.shtml。
③ Japan CPAC: In searing defense of "Trump Miracle", Bannon calls out Chinese regime. 16 Dec 2017, https://www.breitbart.com/radio/2017/12/16/bannon-in-tokyo-america-and-japan-enter-the-valley-of-decision/。

担心，区块链技术将带来金融变革，人民币国际化将逐步让美元失去储备货币地位，中国将攫取金融体系主导地位。而由中国定义标准的5G网络，将使中国占领科技和网络新兴产业主导地位。这样到2030或2035年，中国就可以成为世界第一经济体。他甚至将中共十九大报告解读为中国"未来全球霸权统治的计划"，即认为中国追求在2035年成为世界第一大经济势力，2050年成为世界霸权，这无疑使美国的霸主地位岌岌可危。①

特朗普还有一位重要的"师爷"——约翰·罗伯特·博尔顿。此人虽然是在2018年3月22日才出任特朗普的国家安全事务助理，却在里根、老布什和小布什政府中先后担任过司法部助理部长、助理国务卿和副国务卿，还担任过美国驻联合国大使，是共和党的一个重要人物。

博尔顿被称为"最强硬的鹰派"，曾经发表过不少广受关注的言论②：

"美国同世界的关系就是锤子与钉子的关系，美国想敲打谁就敲打谁。"

"只有符合美国政策的国际条约才会成为法律。"

"根本不存在联合国这种东西，（联合国）秘书处在纽约的大楼有38层，即使少掉10层，也不会有什么区别。"

"如果让我来改革联合国安理会，我只会设一个常任理事国，那就是美国，因为这才是当今世界力量分配的真实反映。"

"是时候调整美国的对华和对台政策了，一个中国的政策只会对中国有利，美国不该这样屈从于中国。实际上，台湾的地理位置比冲绳和关岛更靠近中国大陆和南海，可以让美国军队快速完成对该区域的军事部署！"

特朗普的贸易谈判杀手是贸易代表罗伯特·莱特希泽。

莱特希泽是贸易保护领域的老手、专家。美国贸易代表办公室是美国对外贸易谈判和协议主导部门，而莱特希泽是强硬的贸易保护主义者，其专长是代表美国大公司进行贸易诉讼，以及提供政策和立法方面的建议。他曾担

---

① Japan CPAC: In searing defense of "Trump Miracle", Bannon calls out Chinese regime. 16 Dec 2017, https://www.breitbart.com/radio/2017/12/16/bannon-in-tokyo-america-and-japan-enter-the-valley-of-decision/。

② 参见 https://baike.so.com/doc/9444433-9785669.html，约翰·罗伯特·博尔顿词条。

任里根政府时期的副贸易代表,参与对日本出口到美国的汽车、摩托车、钢铁等产品提高关税和实行进口配额限制,从而迫使日本将部分汽车产业生产线迁至美国。他还曾长期从事律师职业,贸易法是其主要领域之一。近年来,他曾多次批评中国通过"操纵贸易"使制造业的工作机会流入中国。莱特希泽曾建议美国政府挑战 WTO 规定的底线,启动 301 调查。随着美国政策的重心转向贸易保护,莱特希泽作为贸易保护法律、实践双料专家的影响力可能明显上升。

特朗普的这几个谋士、师爷、军师、杀手,素有理论功底,又有长期研究,还有具体对策和实战经验。

3. 好话说尽,贸易战准备期大放"烟幕弹"

事实上,特朗普本人就不是一个善茬。他还未就职,就开始利用台湾问题敲打中国。

2016 年 12 月 1 日,当选总统后处于候任期的特朗普,"破天荒"地接了台湾地区领导人蔡英文的电话。自中美建交以来,美国总统,包括候任的总统,都没有与台湾地区领导人通电话的纪录。

中国对此提出严正交涉。美国白宫重申,美国政府在台湾问题上的长期政策立场没有改变,美国坚定奉行一个中国政策。

白宫国家安全委员会发言人表示,美国信守基于美中三个联合公报的一个中国政策,台海地区和平与稳定符合美国的根本利益。[1]

然而,特朗普回应说:"如果不接那通电话,会很没有礼貌。"他还称,"我们去年卖了 20 亿美元军事装备给台湾。我们可以出售 20 亿美元最先进、最棒的军事装备给他们,但是接一通电话也不可以吗?"[2]

---

[1] 《白宫 10 天三次重申"一中"政策》,《北京青年报》2016 年 12 月 14 日 A11 版。
[2] 《外交部强硬回应特朗普不承认一中言论:一个中国原则不可谈判》,环球网,2017 年 1 月 16 日,http://world.huanqiu.com/article/9CakrnJZKPL。

一个多月后，2017年1月14—15日的《华尔街日报》刊登对特朗普的专访。被问到是否支持一个中国政策时，特朗普称，"一切都在谈判之列，包括一个中国"，他还称，"除非北京在汇率及贸易问题上有所让步，否则美国不一定奉行一个中国政策"。①

中方非常重视特朗普当选。

特朗普当选后，习近平主席致电祝贺②，指出发展长期健康稳定的中美关系，符合两国人民根本利益，也是国际社会普遍期待。

5天之后，习近平同特朗普通电话，指出作为最大的发展中国家、最大的发达国家、世界前两大经济体，中美需要合作和可以合作的事情很多。③

2017年2月10日，习近平同特朗普第二次通话，强调中美两国发展完全可以相辅相成、相互促进，双方完全能够成为很好的合作伙伴。

特朗普表示，美中作为合作伙伴，可以通过共同努力，推动我们双边关系达到历史新高度。④

随后，白宫发表声明，认为这是一次长时间的"极其真诚"的电话交谈。

特朗普候任期间，马云得到一个面见的机会。

2017年1月9日，马云赴纽约，在特朗普大厦拜会候任总统特朗普。马云提出可以配合特朗普的复兴美国政策，让美国增加100万个工作岗位。特朗普听了非常开心，与马云一起露面会见记者。⑤

2017年6月21日，美国中小企业论坛在底特律市举行，马云出席发表演讲，据说道路为之堵塞。马云向美国人呼吁："请重新发现中国！请将中国视作一个机遇！"

马云在演讲中说，美国超过100万人口的城市有多少？10个。中国有多少？102个。100万人口，在中国可能就是个农村，而在美国就是个大城市。中国有

---

① Peter Nicholas, Paul Beckett, Demian Paletta, "Trump Wants Flexible Foreign Policy", *The Wall Street Journal*, VOL.CCLXIX NO.11, January14-15, 2017, p.1.
② 《习近平致电祝贺特朗普当选美国总统》，《人民日报》2016年11月10日01版。
③ 《习近平同美国当选总统特朗普通电话》，《人民日报》2016年11月15日01版。
④ 《习近平同美国总统特朗普通电话》，《人民日报》2017年2月11日01版。
⑤ 参见《美媒：马云会见特朗普 讨论增加美100万就业》http://www.xinhuanet.com//world/2017-01/11/c_129440849_2.htm，2017年1月10日。

中产阶级 3 亿人，去年 1.5 亿人出境旅游。

马云说，美国大使问我能不能销售樱桃，我说能。72 个小时内，美国树上的樱桃就到达 8000 万户中国家庭。有人投诉说，这么好的樱桃，这么低的价钱，为什么不能下单了？

一年以后，2018 年 4 月 10 日，马云在博鳌亚洲合作论坛上宣称，特朗普发起贸易战，这百万就业就没有了。如果不搞贸易战，可以创造一千万就业岗位。①

特朗普就任总统以后，没有按惯例向华人祝福中国春节。中国驻美大使馆专门邀请特朗普的女儿伊万卡到大使馆参加春节庆祝活动。

2017 年 4 月 6 日，中国国家主席习近平应邀赴特朗普在佛罗里达州的海湖庄园，与特朗普进行"深入、友好、长时间的会晤"。

习近平夫妇刚走进海湖庄园主客厅。"习爷爷好！彭奶奶好！"特朗普特意安排自己的外孙和外孙女同中国贵宾见面。两个天真可爱的孩子用中文演唱歌曲《茉莉花》，并背诵了《三字经》和唐诗。

习近平和夫人彭丽媛热情鼓掌，夸赞他们中文讲得好，还把一份小礼物——一对熊猫毛绒玩具送给孩子。

习近平在会见中强调：中美两国关系好，不仅对两国和两国人民有利，对世界也有利。我们有一千条理由把中美关系搞好，没有一条理由把中美关系搞坏。

特朗普表示，美中两国作为世界大国责任重大。双方应该就重要问题保持沟通和协调，可以共同办成一些大事。我对此次美中元首会晤充满期待，希望同习近平主席建立良好的工作关系，推动美中关系取得更大发展。②

欢迎晚宴上，习近平致辞说："中国有句话说，万丈高楼平地起。我愿同总统先生一道，带领两国对发展中美关系抱有良好愿望和热情的建设者，把中美关系的大厦一层一层建设好，使之更牢、更高、更美。"

习近平说："中美关系今后 45 年如何发展？需要我们深思，也需要两国领导人做出政治决断，拿出历史担当。"

---

① 《海南博鳌亚洲论坛：马云喊话川普 百万就业承诺或作废》，2018 年 6 月 14 日，http://v.99.com/x/page/00688u7fspr.html。

② 《习近平同特朗普开始举行中美元首会晤》，《人民日报》2017 年 4 月 8 日 01 版。

美国媒体对习近平提出的"未来之问"迅速做出评价：西方人只考虑眼前一两年，最长不过5年。而中国人的维度是50年、100年甚至200年。①

两国领导人同意重新确定两国贸易关系的"贸易百日计划"。

2017年5月11日，两国元首会谈后35天，美国商务部部长威尔伯·罗斯出席介绍美中"贸易百日计划"初步成果的简报会，公布了一份有关中美之间贸易关系10项重大协议的清单，涉及美国牛肉和天然气出口，中国禽肉制品进口，以及两国之间的金融交易。

罗斯表示，在两国元首会晤的一个月之后，美中两国在农业贸易、金融服务、投资和能源领域的一些议题上达成共识。②

中方公布"贸易百日计划"早期收获成果，共有10项内容，多数最迟将在2017年7月16日之前完成。包括中国将尽快允许进口美国牛肉，美方要尽快实现中国禽肉出口美国，美国欢迎中国等贸易伙伴自美进口液化天然气，中方将允许在华外资全资金融服务公司提供信用评级服务等。

根据早期收获，美方认识到中国"一带一路"倡议的重要性，将派代表出席"一带一路"国际合作高峰论坛。③

好消息接踵而至。

2017年11月8至10日，特朗普成为中共十九大后首位访华的外国元首，中国以"国事访问"的规格接待了特朗普夫妇。

政治局委员杨洁篪亲自到机场迎接。

上一次，杨洁篪到机场迎接的是沙特国王萨勒曼，时间是2017年3月15日，其时他还是国务委员，不是政治局委员。

11月8日下午，特朗普夫妇抵达北京，第一项活动是参观故宫博物院。习近平和夫人彭丽媛亲自陪同。

两国元首夫妇在故宫宝蕴楼简短茶叙。

---

① 《把中美关系的大厦建设得更牢、更高、更美》，《人民日报》2017年4月9日02版。
② 《外媒：美方出席"一带一路"论坛　中美"百日计划"初现成果》，参考消息网，2017年5月13日，http://www.cankaoxiaoxi.com/china/20170513/1989288.shtml。
③ 《中美经济合作百日计划达成早期收获》，《人民日报》2017年5月13日02版。

这是特朗普就任总统当年，与习近平的第三次会面。上一次会面是在德国汉堡举行的二十国集团领导人峰会上，时间是 2017 年 7 月 8 日。

习近平主席邀请特朗普总统夫妇品尝大红袍，再次欢迎特朗普在当选美国总统一周年之际访华。特朗普祝贺中共十九大圆满闭幕和习近平再次当选中共中央总书记，称赞中国经济发展取得的成就。

特朗普带来了一份特殊的礼物，用平板电脑向习近平夫妇展示外孙女阿拉贝拉用中文演唱歌曲、背《三字经》和古诗的视频。

习近平夸奖阿拉贝拉中文水平进步，说可以打"A+"，表示她在中国已成为小明星，希望她也能有机会来中国。

然后，两国元首夫妇经内金水桥，穿过太和门，在恢宏庄重的太和殿广场合影。两国元首夫妇沿故宫中轴线，依次参观了太和殿、中和殿、保和殿，体会着三大殿中文名称中蕴含的"和"的中国文化传统。特朗普惊叹故宫建筑群的蔚为壮观，不时兴趣盎然地驻足凝望，仔细品味着朱墙黄瓦、雕梁画栋，更对底蕴深厚、内涵丰富的中国传统文化深表赞叹。

参观完前三殿后，两国元首夫妇来到故宫文物医院，先后观赏了钟表、木器、金属器、陶瓷、纺织品、书画等文物修复技艺展示，现场参与书画修复体验，并共同观看了珍品文物展。

红日衔山，华灯初上，两国元首夫妇转入畅音阁，沿途欣赏景泰蓝工艺精品和制作技艺展示并"点蓝"互动，共同欣赏京剧《梨园春苗》《美猴王》《贵妃醉酒》3 个精彩剧目。①

11 月 9 日，习近平与特朗普举行正式会谈。

习近平在会谈中强调，中美关系正处在新的历史起点上。中方愿同美方一道，相互尊重、互利互惠，聚焦合作、管控分歧，给两国人民带来更多获得感，给地区及世界人民带来更多获得感。

特朗普表示，美中关系是伟大的关系，美中合作符合两国的根本利益，对解决当今世界重大问题也十分重要。我愿继续同习近平主席保持密切沟通，推

---

① 《穿越时空的握手》，《人民日报》2017 年 11 月 10 日 02 版。

动美中关系深入发展，促进两国在国际事务中更加密切合作。

两国元首听取了中美外交安全对话、全面经济对话、社会和人文对话、执法及网络安全对话4个高级别对话机制双方牵头人的汇报，并就深化中美各领域交流合作提出指导性意见。

习近平强调，建立4个高级别对话机制，是我同特朗普总统海湖庄园会晤时作出的战略决定，对两国关系发展具有重要支撑作用。希望4个高级别对话既聚焦具有全局性、战略性影响的重大问题，也扎实做好每个合作项目，扩大共同利益，及时、妥善排除干扰因素，确保中美关系行稳致远。

习近平指出，外交安全领域事关中美关系总体发展和两国战略互信水平。双方要按照两国元首确定的方向，规划中美关系发展路线图，就重大敏感问题增信释疑。台湾问题是中美关系中最重要、最敏感的核心问题，也事关中美关系的政治基础。希望美方继续恪守一个中国原则，防止中美关系大局受到干扰。两军关系应该成为中美关系的稳定因素。太平洋足够大，容得下中美两国。中美在亚太的共同利益远大于分歧，双方要在亚太地区开展积极合作，让越来越多地区国家加入中美两国的共同朋友圈，一道为促进亚太和平、稳定、繁荣做出贡献。

习近平指出，经贸合作是中美关系的稳定器和压舱石。中美经贸关系的本质是互利共赢的，双方经贸合作给两国和两国人民带来巨大利益。根据中共十九大作出的战略部署，我们将推动形成全面开放新格局，实施高水平的贸易和投资自由化、便利化政策。为拓展两国经贸合作，促进中美经贸关系进一步朝着动态平衡、互利双赢的方向健康发展，双方要尽早制定和启动下一阶段经贸合作计划，推动中美经贸合作向更大规模、更高水平、更宽领域迈进。双方要加强宏观经济政策沟通和协调。拓展在能源、基础设施建设、"一带一路"建设等领域务实合作，推动在放宽出口限制、扩大市场准入、营造更好营商环境等方面双向取得更多进展。双方要加强在国际货币基金组织、世界银行、二十国集团、亚太经合组织等多边机制中的协调和合作，合力推动世界经济强劲、可持续、平衡、包容增长。

习近平指出，人文交流是"前人栽树，后人乘凉"的长期事业，事关中美关系长远发展的基础。希望双方落实好中美双向留学及青年、文化交流合作项目，加深两国人民相互了解和友谊，为中美关系持续发展不断注入活力。

习近平指出，执法及网络安全事关两国人民的安全感和幸福感，是中美重要合作领域。希望双方围绕追逃追赃、禁毒、非法移民、打击网络犯罪、网络反恐、网络安全保护开展更多合作。

习近平强调，双方要共同努力，把4个高级别对话机制打造成为中美增进互信的加速机、培育合作的孵化器、管控分歧的润滑剂，为中美关系取得新的更大发展发挥积极作用。

特朗普表示，美中均是世界重要大国，互为重要贸易伙伴。双方拥有广泛的共同利益，合作前景广阔，加强对话与合作很有必要。美国政府坚持奉行一个中国政策。美方愿加强两国在外交安全、经济、社会和人文、执法及网络安全等领域各层级交流合作，继续加强在国际和地区问题上的沟通协调。美方高度重视中方在朝鲜半岛核问题上的重要作用，希望同中方合作推动实现朝鲜半岛无核化的目标。

会谈后，两国元首共同见证了能源、制造业、农业、航空、电气、汽车等领域商业合同和双向投资协议的签署。特朗普总统访华期间，两国签署的商业合同和双向投资协议总金额超过 2500 亿美元。[①]

这一总额达到 2535 亿美元的大单，包括 34 个项目，其中既有贸易项目，也有双向投资项目；既有货物贸易，也有服务贸易，涉及"一带一路"建设、能源、化工、环保、文化、医药、基础设施、智慧城市等广泛领域。

访华期间，特朗普两度将 twitter 的封面更换成了与习近平主席、彭丽媛夫人在不同场合的合照，3 天发了 8 条信息表达激动与感谢之意，他用"不可思议（incredible）""难忘（memorable）"和"印象深刻（impressive）"等词汇为中国点赞。

在 11 月 9 日举行的欢迎晚宴上，特朗普发表了热情洋溢的讲话。关于贸易

---

① 《习近平同美国总统特朗普举行会谈》，《人民日报》2017 年 11 月 10 日 01 版。

问题，特朗普表示，他不怪中国，他认为这是美国过去几届政府的错。①

当特朗普说出"我并不怪中国"时，现场响起热烈的掌声。有人认为，特朗普真是通情达理。其实，特朗普的重点在后面的话上："应该受到谴责的是美国历届政府，让双方的贸易到了这样的境地！"特朗普的潜台词是，我绝不会让美国历届政府的历史重演，我会扭转双方贸易"不公平"的境地。

4. 图穷匕见："贸易战"唯一确定的是"不确定性"

正当人们以为特朗普将步其前任的后尘，中美关系正在低开高走之时，特不靠谱的特朗普露出了"不确定"的本性。

2018年3月16日，特朗普签署了国会参众两院先后全票通过的《台湾旅行法》。这个法案虽然没有约束力，但是特朗普不是拒签，或者不签字而让其自然生效。特朗普签署后不到一周，3月20日，美国国务院东亚暨太平洋事务局副助理国务卿黄之瀚赴台。3月26日，"台旅法"的主要推手、美众议院外交事务委员会主席罗伊斯亦接踵赴台湾活动。6月15日，赴台湾参加"美在台协会"（AIT）台北新址落成仪式的该协会前理事主席卜睿哲在接受记者访谈时公开声称：特朗普政府确实将台湾当成"谈判筹码"。6月18日，美国参议院以"85票赞同、10票反对"通过《2019财年国防授权法案》。该法案要求美国国防部加强与台湾的军事合作，支持台军发展现代化军事力量，以帮助台湾"恢复自卫能力"。

在特朗普签署《台湾旅行法》之前，中共中央政治局委员、负责对美经贸谈判的拟任副总理刘鹤于2018年2月27日至3月3日，即在十九届三中全会正在召开之际和全国两会即将开幕前夕，赴美磋商经贸事务。特朗普政府拒绝了刘鹤带去的谈判方案。特朗普本人甚至连会见刘鹤也没有安排。

---

① 《特朗普称中美贸易不平衡不怪中国　华春莹回应》，环球网，2017年11月10日，https://world.huanqiu.com/article/9CaKrnK5Ip0。

刘鹤离开美国5天以后，3月8日，特朗普会见了钢铁和铝业工人，并在会上签署了授权开征关税的公告，对进口钢铁征收25%的关税，进口铝关税为10%，关税于15天后生效。经过一年多时间的准备，特朗普政府终于发起了贸易战。但是，第一波贸易战的主要目标竟然不是中国，因为中国在美国进口钢铝的国家中排名在10名之后。正当中方暗自庆幸之时，特朗普亮出了对付中国的大招。

2018年3月22日，特朗普签署针对中国"知识产权侵权"的总统备忘录，对价值500亿美元的自中国进口商品加征关税。据说，美国商务部原来拟定的加征关税的中国进口商品总额为300亿美元。特朗普大嘴一张，要求加到600亿美元，商务部七拼八凑，只能拿出500亿美元。

2018年4月3日，美国正式公布对来自中国的500亿美元进口商品加征关税计划。中国在10小时内推出对等征税计划。特朗普顿时被激怒了。4月5日，他要求再对中国进口商品加征1000亿美元关税。后来白宫声明是对来自中国的1000亿美元进口商品加征关税。因为美国自中国进口的商品仅5000多亿美元，如果加征1000亿美元的关税，等于中美停止进出口贸易。作为一名以"交易艺术"闻名的成功商人，特朗普关于再加征1000亿美元关税的声明用词颇含玄机。他的原文是："鉴于中国的不公正报复行为，我已指示美国贸易代表审议第301条款是否适用中国1000亿美元进口商品的额外关税。"[①]"是否适用"这个字眼，就为特朗普政府是否真正实施1000亿美元关税留下了余地。

特朗普发起贸易战，导致美国股市甚至全球股市暴跌。美国东部时间4月8日上午，特朗普在社交媒体上发出和解信号："尽管美中两国发生贸易的纷争，习主席跟我永远是好朋友。中国会取消贸易壁垒，因为这样做是对的。进口税将会是相互对等的，知识产权问题能达成协议。我们两国一定会有美好的未来！"

舆论分析，特朗普的这个声明，是一个"碰瓷"之举。因为中国早在3月5日举行的全国人大会议上，宣布将加强知识产权保护。并且，特朗普知道，两

[①]《美提千亿商品关税 商务部：坚决回击 不惜付出任何代价！》，中央电视台中文国际频道百家号官方账号，2018年4月6日，http://baijiahao.baidu.com/s?id=15969747899260 285828&wfr= spider&for=pc。

天后，中国国家主席习近平将在博鳌亚洲论坛宣布更加开放的政策。特朗普发出这个推特，试图将这一切归功于自己的胜利。

4月10日，习近平在博鳌亚洲论坛2018年年会开幕式发表主旨演讲时宣布：

在扩大开放方面，中国将采取以下重大举措。

第一，大幅度放宽市场准入。今年，我们将推出几项有标志意义的举措。在服务业特别是金融业方面，2017年年底宣布的放宽银行、证券、保险行业外资股比限制的重大措施要确保落地，同时要加大开放力度，加快保险行业开放进程，放宽外资金融机构设立限制，扩大外资金融机构在华业务范围，拓宽中外金融市场合作领域。在制造业方面，目前已基本开放，保留限制的主要是汽车、船舶、飞机等少数行业，现在这些行业已经具备开放基础，下一步要尽快放宽外资股比限制特别是汽车行业外资限制。

第二，创造更有吸引力的投资环境。投资环境就像空气，空气清新才能吸引更多外资。过去，中国吸引外资主要靠优惠政策，现在要更多靠改善投资环境。我们将加强同国际经贸规则对接，增强透明度，强化产权保护，坚持依法办事，鼓励竞争、反对垄断。今年3月，我们组建了国家市场监督管理总局等新机构，对现有政府机构作出大幅度调整，坚决破除制约使市场在资源配置中起决定性作用、更好发挥政府作用的体制机制弊端。今年上半年，我们将完成修订外商投资负面清单工作，全面落实准入前国民待遇加负面清单管理制度。

第三，加强知识产权保护。这是完善产权保护制度最重要的内容，也是提高中国经济竞争力最大的激励。对此，外资企业有要求，中国企业更有要求。今年，我们将重新组建国家知识产权局，完善执法力量，加大执法力度，把违法成本显著提上去，把法律威慑作用充分发挥出来。我们鼓励中外企业开展正常技术交流合作，保护在华外资企业合法知识产权。同时，我们希望外国政府加强对中国知识产权的保护。

第四，主动扩大进口。内需是中国经济发展的基本动力，也是满足人民日益增长的美好生活需要的必然要求。中国不以追求贸易顺差为目标，真诚希望扩大进口，促进经常项目收支平衡。今年，我们将相当幅度降低汽车进口关税，同时降低部分其他产品进口关税，努力增加人民群众需求比较集中的特色优势产品进口，加快加入世界贸易组织《政府采购协定》进程。我们希望发达国家对正常合理的高技术产品贸易停止人为设限，放宽对华高技术产品出口管制。今年11月，我们将在上海举办首届中国国际进口博览会。这不是一般性的会展，而是中国主动开放市场的重大政策宣示和行动。欢迎各国朋友来华参加。①

不管风吹浪打，中国在坚定做好自己的事情。扩大对外开放，不因美方挑起贸易战而犹豫迟疑就是最好的展示。

特朗普惯用极限施压，中兴通讯公司被摆上了祭台。2018年4月16日，美国商务部宣布，因中国电信设备商中兴通讯未履行和解协定中的部分协议，禁止美国公司向中兴通讯销售零部件、商品、软件和技术7年，直到2025年3月13日。

中兴通讯因违反美国禁令，向伊朗出口美国企业生产的通讯器材，受到美国政府处罚。2017年3月，中兴通讯与美国政府达成和解，中兴通讯支付约8.9亿美元的刑事和民事罚金，美国商务部工业与安全局对中兴通讯的3亿美元罚金被暂缓，是否支付将依据未来7年中兴对协议的遵守情况而定。这是到那个时候为止中国企业收到的来自美国政府的金额最高的一张罚单。

美国商务部宣布的"中兴通讯未履行和解协定中的部分协议"，是指中兴通讯没有按照承诺实施对35名员工减少奖金等处罚。中兴通讯觉得很冤枉，因为这是公司自查自纠后向美国政府通报的。

中兴通讯事件是个案，有其特殊性，但是，却被特朗普政府当作贸易战的一颗炮弹。

中国政府高度重视这一事件。在两国元首的直接过问下，2018年6月7日，美国商务部宣布与中兴通讯达成协议，主要内容有3项：罚款10亿美元，另外准备4亿美元保证金交由第三方保管；美国选择合规团队进驻中兴通讯；中兴通

---

① 《开放共创繁荣 创新引领未来——在博鳌亚洲论坛2018年年会开幕式上的主旨演讲》，《人民日报》2018年4月11日03版。

讯在30天内更换董事会和高管团队。这一协议使得中兴通讯的罚款总额达到22.9亿美元。① 虽然不是美国政府对外国企业罚款的最高额，但是再度创造了中国企业被罚的新纪录。

2018年5月3日，美国总统特使、财政部长史蒂文·姆努钦（Steven Mnuchin）率贸易代表团抵京，进行为时两天的贸易谈判。中方谈判由中共中央政治局委员、国务院副总理刘鹤率领。

美方谈判代表团成员有美国驻华大使特里·布兰斯塔德（Terry Branstad）、商务部长威尔伯·罗斯（Wilbur L. Ross, Jr.）、贸易代表罗伯特·莱特希泽（Robert Lighthizer）、国家经济委员会主任拉里·库德洛（Larry Kudlow）、总统贸易顾问彼得·纳瓦罗（Peter Navarro）、总统贸易副顾问埃弗雷特·埃森斯塔特（Everett Eissenstat）。瑞士《新苏黎世报》评论说："特朗普将他的整个经济团队送到了中国。"②

商务部研究院研究员梅新育称："自从1979年美国单方面宣布对中国7大类出口纺织品实行限额，当代中美贸易摩擦帷幕拉开至今，近40年来，从未有哪次中美贸易争端，美方向中国派出如此阵容的谈判代表团。在美国与其他国家的双边贸易争端中，这般阵容的代表团也堪称史无前例。"③

就在美国贸易谈判代表团抵华的同时，网上流传出美方携带的谈判清单。非常有意思的是，这种利用网络发布谈判清单施加压力的做法，与克林顿政府在中国"入世"谈判时使用的手段如出一辙。

美方的这份清单，要求中国降低关税，加大从美国进口的数额，减少对美贸易顺差；加强对知识产权的保护；改善美国农产品的进口；不反对美国限制中国对敏感技术部门或者对关乎美国国家安全的部门的投资；不反对美国对中国产品征收额外关税或其他进口限制；撤回WTO关于美国和欧盟将中国列为非市场

---

① 《美国商务部与中兴公司达成新和解协议》，新华网，2018年6月7日，http://www.xinhuanet.com/world/2018-06/07/c_1122954053.htm。
② 转引自梅新育：《美国高规格贸易代表团来华谈判，有些话要说在前头》，侠客岛2018年5月3日。
③ 转引自梅新育：《美国高规格贸易代表团来华谈判，有些话要说在前头》，侠客岛2018年5月3日。

经济国家的申诉等。①

关于这个条款的真伪,美方没有人承认,也没有人否认。

虽然多数条款可以谈判,但是,这些条款中所描述的不对等举措和强硬字眼,显示了美方的贸易霸凌姿态,在中国互联网上激起强烈的愤怒情绪。

2018年5月4日,新华社发出关于中美贸易谈判的消息②:

5月3日至4日,中共中央政治局委员、国务院副总理刘鹤与美国总统特使、财政部部长姆努钦率领的美方代表团就共同关心的中美经贸问题进行了坦诚、高效、富有建设性的讨论。

双方均认为发展健康稳定的中美经贸关系对两国十分重要,致力于通过对话磋商解决有关经贸问题。

双方就扩大美对华出口、双边服务贸易、双向投资、保护知识产权、解决关税和非关税措施等问题充分交换了意见,在有些领域达成了一些共识。

双方认识到,在一些问题上还存在较大分歧,需要继续加紧工作,取得更多进展。

双方同意继续就有关问题保持密切沟通,并建立相应工作机制。

这条官方消息,透露了几个关键点:一是谈判的气氛是"坦诚、高效、富有建设性";二是"在有些领域达成了一些共识";三是"双方同意继续就有关问题保持密切沟通,并建立相应工作机制"。

2018年5月17日,刘鹤以习近平主席特使、中美全面经济对话中方牵头人的身份率领中方代表团赴美谈判。代表团抵达华盛顿当天,特朗普就在白宫椭圆形办公室会见了刘鹤。白宫整个经济团队成员,包括副总统彭斯、财政部部长姆努钦、商务部长罗斯、贸易代表莱特希泽等,全部在场。原先安排的礼节性会见,变成了正式的谈判。特朗普当场拍板,双方在重大问题上取得共识,谈判团队就具体细节进行商讨。

5月19日,中美两国在华盛顿就双边经贸磋商发表联合声明。联合声明称:

---

① 《美国贸易代表团的谈判条件曝光》,https://mp.weixin.qq.com/s?_biz=MzI3NDY1NTQyNA%3D%3D&idx=1&mid=100004256&sn=620eb9147b715e9404d1119936882f91。

② 《中美经贸磋商就部分问题达成共识》,《人民日报》2018年5月5日03版。

根据习近平主席和特朗普总统的指示，2018年5月17日至18日，由习近平主席特使、国务院副总理刘鹤率领的中方代表团和包括财政部部长姆努钦、商务部长罗斯和贸易代表莱特希泽等成员的美方代表团就贸易问题进行了建设性磋商。

双方同意，将采取有效措施实质性减少美对华货物贸易逆差。为满足中国人民不断增长的消费需求和促进高质量经济发展，中方将大量增加自美购买商品和服务。这也有助于美国经济增长和就业。

双方同意有意义地增加美国农产品和能源出口，美方将派团赴华讨论具体事项。

双方就扩大制造业产品和服务贸易进行了讨论，就创造有利条件增加上述领域的贸易达成共识。

双方高度重视知识产权保护，同意加强合作。中方将推进包括《专利法》在内的相关法律法规修订工作。

双方同意鼓励双向投资，将努力创造公平竞争营商环境。

双方同意继续就此保持高层沟通，积极寻求解决各自关注的经贸问题。①

美国东部时间2018年5月19日（北京时间5月20日）上午，刘鹤在华盛顿接受媒体采访时表示，此次中美经贸磋商的最大成果是双方达成共识，不打贸易战，并停止互相加征关税。

刘鹤说，这是一次积极、务实、富有建设性和成果的访问，双方就发展积极健康的中美经贸关系达成许多共识。②

对于这一谈判成果，虽然有部分中国人表示让步太多，难以接受，但是，绝大多数中国人都松了一口气，以为贸易战有惊无险，平稳度过了。

然而，正如许多人指出的那样，特朗普唯一确定的就是"不确定性"。

就在美国商务部长罗斯定于6月2日至4日率团访华，继续就中美经贸问题进行磋商之前，中美双方关于"不打贸易战"的联合声明发布后才9天，白

---

① 《中美就经贸磋商发表联合声明》，《人民日报》2018年5月20日02版。
② 《中美达成共识，不打贸易战》，《人民日报》2018年5月21日03版。

宫于 5 月 29 日宣布，将对 500 亿美元的中国进口商品加征 25% 的关税。

美中贸易战终于正式打响。虽然，美中双方都不愿意称这是贸易战，而称之为贸易摩擦。

6 月 15 日，美方公布特朗普批准对 500 亿美元中国商品加征关税。中方立即做出同等规模同等力度的反击。

9 月 17 日，特朗普宣布将对 2000 亿美元的中国进口货品加征关税。特朗普还表示，准备对另外 2670 亿美元中国商品加征关税，这将使得累计加征关税商品总额超过美国 2017 年从中国进口的全部商品金额。

中国宣布，将实行数量型和质量型相结合的反击。

美方宣称，这是为了实现公平贸易。

中方认为，这是一场贸易自卫反击战。

情况在继续恶化，甚至向贸易以外领域溢出。

9 月 18 日，特朗普在推特上声称中国正在干涉美国中期选举："中国公开称正在积极尝试影响和改变我们的选举，攻击信任我的我们的农场主、牧场主和工业领域工作人员。中国没有明白一点的就是这些人是非常优秀的爱国者并且非常明白，中国在贸易问题上多年来一直在利用美国。而我将结束这一复杂局势。"①

9 月 26 日，特朗普在联合国安理会会议上公开指责中国干预美国中期选举："遗憾的是，我们发现中国一直在企图干扰我们即将在 11 月举行的 2018 年选举，给我的政府制造不利。他们不希望我，或者我们，获胜，因为我是有史以来第一位向中国进行贸易挑战的总统。我们正在贸易上获胜。我们正在各个层面获胜。我们不希望他们搅扰或干扰我们即将到来的选举。"②

参加安理会会议的中国国务委员兼外长王毅当场反驳说："中国历来坚持不

---

① 《特朗普称中国公开表示试图影响美国选举》，俄罗斯卫星通讯社，2018 年 9 月 18 日，http://sputniknews.cn/politics/201809181026384689/。
② 美国驻华大使馆网站：《特朗普总统在联合国安理会防扩散简报会上发表讲话》，https://mp.weixin.qq.com/s?__biz=MjM5MDA2NDk0MA%3D%3D&idx=1&mid=2651258611&sn=d9b5dfe0d449317ef2ecd8a2646c8e2a。

干涉内政原则,这是中国的外交传统,也得到国际社会的普遍赞誉。我们过去、现在和将来都不会干涉任何国家的内政,我们也不接受任何对中国的无端指责。我们呼吁其他国家也能恪守联合国宪章宗旨,不得干涉别国的内政。"①

此后,特朗普本人及其他美国高级官员多次重复这一指控,然而他们并没有提供任何确切的证据。对中国的指责最集中最猛烈的是美国副总统彭斯。

美国东部时间2018年10月4日,正当中国人安度长达7天的黄金假期时,彭斯在美国右翼智库哈德逊研究所发表长篇演说,主题只有一个:严词抨击中国。

彭斯的讲话涉及美中贸易争端、中国在南海问题上的表现、台湾问题、中国影响并干预美国的国内政策和政治、美国对中国的历史贡献等话题,甚至还有"中国经常要求好莱坞正面描绘中国,不让中国人在影片中担任反面人物"等细节问题。

彭斯在讲话中指责中国搞不公平竞争,窃取美国高新技术等;没有按美国的预想走向西方自由民主的道路;"迫害"国内少数民族,干涉宗教和言论自由;中国最近几年扩张军备,危害世界安全,比如危害南海航行自由等。彭斯通过贬损中国,以证明特朗普总统是"美国在国内外领导力的伟大捍卫者",其实质是着眼美国中期选举。②

彭斯甚至声称:"资深情报官员最近告诉我,跟中国正在美国各地所做的事情相比,俄罗斯正在做的事情是小巫见大巫。""中国经常要求好莱坞正面描绘中国,不让中国人在影片中担任反面人物。"③

有评论指出,彭斯的这个演讲,至少有三个过去罕见甚至可以说是极不寻常的地方。一是批评中国忘却美国的恩惠,并且令美国希望中国"美国化"的愿望落空了。二是全方位地批评中国,有冷战宣言的意味。国际政治观察家曾

---

① 《王毅:中国坚持不干涉内政其他国家也不得干涉别国内政》,《人民日报》2018年9月27日03版。
② 《美国副总统彭斯对华发表"新冷战演说"?姑妄听之吧》,环球网,2018年10月5日,http://world.huanqiu.com/article/9Cakrnkdjth。
③ 《彭斯"檄文"演讲,美国真要走"新冷战"之路?》,中国网,2018年10月9日,http://news.china.com.cn/2018-10/09/content_65437692.htm。

归纳出美苏冷战的三大条件：政治及意识形态对抗、经济分隔、军事对峙及军备竞赛。按彭斯的阐述，中美今天的矛盾已濒临冷战级。三是直呼"中共"而不是惯用的"中国"或"中国政府"，凸显意识形态对立。

还有评论指出，这是美国向中国下战书，是美国在冷战结束以来最严厉的指责。

中国批评彭斯的演讲是"折腾"，是"闹剧"。《人民日报》和新华社连发评论，对彭斯的指责进行回击。

情况在继续恶化。

美国东部时间10月29日，美国商务部以"国家安全"为由，宣布对中国半导体企业福建省晋华集成电路有限公司实施出口限制，禁止美国企业向其出售科技产品。

所谓的国家安全，乃是特朗普政府担心，晋华公司可能向市场大量供应廉价存储芯片。届时如果美国芯片制造商破产，美国军方将失去本土供应商。

美国政府在仅凭臆想而没有任何事实依据的情况下，将晋华公司列入"实体清单"，利用出口禁令保护本国企业打压对手，开创了一个前所未有的极坏先例，是赤裸裸的流氓恶行。

就在人们以为美中关系将一发不可收拾之时，特朗普的"不确定性"再次展现。

2018年11月1日，特朗普主动打电话给习近平。[①]

特朗普在电话中表示，我重视同习近平主席的良好关系，愿通过习近平主席向中国人民致以良好的祝愿。两国元首经常直接沟通非常重要，我们要保持经常联系。我期待着同习主席在阿根廷二十国集团领导人峰会期间再次会晤，我们可以就一些重大问题进行深入探讨。希望双方共同努力，为我们的会晤做好充分准备。美方重视美中经贸合作，愿继续扩大对华出口。两国经济团队有必要加强沟通磋商。我支持美国企业积极参加首届中国国际进口博览会。

习近平表示，很高兴再次同总统先生通电话。中方已就中美关系多次阐明

---

① 《习近平同美国总统特朗普通电话》，《人民日报》2018年11月2日01版。

原则立场。希望双方按照我同总统先生达成的重要共识，促进中美关系健康稳定发展。我也重视同总统先生的良好关系，愿同总统先生在出席阿根廷二十国集团领导人峰会期间再次会晤，就中美关系及其他重大问题深入交换意见。我们两人对中美关系健康稳定发展、扩大中美经贸合作都有良好的愿望，我们要努力把这种愿望变为现实。

习近平指出，中美经贸合作的本质是互利共赢。过去一段时间，中美双方在经贸领域出现一些分歧，两国相关产业和全球贸易都受到不利影响，这是中方不愿看到的。中国即将举办首届国际进口博览会，这显示了中方增加进口、扩大开放的积极意愿。很高兴众多美国企业踊跃参与。中美双方也有通过协调合作解决经贸难题的成功先例。两国经济团队要加强接触，就双方关切问题开展磋商，推动中美经贸问题达成一个双方都能接受的方案。

两国元首通话以后，特朗普立即发出推特，称和习主席的通话非常积极。

彭博社援引美方官员的话称，美国政府将着手起草贸易协议条款文本，希望与中方在中美元首G20会晤时达成。美中两国股市应声上涨。

中国外交部发言人就中美两国元首通电话答记者问，发表了罕见的长篇阐述："第一个层面，关于习近平主席同特朗普总统的通话，中方已经发布了消息。特朗普总统本人也发了推特。中方也认为此次通话是积极的。两国元首在通话中进行了长时间、充分探讨，就中美关系中的重要问题和其他共同关心的问题充分交换了意见。两国元首在通话中确实谈到了中美经贸关系，并有一些共同看法。

"首先，两国元首都非常重视中美经贸关系。特朗普总统一开始就表示美方非常重视中美经贸关系。习近平主席也强调经贸关系一直是中美关系的压舱石和稳定器，中方始终认为中美经贸合作的本质是互利共赢。

"其次，两国元首一致认为应加强双方经贸往来。特朗普总统明确表示美方希望扩大对中国出口。特朗普总统还特别提到他同美国很多大型企业负责人交谈过，表示支持美国企业积极参加首届中国国际进口博览会。习近平主席也表示，很高兴看到众多美国企业踊跃参与首届中国国际进口博览会，希望中美经贸关系得到良好发展。

"关于当前中美经贸关系中存在的问题，两国元首一致认为两国经济团队要加强接触，就双方关切问题开展磋商。我们希望磋商能够取得积极成果。"

"第二个层面，至于中美经贸问题怎么谈，中方一直认为只有在相互尊重的基础上，本着平等、诚信、互利原则进行对话磋商，解决彼此关切，达成双方都能接受，也是两国领导人在通话中所要求的结果，才是符合双方共同利益的。"①

2018年11月6日，国家副主席王岐山在新加坡出席彭博创新经济论坛时致辞说②，中美经贸合作是压舱石和推进器，中方愿与美方展开磋商，推动经贸问题达成双方都可以接受的解决方案。

王岐山称，世界各国各具优势，经济全球化是历史潮流，尽管会经历迂回曲折，设置壁垒不会解决自身问题。当前世界面临的重大问题都需要中美紧密合作。中国坚定地认为，中美合则两利，斗则两伤，并且直接影响着全球的发展和稳定。

在当天同一个场合，美国前国务卿基辛格致辞表示，面对中美贸易摩擦，美国方面应认识到并非所有危机源于恶意，中国方面应理解全球力量再平衡的演变过程。

基辛格承认，在美国的确有一群人不愿看到中国的崛起。中美需要维持合作关系，也应互相解释各自目标。中美关系如果失控，不仅是两国的问题，而且会波及欧洲以及全球体系，中美应对这个严峻的后果拥有共识。③

出席在新加坡举行的彭博创新经济论坛后，基辛格立即转道北京。国家主席习近平、国家副主席王岐山、国务院副总理刘鹤和外交部部长王毅分别予以会见。

---

① 参见《2018年11月2日外交部发言人陆慷主持例行记者会》，2018年11月2日，https://www.fmprc.gov.cn/web/wjdt_674879/fyrbt_674889/t1609746.shtml。
② 参见王岐山：《顺应潮流，改革创新，共同发展——在2018年创新经济论坛开幕式上的致辞》，新华社新加坡2018年11月6日电。
③ Krystal Chia, "Henry Kissinger' Fairly Optimistic' China, U.S.Can Avoid Catastrophe", Bloomberg News, 6th, 11, 2018.

据说，基辛格在北京指名约见了几位非官方的朋友。他慨叹："美中关系再也回不到过去了，要重新定位。"基辛格说，未来的美中关系不会回到特朗普以前的状态，也不会变成新冷战的全面对抗关系，而是走向一种新的范式（new paradigm）。基辛格没有定义和描述这个新范式。①

美国东部时间 11 月 9 日，中共中央政治局委员、中央外事工作委员会办公室主任杨洁篪同美国国务卿蓬佩奥、国防部长马蒂斯在华盛顿共同主持第二轮中美外交安全对话。国务委员兼国防部长魏凤和参加。

这是一场推迟了的对话。美方在公布推迟对话的消息时，声称是中方提出推迟对话。中方立即反驳，声称是美方提出推迟对话。由此可见，双方在贸易战愈演愈烈的情况下，都不愿意进行不会有任何成果的外交安全对话，但是双方都有所顾忌，不愿意承担推迟对话的责任。直到两国元首通话，气氛有所改善以后，才决定进行第二轮中美外交安全对话。

阿根廷时间 2018 年 12 月 1 日，习近平与特朗普在布宜诺斯艾利斯共进晚餐并举行会晤。这场超时的晚餐会晤，两国元首达成共识，停止加征新的关税，并指示两国经济团队加紧磋商，朝着取消所有加征关税的方向，达成互利双赢的具体协议。②

"推特驻白宫首席发布官"特朗普再次发声：

> 离开阿根廷前，我和中国的习主席举行了最重要的一次工作晚餐。这是一次了不起的晚餐，一次富有成果的会晤，一次充满无限可能的世界级、元首级餐会。和习主席在餐桌上谈工作，也是我的一种荣幸。事实证明，一起吃饭是领导人之间解决问题的最佳方式，没有之一。我和习主席这顿饭，达成了很多口头共识。原本 2 个小时的会餐，最终延长了半个多小时。我和习主席同意，双方就贸易问题加紧展开谈判。
>
> 习主席答应了开展结构性改革，解决我们提出的知识产权盗窃、强制

---

① 胡乐：《基辛格与中美关系的历史密码》，《报刊荟萃》2020 年第 2 期，第 93—96 页。
② 《习近平同美国总统特朗普举行会晤》，《人民日报》2018 年 12 月 3 日 01 版。

性技术转让和网络黑客袭击等问题；

习主席许诺，在中国下一个阶段的改革开放过程中，中国会想办法逐步解决我们面临的贸易不平衡问题；

习主席同意加大两国服务贸易，这也是习主席幕僚所强调的；

习主席同意大量购买我们的农产品。这是最重要的。而且是立即向我们购买农产品，而不是依谈判进程而变。这也是中期选举后，我给选民的一项成果。因为选举过后，我必须向选民兑现承诺。这对我国大豆、玉米等产区选民来说，是天大的好消息；

习主席还向我提到，对于我们的芯片公司 Qualcomm 收购恩智浦半导体 NXP 事宜持开放态度。中国未来很有可能批准这一并购计划；

我们不光讨论了贸易问题。

习主席当面同意严格依法依规把控芬太尼这一类物质，并出台法规惩罚那些向美国售卖芬太尼的个人。这体现了习主席的人道主义胸怀。

对于习主席在朝鲜问题上帮忙，我当面向他表示感谢。自从在新加坡见了朝鲜的金正恩主席以来，还没有当面向习主席表达谢意。这是首次。我也希望习主席接下来继续帮忙，因为我打算在 2019 年新年过后再次会晤金正恩。

其实，晚宴开始前，我的幕僚和习主席的幕僚，已经多次在阿根廷接触，达成了一些共识，只待我和习主席在餐桌上再确认。幕僚说，这种再确认对于双方来说，都是一种礼仪，给予彼此面子，从而避免一些新问题或新要求在餐桌上突然冒出来，影响大家用餐心情。所以，大家在阿根廷两天已经提前做好了沟通。我们用餐很愉快，谈得也非常好，只是负责餐食的阿根廷方面，有些方面工作做得不到位。

我一直说过，这不是战争，只是争端。我和习主席之间不可能有战争，中美之间更不可能有战争。如果假新闻一定说它是战争，我只能说我们只是休战。不过，我并没有叫停已有的关税。中方要求我们取消所有关税。这需要通过谈判来实现。如果中国能够给出满意的答案，之前加征的关税都会取消。不过，为了双方幕僚接下来的谈判，我同意取消在 11 月 1 日对中国商品加征 25% 的关税，但维持原计划的 10% 的关税水平。

中美贸易战在 G20 峰会上暂时"息兵"，按照 90 天规划图接下来应该在谈判桌上的折冲樽俎间迎来相对的平静。可曲未终人不散，先是美国国务卿迈克·蓬佩奥（Mike Pompeo）在演讲中指中国为"坏人"（Bad Actor），并在接受美国保守派电台访谈节目《休·休伊特秀》采访时表示，在未来的 5 年、10 年、25 年里，仅仅从中国人口数量、财富和内部制度来看，中国是美国在中长期的最大威胁。① 接着便是应美国当局要求，加拿大逮捕了孟晚舟，中国也连拘数名加拿大公民。

谈判，在一次又一次的不确定性中一波三折地展开。

……

5. "老大要流氓"，美国以国内法惩罚中国

特朗普开打贸易战，所依据不是世贸组织的规章，不是美国与其他国家签订的协议，而是以美国国内法为依据，包括《1962 年贸易扩展法》第 232 条款、《1974 年贸易法》第 201 条款和第 301 条款。

所谓"232 调查"，是指根据《1962 年贸易扩展法》第 232 条款授权，美国商务部对特定产品进口是否威胁美国国家安全进行立案调查，并在立案之后 270 天内向总统提交报告，美国总统在 90 天内做出是否对相关产品进口采取最终措施的决定。2017 年 4 月，特朗普政府以"国家安全"为由对包括中国在内的全球主要经济体的钢铁和铝产品发起"232 调查"，并于 2018 年 3 月宣布对进口钢铁和铝分别加征 25% 和 10% 的关税。2018 年 5 月，对进口汽车及零配件发起调查，2018 年 7 月，又对铀矿石和铀产品进口的数量和状况启动"232"调查。②

---

① 《美国国务卿妄称因人口财富，中国将是美 25 年内最大威胁》，新浪网，2018 年 12 月 11 日，http://mil.news.sina.com.cn/china/2018-12-11/doc-ihqackaa3270374.shtml。

② 高攀：《美国商务部对铀矿石和铀产品进口启动"232"调查》，新华社华盛顿电，2018 年 7 月 18 日。

所谓"201调查",是指根据美国《1974年贸易法》第201—204条款的规定,美国国际贸易委员会(USITC)对进口至美国的产品进行全球保障措施调查,对产品进口增加是否对美国国内产业造成严重损害或严重损害威胁做出裁定,并在120天向总统提交报告和建议。总统根据法律授权,在收到美国国际贸易委员会报告后140天内做出最终措施决定。2017年5月,美国对进口洗衣机和光伏产品发起"201调查",并在2018年1月决定对前者征收为期3年、税率最高达50%的关税,对后者征收为期4年、税率最高达30%的关税。这是2001年以来美国首次发起"201调查"。[①]

所谓"301调查",是指根据美国《1974年贸易法》第301条款的规定,美国可以对它认为进行"不公平"贸易的国家进行调查,最后由总统(1988年修改为贸易代表)决定采取提高关税、限制进口、停止有关协定等报复措施。"301条款"是《1974年贸易法》中专门保护美国贸易利益的条款。按照"301条款"实施的贸易调查被称为"激进的单边主义"。从历史数据看,"301调查"使用频率较低且多通过磋商协议解决。根据彼得森国际经济研究所2018年3月发布的研究报告,1974年以来,美国共进行了122起"301调查",但自2001年起,只有一起"301调查"被正式启动。2017年8月,美国对中国发起"301调查",并在2018年7月和8月分两批对从中国进口的500亿美元商品加征25%关税,此后不断升级关税措施,并于2018年9月24日起,对2000亿中国输美产品征收10%的关税。[②]

美国对中国的征税领域,主要为高铁装备、航空产品、新能源汽车、新一代信息技术、工业机器人、农机装备、新材料、生物医药、高性能医疗器械等。由于美国居于全球价值链的中高端,对华出口多为资本品和中间品,而中国居于中低端,对美出口多为消费品和最终产品。从双边贸易结构看,中国顺差主要来源于劳动密集型产品和制成品,对美出口的"高技术产品",大多只是在华

---

① 中华人民共和国国务院新闻办公室:《关于中美经贸摩擦的事实与中方立场》,《人民日报》2018年9月25日10—14版。

② 中华人民共和国国务院新闻办公室:《关于中美经贸摩擦的事实与中方立场》,《人民日报》2018年9月25日10—14版。

完成劳动密集型加工环节，包含大量关键零部件和中间产品的进口与国际转移价值。中国逆差主要在飞机、集成电路、汽车等资本与技术密集型产品和农产品领域。数据显示，中国是美国飞机和大豆的第一大出口市场，汽车、集成电路、棉花的第二大出口市场。2017年，美国出口中57%的大豆、25%的波音飞机、20%的汽车、14%的集成电路、17%的棉花都销往中国。2017年，中国对美农产品贸易逆差为164亿美元，占中国农产品贸易逆差总额的33%；飞机贸易逆差为127.5亿美元，占中国飞机贸易逆差总额的60%；汽车贸易逆差为117亿美元。[1]

分析人士指出，在中美贸易战持续升级、全球避险情绪提升的背景下，金银等贵金属价格有望呈现上涨走势，跨境交易主要通过小包和海外仓的形式向海外销售中国代工厂产品，涉及贸易战的品类很少。在国防军工领域，由于军工行业对外依存度低，短期中美贸易战对军工出口影响有限，但是飞机、芯片等领域在短期内会受到影响。从中期看，利好中国大飞机产业链，长期来看则能促使中国加快推进核心军用原材料、元器件的国产化进程。在能源进口方面，中国是全球第一大能源进口国，2018年的数据显示，原油和天然气的对外依存度分别高达69.8%和45.3%。[2]但是，中国原油进口的前五大来源国分别是俄罗斯、沙特阿拉伯、安哥拉、伊拉克、伊朗，天然气的主要来源国为澳大利亚、卡塔尔、东盟、土库曼斯坦、缅甸、美国等，贸易战对其影响面较小。

美国挑起贸易战，不是自中国始。从贸易保护的理论来看，专家分析美国对中国采取贸易战的手段也是大概率事件。从国际收支平衡的角度看，全球化背景下一国消费者从利益最大化考虑出发，会优先选择进口产品。那么，中国的产品性价比高，就会导致两国间出现巨大贸易逆差。从生产力进步的角度看，一个新兴经济体在生产力进步的早期阶段会使发达国家在国际贸易中受益，但当新兴经济体通过技术扩散等手段使得不具备比较优势的部门发生生产率革命时，发达国家的利益就会受损。因此，美国对中国发起贸易战试图遏制中国的

---

[1] 中华人民共和国国务院新闻办公室：《关于中美经贸摩擦的事实与中方立场》，《人民日报》2018年9月25日04—08版。

[2] 《〈2018年国内外油气行业发展报告〉发布》，中国石油新闻中心，2019年1月18日，http://news.cnpc.com.cn/system/2019/01/18/001717430.shtml。

技术进步,如"中国制造2025"。从政治经济学的角度看,霸权国家为了维持霸权地位,受到挑战时会对内转向贸易保护主义,同时迫使他国建立开放的贸易体系。迫使中国进一步开放市场便是美国发起贸易战的重要诉求。[①] 因此,中美贸易战的本质是美国为了维持高新技术领域的霸权,是全球战略竞争中对世界经济主导权和经济全球化游戏规则的制定权的争夺和竞争。

[①] 夏胤磊:《中美贸易摩擦及对策研究——来自日美贸易战的启示》,《国际商务财会》2018年第4期,第59页。

第十章

结构性矛盾：
中美关系的根本症结

"一个正在（美国）形成的共识是，中国不但对美国是个战略挑战，同时中国的崛起已经损害美国利益。"

2018年11月7日，保尔森基金会主席亨利·保尔森在新加坡举行的彭博创新经济论坛做出了这个判断。

美中关系是如何演变到现在这个高度紧张局面的？

保尔森在新加坡的演讲中认为："首先，美中利益渐行渐远：在如朝鲜问题等很多美中应该有共同看法的问题上，美中经常采取不同的处理方案。因此，共同利益并没有带来持续的合作。更糟的是两国缺乏合作使许多人认为美中从来都不存在共同利益。

"其次，美中对国际体系的一些重要规则无法达成共识。一个例子就是由于对海权和航行规则的不同看法导致了两国军舰近期几乎相撞。

"第三，美中在一些根本性问题上看法相反。比如，我们两国在全球治理上的主张就截然不同。例如，中俄两国主张互联网主权，并主张政府有权控制信息和跨境信息流动。美国和欧盟，尽管看法不完全一致，共同反对中俄在这方面的看法。"

保尔森的结论是："所有这些例子使得美国政界达成新的共识，即美中不但是竞争者，还很可能成为长期对手。……除非这些涉及面更广和更深层次的问题得到解决，我们将面临两国关系的严冬。"

保尔森还特别指出：美国民主和共和两党"虽然在其他所有问题上看法都不一致，但对中国的负面看法高度一致"。①

---

① 《保尔森：中美"经济铁幕"将分裂世界》，联合早报网，2018年11月8日，http://www.zaobao.com/news/singapore/story20181108-905638。

保尔森是小布什政府的财政部部长，2008年应对金融危机的主要操盘手。其时，他常往北京打电话，寻求并获得了中国对美国应对金融危机的重要支持。他曾经担任高盛集团首席执行官，在保荐中国电信等中国国有企业上市过程中，获得了巨额利益。

保尔森以自己的名字命名并担任主席的基金会创建于2011年，是一家无党派、非营利、"知行合一"的智库，致力于加强中美两国关系，推动可持续经济增长和环境保护。基金会的工作基于以下原则：只有中美两国互补协作，才能应对当今最紧迫的经济和环境挑战。基金会的项目侧重于通过产业转型、可持续城镇化和环境保护，推动中美两国向更可持续的低碳经济模式转型。

保尔森的经历和当下的身份，使他的上述观点具有特殊的重要性。因为，如果美中关系真的走向"严冬"，他在中国累积的人脉和他创办的基金会，将无可挽回地"失败"。

在同一个论坛上，对美中关系具有更大影响力的美国前国务卿亨利·基辛格说得更直率：面对中美贸易摩擦，美国方面应认识到并非所有危机源于恶意，中国方面应理解全球力量再平衡的演变过程。

95岁高龄的基辛格，比保尔森早一天在彭博创新经济论坛上发表演讲。1971年，作为尼克松总统的国家安全事务助理——基辛格秘密访华，打开了冰封20多年的美中关系大门。基辛格因而拥有"中国人民的老朋友"的称号。

基辛格在这一演讲中表示，世界秩序快速改变，中国无论在政治和经济领域影响已不可小觑。"我们也许需要建立新的世界秩序，就像二战以后。"[1]

无论是基辛格，还是保尔森，他们在新加坡的演讲，都确认了一个事实：美中两国已经陷入结构性矛盾，即老大与老二的矛盾。

美国不少学者认为，中美关系陷入结构性矛盾，可以追溯到2008年国际金融危机。美国在国际金融危机中遭到严重损害，而中国却在那次危机中获益良多。两年之后的2010年，中国GDP超越日本，经济总量跃居世界第二。同一年，

---

[1] 《基辛格：对中美避免摧毁当前世界秩序相当乐观》，联合早报网，2018年11月6日，http://www.zaobao.com/realtime/singapore/story20181106-905263。

中国制造业产值超过美国，成为世界第一制造业大国。

到了2015年，中国占全球出口比重达到13.8%，位居全球第一。而美国曾于1968年达到过这一比重。与中国经济实力增长相对应的，是国际社会对中国经济地位的认可。2018年10月，美国皮尤中心公布的来自25个国家的民调数据显示，全球普遍相信中国是一个日益强大的国家。70%的人认为，与10年前相比，中国在世界上扮演着更为重要的角色，而只有31%的人对美国持这样的看法。调查显示，39%的受访者仍然认为美国是全球头号强国，但34%的人认为中国是世界头号强国。① 国际社会对中美两国"世界头号强国"地位的认同者比例几乎持平，差距不大。在有些国家，包括加拿大、德国和俄罗斯等国，中国已经被视为世界头号经济强国。

1. 美国"绝不接受第二名"，中国不必争一时之短长

国际社会"老大"与"老二"的结构性矛盾，学术界的说法，叫作守成大国与崛起大国的矛盾。至于这个结构性矛盾会不会落入结构性陷阱——修昔底德陷阱，则仁者见仁，智者见智。如果美中双方领导人和整个精英阶层，都能形成如基辛格所说的"我们都是同在一条船上"的正确认识和理解，中美两国可以跨越陷阱，发展不冲突不对抗、相互尊重、合作共赢的大国关系。如果双方的"负面看法"进一步加重，中美关系就会真的进入"严冬"，那就意味着跌入了修昔底德陷阱。

中美关系陷入结构性矛盾，是由美国的国际霸权战略造成的。

有人评价美国的治国方略：对内民主，对外霸权。

第二次世界大战以后，美国成功登顶，成为世界领导者，即全球老大。从此以后，美国的国际关系战略是，不仅自己绝不当老二，甚至根本不允许世界

---

① 《皮尤调查：全球普遍认可中国日益强大更可信赖》，参考消息网，2018年10月3日，http://www.cankaoxiaoxi.com/china/20181003/2334849.shtml。

上有老二。

2010年1月28日,时任美国总统奥巴马在国会发表国情咨文演说时表示,美国绝不能接受第二名。

奥巴马说,华盛顿几十年来一直在跟老百姓说等一等,即使问题已经恶化。而在此同时,中国不等,德国不等,印度也不等。他们不是站在那里不动,他们不愿接受第二名。[①]

奥巴马的第一句话,道破了美国的国际战略底线:绝不当老二。

奥巴马的第二句话,同样道破了美国的国际战略底线,虽然这是以误判其他国家的意图而道出的:借口中国、德国和印度等国家不愿接受第二名,表达了美国绝不允许世界上有老二的战略意图。

特朗普的"美国优先"、怒怼全球、毁"约"退"群",向主要经贸国家发起贸易战,其实延续了美国一贯的对外政策,只是"吃相"更难看而已。

美国的战略家认为,老二会对老大构成挑战,会威胁老大的地位和权威。

美国成为老大以后,谁当老二就敲打谁。不管这个老二是朋友、盟友还是对手、敌手。

苏联在第二次世界大战中越战越强,迅速崛起,成为与美国比肩的第二个国际权力中心。美国在二战一结束就立即启动"冷战",围堵苏联。经过40多年的军事对抗、政治打压、经济封锁、思想渗透,终于挤垮了苏联。美国赢得了冷战的胜利,成为全球唯一的超级大国。

日本在二战后全力发展经济,国内生产总值迅速超越西欧大国,成为仅次于美国的全球第二大经济体。美国发起了一系列贸易战,从纺织品、钢铁、彩电、汽车、半导体、电信直至汇率,都没有能够遏制日本的经济发展势头。20世纪80年代初期,美国财政赤字剧增,对外贸易逆差大幅增长。与此同时,1985年,日本取代美国成为世界上最大的债权国,日本制造的产品遍布全球。日本资本扩张的脚步,令美国人惊呼"日本将和平占领美国!"为增加产品出口竞争力,

---

[①] 《港媒:奥巴马呼吁美两大党团结 称美不甘居第二》,中国新闻网,2010年1月29日,http://www.chinanews.com/gj/gj-bm/news/2010/01-29/2098243.shtml。

改善国际收支不平衡的情况，1985年9月，在美国牵头下，美、日、德、法、英五国财政部长和中央银行行长在纽约广场饭店举行会议，达成了著名的"广场协议"。协议主要是通过调整五国的汇率，迫使日元和德国马克升值，用金融手段达到遏制日本和德国出口贸易的目的。这一协议是美国打压老二思维的"成果"，对其后日本泡沫经济的形成产生了深远影响。1989年，美国又对日本发起了全行业级别的贸易战——结构总决战，持续6年，至1994年结束，终于遏制了日本的发展势头。

1993年欧盟成立，特别是1999年1月1日发行欧元，形成了一个GDP总量超过美国的单一货币巨型经济体。美国处心积虑，利用前南斯拉夫地区的民族矛盾，以北约的名义，于1999年3月发起科索沃战争，点燃巴尔干火药桶。欧元发行后的第一个交易日，1999年1月4日纽约和伦敦外汇市场上，对美元的收市价分别达到1∶1.1806和1∶1.183。经过科索沃战争，欧元一路下跌，当年10月跌至1欧元兑换0.82美元，欧元汇率比上市首日下跌31.5%。欧盟矛盾加深，欧元区经济滞胀不前。美国又成功遏制了一个挑战者。

2010年，中国的国内生产总值跃居世界第二。从2011年开始，美国推出一系列遏制中国的措施，从"重返亚太"，实施"亚太再平衡"，到组建TPP（跨太平洋伙伴关系协定）排除中国。2015年10月5日，时任美国总统的奥巴马在TPP达成协议后发表声明表示："美国不能让中国等国家书写全球贸易规则。"[①] 奥巴马是民主党人。

以共和党人身份执政的特朗普政府，延续了奥巴马政府的对华遏制政策态势，确实呈现出美国"两党一致"的认知，只是手段更加肆无忌惮而已。

只要中国经济保持目前的强劲发展势头，稳居世界第二的位置，美国以遏制中国为主的政策态势就不会改变，美中关系将总体呈现下行走势，虽然也可能出现一些波澜起伏，时好时坏。

因此，美中关系出现目前的困难局面，责任在美方。这是由美国的霸权战

---

① 《奥巴马称不能让中国书写全球贸易规则 呼吁国会支持TPP》，环球网，2015年10月6日，http://world.huanqiu.com/exclusive/2015-10/7694138.html。

略决定的。

中美关系将会坏到哪里去？有没有可能有效管控分歧，制止过快下滑的态势和速度，避免两国关系跌入修昔底德陷阱，关键看中方。

处理中美关系，需要大智慧、大格局、大视野、大手笔。

美国不许有老二，中国不必争一时。

回顾历史，中美关系从敌对走向和解，毛泽东的大智慧、大格局、大视野、大手笔，发挥了决定性作用。

20世纪60年代末70年代初，面对美苏两大霸权，毛泽东抓住国际力量对比变化和利益调整的契机，远交近"御"，运用各种手段调动美国为我所用，形成反对苏联霸权扩张的中国—美国—日本—西欧"一条线"，确保了国家安全，提升了中国超越国力的国际地位。①

放眼世界，美国的崛起过程就是保持忍耐、不争一时的成功案例。

有文章声称，美国的国内生产总值1870年超过英国，跃居世界第二。1895年超过中国，跃居世界第一。然而，国内生产总值（GDP）这个概念是1934年提出来的，发明人是美国经济学家西蒙·史密斯·库兹涅茨（Simon Smith Kuznets）。1944年的布雷顿森林会议（联合国货币金融大会）决定把GDP作为衡量一国经济总量的主要工具。库兹涅茨因此被誉为"GDP之父"。19世纪的GDP数据，是后世的学者估算的。当时比较准确的统计数据是工业产值。

有数据显示，美国经济在1870年超越了英国，并在1914年增长至英国的两倍多。②但是，论综合实力，英国仍然是世界第一强国。第一次世界大战期间，美国在大战初期宣布中立，通过向交战双方出售战争物资，发了战争财。在一战后期，当德国将潜艇战的目标扩大为所有英美之间的船只之后，美国结束中立，

---

① 陈再生：《"一条线"外交战略的历史审视》，《思想理论教育导刊》2009年第11期。
② 〔美〕格雷厄姆·艾利森：《注定一战——中美能避免修昔底德陷阱吗？》，陈定定、傅强译，上海人民出版社2019年版，第264页。

于 1917 年 4 月 6 日宣布正式参加第一次世界大战，收获一战果实。一战结束的 1918 年，美国的综合实力超越英国，跃居世界第一。然而，当国际联盟组建以后，英国掌握了主要话语权，美国退回美洲大陆，重拾孤立主义传统。美国成为全球老大，获取世界领导者地位，是在第二次世界大战以后的 1945 年。欧洲主要国家在二战中两败俱伤，而美国本土远离战场，作为战争物资的最主要制造基地获得空前繁荣。工业产值、GDP 总量、军事实力、金融实力、科技创新实力和国际事务话语权等，全面超越西方老牌发达国家，雄踞全球顶端。

美国成为全球老大的历程，从工业产值达到全球第一的 19 世纪 70 年代算起，至少等待了 70 年；从综合实力跃居全球第一的 1918 年算起，至少等待了 25 年。期间还有二战这一人类历史上死伤最多、损毁最严重的战争这一特殊机遇。

不争一时之短长，使美国的登顶历程从容而且顺畅。

有人认为，中美矛盾的根本原因是意识形态的严重对立。

中美之间意识形态的严重对立，确实是两国矛盾的重要因素。

美国人的先辈自认是"上帝选民"，内心充满着特殊的使命感、自豪感和优越感，认为有责任和义务依凭上帝的眷顾和关照，在美洲大陆建立一座"山巅之城"、一座全人类的灯塔。"灯塔国"之名就是由此而来。

美国自立国之日起，就一直热衷于传播"美国精神"。

1776 年 7 月 4 日签署的美国《独立宣言》宣称："我们认为这些真理是不言而喻的：人人生而平等，造物者赋予他们若干不可剥夺的权利，其中包括生命权、自由权和追求幸福的权利。"[①] 这就是今天的美国人推崇的"普世价值"的最初版本。

真正把"普世价值"作为意识形态武器向全球推行，始于二战以后美苏争霸时期，盛行于 20 世纪 90 年代冷战结束以后。

其时，美国政治学者弗朗西斯·福山提出"历史终结论"，认为美国的自由民主制度已取得最后胜利，是"人类意识形态发展的终点"和"人类最后一种

---

① 〔美〕J. 艾捷尔编：《美国赖以立国的文本》，赵一凡、郭国良主译，海南出版社 2000 年版，第 26 页。

统治形式"，并因此构成"历史的终结"。①

稍晚一点，另一位美国政治学者萨缪尔·亨廷顿提出"文明冲突论"，认为冷战后的主要国际冲突都来自不同文明或文化交接的断层地带。②

2001年小布什出任美国总统之初，把推行单边主义和先发制人的战略优先于美国价值观的普世性和优越性，强调不仅要通过美国的榜样，而且关键是要通过美国的力量，来重新塑造国际秩序。"9·11"事件的发生宣告主要依靠"硬实力"战略的失败，小布什逐步回归到重视"普世价值"等"软实力"的路径上来。2008年奥巴马执政后，认为比军事实力甚至经济实力更重要的是思想实力，希望"通过榜样的力量，而非力量的榜样"来推广"普世价值"，用"巧实力"改造世界，包括人权、社会制度和经济体制，使"全球化"最终成为"美国化"。

特朗普对意识形态不感兴趣，经常冒犯甚至颠覆"政治正确"，削减甚至取消部分援外资金。特朗普在葛底斯堡发表的演讲中呼吁："美国人民从当下政治的嘈杂和凌乱中探起头来，一起拥护美国精神的中流砥柱——伟大的信仰和乐观精神。"③

特朗普在营商生涯中，开出天价、极限施压，是其惯用的谈判伎俩。他出任总统以后，一切有利于美国的东西，包括协议和原则，都可以妥协、交易或者撕毁。

2018年9月25日，特朗普在第73届联合国大会上发表演讲，强调美国的"主权"，拒绝"全球主义的意识形态"。④

但是，美国建国以来逐步形成，20世纪冷战以来加速成型的"政治正确"，是一处攻守兼备的"道义高地"，不会因为特朗普而完全放弃，特朗普政府也不会完全抛弃不用。

---

① 〔美〕弗朗西斯·福山：《历史的终结及最后的人》，中国社会科学出版社2003年版，第1页。
② 〔美〕塞缪尔·亨廷顿：《文明的冲突与世界秩序的重建》，周琪等译，新华出版社1998年版，第229页。
③ 徐剑梅、陆佳飞：《特朗普发表"葛底斯堡演说"畅想"百日新政"》(全文)，凤凰网，2016年10月24日，http://news.ifeng.com/a/20161023/50142734_0.shtml。
④ 朱东阳、马建国：《特朗普在联大演讲中称反对全球主义理念》，新华网，http://www.xinhuanet.com/world/2018-09/26/c_1123481757.htm。

特朗普政府的副总统彭斯就祭出了意识形态武器。

2018年10月4日，彭斯在美国右翼智库哈德逊研究所发表演讲，批评中国。

彭斯声称："苏联垮台之后，我们认为中国将不可避免地成为自由国家。带着这份乐观，美国在21世纪前夕向中国敞开大门，将中国纳入世界贸易组织。

"此前的政府做出这个决定，希望中国的自由将蔓延到各个领域——不仅仅是经济，更是政治上，希望中国尊重传统的自由主义原则，尊重私人财产、个人自由和宗教自由，尊重人权。但是这个希望落空了。"[①]

这是典型的美国式意识形态腔调。

中国与美国实行的是使命感完全对立的意识形态和社会制度。中美两国发生矛盾摩擦，意识形态是重要因素，但不是决定因素。

美国虽然自诩为"灯塔国"，要以美国式"普世价值"改造世界，使"全球化"变成"美国化"。但是，在重大利益面前，美国会置"普世价值"于不顾，支持军人政变头子、政教合一国家，宽容严重背离人类文明的野蛮恶行。在重大利益面前，美国意识形态的"灯塔"随时可能暗淡甚至转向。

20世纪60年代末70年代初，中国还处于"文革"动乱之中，中美之间的意识形态尖锐对立。中国甚至出兵帮助越南抵抗美军。然而，尼克松解冻中美关系，恰恰是在那个时期。

自中美建交以来，意识形态矛盾确实一再干扰两国关系。几任美国总统都受意识形态因素的干扰，在竞选时批评现政府的对华政策，上任之初中美关系急剧走低。但是，上任之后，受到国际大势和本国利益的双重推动，中美关系逐渐摆脱意识形态干扰，呈现低开高走的格局。里根总统如此，老布什总统如此，克林顿总统如此，小布什总统同样如此。

继小布什上台的奥巴马总统，竞选之年正遇国际金融危机，中国着力帮助美国减轻金融危机的冲击。奥巴马一反前几任总统上任之初美中关系低开的模式，走出一波高开行情。美国学者甚至提出了美中"G2"管理世界、"中美国"等概念。但是，随着中国经济实力的迅速增长，特别是2011年年初公布的两项

[①] 转引自文澜江：《贸易战：美中价值取向的冲突》，《美中时报》2018年10月30日03版，0951期。

统计数据——中国GDP总量超越日本,成为世界第二;中国制造业产值超越美国,成为世界第一,奥巴马立即逆转美中关系。

意识形态和社会制度的根本对立,是中美矛盾的重要原因,但不是根本原因、决定性因素。老大与老二的结构性矛盾,才是当下美中关系急剧恶化的根本原因、决定性因素。

2. 两个维度:人类命运共同体与国际力量对比

习近平主席指出,中美关系是世界上最重要的双边关系之一。中美建交近40年的历史和现实表明,中美关系发展得好,可以造福两国人民和各国人民,有利于世界和地区的和平、稳定、繁荣。①

中美两国,一个是最大的发展中国家,一个是最大的发达国家,两国关系本质上是全球发展中国家和发达国家两大阵营的国际关系,关系着全人类的命运。因此,分析中美关系的第一个维度,要从构建人类命运共同体的高度来看待。同时,中美两国对彼此实力的客观理性认知,深刻影响着两国的战略判断和关系走向。当下,美国一超独大相对衰落,中国崛起日益走近世界舞台中央,传统资本主义国家和新兴国家多强并存。历史没有终结,而是进入新一轮复杂纷争的时代。因此,分析中美的第二个维度,要从国际力量对比的现实情况入手。观察中美关系,要放眼全球,把握这两个维度。

(一)人类命运共同体与"美国优先"——观察中美关系的理念维度

(1)人类命运共同体——考察中美关系的新高度

2015年9月28日,习近平主席在第70届联合国大会上,发表题为《携手构建合作共赢新伙伴 同心打造人类命运共同体》的重要讲话,首次提出"人

---

① 梅世雄:《习近平会见美国国防部长马蒂斯》,《人民日报》2018年6月28日01版。

类命运共同体"这一创造性概念。①

2017年1月18日,习近平主席在联合国日内瓦总部演讲时,进一步深入系统地阐述了"人类命运共同体"的理念内涵:坚持对话协商,建设一个持久和平的世界;坚持共建共享,建设一个普遍安全的世界;坚持合作共赢,建设一个共同繁荣的世界;坚持交流互鉴,建设一个开放包容的世界;坚持绿色低碳,建设一个清洁美丽的世界。②这一重要论断,为"世界怎么了,我们怎么办"的全球困惑提供了全方位的中国答案。

2017年10月,"坚持和平发展道路,推动构建人类命运共同体"被写入党的十九大报告。2018年3月,"发展同各国的外交关系和经济、文化交流,推动构建人类命运共同体"③被写入第十三届全国人大一次会议通过的宪法修正案。从此,这一重大政治、外交理念,获得了宪法效力。

"人类命运共同体"是中国在新的国际格局下,基于和平共处五项原则,以构建和平、发展、合作、共赢的新型国际关系为目标的创新理念,也是心系全球福祉的宏大誓愿。"人类命运共同体"一经提出,就很快得到国际社会的广泛响应。2017年3月17日,联合国安理会以15票赞成,一致通过关于阿富汗问题的第2344号决议,强调"应本着合作共赢精神推进地区合作,以有效促进阿富汗及地区安全、稳定和发展,构建人类命运共同体"④。这是人类命运共同体理念被首次写入联合国安理会决议。几天后,3月23日,联合国人权理事会第三十四次会议,通过了关于"经济、社会、文化权利"和"粮食权"两个决议,均明确表示要"构建人类命运共同体"。⑤在短短几天内,人类命运共同体连续两次得到联合国高度肯定,这充分说明这一理念顺应国际关系主流发展趋势,因而得到联

---

① 习近平:《携手构建合作共赢新伙伴 同心打造人类命运共同体》,《人民日报》2015年9月29日02版。
② 习近平:《共同构建人类命运共同体——在联合国日内瓦总部的演讲》,《人民日报》2017年1月20日02版。
③ 《中华人民共和国宪法修正案》,《人民日报》2018年3月12日01版。
④ 倪红梅、顾震球:《安理会决议呼吁构建人类命运共同体》,《人民日报》2017年3月19日03版。
⑤ 吴刚:《人类命运共同体理念首次载入联合国人权理事会决议》,《人民日报》2017年3月25日02版。

国广大会员国的普遍认同，彰显了中国对全球治理的巨大贡献。

人类命运共同体理念之所以能收获国际社会广泛响应，主要原因在于这一理念为处理国际关系提供了一种新的思路。冷战时期已经终结30余年，但是在路径依赖效应下，"冷战思维"却发挥着历史遗留作用，"零和博弈"的惯性思维把国家之间正当的竞争与合作关系变成对立的"敌我关系"，意识形态不同的国家更是如此。这种思维方式与全球化趋势背道而驰。人类命运共同体理念的适时提出，为破解这一悖论找到了钥匙。据BBC报道，习近平主席在2017达沃斯世界经济论坛发表演讲之后，有国际问题专家认为，"中国领导人提出'人类命运共同体'的倡导符合人类发展大趋势""中国在全球化遭遇阻力和挑战时提出'人类命运共同体'，是一个势在必行之举，符合全球化发展潮流的倡导"。[①]

美国圣托马斯大学中国问题专家乔恩·泰勒认为，在当今世界深刻变革的背景下，探索有关人类共同命运的走向非常有必要。[②] 美国《全球策略信息》杂志华盛顿分社社长威廉·琼斯指出，构建人类命运共同体是帮助各国走出当前危机的唯一途径。[③] 在琼斯看来，构建人类命运共同体旨在构建一个具有包容性的世界。意味着摒弃冷战思维和丛林法则，着眼于人类社会的最大公约数。这是中国作为世界和平建设者、全球发展贡献者、国际秩序维护者的充分证明，体现了中国共产党服务全人类的"共同价值"追求。

以合作共赢为核心，构建人类命运共同体，关键是要加强大国间的协调与合作，不断扩大大国间的利益交汇点，构筑总体稳定的大国关系架构。中美关系被称为21世纪最重要的国际关系，中美两国关系的稳定性，直接影响着国际阵营的整体和谐稳定，关乎一系列全球性挑战的顺利解决。因此，其性质早已超出双边范畴，是全球关系的缩影，影响着人类命运共同体的走向。

中美之间具有建立命运共同体的坚实基础。

[①] 李怀亮：《人类命运共同体理论与国际软实力格局的重构》，《红旗文稿》2017年第21期。

[②] 刁海洋：《美专家指中美关系对构建人类命运共同体具有重要意义》，中国新闻网，2017年12月29日，http://www.chinanews.com/gj/2017/12-29/8412245.shtml。

[③] 刁海洋：《美专家指中美关系对构建人类命运共同体具有重要意义》，中国新闻网，2017年12月29日，http://www.chinanews.com/gj/2017/12-29/8412245.shtml。

一方面，中美两国有诸多利益交汇点。建交40年来，中美双边货物贸易增长了200多倍。作为世界最大的两个经济体，中美经贸合作在许多领域具有高度互补性。有关统计数据显示，2016年，美国向中国出口了占总量26%的波音飞机、56%的大豆、16%的汽车和15%的集成电路，中国成为美国飞机、大豆的第一大出口市场，农产品、汽车和集成电路的第二大出口市场。[①] 而中国向美国大量出口电机电器和音响设备、家具及零件、玩具游戏用品及零件、鞋靴等。在投资领域，美国向中国的投资集中在制造业、租赁和商务服务业、批发和零售业。美对华投资为美国企业带来了巨大利益，美中贸委会2016年10月发布的《中国商业环境调查》报告显示，90%的美资企业在中国实现盈利。[②] 中国赴美上市的企业已超过200家，其中不乏阿里、百度等拥有巨大规模与影响力的企业。除此之外，在消费结构、科技创新、能源等领域也存在互补空间。中美已经形成"你中有我，我中有你"的利益交融格局。

另一方面，中美两国也有诸多责任交叉点。作为最具代表性的两个世界大国，中美在全球治理和世界秩序重构中，有广泛的共同责任。面对世界经济增长动能不足，地区热点问题此起彼伏，恐怖主义、网络安全、气候变化等非传统安全威胁持续蔓延的诸多挑战，急需中美两国形成合力、共同应对，以大国担当携手推进全球治理体系变革，以大国合作奏响人类命运共同体最强音。

无论是利益范围还是责任领域，不难看出，中美两国本就在一条船上，共同体已经成为事实，这是中美进一步打造紧密相连的命运共同体的基础。正如习近平总书记所言，"我们有一千条理由把中美关系搞好，没有一条理由把中美关系搞坏"。因为"中美两国关系好，不仅对两国有利，对世界也有利"[③]。中国和美国是当今世界最大的发展中国家和最大的发达国家，拥有越来越广泛的共同利益，两国关系具有超越双边范畴的丰富战略意涵，其走向牵动着世界脉搏。

---

① 于佳欣：《"数"说中美经贸关系》，新华网，2017年2月21日，http://www.xinhuanet.com/fortune/2017-02/21/c_1120506202.htm。
② 于佳欣：《"数"说中美经贸关系》，新华网，2017年2月21日，http://www.xinhuanet.com/fortune/2017-02/21/c_1120506202.htm。
③ 《习近平同特朗普开始举行中美元首会晤》，《人民日报》2017年4月8日01版。

美国《外交政策》杂志曾写道:"在我们所谈论的所有国际事务中,我们发现存在这么一种情况,即尽管不是条条大路通罗马,却总可以以这样或那样的方式通向中国和美国。"①因此,考量中美关系,不能止步于两国利益层面,更不能局限于一国利益的狭隘视角,而必须将其置于人类命运共同体的高度和广度斟酌。历史和现实一再证明,"合作是中美两国唯一正确的选择"。

(2)"美国优先"的逻辑起点与历史演变

作为当今世界唯一的超级大国,美国却强调"美国优先"和"美国例外"。在2017年1月的就职演说中,提出"购买美国货""雇佣美国人"等口号的特朗普总统,对他所倡导的"美国优先"做出的种种解释表明,他上任后的一系列重大政策,都将以美国利益为核心。特朗普希望通过"美国优先"的路径,实现"让美国再次强大"的目标。宣告"美国梦已死"的特朗普,选择了"经济民族主义"作为美国复兴的逻辑起点。

"美国优先",就是国内决策首先考虑美国和美国人民的利益,当然也并非完全无视他国利益,但只能置于次要位置。"美国优先"的积极倡导者特朗普上任后的一系列"退群"举动,都是对这一主张的坚决贯彻。商人出身的特朗普,希望通过"优先"路径,使美国在短期内快速收获民众可见的现实利益。至上的美国利益是"圆心",由这一点出发,画出所有的政策"半径"。

事实上,追溯"美国优先"这一理念的历史,不难发现,从美国崛起开始,它一直是美国精英阶层的政治信仰,几乎历任美国总统都以自己的方式诠释"美国优先"这一理念。有学者认为,"美国优先"的理念,来源于亚历西斯·托克维里于1831年提出的美国例外主义。它强调美国所具有的独一无二的国家起源、历史进程、文化背景、宗教体制,正因为这种种因素,使美国成为发达国家中一个例外的存在。1884年,加州一张报纸曾刊出一篇以《美国优先且永远优先》为题的文章,以"美国优先"的姿态表达与英国贸易战的立场。1891年,《纽约时报》再次刊文强调这一"共和党向来深信不疑的理

---

① 钟声:《坚持对话合作 不断向前发展——一论构建中美新型大国关系》,《人民日报》2015年9月7日03版。

念"——"美国优先；世界上的其他地方通通是第二位的"①。首次在公开场合确认这一口号的总统，是民主党人伍德罗·威尔逊。不过，威尔逊提出这一口号有其特殊的历史情境。在一战爆发的背景下，这一口号包含着中立、反战争、反殖民等种种意味，有其进步性。里根总统也曾将美国形容为"山巅上的光辉城市"，这种饱含优越感的"例外主义"，在不断强化中成为一种民族信仰。从强调"例外"到表现"优越"，再到被特朗普作为"经济民族主义"的庇护旗，其中呈现的正是美国从独立崛起到民族自信、国家霸权的发展历程。

"美国优先""美国例外"论是美国传统文化的重要组成部分，对美国外交政策的制定和推行有很大影响，并且深植于美国人的思想观念中。它具有两大特点。一是理想主义。"例外论"给美国的外交政策增添了高度理想化的色彩。与欧洲传统外交政策不同，美国人自认为是一个高尚的民族，有着崇高的利他主义动机，认为自己具有帮助那些未开化民族和国家摆脱愚昧落后的使命。"例外论"让美国人坚信，美国的国际行为都是清白无瑕和乐善好施的。比如，对于19世纪美国的领土扩张行为，美国人民认为这并不是侵略，而是"对不幸者的善意和照顾"；在第一次世界大战中，美国人声称参与战争是要"打一场结束所有战争的战争"；美国参与第二次世界大战，是为了使世界摆脱法西斯主义的奴役。时任美国总统富兰克林·罗斯福宣称，言论和表达自由、宗教信仰自由、免于匮乏的自由和免于恐惧的自由，这"四大自由"是文明社会的基础。② 美国人坚信他们在世界上是独一无二的，他们的动机是纯洁的，行为是道德的，其出发点和落脚点都是无私的。

二是单边主义。这是美国实行"对外霸权"的理论基础，其表现是美国在国际社会施行"双重标准"。美国人认为，由于美国的独特性，不能用衡量其他国家的标准来衡量美国。同时，其他国家不能做的事，美国却可以做。美国以新国际秩序的建立者和国际行为的裁判者自居，认为自己有理由超越现有国际

---

① 〔美〕Sarah Churchwell:《美国梦已死？"美国优先"的阴暗历史》，林达译，《界面新闻》2018年5月8日，https://www.jiemian.com/article/2094375.html。
② 〔美〕富兰克林·德·罗斯福:《罗斯福选集》，关在汉编译，商务印书馆1982年版，第279页。

体系和国际法，并且需要通过不断超越当前国际秩序、建立新秩序来推动国际社会进步。以该口号为基准，美国政府采取了一系列行动，单方面挑战现有体系和秩序。比如，退出跨太平洋伙伴关系协定（TPP）及应对全球气候变化的《巴黎协定》；着手重新谈判并威胁退出《北美自由贸易协定》；质疑联合国和北约的作用，多次明示或暗示其他国家必须做出更多贡献；甚至于2017年宣布，美国将于2018年12月31日退出联合国教科文组织。美国外交学会会长理查德·哈斯将特朗普以上一系列对外政策的主题概括为"退出理论"。这些"退群"行为被国际社会认为是"多边主义的损失和遗憾"。

美国人深信不疑的"美国例外"论，在国际社会却收获诸多怀疑。俄罗斯总统普京2013年9月11日在《纽约时报》发表的文章中直言："不管出于何种动机，鼓励国民把自己视为例外都是极其危险的"①。英国《金融时报》也批评"美国优先"贸易政策"盲目遵循零和博弈重商主义，不仅是无效率和不公平的，而且将扰乱国际供应链，并对所有国家造成损害"②。法新社在2017年10月刊发的《在特朗普领导下，"美国优先"却越来越孤立》一文中称，特朗普一系列立场是对多边主义的打击，以"美国优先"的口号为名，在全世界孤立美国并削弱其公信力。③ 美国国内学者对所谓的"美国优先"认同度也并不高。乔治·华盛顿大学教授史蒂文·苏拉诺维奇直接指出，"美国优先"伤害全球利益，所有这些行为似乎都在显示美国在国际关系中的过分自信，其结果可能是使国际各方陷入"囚徒困境"。④

针对134个国家的盖洛普民意测验显示，2016年有48%的国家民众承认美国的世界领导地位，但到2018年这一数字却下降到了30%。与此同时，反对美

---

① 《普京〈纽约时报〉撰文批评美对外政策》，参考消息网，2013年9月13日，http://world.cankaoxiaoxi.com/2013/0913/271549.shtml。
② 《英国〈金融时报〉批评"美国优先"的贸易保护主义谬论》，中华人民共和国驻厄立特里亚使馆经商处网站，2017年1月6日，http://er.mofcom.gov.cn/article/jmxw/201701/20170102497225.shtml。
③ 《法媒：在特朗普领导下，"美国优先"却越来越孤立》，参考消息网，2017年10月18日，http://column.cankaoxiaoxi.com/2017/1018/2239372.shtml。
④ 史蒂文·苏拉诺维奇：《"美国优先"伤害全球利益》，《人民日报》2018年3月26日04版。

国作为世界领导者的呼声却日益增加，达到了43%。[1] 特朗普实施"美国优先"的结果，导致其他国家不再视美国为稳定的合作伙伴，更不会赞同由美国来领导世界格局与合作。如果其他国家因此不再与美国合作，国际制度将有可能开始崩溃，随着共同利益逐渐消失，"美国优先"可能变成"美国最后"。

其实，在特朗普上任之前，伴随全球化浪潮和国际格局的深刻变动，"美国优先"已经不得不有所妥协，曾经呈现出某种多元性。美国的政治家们开始意识到，在国际社会中，没有绝对的百分百的"优先权"，而相对的优先也必须以平等合作为前提，即使是表面的平等。比如，奥巴马和希拉里所倡导的美国例外主义，都将其他国家视为重要合作伙伴，并标榜以全球利益为共同目标。"让我们成为例外的，不是我们藐视国际惯例和法治的能力，而是我们通过实际行动确认它们的意愿。美国十分擅长遵循国际联盟制定的规范。"[2] 奥巴马，这位努力在美国国内种族间消除"例外论"的总统，也承认这种逻辑在国际舞台的适用性。希拉里也持有几乎一致的观点，"美国主导意味着与我们的同盟国站在一起，因为我们的同盟国关系网是让我们成为例外的重要因素"[3]。"美国例外"的逻辑正在悄然发生某种变异："上帝通过美国拯救世界"被改造为"美国和盟国一起拯救世界"，这一单边主义概念自觉或不自觉地向多边方向靠拢。

值得注意的是，特朗普式的"美国优先"也有了新表现。当国际社会纷纷指责美国的孤立主义行径时，美国突然打出联手欧盟、日本的牌，宣布将建立美欧日零关税自由贸易市场。此举一出，国际社会有一些声音惊呼，特朗普不是反自由贸易，而是要建立"超级贸易市场"。特朗普的形象，也从一个单边主义者转变为"自由贸易旗手"。但事实上，美国此举意在打破原有的WTO多边贸易体系，逼迫其他经济体和美国签订全新协议，重新建立以美国为中心的国

---

[1] 陈政予编译：《进行中的国际合作2.0》，《社会科学报》总第1598期7版。

[2] Clinton's American exceptionalism puts a new twist on an old idea, September 8, 2016, *The Conversation*, http://theconversation.com/clintons-american-exceptionalism-puts-a-new-twist-on-an-old-idea-65024。

[3] Clinton's American exceptionalism puts a new twist on an old idea, September 8, 2016, *The Conversation*, http://theconversation.com/clintons-american-exceptionalism-puts-a-new-twist-on-an-old-idea-65024。

际贸易新格局、新秩序。这一行为，以多边主义和贸易自由为掩护，本质上仍然是以美国为核心，是"美国优先"演进后的新表现。

事实上，完整的"美国优先"理念中，也有国际主义精神的一面。就连首次在公开场合宣扬"美国优先"的威尔逊总统，也坚持认为"美国优先论不能被理解成出于私心的，中立性的基础乃是对人类的同情"。在这层内涵上，"美国优先"与人类命运共同体有某些契合的部分，这也决定了中美经贸仍然有广阔的合作空间，为中美关系定下了合作主基调。

（二）当今国际力量对比——观察中美关系的现实维度

（1）中国已经基本超越美国？

一种普遍的说法是"19世纪是英国世纪，20世纪是美国世纪"。不过，随着中国作为新兴大国的持续崛起，美国守成大国长期相对衰落，越来越多的人提出疑问：21世纪还将是美国世纪吗？

清华大学国情研究院院长胡鞍钢博士，早在2015年做客新浪财经《改革问道》时就提出，2015年已经开始了一个中国世纪。2017年，他在"中信大讲堂"的讲座中再次谈道：中国现今的六大实力发展，已进入全面赶超、主体超越美国时期。理由是，中国的综合国力、经济实力、科技实力，已经分别于2012年、2013年、2015年完成对美国的超越。到2016年，中国的经济实力、科技实力、综合国力分别相当于美国的1.15倍、1.31倍和1.36倍，居世界第一。同时，中国在国防实力、国际影响力、文化软实力上加速赶超。国防实力明显提高，进入世界第二阵营；国际影响力居世界第二位；文化软实力相对美国差距明显缩小。由此，胡鞍钢得出"中国整体已经基本超越美国"的结论。

这一言论一经传播，立即引起强烈反弹。环球时报总编辑胡锡进率先不予认同。他表示，中国与美国的综合实力差距的确在缩小，但这个差距依然是实质性的。中国的实力远不足以与美国开展战略对撞。[①]

[①] 以上胡鞍钢、胡锡进观点参考《胡锡进：有学者称中国整体上已超越美国，我深感不安》，凤凰资讯，2018年1月19日，http://news.ifeng.com/a/20180119/55281017_0.shtml。

原国家对外经贸部副部长龙永图认为，所谓中国已经超越美国的观点，在国内和国外都起着巨大的误导作用。龙永图认为，中国在发展实力、个人素质、综合国力等方面，与美国相比还有很大差距，需要紧迫感和危机感来不断赶超世界先进水平。更何况，中国从来就没有把经济实力超越美国作为处理中美关系的前提。[①]

倾向于中国已经或即将超越美国的观点，主要源于中美两个大国实力对比的消长。美国先后在2012年和2013年失去世界第一制造国和第一货物贸易国的"桂冠"。自二战以来，美国GDP的年均增长率和占全球GDP比重总体呈下滑趋势。特朗普"让美国再次伟大"的构想，也从某个侧面承认了美国已经不可避免地走向衰落的事实。

近年来，中国在经济规模、引资和投资能力、科技投入、信息化应用、国际体系影响力、企业实力等方面与美国差距逐渐收窄，不断积聚成为全球性大国的必备要素。但总的来看，中国成为完全的全球性大国还有待时日，整体实力与美国存在不小差距。

第一，"硬指标"印证中美两国之间的实力差距。

2017年，美国GDP总量约为19.39万亿美元，中国GDP约为12.25万亿美元，仅为美国的63%。人均GDP相差更远，美国人均GDP6万美元，位列全球第5；中国人均GDP 9481美元，不到美国的1/6，位列全球第70名。

军事方面，2018年美国军费预算7000亿美元，中国只有美国的1/4，仅为1745亿美元。

科技方面，2017年6月12日，日本经济新闻网发表一篇报道《全球科技进入中美两强时代》，认为中美两国在最新科技发展上成为全球两大核心力量。[②] 不过，中国与美国的科技力量仍然有较大差距。2015年，在全世界100个热点科学研究前沿和49个新兴研究前沿领域中，美国在143个前沿领域都有核心论文

[①] 《龙永图：中美经济实力还有很大差距 要有紧迫感危机感》，凤凰网，2018年2月22日，http://news.ifeng.com/a/20180222/56169331_0.shtml。

[②] 《日媒：全球科技进入中美两强时代 中国多领域反超》，环球网，2017年6月14日，http://mil.huanqiu.com/observation/2017-06/10836068.html。

入选，且在108个前沿的核心论文数都排名第一，中国在82个前沿有核心论文入选，在16个前沿的核心论文数为第一名，除了在化学与材料科学领域中国对世界科技的贡献度超过美国之外，全球科研的前沿突破有八成来自美国。在世界500强科学研究机构2015年年度排名中，美国共有198家大学和研究机构进入，前十名的研究机构中美国就占了9所。

在中国崛起最快的制造业领域，中国与美国存在着两个梯队的差距。工信部长苗圩曾经指出，在全球制造业的四级梯队中，第一梯队是以美国为主导的全球科技创新中心，第二梯队是高端制造领域，包括欧盟、日本，中国仍处于第三梯队。这种格局在短时间内难有根本性改变。①

按照《中国制造2025》的规划，中国还需要通过"三步走"实现制造强国的战略目标：第一步，到2025年迈入制造强国行列；第二步，到2035年中国制造业整体达到世界制造强国阵营中等水平；第三步，到新中国成立一百年时，综合实力进入世界制造强国前列。这一战略规划，也显示了中国与以美国为代表的世界制造强国前列国家之间，还有至少30年的差距。

第二，"软实力"决定美国全球性大国地位难以撼动。

美国学者乔治·莫德尔斯基认为，世界性大国是世界的主导经济国，也是世界经济和世界政治的重要连接点。其对经济的主导性不仅表现在GDP和人均GDP高，而且意味着主导性产业的技术创新能力、对世界经济政治的参与能力、支持其履行大国作用的巨额财力，以及在国际规则制定上的决策能力。② 摩根索将国家实力定义为"支配他人的意志和行动的力量"③。根据这一标准，拥有技术创新和规则制定话语权的美国，即便相对衰落难以逆转，全球性大国的地位仍然是不可撼动的。

---

① 刘育英：《中国工信部部长：中国制造处于全球制造第三梯队》，中国新闻网，2015年11月18日，https://www.guancha.cn/Industry/2015_11_18_341781.shtml。
② 转引自甄炳禧：《21世纪：美国世纪还是中国世纪——全球视野下的中美实力对比变化分析》，《人民论坛·学术前沿》2015年10月下。
③〔美〕汉斯·摩根索：《国家间政治》，徐昕、郝望、李保平译，北京大学出版社2005年版，第37页。

迄今为止，美国占据世界第一大经济体国家位置已经一百多年，根据部分美国专家学者分析，这一地位仍有延续空间。美国国家情报委员会指出：尽管美国与崛起大国相比势必衰落，但2030年美国极有可能保持"诸强中的第一"地位。① 约瑟夫·奈在《美国世纪结束了吗》中则认为，"美国世纪"将持续到21世纪中期。②

软实力是美国延续全球性大国地位的重要基础。根据约瑟夫·奈的界定，软实力即"罗致行为能力"，是一个国家在国际事务中通过吸引就能达到自己目的的能力。③ 软实力其实也是一种观念资源，观念资源代表着国家的理性程度，意味着一个国家在国内和国际社会中占据价值观念制高点。今天，美国梦、美式生活方式，在全球范围内仍然拥有强大号召力和吸引力。作为国际价值标准的主要输出者，美国拥有的强势"观念资源"不容小觑。

而与美国相比，中国在以上几个方面还不具备全球性大国的必备素质。华盛顿大学教授沈大伟在《中国走向全球：不完全大国》中指出，中国是世界上最重要的正在崛起的大国，在很多领域已经具备超过其他"中等强国"的能力。但衡量国家实力和国际实力的最重要标准不是能力，而是影响力，目前中国在设立全球标准、左右全球趋势方面还缺乏足够力量，不是完全意义上的全球性大国。④ 或者说，只能被称为"潜在超级大国"或"亚超级大国"。目前中国和美国的差距，其实就是大国和超级大国、全球性大国之间的差距。中国只有在综合实力的主要方面赶超美国后，才可能成为真正的全球性大国。

环球时报总编辑胡锡进在2018年10月12日发表的微博中写道："我觉得中国至少在两个领域到2050年的时候肯定赶不上美国，即使到本世纪末，也未必

---

① 美国国家情报委员会编：《全球趋势2030：变换的世界（中译本）》，时报出版社2013年版，第170页。
② 〔美〕约瑟夫·奈：《美国世纪结束了吗？》，赵建伟译，《国际战略研究简报（2016）》，第18—25页。
③ Arvind Subramanian, Eclipse: Living in the Shadow of China's Economic Dominance, *Peterson Institute for International Economics*, September 21, p. 26.
④ 《沈大伟：中国是"不完全大国"》，参考消息网，2013年2月22日，http://column.cankaoxiaoxi.com/g/2013/0222/168910.shtml。

就能超越美国。它们就是科技创新能力，以及与想象力和政治多元化有关的流行文化创作。与这两个领域关系密切的领域，美国也有保持优势的很大可能性。"

胡锡进称："至少未来50年内，中国形成不了高科技产业的真正引领能力，除了上面所说的创意方面的问题，中国现代化全元素的普及程度太低，中国社会很难成为新兴科技产业的超级孵化地。我的直觉是，中国科技发展在本世纪对美国的'威胁'很难高于日本对美国形成的挑战。"

但是在数量级层面上，胡锡进认为："中国会在GDP总量和诸多大宗商品的消费总量上超过美国，甚至有些领域能够达到美国的2倍以上。因为GDP的最大头是围绕人们日常生活创造的，也就是人们衣食住行玩所涉及的各种商品和服务。中国的人口总量即使到本世纪末也会远多于美国，中国成为世界第一GDP大国从长远看不可阻挡。"

至于军事实力，胡锡进表示："随着中国经济实力和科技实力不断上升，中国的军事实力亦将提升。但是中国很难建设美国的全球军事基地网络了，中国建设南沙岛礁遭到这么大的阻力，在海外的商业港口建设亦遭到种种阻挠，可想而知如果中国在海外建立真正意义的大型军事基地，将会带来什么样的震动。而在缺少军事盟友和海外基地的情况下，中国的军事力量注定是战略防御型的，无法与美国开展全球军事竞争。"

基于上述分析，胡锡进的结论是："我相信直到本世纪末，出现不了中国的实力全面压倒美国的格局，中国即使使出吃奶的力气也做不到。中国的规模实力必然越来越强，但它们很多是重复性的，并不都能转化成为国家竞争力。而美国在世界科技创新和文化创新中的领导角色将长期不可取代。对此中美双方都需有清醒的认识。中国人不要有'早晚老子第一'的骄傲，美国人不要有'早晚要被搞掉'的惊慌。这是两个都很伟大的国家，它们应是人类社会前进的双引擎，彼此从既竞争又合作中不断获益，而不是因为双方是世界的两强就注定打得头破血流，让两国人民蒙受本不应经历的苦难。老胡相信理性最终将在中美之间占据上风。"[①]

---

① 胡锡进2018年10月12日新浪微博账号。

第三，美国具有强大"反超"能力。

在中国与美国客观差距的另一方面，美国仍然显示出强大的"反超"能力。2009年，我国成为全球第一大贸易出口国，随后又在2013年首次超越美国，跃居世界第一大货物贸易国。不过，WTO的最新数据显示，持续三年世界第一之后，2016年我国的进出口贸易额被美国反超。WTO 2017年4月公布的数据显示，2016年美国的货物贸易总额超过中国，重新跃居全球首位。美国《财富》网站在2017年3月31日的一篇报道中表示，2020年美国将取代中国重新成为世界第一制造强国。①

美国学者阿什利·泰利斯认为，来自国际体系的结构性压力作为一种主要的激励因素迫使各国不断提升自身国家实力。②而美国作为超级大国，其承受的来自国际体系的压力也远远超过一般国家。这种结构性压力成为一种强烈的外部刺激，促使美国进行持续的自我提升，因而在被崛起大国暂时赶超时，有足够动力予以"反超"。

（2）中国只有招架之功，而无还手之力？

与中国全面超越美国相反，有一种观点认为，中国对美国只有招架之功，没有还手之力。尤其是中兴通讯事件之后，有不少人认为，美国一招就可以轻松制胜。这种观点表面上与以胡鞍钢为代表的"中国超越论"截然相反，但是其立论的思维方式却出奇一致，都是绝对论。

一方面，中国改革开放40年奠定了实力基础。中国已跃居世界第二大经济体。2018年，我国国内生产总值突破90万亿人民币，稳居世界第二。③2010年和2013年，中国分别取代美国成为世界第一制造业大国、第一货物贸易大国。同时，中国还是第一外汇储备大国和引资大国。随着人民币成为世界第五大货币，并加入SDR货币篮子，中国经济进一步深度融入全球金融体系，在IMF和世界银行的投票权获得提高。2018年中国货物贸易进出口总值超过30万亿元

---

① 余鹏飞:《美媒:2020年美国将超过中国成为世界第一制造大国》，环球网，2016年4月3日，http://world.huanqiu.com/exclusive/2016-04/8796553.html。
② 转引自姜益民:《由中美实力对比看"G2"理论》，《理论观察》2010年第1期，第44页。
③ 《突破90万亿元！我国经济再上新台阶》，《人民日报》2019年1月22日01版。

人民币,①继续保持增长,世界第一贸易大国地位岿然不动。特别是2008年国际金融危机以来,中国已成为全球增长第一引擎。2014年中国对世界经济增长的贡献率达30%,比美国高出10个百分点。据估计,到2025年,中国经济对全球经济增长的贡献仍然能维持在1/3左右,远超其他国家。②另外,中国国际总储备远大于美国。2014年年底,中国国际总储备达39000亿美元,比美国储备4300余亿美元多出8倍。③中国企业在《财富》杂志评选的"全球500强"企业数量显著增加。2018年7月发布的世界500强排行榜显示,中国上榜企业达120家,接近美国的126家,远超位居第三的日本(52家)一倍以上。④

一种几乎带有普遍性的观点认为,当今国际格局的最大特征是新兴力量的群体性崛起与美欧等传统力量中心的相对衰落,尤其是中美实力差距缩小的速度加快,"中国超越美国成为世界上最大的经济体"似乎只是时间问题。

中国对世界经济格局的影响力持续增强。作为G20重要成员,中国已从国际治理体系的边缘进入决策协调的核心,在世贸组织等多边机构的话语权不断提高,在国际体系中也扮演着日益重要的角色;由中国牵头成立的亚投行、丝路基金、金砖国家新开发银行等国际金融机构,既对现行国际金融体系有补充作用,更对国际关系有深远意义;中国—东盟、中韩、中澳自贸区建设,上海自由贸易港的探索,使中国在自由贸易关系中拥有更多话语权;中国着力推进"一带一路"建设,并与俄罗斯跨亚欧大陆桥、蒙古国"草原之路"、哈萨克斯坦"光明大道"等国家战略对接,积极打造国际经济合作走廊,不仅将直接带动60多个沿线国家经济发展,更是"人类命运共同体"理念的最好诠释,通过"澜湄命运共同体""亚洲命运共同体""中非命运共同体"等中观层面共同体,连接宏观共同体。中国的发展道路、制度优势、政治特色,

---

① 《我国外贸进出口规模去年创历史新高》,《人民日报》2019年1月15日02版。
② 美国国家情报委员会编:《全球趋势2030:变换的世界》(中译本),中国现代国际关系研究院美国研究所译,时事出版社2013年版,第79页。
③ 甄炳禧:《21世纪:美国世纪还是中国世纪——全球视野下的中美实力对比变化分析》,《人民论坛·学术前沿》2015年10月下。
④ 《2018世界500强出炉 中国120家企业上榜(附完整名单)》,人民网,2018年7月20日,http://finance.people.com.cn/n1/2018/0720/c1004-30160582.html。

正在得到越来越多发展中国家的认可和借鉴，为世界发展贡献"中国智慧"和"中国方案"。

另一方面，国际经济体系深度融合，中国经济与美国和全球经济相互作用、深刻关联。中国改革开放、走向世界舞台中央的40年，也是全球化深入发展、国际体系深刻交融的40年。国际经济关系早就是"你中有我，我中有你"，一损俱损，一荣俱荣。国际经济与金融安全"牵一发而动全身"，世界多极化、经济全球化、社会信息化、文化多样化深入发展，全球治理体系和国际秩序变革加速推进，各国相互联系和依存日益加深。

而这种经济关系的深刻依存和相互影响，在中美经济关系中表现尤为明显。就连特朗普也承认，制裁中兴使美国企业也受到了损害。彭博新闻社认为"让中兴等科技巨头破产绝非良策"，因为当美国毁灭中国一些最重要的公司时，中国不会袖手旁观。而英特尔、美光科技和微软等公司都是中兴通讯的重要供应商，中兴的困境也将给这些美国企业带来窘境。中国的对外贸易额中，有一半左右是外企和合资企业产品，而在中国投资的主要是发达国家和地区的企业。中国美国商会发布的《2017年度美国企业在中国白皮书》显示，68%的美国企业表示，2016年在华业务经营实现盈利，高于2015年的64%；58%的受访企业表示在华经营收入实现增长。[①]2014年，中国对美直接投资首次超过美国对中国投资金额，在2016年更是达到456亿美元。2016年，中美双边贸易总额超过5000亿美元。[②]这些数据表明，双方经贸关系具有高度互补性和互利性，如果处理不当，也会导致"互损"。因此，美国在贸易上与中国为敌，其实是与全球贸易为敌，也是在与美国企业自己"过不去"。

中美经贸关系的相互影响，在中国对美国的反制措施中有突出表现。2018年3月8日，美国总统特朗普签署公告，决定于3月23日起，对进口钢铁和铝产品加征关税，即232措施。这一举动违反了世界贸易组织相关规则，不符合

[①] 和佳：《中国美国商会发布〈2017年度美国企业在中国白皮书〉》，《21世纪经济报道》2017年4月19日15版。
[②] 靳浩辉、唐宝全：《习近平新时代中国特色社会主义思想对"塔西佗陷阱"和"修昔底德陷阱"的双重超越——以国家治理和全球治理的良性互动为视角》，《学术探索》2018年3月。

"安全例外"规定。为维护我国合法利益,我国决定自2018年4月2日起,对原产于美国的7类128项进口商品中止关税减让义务,在现行适用关税税率基础上加征15%—25%不等的关税。中美双方这次贸易交锋,打响了由美国挑起的贸易战前奏。6月15日,美国政府宣布对从中国进口的约500亿美元商品加征25%的关税。中国当天即推出同等规模的加征关税措施。7月11日,美国政府再次发布了对从中国进口的约2000亿美元商品加征10%关税的措施。中国政府出台数量加质量型应对措施,对原产于美国的5207个税目约600亿美元商品,加征5%—25%不等的关税。

从中国的一系列应对措施来看,中美经贸关系的深度交融,赋予了中国强大的反制能力。另外,中国也是美国产品和服务的"大客户"。特别是随着互联网时代技术门槛的降低,"技术平权"为其他国家的技术崛起带来了机遇。这使美国产品拥有许多物美价廉的替代品,其产品和服务的稀缺性、唯一性被极大稀释。中国企业如果自主研发或转向其他国家采购,美国的受损程度也将使特朗普政府难以承受。正是国际经济体系的深度融合,使中国对任何贸易制裁拥有了以往所不具备的"还手之力"。

《大国的兴衰》作者保罗·肯尼迪认为:强国现在的富强并不一定取决于自身充分的实力和富裕保障,而主要取决于其邻国的富强与否;国家实力不仅要看自身绝对实力,也要看与其他大国比较的相对实力。[1] 从这个意义上说,美国国家实力的暂时领先是相对的,在与中国的实力较量中,呈现出此消彼长的态势。即便美国保存现有的实力,中国国力的持续增强,也意味着美国实力的相对弱化。在美国绝对实力不变的情况下,中国的崛起过程,就是美国相对实力的减弱过程。我们也不应忘记历史的启迪,一个国家的崛起可能需要百年,而大国的衰落往往只在几步之间,甚至可能就是关键的一步。那些认为在贸易战中"中国无还手之力"的观点,反映了对中国国情缺乏深入了解,对中国制度缺少基本耐心,对中国文化缺少基本包容。

---

[1] 〔美〕保罗·肯尼迪:《大国的兴衰》,陈景彪等译,中国经济出版社1989年版,第202页。

3. "两个尊重": 美国要求中国尊重美国老大地位,中国希望美国尊重中国核心利益

中美自建交以来,经历过风风雨雨,总体上是两国关系不断深化、相互合作不断加强的历史。回顾 40 多年来的中美关系,两国之所以能从"破冰"走上平稳发展道路,关键就在于双方能在包括台湾问题在内的诸多核心利益上相互尊重,虽博弈不断,但斗而不破,彼此不触碰对方利益底线。在双方利益交锋增多的局势下,中美关系能否继续沿着健康方向发展,关键取决于能不能做到"两个尊重",即美国尊重中国的核心利益,中国也尊重美国的核心利益,在此基础上,不断扩大利益交汇面。如果能够做到相互尊重,就能够跳出两个陷阱。如果不能做到相互尊重,就会落入两个陷阱,无论是落入修昔底德陷阱,还是落入金德尔伯格陷阱,世界将重新回到 20 世纪上半叶的混乱局面。

(一)美国要求中国尊重美国的"老大"地位,不能"修正"现行国际秩序

国家利益包括安全利益、政治利益、经济利益和文化利益等诸多方面。一个国家的独立、主权和领土完整,维护本国价值体系与固有生活方式,维护国家经济利益,维护和提高国家威望等内容,都属于国家利益。国家的核心利益则是国家利益体系中最关切的部分,随着历史的发展会不断调整变化。根据 2015 年《美国国家安全战略》的界定,美国的核心利益包括国家安全、经济繁荣、价值观的优越性以及美国主导的全球秩序。① 不同于历史上其他帝国,美国对外行为一般不以领土扩张为目的,而是以维护美国主导的自由主义国际秩序和推广美国价值观为己任。特别是二战之后,遏制共产主义并推广自己的价值观开始被视为美国的核心国家利益之一,至今影响着美国的对外政策方向。

不难看出,对于美国来说,核心利益首先是美国在全球的领导地位,以及

---

① The White House: "National Security Strategy", https://www.whitehouse.gov/sites/default/files/docs/2015 national security strategy.pdf.

由美国牵头制定的国际秩序和规则。其次是美国输出的民主自由价值观和政治模式。还有一点，就是美国的经济利益和全球第一大经济体地位。尤其是特朗普上台后，这位精明的商人对涉及美国的经济利益更是分毫必争。特朗普政府将美国的上述核心利益浓缩在"美国优先"的要求中。但是，一个国家的核心利益一般情况下不能与国际社会的总体利益或其周边大部分国家的利益相冲突，否则这样的国家利益将难以实现。

这就不难理解为什么美国坚持认为中国不尊重其核心利益，根本原因在于中国崛起对美国全球"老大"地位构成挑战，中国利益诉求与"美国优先"形成冲突。尽管美国强调其对中国的态度是积极的，并反复表示"欢迎一个和平繁荣的中国崛起"，但在实际操作上，却不允许中国在经济、规则和秩序方面对美形成挑战。这种苗头在奥巴马任内就有所表现。2015年10月，奥巴马总统在跨太平洋伙伴协定（TPP）达成协议后发表声明表示，美国不能让中国等国家书写全球贸易规则。①2015年，美国外交关系委员会发布的《修正美国对华大战略》报告声称，中国并没有成为美国所期望的"负责任的利益攸关方"，未来几十年，中国将成为美国主要的竞争者。报告呼吁，"美国应该采取一项新的对华大战略，这一战略的核心不是扶植中国的日益崛起，而是平衡中国不断上升的实力"，并建议美国对华政策应从"两面下注"转向"积极反制"。②所谓"两面下注"，就是一面接触，一面遏制。

2013年3月，奥巴马总统在与习近平主席的通话中，曾将中美关系定义为"健康竞争而非战略博弈"的关系。③而特朗普政府一上台，立刻改变了这一关系定位，使中美之间的战略竞争关系公开化、尖锐化。2017年底，特朗普政府发表首份《美国国家安全战略报告》，这份报告特别强调对华竞争问题。报

---

① 《奥巴马谈TPP：不能让中国来书写全球经济规则》，央广网，2015年10月6日，http://news.cnr.cn/native/gd/20151006/t20151006_520056957.shtml.

② Robert D. Blackwill and Ashley J. Tellis："Revising U.S. Grand Strategy"，Council on Foreign Relations Report，March，2015，https://assets.documentcloud.org/documents/1873849/cfr-revising-us-grand-strategy-toward-china.pdf.

③ 《习近平在同美国总统奥巴马通电话时强调：相互尊重扩大合作，走出一条新型大国关系之路》，《人民日报》2013年3月15日04版。

告30多次提到中国，明确把中国和俄罗斯定义为"修正主义国家"和"战略竞争者"，并且首次把中国放在对美构成竞争的大国之首，排在俄罗斯之前，认定中国已成为美国安全利益的首要关切。报告还提出，要反思和改变美国长期以来的对华政策，不再继续在国际体系内容纳中国。同时要聚集资源应对中俄挑战，和中俄在全球范围内争夺支持。① 这是美国官方报告首次强调这一思想，这份《国家安全战略报告》被白宫新闻发言人称之为美国"新时代的新国家安全战略"，这和党的十九大报告中提出的"新时代"遥相呼应，针对性非常明显。此后，在美国后续出台的《国防战略报告》《核态势评估报告》，以及特朗普发表的国情咨文，签署的国会《2018财年国防授权法》和《台湾旅行法》等文件中，都将中国定位为"rival"（对手、竞争者），不再是以前的"partner"（伙伴）、"cooperator"（合作者），完全把中国从美国的战略合作伙伴转变为战略竞争对手。

所谓"修正主义国家"，是国际关系中的一个重要概念。根据战略意图的不同，美国国际关系专家约翰·米尔斯海默等人主张将国家分为"修正主义国家"和"现状国家"两类。② "现状国家"指的是尊重现行国际制度体系、满足于国际权力分配现状的国家。"修正主义国家"则指那些随着国家实力的增长而具有扩张意图的国家，它们谋求通过"修正"现行国际秩序和规则，在国际事务中获得更多话语权和更大影响力，因而对原有国际体系的稳定性构成威胁。显然，美国作为现行国际秩序的缔造者和既得利益者，是"现状国家"，而崛起的中国则是美国眼中的"修正主义国家"。

美国认定中国不尊重其核心利益的行为，集中在经济、安全、秩序、价值观几个方面。首先是中国经济崛起对美国全球经济霸主地位的挑战，被美国认为不尊重其经济利益和妄图"修正"美国制定的国际经济秩序。2008年的国际金融危机被视为推动中美经济权力转移的标志性事件，有西方学者认为这次危

---

① The White House："Remarks by President Trump on the Administration's National Security Strategy"，December 18, 2017. https://www.whitehouse.gov/briefings-statements/remarks-president-trump-administrations-national-security-strategy/.

② John J. Mearsheimer，"Gathering Storm：China's Challenge to US Power in Asia"，*The Chinese Journal of International Politics*，Vol.3，No.4，Winter 2010，p.383.

机标志着中美关系的"根本性转折"。因为此后不久，即2010年，中国GDP就超过日本，成为经济总量仅次于美国的世界第二大经济体，全球进入典型的东西两强并立格局，国际舆论也开始从"老大"和"老二"的角度探讨中美关系。2010年和2013年，中国又先后在制造业和货物贸易领域取代美国"老大"地位。2014年，国际货币基金组织甚至宣布，如果根据购买力平价（PPP）计算，中国已超过美国成为全球第一大经济体。① 2015年，欧洲著名智库经济与商业分析中心（CEBR）预测，中国大陆将在2030年前正式超越美国，成为世界第一大经济体。②

除了经济数据的变化，近年来，中国牵头积极推进亚投行、金砖国家新开发银行等一系列金融行动，也被视为对美国主导的国际金融体系的公开挑战，引起美国恐慌。2017年12月，特朗普政府前首席战略师兼高级顾问史蒂夫·班农在东京发表演讲，批评历届美国政府对中国实行"绥靖政策"，容忍美国成为中国经济扩张牺牲品，最终失去经济地位绝对优势，使"美国成了中国的附属国"③。班农忌惮《中国制造2025》，认为通过这一计划，中国将掌控全球10个产业，尤其是其中的芯片及硅片制造、机器人和人工智能等高科技产业，将使中国在21世纪统治全球制造业。④ 而这与美国希望重振制造业的计划发生了冲突。国际金融危机后，美国政府希望借助制造业促进经济复苏和就业，因此在国内提出"再工业化"战略，对外则鼓励制造业回流，特朗普更是呼吁"雇美国人、用美国货"。同时，班农担心，区块链技术将带来金融变革，人民币国际化将逐步让美元失去储备货币地位，中国将攫取金融体系主导地位。而由中国定义

---

① 《IMF世界经济展望及数据概述》，中国社会科学网，2014年11月16日，http://www.cssn.cn/jjx/jjx_gzf/201411/t20141116_1401009.shtml。
② 《智库：中国2030年将超过美国 成世界第一大经济体》，参考消息网，2015年12月28日，http://www.cankaoxiaoxi.com/finance/20151228/1038783.shtml。
③ 《视频：特朗普亲信班农东京演讲 称美国已成为"中国附属国"》，凤凰网视频，2017年12月19日，http://v.ifeng.com/video_10309791.shtml。
④ Japan CPAC: In searing defense of "Trump Miracle", Bannon calls out Chinese regime. 16 Dec 2017, https://www.breitbart.com/radio/2017/12/16/bannon-in-tokyo-america-and-japan-enter-the-valley-of-decision/.

标准的 5G 网络，将使中国占领科技和网络新兴产业主导地位。这样到 2030 或 2035 年，中国就可以成为世界第一经济体。他甚至将十九大报告解读为中国"未来全球霸权统治的计划"，即认为中国追求在 2035 年成为世界第一大经济势力，2050 年成为世界霸权，这无疑使美国的霸主地位岌岌可危。[1]

2018 年 5 月 1 日，即将赴中国进行贸易谈判的美国贸易代表罗伯特·希特莱泽，在参加美国商会举办的活动时发表讲话说："目标并不是改变中国的经济制度，这个制度看起来对他们很管用……但是我必须让美国可以对此进行谈判，我们的角色是让美国不要成为它（中国经济制度）的受害者，这就是我们的角色。"[2] 言下之意是，中国经济制度虽然对中国"很管用"，但伤害了美国经济利益。

其次，中国的全球治理理念与美国主导的国际秩序产生冲突，双方安全利益诉求出现碰撞，被美国视为"另起炉灶"。美国国防部 2018 年发布的《国防战略报告》中，将中国作为安全问题的首要关切，指出"美国繁荣与安全的主要挑战是长期战略竞争再次出现……中国正利用其军事现代化、影响力行动和掠夺式的经济活动来胁迫邻国，重塑对其有利的印太地区秩序。随着经济和军事实力的不断提升，中国将继续追求军事现代化，以便在近期取得印太地区的霸权，并在未来取代美国获得全球主导权……"[3] 中国主张共商共建共享的全球治理理念，推动构建更加公平合理的国际新秩序，增加发展中国家发言权和代表性，这在本质上与"美国优先"的诉求是不兼容的。以"一带一路"倡议为代表的一系列全球治理行动，被美国视为"切香肠"战略，目的在于有计划地一步步取代美国。班农在东京的演讲中"脑洞大开"，把"一带一路"诠释为中国的地缘政治扩张，并援引了麦金德、马汉和斯皮克曼三人的地缘政治理论，认为"一带一路"的大胆之处，就在于将三个地缘政治因素结合在一起，组成

---

[1] Japan CPAC: In searing defense of "Trump Miracle", Bannon calls out Chinese regime. 16 Dec. 2017, https://www.breitbart.com/radio/2017/12/16/bannon-in-tokyo-america-and-japan-enter-the-valley-of-decision/.

[2] 《美贸易代表将访华 称"目标不是改变中国经济制度"》，东方网，2018 年 5 月 2 日，http://xinwen.eastday.com/a/180502084123441.html?recommendtype=s&uk=180502090240638。

[3] 郑若麟：《2018：中美互相试探的一年》，《新民周刊》2018 年第 11 期。

一个完整计划。① 持与班农类似观点者，在西方世界并非少数，比如国际舆论一度将"一带一路"与"马歇尔计划"类比。德国外长加布里尔在慕尼黑安全会议上就曾表示，中国借"一带一路"意在打造有别于西方价值观的制度，自由世界的秩序正在解体。②

以南海问题为代表，中国的正当主权和安全诉求，竟被美国视为对其"最高国家利益"的挑战。南海诸岛历史上就是中国的领土。但是，当2016年南海仲裁案结果公布后，美国白宫国安会亚洲事务主任康达竟然提出南海是美国的"最高国家利益"③。美国国防部长马蒂斯指出，美国决定公开称中国和俄罗斯是战略竞争对手，是出于国际安全形势所迫，"中国将南海岛礁变成军事哨所"的行动促使美国不得不提高战略警惕。④ 所以，当中国开展维护领土主权的正当行动时，在美国看来就是对其"最高国家利益"的不尊重。

在美国眼中，中国的"修正"行为还表现在对美国价值观和政治制度模式的冲击。西谚云："强大即罪。"即使不涉及国际体系和秩序，中国的崛起本身也是对美式价值观的强烈冲击，给整个美国带来"价值挫败"。美国的政治价值中充斥着"山巅之城""天赋使命"的价值优越感，以"人类所能创造出的最完美的政治模式"自居。美国认定自己有在世界范围内推行民主化计划、维护自由秩序的责任。前国务卿赖斯甚至直言，美国"要在世界范围内支持民主，结束暴政，把世界所有国家都改造成美国那样的民主国家"⑤。而中国没有按照美国的意愿，沿袭西方发展模式，而是始终坚持中国特色社会主义道路，探索出自己的发展模式，用事实证明了美国模式并非"唯一正确标准"。这是对美国建构的

---

① Japan CPAC: In searing defense of "Trump Miracle", Bannon calls out Chinese regime. 16 Dec. 2017, https://www.breitbart.com/radio/2017/12/16/bannon-in-tokyo-america-and-japan-enter-the-valley-of-decision/.

② 《中国动了德国的"奶酪"？这个欧洲大国该把眼光放长远点了》，参考消息网，2018年4月20日，https://baijiahao.baidu.com/s?id=1598225186944832098&wfr=spider&for=pc。

③ 齐皓：《美国在南海有什么"最高国家利益"？》，海外网，2016年7月18日，http://opinion.haiwainet.cn/n/2016/0718/c353596-30102064.html。

④ 《傅莹慕安会上驳"中国威胁论"》，海外网，2018年2月21日，http://opinion.haiwainet.cn/n/2018/0221/c345415-31262411.html。

⑤ 转引自李文：《高调反华与美国"救世情结"的破灭》，《人民论坛》2018年4月中。

"民主神话"的最大挑战，撼动了美国主导的"自由世界"秩序的根基。2001年，美国同意中国加入WTO，就是试图将中国纳入西方资本主义体系，把中国推上西方发展道路。而结果却如班农在东京演讲中表达的那样令美国人失望。

美国人认为，中国崛起对美国的挑战是全方位的。这直接加深了美国的战略焦虑，使美国坚持认为中国不尊重其霸主地位，意图塑造一个与美国价值观和美国利益背道而驰的世界。在这样的战略环境下，新一波"中国威胁论"来势凶猛，西方政界和学界制造的诸如"锐实力""债权帝国主义""新帝国主义列强"等新名词强加于中国。与此同时，"中国强硬论""中国取代美国论""中国另起炉灶论""中国政治渗透论"等在美国也甚嚣尘上。

美国民众对中国的态度也比之前消极。美国皮尤研究中心的一项调查显示，2018年，对中国有好感的美国人约占38%，低于2017年的44%。近六成美国人认为中国的经济实力是最大威胁，对中国经济力量的担忧比2017年增长了6个百分点。同时，约六成的美国人认为中国持有大量美国债务是非常严重的问题。在过去的6年里，美国人对中国网络攻击的担忧也在持续增加。[①]

将中共十九大报告中明确提出的未来蓝图设计、所彰显的"四个自信"置入冲突性框架内予以解读，甚至曲解一个国家的正常发展行为，根据丰富的想象制定战略，这不是处理国际关系的科学方法。实现核心国家利益的重要途径，是增强对内对外的吸引力，而非自我制造威胁感和恐惧感。特朗普政府打着"美国优先"的口号，置国际社会整体利益于不顾，拒绝遵循自身主导制定的国际规则，自己成为破坏现行国际秩序的麻烦制造者。

美国把中国视为假想敌，中国却始终把美国视为重要的战略合作伙伴。虽然中国在客观实力上正在逼近美国，但主观意愿上没有称霸的野心，没有成为唯一超级大国的目标。针对美国的担忧，中国一再保证，中国坚定维护以联合国宪章宗旨和原则为核心的国际秩序和国际体系，维护和巩固第二次世界大战胜利成果，这就包括了二战后确立的美国领导地位。为了消除美国的担心，甚

---

① 《美国皮尤中心：过去一年，美国人对中国的态度更加消极》，人民智库百家号，2018年9月10日，https://baijiahao.baidu.com/s?id=1611211549056489403&wfr=spider&for=pc。

至出现了"夫妻论"这样的比喻。

2012年2月,时任国家副主席的习近平在华盛顿访问时强调,中方坚定不移走和平发展道路,我们发展对美关系的意愿是坦荡的、真诚的,也是一以贯之的。希望美方客观理性看待中国,采取有助于增进互信的实际行动对待中国。①

2018年4月,习近平在博鳌亚洲论坛发表主旨演讲时再次强调:"无论中国发展到什么程度,我们都不会威胁谁,都不会颠覆现行国际体系,都不会谋求建立势力范围,中国始终是世界和平的建设者、全球发展的贡献者、国际秩序的维护者。"②

针对美国对中共十九大报告展开的种种揣测,中国驻美大使崔天凯2018年4月在哈佛大学发表演讲时明确声言:"我们没有称霸世界的计划,也无意用中国的'新时代'取代美国的'旧时代'。"③中国对美国的这些承诺,都是对美国领导地位以及现行国际秩序的肯定表态,意在给美国吃"定心丸"。

(二)中国希望美国尊重中国的核心价值和核心利益,推动塑造更加公正合理的国际新秩序

2011年,我国国务院新闻办发表的《中国的和平发展》白皮书中,提出和阐述了中国的六大核心利益,即国家主权、国家安全、领土完整、国家统一、中国宪法确立的国家政治制度和社会大局稳定、经济社会可持续发展的基本保障。④这六个方面高度概括了我国的核心利益和核心价值。随着经济的高速发展和国际地位的提升,中国对世界的贡献日益增多,也希望得到与贡献相应的国际尊重和相关利益,希望国际社会尊重中国特色社会主义制度和实践,尊重我们实现中华民族伟大复兴的意愿和行动。

---

① 《习近平会见基辛格等美国前政要》,《人民日报》2012年2月15日04版。
② 习近平:《开放共创繁荣 创新引领未来——在博鳌亚洲论坛2018年年会开幕式上的主旨演讲》,《人民日报》2018年4月11日03版。
③ 《崔天凯:我们无意用中国的"新时代"取代美国的"旧时代"》,新华报业网,2018年4月20日,http://news.xhby.net/system/2018/04/20/030817970.shtml。
④ 中华人民共和国国务院新闻办公室:《中国的和平发展》,《人民日报》2011年9月7日14版。

相互尊重是习近平处理中美关系思想中的重要内涵。早在党的十八大之前，时任国家副主席的习近平就提出了构建新型中美关系的愿景，其中蕴含了相互尊重的理念。2011年，习近平在会见美国前国务卿基辛格时提出，"中方愿与美方一道，保持密切高层交往，加强互利合作，坚持相互尊重，增进战略互信，求同存异，妥善处理、有效管控分歧和敏感问题。"①

2012年2月，习近平在接受美国《华盛顿邮报》书面采访时表示，宽广的太平洋两岸有足够空间容纳中美两个大国。我们欢迎美国为本地区和平、稳定、繁荣发挥建设性作用，同时希望美方充分尊重和照顾亚太各国的重大利益与合理关切。②这两句话，第一句是安抚美方，美方不必因为中国崛起而过度紧张，中国的高速发展不会给美方造成威胁，太平洋足够宽广，中美应该以大国胸怀相互包容。第二句提出了构建新型中美关系的新愿景，中国正在日益强大，但是仍然欢迎美国为亚太和平、稳定、繁荣发挥建设性作用；同时，我们希望美方认清现实，充分尊重和照顾中国的重大利益与合理关切。也就是说，中国仍然尊重美国，也希望美国尊重中国，不要发生此前一再出现的无视中国甚至侮辱中国的事件。两句话既表达了中方的尊重态度，也提出了中方希望获得同等尊重的诉求和期待。

中共十八大以后，当选为中共中央总书记、中华人民共和国主席的习近平，在多个场合强调中美应相互尊重的理念。习近平创造性地提出，构建"不冲突、不对抗、相互尊重、合作共赢的新型大国关系"③。这一理念有三层内涵。"不冲突、不对抗"就是要客观理性看待彼此战略意图，坚持做伙伴，不做对手；通过对话合作，而非对抗冲突的方式，妥善处理矛盾和分歧。"相互尊重"就是要尊重各自选择的社会制度和发展道路，尊重彼此核心利益和重大关切，求同存异，包容互鉴，共同进步。"合作共赢"就是要摒弃零和思维，在追求自身利益时兼顾对方利益，在寻求自身发展时促进共同发展，不断深化利益交融格局。这是三个层层递进的内涵，"不冲突、不对抗"是国家关系的基本层面，"相互尊重"

---

① 《习近平会见美国前国务卿基辛格》，《人民日报》2011年6月29日01版。
② 《习近平接受美国〈华盛顿邮报〉书面采访》，《人民日报》2012年2月14日01版。
③ 《习近平会见美国国务卿和财长》，《人民日报》2014年7月11日01版。

是实现"合作共赢"的前提。

2015年9月，习近平访美前夕，在会见出席第七轮中美工商领袖和前高官对话的美方代表时又重申了相互尊重的理念。他强调，只要双方从大处着眼，尊重和照顾彼此核心利益，避免战略误解误判，坚持以建设性方式妥善处理，分歧就可以得到管控，共同利益就可以得到维护，合作的深度和广度就可以得到加强，就能共同维护世界和平、稳定、繁荣。①

但是，美国主流社会不愿意接受中国提出的这种新型大国关系。尤其是相互尊重，有美国智库人士公开声称，美国不能尊重中国的核心价值和核心利益，包括社会制度，统一台湾和东海、南海主张。根据美国皮尤公司的调查，2016年，超过半数的中国民众认为美国是在遏制中国的崛起。② 中国人的判断是有根据的。虽然奥巴马曾明确表示，美国"无意遏制或围堵中国"，美方愿意同中方坦诚沟通对话，增进相互了解，相互借鉴经验，有效管控分歧，避免误解和误判，③ 但从对华政策的具体实践层面看，美国无意颠覆中国是假，无力颠覆中国是真。美国已经成为影响中国核心利益的重要外部因素之一，对中国的核心利益有负面影响和干涉行为，暴露了美方所谓"尊重"的虚伪性。

首先就表现在对中国领土和主权完整这一重大国家核心利益的干涉上。多年来，在涉藏涉疆民族问题上，美国打着"人权"旗号实行"新干涉主义"，策动西藏和新疆问题国际化，支持分裂势力，对恐怖主义实行"双重标准"；台海、东海、南海三海动荡也都有美国插手。在钓鱼岛、南海问题上，通过《日美安保条约》《美菲共同防御条约》对中国形成共同遏制力量，一方面声明"不选边站队""不轻易表态""不支持任何一方""不承担具体义务""主张和平解决"；另一方面又强调军事同盟，由"不承担义务"的态度开始转变为要"提供帮助""有限介入"。美国舰队多次以"航行自由"为名义，驶入中国南海岛礁12海里海域，

---

① 《习近平会见出席第七轮中美工商领袖和前高官对话的美方代表》，《人民日报》2015年9月18日01版。
② Pew Report："China and the Global Balance of Power"，http://www.pewglobal.org/2016/06/29/3-china-and-the-global-bal-ance-of-power/ga_2016-06-29_balanceofpower-3-03/.
③ 《习近平同奥巴马在中南海会晤》，《人民日报》2014年11月12日01版。

对中国主权构成严重不尊重行为。特别是在台湾问题上，美国与中国建交以来，以其国内法《与台湾关系法》为依凭，一再违反"一个中国"承诺，大肆向中国台湾地区出售军火，放任甚至支持"台独"势力，一再干涉中国内政。

其次则是经常挑起经贸摩擦。根据美国的统计，1983 年美国对华贸易开始出现逆差，为 3 亿美元。根据中国的统计，1993 年美方对华开始出现逆差，62 亿美元。① 自 20 世纪 90 年代以来，从遏制中国纺织品、机电产品出口，到阻碍中国加入世贸谈判，发起汇率战，美国不断制造对华贸易摩擦。然而，每次贸易摩擦，都以中国让步告终，其结果是中国对美贸易顺差进一步扩大。到 2017 年，中方统计的对美贸易顺差为 2758 亿美元，美方统计的对华贸易逆差为 3752 亿美元。②

自奥巴马担任总统以来，美国滥用"国家安全审查"制度，阻碍中国企业在美正常投资活动。2018 年 9 月，中国国务院新闻办发表的《关于中美经贸摩擦的事实与中方立场》白皮书显示，美国总统根据美国外国投资委员会建议否决的 4 起投资交易，全部是针对中国企业或其关联企业。2013—2015 年，美国外国投资委员会共审查的 387 起交易中，中国企业投资交易达 74 起，占 19%，连续三年位居被审查数量国别榜首。③ 特朗普政府上台后，不仅挑起贸易战，而且出台针对具体企业的卡脖子措施，如禁止华为通信产品进入美国，处罚中兴通讯，禁止向晋华公司出口美国产品等，公开施行贸易保护主义和贸易霸凌主义，严重伤害中国利益。

美国不仅对中国的核心利益和核心价值缺乏尊重，对中国积极倡导的更加公正合理的国际新秩序也不予认同。

1973 年，不结盟国家首脑会议在其经济宣言中，第一次使用了"国际经济新秩序"的概念,1974 年又诞生了《关于建立新的国际经济新秩序宣言》等文件。中国作为第三世界国家，在其中发挥了重要作用。尤其是邓小平提出建立国际

---

① 王启云：《中美贸易逆差产生的根本原因》，《社会科学》2007 年第 2 期，第 44 页。
② 林兆木：《美国对华贸易逆差的宏观分析》，《人民日报》2018 年 9 月 28 日 07 版。
③ 中华人民共和国国务院新闻办公室：《关于中美经贸摩擦的事实与中方立场》，《人民日报》2018 年 9 月 25 日 10—13 版。

经济新秩序和国际政治新秩序主张，从两个主要方面概括了我们的国际秩序观。早在1974年4月，邓小平在联合国大会第六届特别会议上就表示，"第三世界国家强烈要求改变目前这种极不平等的国际经济关系，中国政府和人民热烈赞同和坚决支持"[①]。到了20世纪80年代末，随着苏联的衰落，新兴国家崛起，美苏两个超级大国主宰世界的政治格局受到冲击。但另一方面，霸权主义和强权政治依然存在。国际社会应当遵循什么样的原则，成为一个重大问题。在这种背景下，邓小平将建立国际政治新秩序和建立国际经济新秩序结合起来，提出建立国际政治经济新秩序的主张。1988年9月，他在会见斯里兰卡总理时提出，"现在需要建立国际经济新秩序，也需要建立国际政治新秩序"[②]。邓小平把中国对外政策归纳为两条：第一是反对霸权主义、强权政治，维护世界和平；第二就是建立国际政治经济新秩序，这是我国外交的根本任务之一。

习近平继承和创新了邓小平的国际秩序观。

2015年10月13日，在十八届中央政治局第27次集体学习时，习近平明确提出，要推动变革全球治理体制中不公正不合理的安排，推动国际货币基金组织、世界银行等国际经济金融组织切实反映国际格局的变化，特别是要增加新兴市场国家和发展中国家的代表性和发言权，推动各国在国际经济合作中权利平等、机会平等、规则平等，推进全球治理规则民主化、法治化，努力使全球治理体制更加平衡地反映大多数国家意愿和利益。要推动建设国际经济金融领域、新兴领域、周边区域合作等方面的新机制新规则，推动建设和完善区域合作机制，加强周边区域合作，加强国际社会应对资源能源安全、粮食安全、网络信息安全，应对气候变化、打击恐怖主义、防范重大传染性疾病等全球性挑战的能力。[③]

2017年2月17日，习近平在国家安全工作座谈会上进一步指出，要引导国

---

① 中共中央文献研究室编：《邓小平年谱（1904—1974）》（下），中央文献出版社2009年版，第2012页。

② 中共中央文献研究室编：《邓小平年谱（1904—1974）》（下），中央文献出版社2009年版，第1251页。

③ 《习近平在中共中央政治局第二十七次集体学习时强调 推动全球治理体制更加公正更加合理 为我国发展和世界和平创造有利条件》，《人民日报》2015年10月14日01版。

际社会共同塑造更加公正合理的国际新秩序。① 从邓小平时代的"赞同、支持"到如今的"推动、引导",可以看出,中国的国际秩序观更务实、具体,中国的国际角色更主动、积极,从国际政治经济新秩序的积极参与者、坚定支持者,转变为更加公正合理的国际新秩序的倡导者、组织者。

面对中国完善全球治理体系、推动国际秩序更加公正合理的诉求,美国却固守其主导的国际秩序,拒绝优化全球治理,置国际规则和广大发展中国家利益于不顾。

一方面,执意强调"美国优先",不配合全球治理体系优化和公正合理国际新秩序的建立。2018年,美国皮尤中心面向全球25个国家的民调显示,70%的人认为美国没有考虑其他国家的利益。由于一系列"唯我独尊"罔顾全球规则和利益的行动,37个国家对美国总统的信心中位数从奥巴马政府结束时的64%下跌至22%。②

中国坚持国际关系民主化和国际治理法治化,主张超越社会制度与意识形态的异同,最大限度地谋求各国共同利益,强调世界体系的整体包容性,而不是建立个别国家优先的国际关系格局。而美国坚持本国利益至上,从2008年到2016年,美国对其他国家采取了600多项歧视性贸易措施,仅2015年就采取了90项之多。在贸易保护主义影响下,2016年全球贸易跌到近10年来的低谷。③ 早在2010年,国际货币基金组织就通过了份额和治理改革方案。根据方案,约6%的份额将向有活力的新兴市场和发展中国家转移,中国的份额将由第6位上升至第3位。其实这个改革方案仍然不够合理,不能反映当今世界经济发展的现实,因为中国的经济规模已经位列世界第二,仅次于美国。但是,美国国会为了本国利益拒绝通过这一改革方案,一直拖了5年,到2015年年底才有条件地通过决议。由于美国的拖延,国际货币基金组织2016年1月才宣布IMF2010

---

① 《习近平主持召开国家安全工作座谈会强调:牢固树立认真贯彻总体国家安全观 开创新形势下国家安全工作新局面》,《人民日报》2017年2月18日01版。
② 《皮尤调查:全球普遍认可中国日益强大更可信赖》,参考消息网2018年10月3日,http://www.cankaoxiaoxi.com/china/20181003/2334849.shtml。
③ 高飞:《中国不断发挥负责任大国作用》,《人民日报》2018年1月7日05版。

年份额和治理改革方案正式生效，中国正式成为IMF第三大股东。

近年来，美国从倡导"自由贸易"转向强调所谓"公平贸易"和"对等开放"。这一贸易原则无视各国发展阶段、资源禀赋和优势产业的客观差异，要求各国在每个具体产品的关税水平、每个具体行业的市场准入上，都与美国完全一致，绝对对等。这实际上是摒弃了世贸组织的互惠互利原则，以"美国优先"为前提，以美国自身利益为全球市场唯一标准。由于不尊重发展中国家的发展权，美国倡导的所谓"公平贸易"反而带来国际经济秩序更大的不公平。

另一方面，美国热衷于诋毁中国对外援助活动，阻碍以"一带一路"为代表的共商共建共享机制建设。向发展中国家提供经济援助是中国倡导的国际秩序观的重要内容之一，是以和平共处五项原则为基础的。与美国"每一美元的对外援助都必须为美国利益服务"不同，中国的经济援助不附带任何条件，特别强调尊重受援国主权，绝不要求任何特权，不造成受援国对中国的依赖。但由于中国动摇了由发达国家搭建的传统援助范式，"朋友圈"不断扩大，美国开始诋毁中国的外援行动，破坏中国的国际合作关系。一些美国智库，如Aid Data，混淆优惠贷款、金融支持项目和对外援助的区别，有意夸大中国对外援助数额，声称中国对非援助金额已大大超过美国；或指责中国是"流氓捐助者"，无视援助规则，造成援助资源重合浪费；或将中国冠以"新殖民主义"头衔，指责中国只援助自然资源丰富国家，是另有所图；或质疑中国援助不附加政治条件，是帮助独裁势力，恶化受援国的社会治理。美方的负面舆论增加了中国实施对外援助的道德风险。

美国通过与亚太国家抱团，强化同盟关系，推行"印太战略"，以达到牵制"一带一路"建设的目的。比如通过所谓"C5+1"机制，深化与中亚地区关系，同时进一步加强美印同盟关系。2017年10月，时任美国国务卿的蒂勒森表示，同为民主国家，美印应成为致力于塑造"自由而开放的印太"的伙伴，并含沙射影地将"一带一路"建设描述为"掠夺性经济"和"不透明的基础设施投资"。[①] 同时，美国力促阿富汗与印度结盟，以形成"地缘政治剪刀"，企

---

① 赵明昊：《如何看待"一带一路"建设中的美国因素》，《世界知识》2018年第7期，第54页。

图干扰中巴经济走廊这一"一带一路"重要节点。围绕核武器、南海问题、东盟等问题，美日印澳四国都把中国视为威胁，逐渐找到了"共同安全利益"。2017 年，四国重启"四方安全对话"，声称要确保印度洋和太平洋的"自由开放"，被视为亚洲版"北约"的开端。2017 年 9 月，在以美国为首的同盟关系下，美日印三国就合作开发"印太"地区港口等基础设施达成一致，声称将共同为该地区相关国家提供海上能力建设援助，这将对"21 世纪海上丝绸之路"形成遏制力量。

其实，美国深谙尊重之道。在美国 2018 年版《国防战略报告》中，也提出"坚持以相互尊重、共担责任、优先、问责为基础"巩固联盟和吸引新的伙伴国。[1] 可见美国的国际关系网络构建，也是以相互尊重为基础的。只是在这里，美国将中国定位为战略竞争对手，而不是需要巩固的联盟和需要吸引的伙伴国，所以相互尊重的标尺才失效了。

中美今天的问题，症结就在于双方都认为对方不尊重自己。中美之间相互尊重的障碍，在于缺乏互信。这种互信的缺乏，有政治制度、意识形态存在的天然差异，也有双方沟通不畅、政策信息透明度不高带来的误解，更有中国崛起带来的利益冲突加剧、催化战略焦虑，这从根本上改变了中美关系。美国"知华派"代表人士大卫·兰普顿认为，战略互疑是由双方对彼此实力的错误认知引起的，美国过分夸大了中国的实力增长而对自身的弱点表现出过分的担忧，而中国则夸大了美国的衰落进程。[2] 如果这种认知持续强化，将进一步加剧战略互疑和误判，使双方陷入"安全困境"。因此，加强两国互信，形成对彼此实力和意图的正确认知显得十分重要。

早在 2012 年 2 月 15 日，时任国家副主席习近平访问美国，在华盛顿出席美国友好团体举行的欢迎午宴时发表演讲强调，"战略互信是互利合作的基础，互信程度越深，合作空间越大。双方要多一些理解、少一些隔阂，多一些信任、

---

[1] 于霞、刘岱：《2018 年美国〈国防战略〉解读》，《军民两用技术与产品》2018 年 11 月上，总第 419 期。

[2] David M. Lampton: "Power Constrained: Sources of Mutual Strategic Suspicion in U. S.—China Relations", *NBR Analysis*, No. 93, June 2010.

少一些猜忌"①。战略互信是相互尊重的基础，相互尊重是合作共赢的前提。只有在形成双向信任和尊重的语境下，妥善处理脆弱性、敏感性问题，才能有效防止两国关系出现剧烈动荡，甚至滑向战略对抗的轨道。中国梦与美国梦有各自不同的内涵，但二者的实现都离不开中美两国的相互尊重。

4. 两个特殊论：中国特殊论拥有历史优越感，美国特殊论滋生道德优越感

世界上没有一模一样的两片叶子。从这个意义上说，每个国家都有自己的特殊性，因此形成了诸如"法兰西优越论""普鲁士道路"等强调文化和发展个性的论调。中美两个大国在文化和历史上更有自己的鲜明特点。近年来，在"美国例外""美国优先"等论调为代表的美国特殊论之外，中国特殊论也受到国际社会广泛关注。正确、全面地理解两个特殊论，为思考当下中美关系提供了一种独特视角。

中国特殊论具有历史优越感，是基于中国5000年历史做出的科学判断。

中国的特殊首先体现在文化上。四大文明古国中，古埃及、古巴比伦、古印度文明都已经断流，而中华文明源远流长，在与外来文明的交融中不断孕育新的生命力。纵观不同历史时期，中国历来居于世界之中央，只是近200年来才落后于世。放眼中国历史长河，文化繁荣是主流，落后只是一片波澜，是特例不是常态。独特的文化史，决定了中华文明拥有独树一帜、难以复制的文化特质。

中国的特殊还体现在发展道路上。思想史上有一个著名的"休谟预言"，认为经历过由盛而衰的民族很难实现复兴。而近代以来，中华民族成为唯一一个由兴盛走向衰落，又再次崛起，实现伟大复兴的民族。改革开放以来的当代史更证明中国是一个特殊的存在。党的十九届四中全会总结了中国特色社会主义制度的13大显著优势，中国用独具特色的制度实践打破了所谓的"历史终结论"，

---

① 《习近平出席美国友好团体欢迎午宴并发表演讲》，《人民日报》2012年2月17日01版。

为世界贡献了独特的中国经验、中国智慧。

但是，中国特殊论需要全面准确的理解。它既不是西方以捧杀为目的或带有恐惧心理而故意夸大的特殊，也不是某些国人文化上的"天朝心态"或片面强调文化异质性的特殊。中国特殊论带来的不是超越其他文明的优越感，也不是要在国际社会、国际规则中搞特殊化，而是对本国国情和发展规律的清醒认知，对民族文化特性的深刻理解。正是历史和文化上的特殊性，决定了我们能够开辟中国特色社会主义道路，走出一条不同于西方模式的现代化发展路径，也决定了中国具有不同于一般国家的胸怀和担当，能够从人类命运共同体的高度思考和处理国际关系。从这个意义上说，中国特殊论是四个自信，特别是文化自信、道路自信的基础。

美国特殊论滋生道德优越感，是美国推行霸权主义的思想根源。

美国特殊论是传教式的，认为自己有责任向世界各国传播价值观。17世纪前往美洲大陆的移民认为，他们是"上帝选民"，在"整个世界的山巅之城""应许之地"建设"基督博爱"的典范，负有拯救世界的"天定命运"，是"自由的卫士"。自诩为"灯塔国"、企图以美国式"普世价值"改造世界的自信，渗透在美国人的价值观念里，也体现在罗斯福、威尔逊、里根、肯尼迪等几乎历任美国总统的政治理念里。1961年，约翰·肯尼迪总统参加华盛顿大学诞辰百年庆典活动发表演讲说："比起世界上其他任何人，我们都背负着责任，承受着风险，这种风险和责任，无论规模和期限都前所未有，不仅是为了我们自己，而且是为了全体希望自由的人。"

让全球所有地区都经过"美国化"的改造，已然成为一种"美式思维"。这其中不乏一个国家的责任意识和使命感，也包含着美国人对本国文化的独特理解。但其问题在于，从一开始就将美国价值观置于无可比拟的"道德高地"，甚至是道德的唯一标准。和中国特殊论中文化开放、制度包容的心态不同，它是相对封闭的、单方面的，有自我设定的标准答案，并将所有与之不同的人类价值观推向了对立面。

或许在最初，"美国例外"的特殊论更多是缘于美国人发自内心的自我标榜和期许，但随着美国在全球格局中的地位变化，所谓特殊论日益成为维护美国霸权的战略需要。从美国商务部将新疆企业列入"实体清单",到美国国会通过所谓的香港人权与民主法案,美国自诩的在自由、民主、人权等方面的特殊和神圣,一直是单边主义、霸权主义的掩护,被赋予强烈的意识形态色彩,成为美国针对中国发难的惯用伎俩和说辞。

5. 两大陷阱:"修昔底德陷阱"和"金德尔伯格陷阱"

近年来,在中美关系的讨论中,国际社会偏爱套用西方的理论概念,来阐释中美两个大国的关系性质和走向。随着中国不断发展,唱衰中国的"崩溃论"开始消退,揣测中国国际动向的"陷阱论"悄然登场。一时间,各种"陷阱"理论大行其道。其中"修昔底德陷阱"和"金德尔伯格陷阱"作为探讨中美关系时最常提及的两个理论频频出现,引起国内外舆论的极大兴趣。

(一)"修昔底德陷阱",古希腊的历史与当下的现实

(1)"修昔底德陷阱"的理论渊源

"修昔底德陷阱"的概念,来源于古希腊历史学家修昔底德的历史学名著《伯罗奔尼撒战争史》。修昔底德在30年时间内,详细记录了希腊半岛城邦之间的战争,特别是新崛起的雅典城邦与斯巴达城邦之间的战争。在书中,他提到公元前431年到公元前404年,斯巴达领导的伯罗奔尼撒同盟和雅典领导的提洛同盟之间发生的一场战争。修昔底德这样描述这场战争:"在这些年中,雅典人使他们的帝国日益强大,因而也大大地增加了他们自己国家的权势……最后,雅典的势力达到顶点,人人都能够清楚地看见了;同时,雅典人开始侵略斯巴达的盟国了。在这时候,斯巴达人感觉到这种形势不能再容忍下去了,所以决定发动现在这次战争。"他认为"使得战争无可避免的原因是雅典日益壮大的力量,还有这种力量在斯巴达造成的恐惧"[①]。

---

① 〔古希腊〕修昔底德:《伯罗奔尼撒战争史》,商务印书馆2013年版,第11页。

考察20世纪的历史,修昔底德的理论假设似乎不断得到印证。20世纪初,第一次世界大战的爆发,本质上是德国对英国世界霸权的挑战。以德国为首的同盟国和以英国为首的协约国之间的矛盾,核心在于英德矛盾,作为守成大国的英国既不愿意看见德国过分强大,也不愿意看到俄国的势力在巴尔干半岛过于膨胀。后来,长达近半个世纪之久的美苏冷战,也印证了崛起大国与守成大国之间存在难以调和的冲突与对抗。真正通过和平过渡实现霸权转移的,只有英美霸权的转移。但是,那是通过人类历史上死伤最为惨重的第二次世界大战,打败德国和日本这两个"次霸"实现的。不断重演的历史,让"修昔底德陷阱"被许多人视为国际关系的"铁律"。

在目前能查找到的资料中,"修昔底德陷阱"这个概念最早出现在1980年美国作家赫尔曼·沃克的一次演讲中,他当时用这个概念来警告美苏之间的冷战。[1]而使"修昔底德陷阱"广为人知的,是哈佛大学教授格雷厄姆·艾利森。他在修昔底德对雅典和斯巴达战争分析的基础上进行演绎,认为在过往500年的历史中,绝大多数大国争霸过程都是以非和平手段收场,而这些大国冲突的形成过程都或多或少跟伯罗奔尼撒战争时期的雅典与斯巴达相似。比如在第一次世界大战前夕,英国恐惧德国的工业经济崛起,而德国因为缺少殖民地四处扩张并对英国的海外利益构成挑战。[2] 简而言之,在世界权力中心的转移过程中,新崛起大国给守成大国造成了挑战,而守成大国也必然会采取实际行动回应这种威胁,最终导致战争不可避免。自此之后,"修昔底德陷阱"的概念被用于描述国际关系中大国权力转移必然导致战争的规律,用以解释"国强必霸"的发展逻辑。

(2)中美两国能跨越"修昔底德陷阱"吗?

为了给21世纪的中美关系定性,格雷厄姆·艾利森首先将"修昔底德陷阱"套用到中美关系的讨论中。在他看来,崛起大国中国对守成大国美国的挑战,以及美国所采取的一系列应对措施,都与古希腊雅典与斯巴达之间的关系如出

---

[1] Herman Wouk: "Sadness and Hope: some Thoughts on Modern Warfare", *Naval War College Review*, Sep.-Oct. 1980, pp. 4-12.

[2] G. Allison, Destined for War: Can America and China Escape Thucydides's Trap? New York: HMH, 2017, p.63.

一辙。一旦落入"修昔底德陷阱",战争就会成为两个大国的"宿命"。

根据中美两国新的发展战略和目标,艾利森认为,习近平提出要实现中华民族伟大复兴的"中国梦",而特朗普提出要让美国"再次伟大"。中国和美国都表示要让自己的国家再次强大,但如果两国成为彼此实现目标的障碍,就会落入"修昔底德陷阱"的困境。①

如果仅从经济领域来看,以美方挑起的贸易战为标志,中美经贸关系确实已经局部陷入"修昔底德陷阱"。在中美经贸关系的不利趋势中,特朗普的个人主张和政策方向确实起了催化作用,但更深层的原因在于,中美两国经贸关系的政治基础正在发生动摇。至少在美国看来,中国正在全球范围内,和美国争夺战略影响力与主导权。中美贸易关系曾经具有很强的互补性,所以美国以前强调自由贸易和开发市场准入。但随着双边经贸关系的直接竞争性越来越强,中美两国的经济对抗性也就日益凸显。不过,在和平与发展是世界主流的大环境下,双方爆发军事战争的可能性很小,因此"修昔底德陷阱"理论预言中的"战争"就以另一种形式出现,即来自崛起大国对现有经济秩序的挑战,以及来自守成大国的经济对抗行为,由此爆发双方之间的经济战、贸易战。

跳出单一的经济领域,着眼于两国关系的全局,中美并没有也不必然落入以战争为标志的"修昔底德陷阱"。

首先,回归理论本身来看,艾利森的"修昔底德陷阱"概念存在角色错位。罗杰·斯哥特《民主帝国、古雅典和美国在伊拉克的入侵》,以及理查德·内德·勒博《修昔底德与霸权:雅典与美国》等西方学者的著作中,都将雅典帝国的扩张与美国的霸权主义进行了类比。在一些美化美国的西方学术话语中,美国也被认为具有与雅典类似的民主、平等、自由等特质。如此看来,在"修昔底德陷阱"中,应该是美国而非中国扮演着雅典的角色。如果一定要牵强附会将中国比喻为新兴大国雅典,那么按照修昔底德原意,战争也是由守成大国斯巴达的"恐惧"而引起的,守成大国是率先采取武力解决方案的责任方。如此

---

① 转引自冯黛梅:《哈佛大学教授格雷厄姆·艾利森:中美可以避免"修昔底德陷阱"》,《中国社会科学报》2017年4月10日第1182期。

看来，无论是将美国还是中国比喻为雅典，"修昔底德陷阱"在论证中美关系时，都存在角色错位的问题，其理论基础被架空了。正如北京大学教授钱乘旦指出的，"陷阱"论带有很强的意识形态色彩，是一个杜撰的理论。①或者说，"陷阱"论本身就是一种话语"陷阱"。

其次，从历史发展来看，"修昔底德陷阱"是一种历史现象，而非历史规律。艾利森的研究也显示，1500年以来人类历史和国际关系中出现过16组新兴大国挑战既有大国的事例，其中有12组导致了战争，但也有4组成功避免了"修昔底德陷阱"。②验证一条判断的正确性，需要多次证实，而证伪只需一次。可见，"修昔底德陷阱"并非绝对真理，更不是必然发生的"铁律"。再从美国对自身霸权的维护历程来看，二战结束后短短几十年里，苏联、日本、欧盟都先后被美国视为潜在对手，并且以不同方式遏制来自"老二"的挑战，但并未诉诸战争。在美国与这些国家的关系中，存在竞争、冲突甚至对抗，但没有一个落入所谓的"修昔底德陷阱"。一些西方学者沉溺于过时的国际秩序，简单地将现今的全球体系等同于公元前5世纪的城邦体系，进行不恰当的类比，用历史上的只言片语来预测中美关系难以跨越"修昔底德陷阱"。这种脱离现实国际秩序和历史全局的解读过于简单化、片面化，也有违修昔底德的原意。当今国际格局和全球发展趋势与千年以前的历史形势相比，已经发生了质的变化，人类历史的进化，要求必须破除这种历史"迷信"。

最后，从中国的发展实践和发展理念来看，中国不仅没有挑战现存国际秩序的基因、行为和意图，也没有充当"霸主"的实力，并力图通过新的发展理念跳脱"修昔底德陷阱"。

其一，从数据来看，中美之间的实力差距虽然在缩小，但是远远不足以挑战或改变现有全球体系。即使中国的GDP总量已经稳居全球第二，也仍然只是美国的60%左右。中国与美国的综合实力之间差距更大。更重要的是，中国根本无意把美国作为对手。

---

① 钱乘旦:《拨开"修昔底德陷阱"迷雾》,《新华日报》2018年7月24日14版。
② 陈婧:《中美如何避开"修昔底德陷阱"》,《中国青年报》2015年11月4日10版。

其二，虽然中美两国存在"战略互疑"，尤其是美国对中国一再发生战略误判，但双方已经开始着手从具体领域提升"战略互信"。比如，中美在军事领域建立的重大军事行动相互通报信任措施机制的谅解备忘录，以及海空相遇安全行为准则的谅解备忘录等，都为两国关系的和平走向提供了制度保障。

其三，习近平新时代中国特色社会主义思想，特别是习近平关于构建中美新型大国关系的构想、人类命运共同体理念的提出，为跨越各类"陷阱"贡献了中国智慧，成为全球治理的重要支撑。

中美新型大国关系的构想，奠定了中国在处理中美关系中积极的政策基调。2014年1月22日，习近平在接受《世界邮报》记者专访时表示，我们都应该努力避免陷入"修昔底德陷阱"，强国只能追求霸权的主张不适用于中国，中国没有实施这种行动的基因。① 也就是说，中国不会挑战美国的领导地位。2015年，习近平访美时再次表示：世界上本无"修昔底德陷阱"，但大国之间一再发生战略误判，就可能自己给自己造成"修昔底德陷阱"。习近平总书记多次强调，太平洋足够大，足以容下中美两国。中美合作可以办成有利于两国和世界的大事，可以成为"世界稳定的压舱石、世界和平的助推器"，而中美对抗对两国和世界肯定是灾难。"面对经济全球化迅速发展和各国同舟共济的客观需求，中美应该也可以走出一条不同于历史上大国冲突对抗的新路。"②

人类命运共同体理念基于对话交流、合作共赢、共建共享的思维而提出，更是跳出了"陷阱"这一传统的逻辑推理，体现了中国作为一个负责任的新兴大国的智慧和担当，是中国国际秩序观的集中阐释。这一理念不仅展现了中国对于跨越"修昔底德陷阱"这一历史现象的自信，更展现了我们对人类历史发展规律的全面把握，超越国别、民族、文化、意识形态的界限，致力于为新兴大国找到一条不同以往的崛起路径。

中美两国有足够智慧跨越"修昔底德陷阱"，重新书写崛起大国和守成大国之间的关系走向。就连"修昔底德陷阱"概念的提出者艾利森也承认，"修昔底

---

① 《习近平对世界如是说》，《人民日报海外版》2015年11月23日08版。
② 习近平：《中美合作可成为世界稳定的压舱石、世界和平的助推器》，《人民日报海外版》2014年11月13日01版。

德陷阱"是可以避免的。他表示,"美中可以避免'修昔底德陷阱'——只要双方意识到危险,发挥想象力,合作并寻找共同解决与应对不断出现的危机、问题及挑战的方案"。他认为美国与中国应该从历史中吸取经验,共同发挥领导才能。① 在他的新书《宿命之战:美国与中国能否逃避"修昔底德陷阱"?》中,回答了是否可以通过管控守成国与崛起国之间的结构性紧张,从而避免走向战争等问题。

现阶段,以美方挑起的贸易战为标志,美国一再误判中国意图,做出错误决策,试探中国底线,加大了双方落入"修昔底德陷阱"的风险。如果美方延续这种误判,将进一步导致中美关系的政治基础发生深远变化。未来,面对潜在的竞争甚至对抗性关系,中美之间更加需要一个共同的压舱石,而中美经贸关系无疑是两国关系最重要最基础的压舱石和稳定器。因此,要管控中美之间的结构性紧张,必须继续处理好两国经贸关系。这可能会经历一段充满对抗性的过程,需要较长时间的磨合。

(二)"金德尔伯格陷阱",二战的起因还是定制的陷阱?

(1)"金德尔伯格陷阱"的理论内涵

第一次世界大战之后,受到重创的英国在政治、经济、军事等各方面呈现出明显的衰落迹象,再也无力维持大英帝国霸权治下的世界秩序。与此同时,强势崛起的美国并未做好接替英国成为新霸主的准备。1919年,美国国会拒绝批准《凡尔赛和约》,代表美国重回孤立主义。10年之后,整个资本主义世界迎来了史无前例的经济危机。此起彼伏的贸易战、汇率战最终摧毁了国际经济体系,使世界陷入"大萧条",并进一步摧毁了国际政治体系,导致第二次世界大战爆发。

查尔斯·金德尔伯格是美国著名世界经济史学家、国际政治经济学和国际关系学"霸权稳定"理论奠基者之一。通过对这段历史的深入研究,他在其名

---

① 冯黛梅:《哈佛大学教授格雷厄姆·艾利森:中美可以避免"修昔底德陷阱"》,《中国社会科学报》2017年4月10日总第1182期。

作《1929—1939年：世界经济萧条》中指出，20世纪30年代的灾难，是由于英国没有能力，美国又不愿意承担责任以稳定国际经济体系，结果导致全球经济体系陷入衰退，爆发世界大战。也就是说，如果崛起大国所承担的责任与自身实力不匹配，就会导致全球公共产品供给不足，影响国际格局的稳定性。

金德尔伯格认为，世界经济体系的运行无法完全依靠市场自发的力量，或者说不能指望各国自觉、自愿地提供确保经济体系稳定所必需的成本，因此必须有一个大国在其中发挥领导作用，提供维持体系稳定所必需的成本。那些关心全球"公共利益"并愿意承担"公共成本"的国家，就是世界经济体系的领导者，同时也是世界政治体系的领导者。也就是说，大国的霸权地位，不仅取决于自身实力，还要看其在国际体系中承担的责任、扮演的角色。实力也意味着对等的责任和义务，全球性大国由于实力雄厚，理应比一般国家承担更多提供公共产品的责任。同时，他认为，世界权力的转移，可能导致原来的霸权国无力继续承担公共产品供给，而新崛起大国又没有足够的承担意愿，可能进而引发国际公共产品的供给缺失，并给世界带来灾难性后果。①

根据这一理论，2017年1月，美国政治学家约瑟夫·奈在欧洲新闻网发表的文章里进一步提出"金德尔伯格陷阱"的概念，用来描述没有国家有能力，或者虽然有能力却没有意愿承担国际公共产品成本的一种状态。他认为，作为新兴大国，中国崛起以后的动向可能不是"示强"，而是"示弱"，通过有意"示弱"逃避全球责任，避免承担美国无力负责的重要国际公共产品的供给。这将会使世界陷入领导力空缺的险境，引发全球性危机。②

不难看出，"金德尔伯格理论"的核心是国际公共产品供给和国际责任分担问题。早在20世纪六七十年代，美国经济学家曼瑟尔·奥尔森等人就提出公共产品的概念。③ 国际公共产品是相对于国内公共产品而言的，指那些具有很强国际性、外部性的资源、服务、政策体制等，按部门领域可以划分为环境型、经

---

① 〔美〕查尔斯·P. 金德尔伯格：《1929—1939年世界经济萧条》，宋承先、洪文达译，上海译文出版社1986年版，第348、354—358页。
② 《如何看待"金德尔伯格陷阱"？》，《中国纪检监察报》2018年2月6日02版。
③ 〔美〕曼瑟尔·奥尔森：《集体行动的逻辑》，陈郁等译，上海人民出版社1995年版，第13页。

济型、社会型、制度型、基础设施型等多种类型。例如自由开放的贸易体系、稳定高效的金融市场、健康的国际宏观经济政策、环境保护、区域合作、知识产权保护、传染病防治、国际安全保障机制与公海航行自由等。这些容易产生外部效应的国际公共产品已经成为经济全球化与国际关系中的重要议题，对世界的发展、稳定与安全产生深远影响。

由此可见，国际公共产品是成本和获益都超越单一国别限制、跨越不同时代、惠及全球不同人群的共享产品，具有非排他性和非竞争性的特点。它不限制使用国家的数量，而且一国的使用不会造成别国的损失。因此，这就容易造成一般国家"搭便车"的问题，每个使用者都希望别人付出成本，本国可以享受利益，而不愿自己付出成本，导致国际公共产品常常处于供不应求的状态。但是，国际公共产品的稳定供给是需要巨大成本投入的，这就需要某个或某几个有强大实力的国家带头主动承担这些成本。因此，国际公共产品的利益由全球共享，但供给责任并不是均等的，全球性大国对于国际公共产品供应负有更大责任。

因此，从促进全球治理、保障国际公共产品持续稳定供给的角度看，"金德尔伯格理论"有合理可取之处，但存在很大的片面性。

一是片面强调单一大国责任。"金德尔伯格陷阱"论与"霸权稳定"论一脉相承，把世界秩序的维持寄托于某个超级大国，单方面承担起提供国际公共产品的责任。但在今天全球治理的语境下，这种"单边主义"思维显然过时。在一个权力更加分散的多极化国际体系中，任何一个国家都无力单独为世界提供国际公共产品。美国今天遇到的种种问题，很大原因在于一个时期内对"霸权稳定"论的错误坚持，过分消耗了国家实力。

二是对中美两国责任设置"双重标准"。按照"修昔底德陷阱"理论，落入"陷阱"的原因是作为崛起大国的中国"主动示强而不是示弱"；而"金德尔伯格陷阱"则正好相反，是崛起的中国"主动示弱而不是示强"。在这种逻辑下，如果中国示强，就是对美国霸权地位的威胁和挑战，中美关系就会落入"修昔底德陷阱"；如果中国示弱，就是中国有意逃避承担国际公共产品供给的责任，中美关系就会落入"金德尔伯格陷阱"。这是一个精巧的逻辑与政策的"双重陷阱"，用对待中美的"双重标准"，置中国对外政策于两难困境。而这正是美国政府希望看到的结果。

（2）美国逃避责任才是落入"金德尔伯格陷阱"的诱因

在承担国际责任、提供公共产品服务方面，美国国内政策几经变化，经历了从收缩到扩张，再到收缩的过程。

19世纪末，美国工业产值超越工业化大国英国，成为全球经济总量最大的国家。但是，美国没有也不急于取代英国的全球领导地位。这里既有美国孤立主义的历史传统，也有综合国力和话语权不足的现实问题。一战结束后，威尔逊总统倡议组建国际联盟，但是美国却没有获得相应的话语权和利益，因此美国国会拒绝批准加入国际联盟。一直到二战结束，美国另起炉灶，牵头组建联合国并把总部设在纽约，从此拥有了国际话语主导权，这才取代英国的全球领导地位。美国取得全球领导地位的历史表明，经济实力不等于综合国力，综合国力也不意味着全球领导地位。

美国的崛起，走了一条历史上其他大国崛起没有走过的途径。没有自己跳进"修昔底德陷阱"，主动挑战守成大国霸权地位，而是先躲进金德尔伯格"掩体"，眼看其他大国相互争夺落入"修昔底德陷阱"耗尽实力，再出面收拾残局，坐收渔翁之利，进而一举取得全球领导地位。这一时期，美国在发挥国际作用、提供国际公共产品方面主要持观望态度。在这种语境下，金德尔伯格理论成为大国崛起过程中的一种"掩体"，而非"陷阱"，为美国赢得了发展机遇。

冷战结束后，美国成为世界上唯一的超级大国，在国际事务中越来越以"老大"自居。从海湾战争，到阿富汗战争、伊拉克战争，美国热衷于充当"世界宪兵""反恐旗帜"。表面是提供国际公共安全产品，实际上却给地区和平稳定带来持续的负面影响，也给自己背上了沉重包袱。2018年11月，美国布朗大学沃森中心发布的研究报告显示，在21世纪不到20年的时间里，美国用于战争的费用已近6万亿美元。但效果却出乎意料的糟糕，不仅没有能在伊拉克和阿富汗获得真正的胜利，由战争所导致的老兵医疗和伤残费用超过1万亿美元。[1]

---

[1] 《美报告：本世纪美战争花费近6万亿 让上万人成难民》，环球网，2018年11月16日，http://mil.huanqiu.com/world/2018-11/13561230.html。

在这一阶段，美国对于提供国际公共产品持过分积极甚至激进的态度，通过提供国际公共产品来巩固和宣示"老大"地位，打着承担国际责任的旗号，行霸权主义和单边主义实质。为了固守"霸权稳定"导致国力消耗，最终走上了被历史学家保罗·肯尼迪称之为"过度扩张"的帝国衰落之路。

近年来，随着美国国力的消耗和国际力量对比的变化，美国提供国际公共产品的意愿呈快速下降趋势，相关政策重新收紧。在旷日持久的反恐战争和国际金融危机冲击下，美国实力相对下降，而以中国为代表的新兴经济体迅速崛起。根据联合国贸易和发展会议的统计数据，从 1990 年到 2015 年，发达国家占全球 GDP 的比重从 78.7% 下降至 56.8%，而新兴市场国家占全球 GDP 的比重则由 19% 上升至 39.2%。[①] 实力对比的此消彼长使以美国为首的西方世界不能再像过去一样主导国际事务。这一巨大落差促使美国不惜通过开倒车的方式来维护既得利益和国际地位。

尤其是特朗普当选美国总统后，在"美国优先"的口号下，美国不愿继续无偿提供国际公共产品，公开对联合国会费缴纳表示不满，继而开启了一系列在国际规则中的"退群"行为。特朗普一上台就宣布削减 37% 的对外援助和外交拨款，并在 2018 年的国情咨文中宣称，美国的每一美元对外援助资金都必须为美国的利益服务，并且只提供给美国的朋友。[②] 2017 年 10 月，美国环保署正式撤销奥巴马时期确立的"清洁能源计划"，拒绝对全球环境负责。退出 TPP、应对气候变化的《巴黎协定》、联合国教科文组织、伊朗核协议、《全球移民协议》等一系列行为，不仅仅是单方面终止国际公共产品供应，更对原有的环境型、经济型、社会型等各类公共产品结构体系造成重大打击，缺乏基本的契约意识和大国信用，使美国逐渐走向贸易保护主义、规则修正主义、政治孤立主义之路。2018 年，皮尤中心一项面向全球 25 个国家的民调显示，37% 的人认为，美国在解决重大全球问题方面的行动减少了。[③]

[①] 高飞：《中国不断发挥负责任大国作用》，《人民日报》2018 年 1 月 7 日 05 版。
[②] 刘卫东：《新一轮"中国威胁论"意欲何为》，《红旗文稿》2018 年第 15 期。
[③] 《皮尤调查：全球普遍认可中国日益强大　更可信赖》，参考消息网，2018 年 10 月 3 日，http://www.cankaoxiaoxi.com/china/20181003/2334849.shtml。

在减少国际公共产品供应、逃避相应国际责任的同时，美国还把"金德尔伯格陷阱"的矛头对准中国，用双重标准要求其他国家承担责任。早在1945年，在谈判建立布雷顿森林体系时，英国代表团成员、著名经济学家约翰·梅纳德·凯恩斯就提出了一条解决国际收支失衡问题的基本原则，即面对严重的国际收支失衡，贸易逆差国和顺差国应该承担同等和对称的调整责任。但这一原则遭到美国的坚决反对，美国站在自身的顺差国立场，要求应该主要由逆差国来承担调整责任。然而随着国际经济形势的巨大变化，到了今天，处于贸易逆差的美国，又开始要求顺差国承担主要调整责任，中国也因此成为被指责的对象。但现实情况是，尽管处于贸易逆差，美国仍然是"利润顺差国"，是贸易关系中获得实际利益更多的一方，也是当今世界当之无愧的第一大国。如果担心世界陷入国际公共产品供应不足、国际责任无人承担的"金德尔伯格陷阱"，正常的逻辑应该是首先叩问美国为什么不再继续承担，而不是去指责别的国家。更何况，国际社会并没有要求美国一国单独承担提供国际公共产品的责任，只是要求美国承担与其地位实力相称的国际责任，这是基本游戏规则。而在这一阶段，与美国崛起时因综合实力和话语权不足而选择躲进"掩体"不同，美国对责任的回避是与自身国力不相符的，同时还带有了一定的攻击性，蓄意将国际舆论矛头转向他国。

约瑟夫·奈对特朗普政府的强硬对华政策表示担心，他认为这可能会让中国不再自愿提供国际公共产品，进而转向免费搭车，当今世界两大经济体将有可能走上相互争斗的道路，其结果是国际公共产品供应的落空，最终导致世界陷入"金德尔伯格陷阱"。[①] 这种担忧和告诫不无道理。换句话说，无论是美国自己不愿承担责任，还是由于美国外交政策伤害他国承担责任的积极性，"金德尔伯格陷阱"的主要责任方都是美国。

（3）中国积极承担大国责任，努力跨越"金德尔伯格陷阱"

苏东局势发生剧变后，中国成为全球社会主义国家旗帜。但此时，中国推行改革开放不久，综合国力还处于弱势。针对当时有人希望中国"扛旗"和"当头"

---

① 陈志敏：《走出思维误区才能跨越陷阱》，《人民日报》2018年1月7日05版。

的想法,邓小平斩钉截铁地说:"我们千万不要当头,这是一个根本国策。"并提出三个"永远":"中国永远站在第三世界一边,中国永远不称霸,中国也永远不当头。"①"我们再韬光养晦地干些年,才能真正形成一个较大的政治力量,中国在国际上发言的分量就会不同。"②邓小平审时度势,于1990年提出20字方针,后来演变成32字方针:冷静观察、稳住阵脚、沉着应付、韬光养晦、善于守拙、决不当头、抓住机遇、有所作为。这一方针,蕴含了中国传统文化中的大智慧,也是符合当时中国实力和国际力量对比的正确战略判断。现在人们常说的"韬光养晦、有所作为"八个字,实际上是对邓小平上述一系列重要战略思想高度浓缩提炼后的核心内涵,具有长期的战略性指导意义。

由于中外文化的差异,国外有人从"韬光养晦"一词衍生出对中国战略的曲解和误判,他们认为,在中国外交战略中,有一个长远的、不宜公布的目标,只是中国囿于暂时的综合实力限制,觉得尚未到将这一目标付诸实践的时候,因此要隐藏实力,伺机而动。这种说法,将"韬光养晦"理解为与"卧薪尝胆"的隐忍谋略一样,判定中国一旦强大后会实行报复性扩张,进一步为"中国威胁论"提供了印证。

鉴于此,有人认为,"韬光养晦、有所作为"只是特殊历史环境下的"权宜之计",不能作为长期指导中国外交政策的战略思想。还有人认为,"韬光养晦"容易引起误解,最好不再使用。

邓小平这一重要思想,确实是特殊历史时期的产物,不过多承担与自身国力不相称的责任,其实是国家崛起过程中一种自我保护的"掩体",中国借此可以赢得更多专注于自身的发展时间。一些西方舆论对中国"韬光养晦"的严重误读,试图使中国在西方社会形成隐藏实力、躲避责任的形象。这就为后来将"金德尔伯格陷阱"理论套用到中国崛起上留下了借口。

实际上,邓小平提出的"韬光养晦,有所作为"是一个有机整体,不能断章取义。"韬光养晦"是手段和途径,"有所作为"才是目的。"韬光养晦"的内

---

① 中共中央文献编辑委员会编:《邓小平文选》(第三卷),人民出版社2004年版,第363页。
② 中共中央文献研究室编:《邓小平年谱(1975—1997年)》(下),中央文献出版社2009年版,第1346页。

涵至少有三个重点。一是把中国自己的事情办好。中国的事情办好了，不仅对十几亿中国人民有利，也是对世界、对人类的巨大贡献。实现中国这样一个十几亿人口大国的自我发展，不给别国增加负担，本身就是承担国际责任的一种表现。二是不承担与现阶段国力不相称的责任，通过专注于发展，为今后在国际舞台"有所作为"、积极承担更大责任做好准备。三是这一理念还意味着要摒弃一切大国主义的言论和行动，绝不称霸、反对强权，平等对待世界各国。这与我国一贯的外交政策是一致的。

2015年12月21日，美国《时代》周刊发表澳大利亚前总理陆克文的文章，他表示，从中国近年来的国际表现看，中国很可能会把"韬光养晦、决不当头"原则抛在脑后，采取更为自信、积极的外交和经济政策。这一说法反映了西方对"韬光养晦"原则的误解，将中国的"韬光养晦"与积极作为对立起来，但更反映出中国近年来在世界舞台上主动承担越来越大的责任。[1]

改革开放以来，中国始终坚持走和平发展道路，同时努力承担自己应尽的国际责任，为世界提供更多优质的国际公共产品，为世界发展做出越来越大的贡献。这首先表现在中国自身发展对消除全球贫困人口的贡献。依据《中国扶贫开发报告2016》数据，中共十八大以前，从1981年至2012年，中国贫困人口减少了7.9亿，占全球减贫人口的71.82%。由于中国的贡献，全球人类发展指数提前2年多达到预计目标。[2]2015年，联合国发布的《2015年千年发展目标报告》显示，中国成为世界上减贫人口最多的国家，也是世界上率先完成联合国千年发展目标的国家。[3]世界银行行长金墉认为，"中国减贫的成就是人类历史上最伟大的历史事件之一。世界极端贫困人口从40%下降至现在的10%，大多数贡献来自中国"[4]。而近年来，中国在脱贫攻坚、精准扶贫上更是取得决定

---

[1] 《澳前总理陆克文：2016年中国将更自信》，新华网，2015年12月23日，http://www.xinhuanet.com/world/2015-12/23/c_128559493.htm。

[2] 张意：《中国扶贫开发报告2016：中国贫困人口已减少7.9亿》，新华网，2016年12月27日，http://www.xinhuanet.com/politics/2016-12/27/c_1120198042.htm。

[3] 李贞：《中国减贫 世界称羡》，《人民日报海外版》2017年10月17日01版。

[4] 《世界银行行长金墉：中国减贫成就举世瞩目》，中国新闻网，2017年10月13日，http://www.chinanews.com/gn/2017/10-13/8351581.shtml。

性进展，中共十九大报告指出，5年来，6000多万人口稳定脱贫。许多国家承认，在脱贫减困方面，中国提供了教科书式的经验模式。德国安联公司2018年9月发布的《全球财富报告》显示，中国人的财富增幅每年都保持在两位数以上。2017年，中国人的财富增幅为14%，高居世界榜首。这直接带来全球财富增加7%以上。德国媒体因此称，世界上没有哪一个国家能像中国一样为全球中产阶级的壮大做出如此大的贡献。①

其次，在关系全球环境、安全、经济的重大问题上，积极配合并承担大国责任，树立负责任的大国形象。中国持续开展对外援助成效显著。根据美国威廉玛丽学院的调查，中国援助有助于受援国的经济增长，每个已批准的中国援助项目在运营两年后，会给受援国带来0.7—1.1个百分点的经济增长。② 在应对气候变化方面，中国坚决支持《巴黎协定》并承诺将完全履行中国义务，为应对气候变化做出中国贡献，已经成为在《巴黎协定》及其后续机制建设中发挥关键作用的国家。2017年，中国在可再生能源方面投资1260亿美元，占全球的45%，是美国投资的3倍多。③ 2015年9月，中国还宣布设立200亿元气候变化南南合作基金，用于建设低碳示范区和人员培训。同时，伴随国力的大幅提升，联合国大会通过决议，在2019—2021年，中国将成为联合国第二大会费国和维和摊款国，中国还是联合国安理会常任理事国中派出维和部队最多的国家。中国坚定维护联合国在国际和平与安全领域发挥主导作用，在国际人道主义救援行动、反对恐怖主义行动中扮演着重要角色；中国积极参与国际货币基金组织、世界银行等全球性金融机构改革，支持扩大发展中国家在国际事务中的发言权；在海洋、太空、网络等新兴领域加大投入力度，为人类对未知领域的探索提供创新力量。

最后，中国主动引领国际规则制定，为完善全球治理体系发挥建设性作用。近年来，中国积极展现国际领导力，以开放、包容的姿态将自身发展变成与世

---

① 《德媒：中国经济崛起持续40年 民众财富增速领跑全球》，参考消息网，2018年9月29日，http://www.cankaoxiaoxi.com/china/20181003/2334849_3.shtml。
② 刘卫东：《新一轮"中国威胁论"意欲何为》，《红旗文稿》2018年第15期。
③ 陈佳邑：《联合国环境署发布全球可再生能源投资趋势报告2017 全球海洋能源发展"冷热不均"》，《中国海洋报》2018年4月18日04版。

界各国共同进步的机遇。中国倡议的"一带一路"建设是区域经济合作、国际自由贸易、基础设施互联互通、国际安全互信等重要国际公共产品的集中体现,得到100多个国家的支持和积极参与。2016年8月,在推进"一带一路"建设工作座谈会上,习近平主席强调,中国欢迎各方搭乘中国发展的快车、便车,欢迎世界各国和国际组织参与到合作中来。① 由中国倡导建立的亚洲基础设施投资银行、金砖国家新开发银行,也是促进基础设施融资建设的新型国际公共产品,有力增强了发展中国家在国际金融治理中的话语权。另外,北京APEC峰会、G20杭州峰会、青岛上合峰会、"一带一路"国际合作高峰论坛、金砖国家领导人厦门会晤等一系列标志性主场会议的举办,也使中国在参与全球事务中不断提升国际影响力、感召力、塑造力。

"韬光养晦,有所作为"不仅是一个辩证统一体,还是一个动态变化过程。当中国实力还处于相对弱势、自己的发展问题还没有解决时,"韬光养晦"的成分多一些;而当中国日益接近世界舞台的中心,伴随中国与世界关系的深刻变化,"有所作为"的态度就更加鲜明,承担国际责任、提供公共服务的主观能动性更强。二者的比重随着中国国力的变化,也在不断磨合协调。因此,步入新时代的中国,并不是将"韬光养晦,有所作为"的原则抛诸脑后,而是在以习近平为核心的党中央领导下,适应时代变化,对这一外交战略进行了调整重塑。在促进全球治理体系变革中,中国不是推倒重来,也不是另起炉灶,而是创新完善现有的全球治理体系,力求平衡反映大多数国家特别是新兴市场国家和发展中国家的意愿和利益。

"金德尔伯格陷阱论"明显低估了中国承担与自身国力相称的国际责任的决心与意愿。事实证明,目前中国所承担的国际责任、为世界所提供的重要国际公共产品,与自身实力、发展阶段是相适应的。在继续为全球治理发挥强大正能量的进程中,我们也必须时刻保持清醒认识。国际公共产品种类繁多,有些提供难度大,敏感度高,各方利益不易平衡。更重要的是,提供大量国际公

---

① 《习近平在推进"一带一路"建设工作座谈会上强调 总结经验坚定信心扎实推进 让"一带一路"建设造福沿线各国人民》,《人民日报》2016年8月18日01版。

共产品需要强大的经济实力和综合国力作为支撑，而现阶段我国仍然是世界最大发展中国家，这个基本国情没有改变。因此，在提供国际公共产品上，还需要结合历史和现实、国际格局和国家能力进行系统分析，坚持有所为有所不为，尤其是要警惕某些国家为了自身利益而对中国进行"捧杀"，防止过度提供超过我国国力承受限度的国际公共产品。

同时，各国必须更理性地看待大国责任。世界已经进入大发展、大变革、大调整的关键时期，全球问题更加多元、复杂、深刻，各国通力合作才是破解之道。片面寄希望于个别大国，幻想单独依靠一国或几个国家的力量解决问题并不现实，也不利于建立公正、合理、平等的国际新秩序。正如习近平所说："各国都应成为全球发展的参与者、贡献者、受益者。不能一个国家发展、其他国家不发展，一部分国家发展、另一部分国家不发展。各国能力和水平有差异，在同一目标下，应该承担共同但有区别的责任。"[①] 各国不分大小，共同书写国际规则，共同参与全球治理，共同分享发展成果，推动构建人类命运共同体，才能一起跨越"金德尔伯格陷阱"。

也要看到，对"金德尔伯格陷阱"的讨论和担忧，从一个侧面释放了积极信号。国际社会有观点认为，现在的美国与中国似乎调换了角色和地位。由于美国国家信用的弱化和国际评价的降低，国际社会更加关注世界第二大经济体、最大的发展中国家是否有能力、有意愿填补美国留下的"责任赤字"，寄希望于负责任的中国能够提供更多国际公共产品和服务，主导国际新秩序建立。从这个角度看，这是中国积极承担大国责任、参与全球治理体系变革的成效显现，反映了国际社会对中国的信任和期待。

6. 结论：中美关系将持续走低，斗而不破、和而不同

1971年7月9日，基辛格秘密访华，开启了中美和解进程。1972年尼克松

---

① 习近平：《谋共同永续发展　做合作共赢伙伴——在联合国发展峰会上的讲话》，《人民日报》2015年9月27日02版。

总统访华,特别是 1979 年中美建交以来,美国历任新总统上任,中美关系都是低开高走。卡特总统任内,中美正式建交,但同时美国制定了《与台湾关系法》,开始"接触与遏制"并举的"两面下注"政策。此后,里根、老布什、克林顿、小布什等历任美国总统,在处理中美关系时都是低开高走。从奥巴马时代开始,这种趋势发生了变化,中美关系一反常态地高开低走。到了特朗普任期,则是典型的低开低走。可以预见,在一个时期内,中美关系将持续走低,矛盾多发,摩擦不断。但另一方面,中美之间仍有很大的合作对话空间,将在长期博弈中管控分歧,维持和而不同、斗而不破的局面。

(一)中美关系为什么会持续走低?

2016 年美国大选之前,《美国蓝皮书:美国研究报告(2016)》就预测,大选后中美关系开局还将继续走低。[①] 特朗普政府上台后,中美关系虽有反复,但是总体呈现走低态势,不稳定性增加。复旦大学美国研究中心原主任倪世雄认为,中美关系的发展始终是"基本稳定,主体合作,基础脆弱,发展起伏",但近几个月出现了一定的"脱轨"情况,这种趋势可能在特朗普任期中都难以有明显好转。[②] 一些美国学者也持相同观点,认为特朗普任内,中美关系的基调是"不靠谱"。

目前,中美关系从多个方面释放出持续走低的信号。一是美国对华政策的不确定性增加。2017 年 4 月,习近平访美,与特朗普举行了海湖庄园会晤,取得了一系列重要成果。中共十九大之后,特朗普访华,中美关系也一度出现积极的信号。然而,2017 年 12 月 18 日,特朗普政府发布首个《美国国家安全战略报告》,严词批评中国的内政和外交政策,把中国定位为美国利益的竞争者。两国元首互访形成的良好氛围受到严重影响,中美关系蒙上了阴影。随着中美关系的深入发展,双边关系的推进日益成为一项复杂的系统工程,以往依靠双方元首会晤就取得双边关系突破性进展的可能在降低,双方呈现外交场合态度

[①] 《美国蓝皮书指出美国大选后中美关系开局可能"走得更低"》,中新网,2016 年 5 月 27 日,http://www.chinanews.com/gj/2016/05-27/7885445.shtml。

[②] 薛雍乐:《倪世雄谈中美关系走向:目前处于低谷,需保持定力》,澎湃新闻,2018 年 4 月 2 日,https://www.thepaper.cn/newsDetail_forward_2055288。

与实际政策态度相背离的情况。

二是美国从战略层面对中美关系重新定位,正式将中国定位为战略竞争对手,毫不避讳地使竞争关系公开化。在此之前,双方处于竞争逐步升级但整体可控的局面,而随着特朗普政府对中国的再定位,两国关系的议题,也从之前的经贸议题扩展到战略安全领域,导致两国竞争的长期性、脆弱性、全面性都明显上升。同时,由于特朗普政府的内外政策特别强调贸易失衡问题,在其任内,作为最大逆差国的中国自然将成为靶子。

三是中美关系中的"敏感地带"冲突加剧,大国关系与国际热点问题高度重合。以《台湾旅行法》为标志,多年来中美在台湾问题上的共识被打破,曾经一度被双方有意弱化的意识形态问题也再次凸显。朝核和南海等地区安全议题对中美关系的冲击越来越大,与此同时,朝美关系出现重大变化迹象,美国的印太战略联盟日益成型,这将使中美关系走低的砝码不断加重。

四是美国民间力量对美中关系态度趋于消极。由于中美企业间的互补性减少、竞争性加剧,美国经贸利益集团扮演两国关系推进器的意愿在降低。同时,美国智库学界呼吁警惕中国、采取反制策略的声音开始高涨,"新冷战思维"初见端倪。2018年,美国民众对中国经济发展的担忧增加,超过六成美国人表现出对中国持有大量美国债券等问题的担心,超过半数美国人担心美国工作机会流入中国,以至于对中国的好感度比2017年下降了6个百分点,也更趋向于赞同美国政府采取应对措施。[①] 特朗普的个人偏好与美国国内战略共识的重合度增加,换句话说,美国近来的反常态度,不仅仅是因为换了一个总统而带来的个人政治风格转变,而更多是国家意志、社会舆论的真实反映。

五是特朗普的治国理念和个人风格,使美中关系呈现大起大落波浪式下行的态势。特朗普的"美国优先"理念、"极限施压"策略和翻脸快于翻书的"特不靠谱"个性,完全是一副"老大耍流氓"的嘴脸。说好话毫不含糊,做恶事毫不犹豫。一得势就"赢者通吃",绝不与他人共享;没得益就毁约退群,根本

---

① 《美国皮尤中心:过去一年,美国人对中国的态度更加消极》,人民智库百家号,2018年9月10日,https://baijiahao.baidu.com/s?id=1611211549056489403&wfr=spider&for=pc。

不顾人格信誉。特朗普经商是如此,投身政界同样如此;对国际盟友是如此,对中国这样的非盟国更是如此。对付这样的"流氓老大",美国人没有经验,国际社会没有经验,中国人同样没有经验,只能尽最大努力,做最坏打算。

这些信号和表象背后,中美关系持续走低的动力结构是怎样的?这首先要将中美关系置于一个国际体系不确定性上升的大背景下。英国脱欧、逆全球化浪潮、民粹主义兴起、贸易保护主义抬头等种种迹象,描绘出中美关系动荡的时代底色。世界政治的不确定性、复杂性正在急剧加强。安全困境理论中存在一个模型:国际社会的无政府状态催生大国对彼此意图和动机的不确定性——不确定性引发恐惧——恐惧产生权力竞争——权力竞争引发潜在的安全困境,而一旦安全困境被激活产生螺旋,就可能引发战争。如果说国家实力具有相对稳定性,那么战略意图则具有不确定性。在国际社会的无政府状态下,中美两国对彼此战略意图的不确定性增加,由此产生疑惧和权力竞争,大国之间的阵营化趋势也日益明显。因此,当今的全球格局和国际环境,推动中美两国不得不直面双边关系的重要转折点。

(二)中美关系将斗而不破、和而不同

曾经有一个说法,中美关系"好也好不到哪儿去,坏也坏不到哪儿去"。在当下"老大"与"老二"的结构性矛盾中,中美关系好是好不起来了,坏到什么地步,将视美国的判断和中国应对的智慧。比起1989年、1999年等历史节点,中美目前还没有陷入"冰点",在整体灰暗基调里仍有光亮。在亚太事务,特别是朝核问题上,美国仍然谋求与中国的合作。如果说冲突的爆发应由守成大国负主要责任,那么问题的应对则主要看崛起大国。崛起大国的应对方式影响着双边关系"向何处去"的方向和节奏。

胡锡进在2018年10月12日发出的微博中坦率地指出:"中国当初显然有点低估了特朗普政府什么都敢干的狠劲,白宫则低估了中国抗打击的承受力。这两个国家都这么强悍,谁都不怂。"[①]

---

① 胡锡进2018年10月12日新浪微博账号。

特朗普虽然"什么都敢干",但是,他显然没有与中国全面决裂的意图和准备。因此,每当他敲诈中国的时候,都会声称他自己与习主席是好朋友,甚至表示向中国商品加征关税是不得已之举。

2018年6月15日,特朗普在决定向中国加征关税后,通过推特发表《关于贸易制裁中国的声明》。声明称:"在宣布一项决策声明之前,我先强调一点:中国是一个伟大的国家,习主席是伟大的领导人。习主席和我永远是好朋友。我和中国习主席的伟大友谊,我们和中国两个伟大国家的双边关系,对我个人而言,都非常重要。能和金正恩成功会晤,离不开中国和习主席的帮忙。"

这是典型的特朗普风格,惠而不费的好话,说起来毫不含糊,什么大词、高级形容词,用起来毫不打折。

既然双方关系如此之好,如此之重要,为什么还要打贸易战呢?特朗普的理由也非常"特朗普":

"第一,我和习主席的关系非常好,但我们和中国的贸易关系则很糟糕。大家都在说要打贸易战,或重打贸易战。这是一种不平衡。

"第二,长期以来,我们和中国的贸易关系本身也不平衡。各种不公平状况不能持续下去。尤其是年初3月,贸易代表办公室提供给我的报告,虽然我没有细看,但大家都知道,中国在知识产权领域存在一些不公平的做法,对我们的经济安全带来影响,经济安全得不到保障,国家安全也将因此受到损害。

"第三,如果只对盟邦施加关税,而放过中国,会造成盟邦心理的不平衡。我的贸易幕僚提醒我,我们对邻邦加拿大和欧盟征收关税的同时,不能给予中国差别化的待遇。为了公平起见,为了体现平衡,我不能放弃对中国的关税惩罚计划。"

言下之意,虽然我出尔反尔撕毁了已经达成的协议,虽然我加征关税就是讹诈,但是,我也努力找出了非常"特朗普"的理由,希望中国给我面子,任我割肉。

特朗普在推特中继续述说:"此前,为了拯救中兴,我得罪了两党。他们此前一直在劝我以'国家安全'为上,对北京施以重拳,但我考虑到特金会筹备而放弃。当然,中兴是一个劣迹斑斑的企业,也是一个习主席很在乎的企业,已经答应支付巨额赔款。这也是一种胜利,我赢回了面子,但国会那群人就是看不到。现在,他们又企图推翻我们和中兴达成的协议。

"最重要的是,过去一周,我支持的共和党参选人在参议院席位的争夺中,初选战绩非常好,捷报连连,我必须考虑他们在今秋中期选举的利益。"

这些话是对美国国内说的,意思是说,我已经赢得了那么多的利益,你们在几个月后中期选举中得投票支持我。

中兴事件,是特朗普在中美贸易战中扔出来试探中国底线的一块石子。看到这块石子发挥了出乎意料的作用,特朗普于是得寸进尺:

"所以,按照此前计划,我最终决定对这些不公平的行为做出防御性反制,对中国 500 亿美元的商品征收 25% 的关税。其中包括'中国制造 2025'战略计划的产品。我相信,这些关税将有利于保护美国知识产权,保护美国就业,并最终扭转美国对华贸易逆差。

"我宣布钢铝关税后,一直在考虑对中国商品加征 500 亿,至少 500 亿,甚至 1000 亿的商品关税。当然,我没有追加 1000 亿,而是保持 500 亿这一基准,也算是一种克制。所以,我要警告中国,如果中国对我们采取报复措施,比如对美国商品、服务,尤其是关系到我选民基础的农产品征收反制关税,或对美国在华企业采取苛刻政策,我们将继续追加额外的关税举措。或许对中国征收 1000 亿美元的关税就有可能变为现实。"①

言下之意,我打了你,你不能还手,如果你还手,我有更严厉的手段在后面。这确实非常"特朗普"。然而,中国是一个独立自主的主权国家。特朗普显然低估了中国的抗压决心和能力,没有得到想象中的好处。于是,特朗普再度变脸。

2018 年 9 月中旬,特朗普宣布再度向从中国进口的商品加征关税,额度高达 2000 亿美元。中国立即跟进,推出了数量型和质量型相结合的反击措施。

特朗普的讹诈没有让中国屈服,于是,他立即改口。

美国东部时间 10 月 14 日晚上,特朗普执政以来首次接受美国哥伦比亚广播公司(CBS)王牌节目"60 分钟"记者莱斯利·斯塔尔(Lesley Stahl)的专访。当

---

① 唐纳德·特朗普 2018 年 6 月 15 日推特账号。

斯塔尔说美中正在进行贸易战时,特朗普声称:你称之为贸易战,我不这么称呼。

斯塔尔非常惊讶地追问:你昨天就是这么说的。

特朗普:我称之为前哨战(小冲突)。

斯塔尔进一步追问:我听到了,你昨天说这是战争(贸易战)。

这位总统再次很"特朗普"地回答说:我这样说的,但实际我说这是一次战役。但,实际上,我打算降低这个激烈程度,我觉得这是一个前哨战。我们将会获胜。①

自从特朗普发动贸易战以来,美中双方渐行渐远,在贸易问题上几乎没有任何共识。到了10月中旬,贸易战正式启动4个月后,特朗普终于改口。中方也一再强调与美国的纠纷是贸易摩擦,不是贸易战。双方在名称上达成的共识说明,中美都没有准备全面摊牌,彻底分手。

2018年11月1日,特朗普提出与习近平主席通电话。这是特朗普在接受"60分钟"专访以后,进一步软化对华立场的表现。中方同意进行电话交谈。

特朗普表示,美方重视美中经贸合作,愿继续扩大对华出口。两国经济团队有必要加强沟通磋商。他并表示支持美国企业积极参加首届中国国际进口博览会。

习近平重申了"中美经贸合作的本质是互利共赢"的基本立场。他表示,中国即将举办首届国际进口博览会,这显示了中方增加进口、扩大开放的积极意愿。很高兴众多美国企业踊跃参与。中美双方也有通过协调合作解决经贸难题的成功先例。两国经济团队要加强接触,就双方关切问题开展磋商,推动中美经贸问题达成一个双方都能接受的方案。②

特朗普放下电话立即发出推特,声称与习主席的通话"非常积极"。两国股市应声上涨。

在中方的持续努力下,一个月以后,阿根廷时间2018年12月1日,习近平和特朗普在布宜诺斯艾利斯共进晚餐并举行会晤。两国元首达成重要共识,

---

① 内容来源于视频《特朗普"60分钟"总统首秀 盛赞竞选对手场面感人》,腾讯视频,2016年11月14日发布,https://v.qq.com/x/cover/99tjjnq8oj1iwn2/y03462wbm7x.html。
② 《习近平同特朗普通电话》,《人民日报》2018年11月2日01版。

决定停止加征新的关税,并指示两国经济团队加紧磋商,朝着取消所有加征关税的方向,达成互利双赢的具体协议。这是此轮中美贸易摩擦以来,两国经贸关系取得的重大进展,标志着中美贸易战的暂时叫停,再次展示了刚柔并济的中国力量。

中方理智冷静应对特朗普的策略,得到了国际社会的高度评价,有效地控制了贸易战的烈度和舆论的热度。不管特朗普政府成员发出多么激烈的声音,甚至毫无根据的指控,中方一贯有理有节,客观冷静,绝不随风起舞,自乱阵脚,坚持"达成一个双方都能接受的方案",而不是"零和"方案。

中方理智冷静的智慧策略,还得到了美国州一级政府的响应。与美国联邦政府加剧对华贸易摩擦的态度相反,美国州政府在双边经贸关系问题上表现积极。2018年7月初,在对2000亿美元中国产品加征关税的建议产品清单公布当天,芝加哥市代表团访华,并与中方签订了下一个"五年合作计划",确保相关投资不会受到波及。芝加哥市长伊曼纽尔表示:"我们反对对抗,不想成为与中国对抗的牺牲品,我们希望加强与中国的合作。"[①] 8月底,加州众议院全票通过决议案,表示积极支持加州加强同中国在经济、贸易、教育等领域的合作,并敦促美国总统和国会支持加强与中国的经济关系。

中方应对特朗普极限施压的策略智慧,自有其渊源。

1940年,毛泽东在《目前抗日统一战线中的策略问题》中,科学论证了斗争和团结的辩证关系:"斗争是团结的手段,团结是斗争的目的。以斗争求团结则团结存,以退让求团结则团结亡。"并为以斗争求团结的策略制定了三条原则:一是自卫原则,即人不犯我,我不犯人,人若犯我,我必犯人;二是胜利原则,即不斗则已,斗则必胜,不做无准备无把握的斗争;三是休战原则,斗争胜利后,适可而止。[②] 总结起来,就是一句话,坚持有理、有利、有节的斗争。新中国成立以来,中国在外交场域的表现,也都秉承这条策略。从和平共处五项原

---

① 刘劼:《记者手记:贸易战的黄昏与黎明之间》,新华网,http://www.xinhuanet.com/world/2018-09/08/c_1123399311.htm。
② 毛泽东:《目前抗日统一战线中的策略问题》,《毛泽东选集》第二卷,人民出版社1991年版,第745—747页。

则,到中英谈判提出"一国两制"构想,中国逐渐形成自己独特鲜明的外交风格。这一策略继承了中国文化中的"圆融变通""外圆内方"传统,既在必要时刻选择妥协包容,又有自己的原则底线。

最突出的事例,是围绕皖南事变进行的斗争。

抗战进入相持阶段以后,蒋介石处心积虑挑起反共摩擦。1940年10月19日,蒋介石发出"皓电",限令黄河以南新四军于一个月内撤到黄河以北,同时密令其数十万军队准备进攻华中新四军,从而掀起了第二次反共高潮。

1941年1月4日,新四军副军长兼政委项英奉命率新四军军部和部队共9000余人北移。6日,当进入安徽泾县茂林地区时,突遭事先埋伏的国民党军队7个师8万余人的包围和袭击。广大指战员经7昼夜浴血奋战,但终因众寡悬殊,措施失当,弹尽粮绝,除2000余人突出重围外,一部分被俘,大部分壮烈牺牲。

军长叶挺与对方谈判被扣,政治部主任袁国平牺牲,副军长项英、参谋长周子昆在突围中被叛徒杀害。17日,蒋介石竟反诬新四军"叛变",宣布取消其番号,并声称要将叶挺交军事法庭审判。这就是震惊中外的皖南事变。

皖南事变发生以后,共产党内群情激愤,纷纷要求对国民党"在政治上军事上迅即准备作全面大反攻,救援新四军,粉碎反共高潮"。毛泽东等党中央领导,特别是华中新四军八路军总指挥部政治委员、中原局书记刘少奇和代指挥陈毅等人冷静分析局势,认为在日寇铁蹄践踏中华大地的时期,对国民党在政治上军事上的全面大反攻,只会有利于日本侵略者,加深祖国的苦难。毛泽东听取了党内领导同志的意见,冷静思考,决定"政治上全面揭破蒋之阴谋""在军事上先取防御战",[①]形成"政治攻势,军事守势"的反攻方针,在蒋介石做出让步行动之后,相向而行,妥善度过了皖南事变后激烈对抗的危险期,维护了合作抗日的大局。

在当下的中美大国关系中,运用毛泽东的抗日民族统一战线策略,斗争是

---

① 中共中央文献研究室编:《毛泽东年谱(1893—1949)》中卷,人民出版社、中央文献出版社1993年版,第291—292页。

民族伟大复兴的手段，民族伟大复兴是斗争的目的。以斗争求复兴则复兴成，以退让求复兴则复兴败。

2018年下半年，中美贸易战仍然呈现紧张态势之时，作为中国"入世"谈判重要代表的龙永图发表演讲，谈到当年中央给出的"入世"谈判三条原则：

"第一条原则是如果对方提出的要求符合我们改革开放的大方向，我们就可以接受；

"第二条原则是如果对方提出的要求，符合我们改革开放的方向，但是我们一时做不到，那么我们可以先同意，然后排一个时间表，到底是三年做到、五年做到、七年做到还是八年做到；

"第三条原则是如果对方提出的要求根本不符合我们改革开放的方向，那就坚决不同意。"[1]

"入世"谈判已经过去了近20年，但是，当时中央决定的谈判原则仍然具有现实可行性。

面对特朗普"特不靠谱"的个性特征，中方唯有坚守底线，该斗就斗，能让则让，不争一时意气，着眼长远利益和全局得失，不挑事，不怕事，才能确保中美两国关系不会落入"修昔底德陷阱"，确保改革发展稳定的大局不会受到严重干扰，确保中华民族伟大复兴的征程不会中断。

---

[1] 《中美贸易摩擦有解决之道　关键是确保中美关系不脱轨——"交流融通　永图论道"龙永图讲话摘要》，金山网，2018年11月12日，http://www.jsw.com.cn/2018/1112/1474537.shtml。

主要参考文献

一、专著

方纳:《美国工人运动史》,三联书店1956年版;

〔美〕埃德加·斯诺:《漫长的革命》,胡协力译,上海人民出版社1975年版;

〔美〕尼克松:《尼克松回忆录》中册,裘克安等译,商务印书馆1979年版;

〔美〕伊·卡恩:《中国通》,陈亮、隋丽君、林楚平译,新华出版社1980年版;

〔美〕基辛格:《白宫岁月》第1—4册,杨静予、吴继淦、范益世等译,世界知识出版社1980年版;

〔美〕富兰克林·德·罗斯福:《罗斯福选集》,关在汉编译,商务印书馆1982年版;

〔美〕尼克松:《领导人》,白玫译,新华出版社1983年版;

〔美〕卡特:《保持信心》,裘克安等译,世界知识出版社1983年版;

李长久、施鲁佳主编:《中美关系二百年》,新华出版社1984年版;

陈依范:《美国华人》,郁怡民等译,中国工人出版社1985年版;

〔美〕布热津斯基:《实力与原则》,邱应觉等译,世界知识出版社1985年版;

〔美〕查尔斯·P.金德尔伯格:《1929—1939年世界经济萧条》,宋承先、洪文达译,上海译文出版社1986年版;

钱江:《"乒乓外交"始末》,东方出版社1987年版;

中共中央文献研究室编:《周恩来年谱》(1898—1949),中央文献出版社

1989 年版；

〔美〕保罗·肯尼迪：《大国的兴衰》，陈景彪等译，中国经济出版社 1989 年版；

〔美〕R.特里尔：《毛泽东传》（修订本），刘路新等译，河北人民出版社 1990 年版；

中华人民共和国外交部编：《周恩来外交文选》，中央文献出版社 1990 年版；

《毛泽东选集》第二、四卷，人民出版社 1991 年版；

魏史言：《基辛格秘密访华内幕》，载外交部外交史编辑室编《新中国外交风云》第二辑，世界知识出版社 1991 年版；

〔美〕唐纳德·特朗普：《做生意的艺术》，张晓炎等译，企业管理出版社 1991 年版；

宫力：《跨越鸿沟——1969—1979 年中美关系的演变》，河南人民出版社 1992 年版；

尹家民：《将军不辱使命》，解放军文艺出版社 1992 年版；

中共中央文献研究室编：《毛泽东年谱（1893—1949）》中卷，人民出版社、中央文献出版社 1993 年版；

外交部外交史研究室编：《周恩来外交活动大事记》，世界知识出版社 1993 年版；

田增佩主编：《改革开放以来的中国外交》，世界知识出版社 1993 年版；

中共中央文献编辑委员会编辑：《邓小平文选》第 3 卷，人民出版社 1993 年版；

《毛泽东外交文选》，中央文献出版社、世界知识出版社 1994 年版；

魏史言：《黑格先遣组为尼克松访华安排的经过》，载外交部外交史编辑室编《新中国外交风云》第三辑，世界知识出版社 1994 年版；

刘连第、汪大为编著：《中美关系的轨迹》，时事出版社 1995 年版；

〔美〕曼瑟尔·奥尔森：《集体行动的逻辑》，陈郁等译，上海人民出版社 1995 年版；

宫力：《峰谷间的震荡》，中国青年出版社 1996 年版；

中共中央文献研究室编:《周恩来年谱1949—1976》(下),中央文献出版社1997年版;

梅孜主编:《美台关系重要资料选编》,时事出版社1997年版;

王勇:《最惠国待遇的回合》,中央编译出版社1998年版;

中共中央文献研究室编:《建国以来毛泽东文稿》第13册,中央文献出版社1998年版;

宋连生、巩小华主编:《中美首脑外交实录》,经济日报出版社1998年版;

王立:《波澜起伏——中美关系演变的曲折历程》,世界知识出版社1998年版;

〔美〕塞缪尔·亨廷顿:《文明的冲突与世界秩序的重建》,周琪等译,新华出版社1998年版;

景志成:《美国大使在华沙追我的真相》,载《新中国外交风云》第五辑,世界知识出版社1999年版;

解力夫:《毛泽东面对美国》,中央文献出版社2000年版;

军事科学院军事历史研究部:《抗美援朝战争史》第三卷,军事科学出版社2000年版;

朱明阳:《亚太安全战略论》,军事科学出版社2000年版;

〔美〕J.艾捷尔编:《美国赖以立国的文本》,赵一凡、郭国良主译,海南出版社2000年版;

刘连第编著:《中美关系的轨迹——1993年—2000年大事纵览》,时事出版社2001年版;

由旭、由冀:《国家导弹防御系统与中美关系》,载《限制性接触:布什政府对华政策走向》,新华出版社2001年版;

郝雨凡:《白宫决策》,东方出版社2002年版;

魏史言:《尼克松访华内幕》,载鲁林、卫华、王刚主编《中国共产党历史口述实录》(1949—1978),济南出版社2002年版;

龙永图:《"入世"谈判是这样完成的》,载《中国共产党历史口述实录》(1978—2001),济南出版社2002年版;

中共中央文献研究室编:《毛泽东传1949—1976》(下),中央文献出版社2003年版;

钱其琛:《外交十记》,世界知识出版社2003年版;

凌志军:《变化》,中国社会科学出版社2003年版;

梁建增主编:《改变世界历史的七天》,高等教育出版社2003年版;

〔美〕弗朗西斯·福山:《历史的终结及最后的人》,中国社会科学出版社2003年版;

〔美〕陈香梅:《陈香梅自传》,山东人民出版社2003年版;

苏起:《危险国边缘》,台北天下远见出版公司2003年版;

中共中央文献研究室编:《邓小平年谱1975—1997》(上、下),中央文献出版社2004年版;

潘敬国主编:《共和国外交风云中的邓小平》,黑龙江人民出版社2004年版;

〔美〕李洁明:《李洁明回忆录》,林贵添译,台北时报文化出版社出版社2004年版;

陈敦德:《新中国外交谈判》,中国青年出版社2005年版;

张颖:《外交风云亲历记》,湖北人民出版社2005年版;

〔美〕库恩:《江泽民传》,谈峥等译,世纪出版集团、上海译文出版社2005年版;

〔美〕汉斯·摩根索:《国家间政治》,徐昕、郝望、李保平译,北京大学出版社2005年版;

孔东梅:《改变世界的日子——与王海容谈毛泽东外交往事》,中央文献出版社2006年版;

〔美〕罗伯特·斯莱特:《博弈大师地产大亨特朗普》,马昕译,中国人民大学出版社2006年版;

黄华:《亲历与见闻——黄华回忆录》,世界知识出版社2007年版;

张沱生、史文:《中美案例危机管理案例分析》,世界知识出版社2007年版;

吴建民：《外交案例》，中国人民大学出版社 2007 年版；

高新涛：《里根传》，当代世界出版社 2008 年版；

〔美〕多萝·布什·科克：《我的父亲 我的总统》，侯萍等译，译林出版社 2008 年版；

〔美〕希瑟·莱尔·瓦格纳：《巴拉克·奥巴马》，米拉译，清华大学出版社 2008 年版；

中共中央文献研究室编：《邓小平年谱（1904—1974）》（下），中央文献出版社 2009 年版；

《朱镕基答记者问》，人民出版社 2009 年版；

唐家璇：《劲雨煦风》，世界知识出版社 2009 年版；

苗晓勇：《奥巴马传记》，吉林大学出版社 2009 年版；

杨道金：《帝国变脸——贝拉克·奥巴马传奇》，人民日报出版社 2009 年版；

熊志勇：《中美关系 60 年》，人民出版社 2009 年版；

熊向晖：《我的情报与外交生涯》，中共党史出版社 2009 年版；

〔俄〕顾达寿口述：《直译中苏高层会晤》，郑少锋执笔，当代中国出版社 2010 年版；

荣牧民：《驻美记者直击美国》，东方出版中心 2010 年版；

中共中央党史研究室：《中国共产党历史》第二卷（1949—1978），中央党史出版社 2011 年版；

陈天璇：《邓小平访美那九天》，新华出版社 2011 年版；

〔美〕乔治·沃克·布什：《抉择时刻》，东西网译，中信出版社 2011 年版；

〔美〕沃尔特·艾萨克森：《基辛格——大国博弈的背后》，刘汉生等译，国际文化出版公司 2012 年版；

〔美〕基辛格：《论中国》，胡利平等译，中信出版社 2012 年版；

梁亚滨：《称霸密码：美国霸权的金融逻辑》，新华出版社 2012 年版；

〔美〕卡特：《我不会对你们说谎——吉米·卡特总统白宫日记》，王海舟等译，广西师范大学出版社 2013 年版；

美国国家情报委员会编：《全球趋势 2030：变换的世界》（中译本），时报出版社 2013 年版；

修昔底德：《伯罗奔尼撒战争史》，商务印书馆 2013 年版；

李肇星：《说不尽的外交》，中信出版社 2014 年版；

杨正泉：《新闻事件的台前幕后——我的亲历实录》，外文出版社 2015 年版；

陶文钊：《中美关系史》（修订本）第一、二、三卷，上海人民出版社 2016 年版；

〔美〕格雷厄姆·艾利森：《注定一战——中美能避免修昔底德陷阱吗？》，陈定定、傅强译，上海人民出版社 2019 年版。

二、期刊文章

周慈朴：《邓小平与西哈努克会见记》，《瞭望》1982 年第 3 期；

熊向晖：《打开中美关系的前奏——1969 年四位老帅对国际形势研究和建议的前前后后》，《湖南党史月刊》1992 年第 12 期；

李亚明：《南沙群岛历来就是中国的领土》，《海交史研究》1995 年第 2 期；

曹丽琴：《朝美框架协议的签订及前景展望》，《东北亚论坛》1995 年第 4 期；

曾昭璇、曾宪珊：《清〈顺风得利〉（王国昌抄本）更路簿研究》，《中国边疆史地研究》1996 年第 1 期；

张大林：《评"日美安全保障联合宣言"》，《国际问题研究》1996 年第 10 期；

金熙德：《日美同盟的"再定义"及其未来趋势》，《世界经济与政治》2000 年第 7 期；

李金明：《从历史与国际海洋法看黄岩岛的主权归属》，《中国边疆史地研究》2001 年 12 月；

李金明：《南海主权争端的现状》，《南洋问题研究》2002 年第 1 期；

《中华人民共和国加入世界贸易组织议定书》，《中国经贸》2002 年第 2 期；

王启云：《中美贸易逆差产生的根本原因》，《社会科学》2007 年第 2 期；

金柏松:《日美贸易战日本为何失败》,《招商周刊》2007年第9期;

严波:《美国对华外交行政决策机制探析——以老布什时期对台政策为例》,《哈尔滨工业大学学报(社会科学版)》2006年第6期;

余永定:《美国次贷危机:背景、原因与发展》,《当代亚太》2008年第10期;

葛奇:《次贷危机的成因、影响及对金融监管的启示》,《国际金融研究》2008年第11期;

施燕华:《我为国家领导人当翻译》,《党史文苑》2009年第2期;

陈再生:《"一条线"外交战略的历史审视》,《思想理论教育导刊》2009年第11期;

姜益民:《由中美实力对比看"G2"理论》,《理论观察》2010年第1期;

张静:《尼克松"改变世界的七天"是如何实现的》,《百年潮》2011年第1期;

《朱镕基三次访美即兴演讲》,《党政论坛·干部文摘》2011年第2期;

刘江永:《历史文献记载中的钓鱼岛》,《世界知识》2011年第4期;

《美国国会对华为的安全指责》,《中国经济和信息化》2012年第11期;

曾勇:《美国南海政策的理性思考——解读〈基于实力的合作:美国、中国与南海〉》,《世界经济与政治论坛》2012年第3期;

朱锋:《奥巴马政府"转身亚洲"战略与中美关系》,《现代国际关系》2012年第4期;

陈雅莉:《美国的"再平衡"战略:现实评估和中国的应对》,《世界经济与政治》2012年第11期;

金灿荣、刘宣佑、黄达:《"美国亚太再平衡战略"对中美关系的影响》,《东北亚论坛》2013年第5期;

史春林、李秀英:《美国岛链封锁及其对我国海上安全的影响》,《世界地理研究》2013年第6期;

吴涧生、曲凤杰:《跨太平洋伙伴关系协定(TPP):趋势、影响及战略对策》,《国际经济评论》2014年第1期;

刘江永：《钓鱼岛之争的历史脉络与中日关系》，《东北亚论坛》2014年第3期；

许宁、黄凤志：《"战略忍耐"的困境——奥巴马政府对朝政策剖析》，《东北亚论坛》2014年第3期；

阮宗泽：《美国"亚太再平衡"战略前景论析》，《世界经济与政治》2014年第4期；

储召锋：《解读2014年美国〈四年防务评估报告〉》，《现代国际关系》2014年第5期；

孙绍红：《"萨德"搅乱东北亚风云》，《世界知识》2015年9月；

甄炳禧：《21世纪：美国世纪还是中国世纪——全球视野下的中美实力对比变化分析》，《人民论坛·学术前沿》2015年10月下；

廉正保：《周恩来与柯西金机场会谈实录》，《百年潮》2016年第1期；

雷海：《"银河"号事件始末》，《航海档案》2016年第3期；

李双双：《中国"非市场经济地位"问题探析》，《国际贸易问题》2016年第5期；

韦宗友：《美国南海政策新发展与中美亚太共处》，《国际观察》2016年第6期；

安刚：《奥巴马这八年，给中美关系留下了什么》，《世界知识》2016年第23期；

王希：《特朗普为何当选——对2016年美国总统大选的历史反思》，《美国研究》2017年第3期；

范进忠：《里根总统拍中国马屁的由来》，《党史博览》2017年第5期；

李怀亮：《人类命运共同体理论与国际软实力格局的重构》，《红旗文稿》2017年第21期；

罗坚毅、何晓洁、张勇：《中国对世界经济增长贡献率的研究——基于1996—2016年数据分析》，《经济学家》2017年第12期；

靳浩辉、唐宝全：《习近平新时代中国特色社会主义思想对"塔斯陀陷阱"和"修昔底德陷阱"的双重超越——以国家治理和全球治理的良性互动为视角》，《学术探索》2018年3月；

姚博：《美国"301调查"和中美"贸易战"》，《亚太经济》2018年第3期；

夏胤磊：《中美贸易摩擦及对策研究——来自日美贸易战的启示》，《国际商务财会》2018年第4期；

赵明昊：《如何看待"一带一路"建设中的美国因素》，《世界知识》2018年4月；

李·布兰斯特德（Lee Branstetter）：《日美贸易战镜鉴》，《中国经济报告》2018年第7期；

刘卫东：《新一轮"中国威胁论"意欲何为》，《红旗文稿》2018年第15期；

钮文新：《40年40个瞬间》，《中国经济周刊》2018年第50期；

任远喆、王戴林：《中美建交40年的40件大事》，《世界知识》2019年第1期。

三、报纸和网站

《人民日报》

《解放军报》

《人民日报海外版》

《光明日报》

《中国青年报》

《环球时报》

《法制晚报》

《扬子晚报》

《文汇报》

人民网

新华网

中国新闻网

光明网

海外网

环球网

参考消息网

后记

中美关系走到十字路口，关键是做好自己的事情

有人说过，凡是能够用钱解决的问题，都不是问题。所以，贸易战并不可怕，可怕的是自乱阵脚。

德国就是一个很好的例子，面对美国发起的贸易战，通过妥善应对、创新发展，成为稳居制造业前列的强国，亦成为欧洲最强的经济体。

转危为机，关键在于做好自己的事情。

讲到贸易战，人们总会自觉不自觉地想到日本"失去的20年"。由于日本的错误应对，特别是日本缺乏原始创新能力——"只会制造世界上已经有的东西，不会创造世界上没有的东西"，美日贸易战遏制了日本的高速发展势头。然而，这个主要原因不是美国的遏制。在原始创新上，中国一如当年的日本。

美国对日展开贸易战，肇始于20世纪60年代，激化于20世纪70年代，高潮于20世纪80年代，终结于20世纪90年代，基本上与日本制造业的重生、崛起、鼎盛三个阶段相契合。从1960年到1990年的30年间，日美之间爆发了无数次贸易纠纷，其中行业层面的大型贸易战共有6次，宏观层面的贸易决战有2次。

6次行业贸易战[①]分别如下。

1. 纺织品战（1957—1972）：日本纺织品从20世纪50年代开始抢占美国市场，是最早进入美国贸易保护者视野的日本商品。1957年开始密集通过限制日本纺织品的法案，最终以日本"自愿限制出口"的妥协而告终。

2. 钢铁战（1968—1978）：20世纪70年代，日本钢铁产品成为对美出口主力，遭到美国钢铁行业的强烈阻击，1977年美国发起反倾销，日本钢铁业在10年内被迫3次自主限制对美出口。

---

① 参见夏胤磊：《中美贸易摩擦及对策研究——来自日美贸易战的启示》，《国际商务财会》2018年第4期，第59—60页。

3. 彩电战（1970—1980）：1970年开始，日本家电行业开始崛起，巅峰时日本彩电出口90%销往美国，占据了三成美国市场份额。1977年美日签订贸易协议，日本"自愿限制出口"。

4. 汽车战（1979—1987）：汽车贸易战，是日美贸易战中最激烈的一场战役。20世纪70年代开始，日本汽车产业成为日本赚取高额贸易顺差的核心产业，大量出口美国。由于日本石油全部依靠进口，因此，日本生产的汽车特别注意省油。石油危机爆发，日本汽车特别省油的特征，深受美国消费者欢迎。1979年，美国从日本进口汽车200万辆，但对日本出口汽车仅有1.5万辆，对美国汽车行业造成巨大冲击。最终，日本以汽车产品"自愿限制出口""免除一切进口汽车关税"，汽车厂家赴美投资等妥协方式告终。

5. 半导体战（1987—1991）：半导体盛行早期，日本凭借低价芯片对美国产业造成重大冲击，美国以反倾销、反投资、反并购等手段进行贸易保护，最高时对相关产品加收100%关税。最终以日本对美出口产品进行价格管制等方式结束。

6. 电信战（1980—1995）：20世纪80年代开始，美国逼迫日本开放电信产业大门。1985年，在美国总统里根与日本首相中曾根举行的会谈中，日本同意撤除电信行业的贸易壁垒，全面开放电信市场。

在这6场行业贸易战以外，还有两场全行业性质的贸易战。一是汇率战。1985年，在美国的主导和强制下，美、日、德、法、英等五国在纽约广场饭店举行会议，达成五国政府联合干预外汇市场，诱导美元对主要货币的汇率有序贬值，以解决美国巨额贸易赤字问题，这就是大名鼎鼎的"广场协议"。广场协议后，日元大幅度升值，然而，日本对美贸易顺差不仅没有减少，反而继续增加。[1] 二是结构总决战（1989—1994）：1989年，美国启动超级301条款，要求日本更大幅度开放国内市场，甚至强制要求日本修改国内经济政策和方针，如逼迫日本承诺公共投资开支，修改不利外企的法律，调查商品价格等，最终迫使日本签订"美日结构性贸易障碍协议"。[2]

---

[1] 参见金柏松：《日美贸易战日本为何失败》，《招商周刊》2007年第9期，第8页。
[2] 参见姚博：《美国"301调查"和中美"贸易战"》，《亚太经济》2018年第3期，第49—50页。

日本在与美国进行贸易谈判时，充满了辛酸甚至屈辱。比如，美国要求日本制订公共事业投资计划，日本大藏省官员企图用口头承诺方式蒙混过关，但是美方要求必须有白纸黑字的书面承诺，而且为期长达10年。日方制订了10年400万亿日元的规划，美方要求再增加30万亿日元。当时的日本政府高层官员说，不能惹怒美国，美国要这么说了那也没办法，再追加30万亿吧。

美国对日本发起贸易战，并没有遏制日本对美贸易顺差扩张的势头。1965年，美国对日贸易首次出现逆差3.3亿美元。1968年上升到两位数，为11亿美元。1978年上升到三位数，为115亿美元。1985年，广场协议签署的当年为497亿美元。1986年，日元汇率从1美元兑换250日元上升到150日元，涨幅达到60%左右，美国对日贸易逆差上升到588.2亿美元，逆差扩大18%以上。美国启动对日贸易总决战的1989年，对日贸易逆差为563亿美元，到总决战结束的1994年，逆差达到657亿美元，扩大16.7%。2017年美国对日贸易逆差高达688亿美元。[①]

日本经济滞胀，出现"失去的20年"，有美国发起贸易战的因素，但是更主要的原因是日本经济政策的失误。

为了应对贸易战，日本在1986—1987年日元大幅度升值之际，实行极度宽松的货币政策，疯狂压低利率，催生泡沫。而在泡沫吹起来以后，又手忙脚乱，在1989—1990年实施极度货币紧缩政策，一下子刺破了泡沫，而不是用时间换空间，让泡沫慢慢收缩，结果造成了比贸易战更加巨大的损失。

广场协议的另一个受害国是德国。但是，面对同样的汇率升值困扰，德国央行以稳定物价为第一目标，使德国在经历了短期的经济衰退后快速恢复。可见，面对美国单方面汇率干预的冲击，不同的货币政策能导致截然不同的经济走势。贸易战只是一个导火索。

所以，有人假设，如果日本当前的一个政治家穿越回到1985年，他一定会推动下面的这些政策：如重金鼓励生育，抑制泡沫投机，加快产业升级，提升经

---

① 参见〔美〕李·布兰斯特德（Lee Branstetter）：《日美贸易战镜鉴》，《中国经济报告》2018年第7期，第97—98页。

济活力。但是，历史没有后悔药，一场贸易战所引发的错误政策，将所有能挽救民族命运的措施消弭殆尽。人口每年减少几十万的日本，像一艘滑向深渊的巨船，没有任何挽救措施。

不过，我们也应该看到，日本并不是完全无所作为。在美国发起贸易战的高压之下，一改"日本也能说'不'"的狂妄，潜心发展，有不少产业占据了世界前列。比如：

工业机器人，市场占有率全球第一；

汽车产业以及其配套零部件，市场占有率全球第一；

高档电子元器件和集成电路，市场占有率全球第一；

数字感光元件、照相机和摄像机，全球没有竞争对手；

高档科学和医疗仪器设备，市场占有率全球前三；

高档机床、轴承、零部件，市场占有率全球前三；

高档办公设备如打印机复印机，市场占有率全球第一。

日本的 GDP 虽然于 2010 年被中国超越，但是仍居全球第三，远远高于美国以外的其他发达国家。日本的人均收入，2017 年为 38550 美元，位居全球第 25 位，低于美国、英国、加拿大、德国、法国，在西方七国中位居倒数第二，但是在 1 亿以上人口的大国中位居第二，仅次于美国。所以，日本这"失去的 20 年"，也是潜心发展的 20 年。只是人口的减少、老龄化的日益严重，是日本发展不可挽回的硬伤。

面对当下的贸易战，中国有必要吸取日本的教训，借鉴德国的经验。事实上，有关方面已经犯过自乱阵脚的错误，比如关于市场经济地位之争，就是一个自找麻烦、自乱阵脚的典型案例。

这一问题源自《中国"入世"议定书》第 15 条[①]。这一条款是关于确定倾销与补贴的价格可比性。其 a 款是贸易成员对于来自中国的产品进行双反调查时，以何种价格为依据。其中（i）项是说，如果中国生产企业能够"明确证明"，生产该同类产品的产业在制造、生产和销售该产品方面具备市场经济条件

[①]《中华人民共和国加入世界贸易组织议定书》，《中国经贸》2002 年第 2 期，第 47 页。

(clearly show that market economy conditions prevail in the industry producing the like product with regard to the manufacture, production and sale of that product),则适用中国价格进行比较。(ii)项是说,如果不能明确证明,则进口方可以"使用不依据与中国国内价格或成本进行严格比较的方法"(may use a methodology that is not based on a strict comparison with domestic prices or costs in China),亦即采用"第三国的参考价格"。

其次,第15条d款为a款的适用进行整体性限制。方式有二:其一,由中国根据进口方的国内法,证明自己是一个市场经济体(China has established, under the national law of the importing WTO member, that it is a market economy),则双反调查的价格可比性(无论以中国价格还是第三国参考价格)均不予适用;其二,在中国"入世"之日15年后,第15条a款(ii)项(以第三国为可比价格)停止适用(In any event, the provisions of subparagraph (a)(ii) shall expire 15 years after the date of accession)。

这本来是一个非常清晰的问题,即中国"入世"15年后,以第三国为可比价格的反倾销反补贴条款自动失效。这种约定,在国际条约中有一个习惯说法:日落条款,即时间一到自动终止。

2003年,机构改革后设立的商务部,为了早日解决"双反"调查的第三国可比价格问题,运用外交资源,争取国际社会承认中国的市场经济地位。到2015年,全球已有100多个国家承认中国的市场经济地位。但是,欧盟、美国、日本、加拿大、印度等与中国有贸易争端的国家,均未承认中国的市场经济地位。[①]2016年年底,欧美等国抓住中国自己提议的市场经济地位做文章,抛开到期自动生效的日落条款,继续对中国的出口产品实施"双反"调查时运用"第三国可比价格"。中国不得不为此而一一到世贸组织进行申诉。

当下的中国,面临着几乎与20世纪90年代的日本差不多的境遇。从日本的案例中可以看出,美国的贸易战无法阻挡中国实体经济的崛起,因为这些产业的背后是一整个国家的工业体系、政策体系、教育体系等的结晶,没有几十

---

① 李双双:《中国"非市场经济地位"问题探析》,《国际贸易问题》2016年第5期,第76页。

年根本无法撼动。所以，贸易战并不能对中国优势产业造成致命影响。但是，如何避免"以应对贸易战的名义急病乱投医"却很重要，远非说说"尔要战，便战"那样豪迈和轻松，更不能未战先溃，不战而降。贸易战没有赢家，所以我们要尽力避免贸易战。但是，贸易战降临，我们也没有必要畏首畏尾，恐惧害怕。面对美国强加的贸易战，中国唯一需要做的是，上下一心，坚定信心，坚守底线，不骄不躁，做好自己的事情，深化改革，扩大开放，为人民谋幸福，为民族谋复兴，为世界谋和平，为人类命运共同体贡献中国智慧、中国方案、中国力量。